가족복지론

박희숙 · 김상옥 · 배회경 · 정재필

KNOWLEDGE COMMUNITY 공동체

가족은 우리 사회의 기본 단위이자, 신체적 보호의 1차적 기능을 담당하는 학습의 장으로 매우 중요한 역할을 담당한다. 하지만 이러한 중요성에도 불구하고, 오늘날의 가족은 현대 산업사회의 급격한 변동으로 인하여 그 규모와 기능이 축소되거나 사회제도로 대체되고 있다. 이러한 가족의 변화는 가족의 가치를 급속히 변화시켜, 이혼, 가족해체로 인한 청소년문제, 노인문제 등 다양한 가족문제를 증가시키고 있다. 이러한 상황에서 가족의 축소된 기능을 보완하는 가족복지서비스의 중요성이 강조되면서 가족복지가 더욱 필요해지고 있다.

그러므로 건강한 가족의 건설은 사회복지사의 중요한 사명 중 하나가 되었다. 따라서 가족복지라는 과목은 사회복지를 공부하는 학생들에게 매우 중시되어야 할 과목이며, 학생들은 이 과목을 집중하여 공부해야 한다. 이 교재를 통하여 많은 학생들이 바람직한 가족에 대한 관심을 가지고 가족복지에 대한 이론적 지식을 바탕으로 하여 실제 현장에서 가족문제에 올바르게 대처할 수 있는 유능한 사회복지사가 되기를 바란다.

이 책은 크게 4부로 구성되어 있으며, 각 부의 개요는 다음과 같다.

제1부 가족복지의 이해에서는 가족과 가족복지의 개념과 필요성, 현대 가족의 변화와 문제, 가족복지실천의 원리와 원칙을 살펴보았다. 제2부 가족복지 정책에서는 가족복지정책과 전달체계, 가족복지정책 관련법을 살펴보고, 제3부 가족복지의 실천방법에서는 가족사정, 가족문제 해결을 위한 실천, 가족문제 예방을 위한 실천을 살펴보았다. 마지막으로 제4부 가족복지 실천분야에서는 빈곤가족, 이혼 및 재혼가족, 다문화가족, 폭력 및 학대가족, 중독가족, 장애인가족을 살펴보았다.

이 책은 앞으로 가족복지 실천에서 새롭게 대두되는 가족복지 이론 및 기술 등을 개발할 뿐만 아니라 가족복지 정책적인 대안에 대해서도 폭넓은 이해를 돕고자 하는 목적으로 여러 대학에서 가족복지를 가르치고 있는 우리 교수들이 과감히 집필하였지만, 아직도 부족함을 고백한다. 독자들의 적극적이고도 지속적인 비판과 아울러 애정 어린 조언을 기대한다.

끝으로 이 책을 집필하도록 기회를 주신 공동체 출판사 임직원 여러분께 감사의 뜻을 표하며 아울러 우리의 삶의 질이 늘 향상되길 기원하며 여기까지 인도하신 하나님께 모든 영광을 돌리고 싶다.

2024년 7월

저자일동

차례

머리말 3

PART 1 가족복지의 이해

CHAPTER 01 가족과 가족복지 17

1. 가족의 개념과 기능 17
   1) 가족의 개념 17
   2) 관련용어 21
   3) 가족형태 22
   4) 가족의 기능 29
2. 가족복지의 개념과 필요성 33
   1) 가족복지의 개념 33
   2) 가족복지의 필요성 44
3. 가족복지의 접근방법 46
   1) 가족복지정책적 접근방법 46
   2) 가족복지서비스적 접근방법 51

CHAPTER 02 현대 가족의 변화와 문제 57

1. 현대 가족의 변화 57
   1) 인구구성의 변화 58
   2) 가족구조의 변화 65
   3) 가족기능의 변화 73
   4) 가족생활주기의 변화 75
   5) 가족가치관의 변화 78
2. 현대 가족변화에 대한 쟁점 81
   1) 가족위기론 82
   2) 가족진보론 84
3. 현대 가족의 문제 89
   1) 빈곤이나 자원의 결핍으로 인한 문제 89
   2) 가족 내 인간관계의 문제 89

3) 불안정가구의 증가 90
4) 피부양자의 보호문제 90
4. 현대 가족의 문제점 해결방안 91
1) 가족복지법의 제정 91
2) 대통령 직속의 가족정책 심의기구 설치 91
3) 가족기능의 와해 전 보완적 서비스의 제공 91
4) 금전적 서비스는 국가가, 비금전적 서비스는 가족이 상호 보완적으로 책임 91
5) 가족기능을 보완하는 서비스 제공 92
6) 가족은 문제의 해결사라는 전제에 도입 92

CHAPTER 03 가족복지실천 원리와 원칙 93
1. 가족복지실천의 원리 93
1) 가족체계기반의 이념원리 94
2) 가족중심 사상의 원리 95
3) 가정 위기개입의 원리 96
4) 가족생활교육의 접근원리 97
5) 생태학적 접근원리 98
2. 가족복지실천의 원칙 100
3. 가족사회복지사의 역할 104
1) 지지자의 역할 104
2) 교사·훈련자의 역할 104
3) 자문가의 역할 105
4) 중재자의 역할 105
5) 옹호자의 역할 105
6) 자원동원가의 역할 105
7) 가능하게 하는 자의 역할 106
4. 가족복지서비스 106
1) 가족기능 지원서비스 106
2) 가족기능 보충서비스 107
3) 가족기능 대리서비스 107

PART 2 가족복지정책

CHAPTER 04 가족복지정책과 전달체계 111

1. 가족복지정책의 개념과 유형 111
   1) 가족복지정책의 개념 111
2. 가족복지정책의 발달과정 117
3. 외국의 가족복지정책과 한국의 가족복지정책 118
   1) 저출산 및 자녀양육 문제(학자별) 118
   2) EU 국가의 가족복지정책 121
   3) 한국의 가족복지정책 125
4. 가족복지정책의 전달체계 132
   1) 공공전달체계 132
   2) 민간전달체계 135

CHAPTER 05 가족복지정책 관련법 139

1. 건강가정기본법 139
   1) 법의 의의와 기본 이념 139
   2) 건강가정기본법의 주요 내용 140
2. 한부모가족지원법 145
   1) 법의 의의와 기본 이념 145
   2) 한부모가족지원법의 주요 내용 145
3. 다문화가족지원법 152
   1) 법의 의의와 기본 이념 152
   2) 다문화가족지원법의 주요 내용 153
4. 영유아보육법 159
   1) 법의 의의와 기본 이념 159
   2) 영유아보육법의 주요 내용 159
5. 아동수당법 166
   1) 법의 의의와 기본 이념 166
   2) 아동수당법의 주요 내용 167

6. 아이돌봄 지원법 170
1) 법의 의의와 기본 이념 170
2) 아이돌봄 지원법의 주요 내용 170

PART 3 가족복지의 실천방법

CHAPTER 06 가족복지실천과정 177
1. 접수 및 관계형성 178
1) 접수의 개념과 주요 목표 179
2. 가족사정의 개념 182
1) 일반적 사정절차 182
2) 개입에 필요한 공통기술 184
3. 가족사정의 영역 186
1) 가족 내 역동에 대한 사정 186
2) 가족사정의 단계별 기초기술 187
3) 가족사정의 단계별 사례와 기술 189
4) 환경과의 상호작용에 대한 사정 199
4. 가족사정의 방법 199
1) 인터뷰 200
2) 그림그리기 200
3) 관 찰 204
4) 생활력 도표 206
5. 종결 및 평가 206
1) 종결단계 206
2) 종결을 진행하는 단계 207
3) 종결하기에 적절한 시기 209
4) 종결 시 사회복지사의 과업 210

5) 가족상담의 결과 평가하기 210
6) 평가와 종결에 주로 적용되는 실천기술 211

CHAPTER 07 가족문제 해결을 위한 실천 213

1. 가족복지실천과 가족치료 213
2. 가족치료모델 216
1) Bowen의 다세대가족치료모델 217
2) 구조적 가족치료모델 221
3) 경험적 가족치료모델 228
4) 전략적 가족치료모델 233
5) 해결중심 가족치료모델 235
6) 인지행동 가족치료모델 238
3. 사례관리 240
1) 사례관리의 개념 240
2) 사례관리의 목적과 원칙 242
3) 사례관리의 기능 및 사례관찰자의 역할 245
4) 사례관리의 과정 247

CHAPTER 08 가족문제 예방을 위한 실천 249

1. 부부교육 250
1) 의의와 역할 250
2) 효과와 필요성 251
2. 부모교육 253
1) 의 의 253
2) 효과와 필요성 254
3) 부모효율성 훈련의 주요 내용과 목적 256
3. 은퇴 준비교육 258
1) 효과와 필요성 258
2) 주요 내용과 목적 259

PART 4 가족복지 실천분야

CHAPTER 09 빈곤가족 265

1. 빈곤가족의 개념 및 발생요인 265
   1) 빈곤가족의 개념 265
   2) 빈곤가족의 발생요인 267
2. 빈곤가족의 현황 268
3. 빈곤가족의 문제 275
   1) 복합적인 가족문제 275
   2) 경제적 결핍 275
   3) 자녀양육 및 교육문제 276
   4) 만성적인 건강질환 276
   5) 가족관계 277
   6) 열악한 주거문제 277
4. 빈곤가족에 대한 서비스 현황 278
   1) 국민기초생활 보장제도 278
   2) 가족유형별 저소득가정에 대한 지원 290
5. 빈곤가족에 대한 대책 296
   1) 빈곤동태와 원인에 대한 정확한 파악 296
   2) 국민기초생활 보장제도의 개선 297
   3) 건강지원서비스(의료지원 확대) 297
   4) 자립지원의 강화 298
   5) 빈곤아동을 위한 지원 강화 298
   6) 가족관계 향상 서비스 지원 299
   7) 자녀양육관련 복지서비스 제공 300
   8) 주택 지원 서비스 확대 300

CHAPTER 10 이혼 및 재혼가족 301

1. 이혼가족의 개념 및 발생요인 301
   1) 이혼가족의 개념 301
   2) 이혼가족의 발생요인 302
2. 이혼가족의 현황 및 문제 305
   1) 이혼가족의 현황 305
   2) 이혼가족의 문제 307
3. 이혼가족에 대한 서비스 현황 및 대책 310
   1) 이혼가족에 대한 서비스 현황 310
   2) 이혼가족에 대한 대책 314
4. 재혼가족의 개념 및 발생요인 320
   1) 재혼가족의 개념 320
   2) 재혼가족의 유형 322
   3) 재혼가족의 발생요인 325
5. 재혼가족의 현황 및 문제 327
   1) 재혼가족의 현황 327
   2) 재혼가족의 문제 332
6. 재혼가족에 대한 서비스 현황 및 대책 337
   1) 재혼가족에 대한 서비스 현황 337
   2) 한국가정법률상담소 338
   3) 재혼가족에 대한 대책 341

CHAPTER 11 다문화가족 347

1. 다문화가족의 개념 및 발생요인 347
   1) 다문화가족의 개념 347
   2) 다문화가족의 발생요인 349
2. 다문화가족의 현황 351
3. 다문화가족의 문제 356

4. 다문화가족에 대한 서비스 현황 365
1) 정부의 다문화정책 365
2) 다문화가족 관련법률 373
5. 다문화가족에 대한 대책 374

CHAPTER 12 폭력 및 학대가족 381

1. 폭력 및 학대가족의 개념 및 발생요인 381
1) 폭력 및 학대가족의 개념 381
2) 폭력 및 학대가족의 유형별 개념 384
3) 폭력 및 학대가족의 발생요인 386
2. 폭력 및 학대가족의 현황 387
1) 부부폭력 387
2) 자녀학대 390
3) 가족원폭력 391
4) 가정폭력에 대한 인식 392
5) 시사점 393
3. 폭력 및 학대가족의 문제 394
1) 불안정한 경제상태문제 394
2) 피해치료의 미흡문제 395
3) 가정폭력의 은폐문제 395
4) 폭력 재생산의 문제 397
4. 폭력 및 학대가족에 대한 서비스 현황 398
1) 가정폭력 관련 서비스체계 398
2) 가정폭력 관련 서비스 399
5. 폭력 및 학대가족에 대한 대책 408
1) 가정폭력에 대한 의식 전환 408
2) 가정폭력 관련 서비스 개선 410

CHAPTER 13 중독가족 417

1. 중독가족의 개념 및 발생요인 417
   1) 인터넷중독의 개념 및 발생요인 418
   2) 알코올중독의 개념 및 발생요인 421
2. 중독가족의 현황 425
   1) 인터넷중독(스마트폰중독)의 현황 425
   2) 알코올중독의 현황 428
3. 중독가족의 문제 429
   1) 인터넷중독의 문제 429
   2) 알코올중독의 문제 430
4. 중독가족에 대한 서비스 현황 432
   1) 인터넷중독자 가족에 대한 서비스 현황 432
   2) 알코올중독의 치료 445
5. 중독가족에 대한 대책 450
   1) 인터넷중독에 대한 대책 450
   2) 알코올중독에 대한 대책 453

CHAPTER 14 장애인가족 457

1. 장애인가족의 개념 및 범주 457
   1) 장애인 및 장애인가족의 개념 457
   2) 장애의 범주 459
   3) 장애원인 분류 473
2. 장애인가족의 현황 474
   1) 장애인 수 474
   2) 가구구성 및 가구규모 475
   3) 경제상태 477
   4) 주택형태 479

3. 장애인가족의 문제 480
1) 경제적 문제 480
2) 사회·심리·정서적 문제 481
3) 신체적 문제 483
4) 가족관계 적응 문제 484
4. 장애인가족에 대한 서비스 현황 489
1) 경제적 지원 대책 서비스 489
2) 심리·정서적 지원서비스 491
3) 신체적 지원 서비스 495
5. 장애인가족에 대한 대책 495
1) 장애인 가족복지의 대책 495
2) 장애인 가족지원 정책의 대책 498

참고문헌 504
찾아보기 517

PART

1 가족복지의 이해

CHAPTER 01 가족과 가족복지

CHAPTER 02 현대 가족의 변화와 문제

CHAPTER 03 가족복지실천 원리와 원칙

CHAPTER 01

가족과 가족복지

학습목표

- 가족의 개념과 기능을 설명할 수 있다.
- 가족복지의 필요성을 설명할 수 있다.
- 가족복지의 접근방법을 설명할 수 있다.

1 가족의 개념과 기능

1) 가족의 개념

가족은 우리 사회의 기본 단위이며, 보호, 보건 등 신체적 보호의 1차적 기능을 가지고 있는 사회화를 위한 학습의 장이다. 그리고 개인의 인격 형성에 영향력을 미치며, 사회 공통의 행동 특징, 문화규범을 습득시키는 등 사회화 과정을 담당하게 된다. 사전적 정의로는 '가족은 부부, 부모, 자녀, 형제, 친지 등 혈연에 의하여 맺어지며 생활을 함께하는 공동체 또는 그 성원이다'라고 하였다. 전통적인 가족 개념은 현대에 와서는 산업사회의 급격한 변동으로 가족규모가 축소되고, 사회제도가 가족기능을 대체하고 있으며, 오늘날 가족의 가치 또한 급속히 변화하고 있다. 하지만 가족은 여전히 다른 곳에서 발견할 수 없는 중요한 가치를 지니고 있다.

(1) 전통적인 가족 개념

가족에 대한 고전적인 정의를 내린 학자는 Murdock(1949)이 대표적이다. Murdock은 사회인류학자로 문화환경이 다른 여러 사회(약 1,170명)를 대상으로 가족을 연구하였고 다음과 같이 정의하였다. “가족은 부부와 그들의 자녀로 구성되고, 주거와 경제적인 협력을 같이하며 자녀의 출산을 특징으로 하는 집단으로, 사회적으로 인정받는 성적 관계를 유지하는 최소한 두 명의 성인 남녀와 한 명 이상의 자녀를 포함한다”라고 정의하였다. 이 정의는 가족을 혈연이나 혼인이라는 제도적 측면에서 법적 지위를 중심으로 부여받는 핵가족적 정의에 초점을 두고 있다.

한편 Levi－Strauss(1956)는 “가족은 결혼으로 형성되고, 부부와 그들의 결혼에 따라 출생한 자녀들로 구성되지만 다른 근친자가 포함될 수 있으며, 가족 구성원은 법적 유대, 경제적・종교적, 그리고 그 외 다른 권리와 의무, 성적 관리와 금기, 애정, 존경 등 다양한 심리적 감정으로 결합된 것”으로 정의하였다. 이는 가족의 유대, 관계, 결합 등 운명공동체적 성격을 중요 요소로 생각한 것이다. Levi－Strauss는 가족 구성원의 심리적 정감을 결합시키면서 가족의 범위를 Murdock보다 확대한 확대가족적 정의에 초점을 두고 있다.

Burgess와 Locke(1963)는 가족을 “혼인, 혈연 또는 입양에 의해 결합된 집단으로, 하나의 가구를 형성하고 남편과 아내, 아버지와 어머니, 아들과 딸, 형제와 자매라는 각각의 사회적 역할 속에서 상호작용을 하며, 의사소통하고 공통의 문화를 창조, 유지하는 집단”으로 정의하였다. 이러한 정의는 전통적인 가족의 정의에 가족 구성원 내의 사회적 역할과 문화를 강조하면서 가족의 개념을 앞선 두 학자들보다 확장시키고 있다.

국내 학자들은 가족의 외형에 근거하여 가족에 대한 정의를 내리고 있다. 최재석(1982)은 "가족은 가례를 공동으로 하는 친족집단"이라고 하였고, 유영주(1993)는 "가족은 부부와 그들의 자녀로 구성되는 기본적 사회집단으로서, 이들의 이익관계를 떠난 애정적 혈연집단이며, 같은 장소에서 기거하고 취사하는 동거동재 집단이고, 그 가족만의 고유한 가풍을 갖는 문화집단이며, 양육과 사회화를 통하여 인격 형성이 이루어지는 인간발달의 근원적 집단"이라고 하였다.

이들의 개념은 조금씩 다르기는 하지만 모두 결혼과 혈연을 토대로 한 협의의 개념에 속한다. 이를 종합해 보면, 전통적 의미의 가족은 혼인, 혈연 및 입양으로 이루어진 관계자들의 집단으로 볼 수 있으며, 이 집단의 구성원들은 의식주를 공동으로 해결하고 정서적 유대와 공동체적 생활방식을 갖는다.

(2) 현대적인 가족 개념

핵가족은 인류의 가장 보편적인 가족의 형태로 여겨지며, 정상가족과 비정상 가족을 나누는 기준으로 존재해 왔다. 그러나 사회의 급격한 변화와 가족에 대한 가치관의 변화로 이혼가족, 재혼가족, 무자녀가족, 조손가족, 다문화가족, 미혼모부자 가족, 동성애가족 등 다양한 형태의 가족이 등장하고 있고, 현대 가족의 변화 주요 요인으로는 사회문화적 환경, 산업화, 도시화 등 다양한 요인들이 있지만 학자들은 산업화, 도시화가 가장 많은 영향을 미쳤다고 보고 있다. 그 결과 가족에 대한 전통적인 개념은 새롭게 등장한 가족을 포괄하기 어렵고, 그러한 가족들을 비정상 가족으로 취급하게 되므로, 가족에 대한 새로운 개념정의가 시도되었다.

Hartman과 Laird(1983)는 가족을 "둘 이상의 사람이 서로 친숙한 한 가족이라 여기고, 밀접한 감정적 유대와 '가정'이라는 생활공간, 그리고 생물학적·사회적·심리학적 요구의 충족에 필요한 역할과 과제를 공유하는 것"이라고 정의하고 있다. 미국의 인구국에서는 "가족 구성원은 한 집에 거주하는 서로 관련된 두 명 이상의 사람들로 구성된다"라고 하여 물리적 거주에 중점을 두고 있으나, 가족을 연구하는 학자들은 가족의 정의를 "가족이란 둘 또는 그 이상의 가족원들이 서로 돕고 몰입되어 있으며, 애정과 친밀감, 가치관과 의사결정, 그리고 자원을 서로 나누는 집단"이라 보았다(Olson & DeFrain, 2003). 이효재(1998)는 가족을 "일상적인 생활을 공동으로 영위하는 부부와 자녀들, 그들의 친척, 입양이나 기타 관계로 연대의식을 지닌 공동체집단"이라고 정의하였고, 유영주(2000)는 "가족은 인간의 본질적 특성인 개체성과 반개체성, 즉 개인으로서의 '나'와 관계로서의 '나'의 욕구를 충족시켜 줄 수 있는 상호작용하는 생활공동체적 집단"이라고 정의하였다. 정현숙 등(2001)은 "가족은 사회의 영향을 받기만 하는 집단이라기보다는 사회의 영향에 대해 나름대로의 의미를 부여하며 적응·변화하는 집단"이라고 하였다. 이는 비혈연적인 관계라도 연대의식을 갖고 지속적인 관계를 유지하는 집단을 가족으로 볼 수 있다는 가족 개념을 제시한 것이다.

미국사회복지사협회는 가족을 "자신들 스스로가 가족으로 생각하면서 전형적인 가족임무를 수행하는 2인 이상의 사람들"로 규정하였다(Miller, 1948). 이와 같은 맥락으로 Eichler는 가족을 "한 명 혹은 그 이상의 자녀를 포함하거나 포함하지 않을 수 있으며, 이 자녀가 혼인관계에서 태어날 수도 있고 그렇지 않을 수도 있는 사회집단이다. 이들 성인관계는 결혼에 근원을 둘 수도 있고 그렇지 않을 수도 있다. 이들은 거주지가 같을 수도 있고 그렇지 않을 수도 있다. 이들 성인은 성적으로 동거할 수도 있고 그렇지 않을 수도 있으며, 이 관계는 애정, 매력, 경건성, 경외감 같은 사회적으로 패턴화된 감정을 포함했을 수도 있고 그렇지 않을 수도 있다"고 정의하였다(Eichler, 1988, Collins, Jordan, & Coleman, 1999 : 24–25 재인용).

가족은 사회 속의 개방체계(open system)이고 개인을 사회와 연결하는 매개체이므로, 사회가 가족을 바라보는 관점은 가족 구성원에게 직접적으로 영향을 미칠 수 있다. 즉, 가족의 개념을 어떻게 정의하고 어떤 가족 개념에 의거하여 정책을 결정하는가에 따라 다양한 형태의 가족들이 경험하는 현실은 달라질 수 있다. 그러므로 핵가족만을 정상가족으로 간주할 경우, 다른 형태의 가족들은 문제가족이라는 사회적 낙인을 받게 됨은 물론, 핵가족만을 받아들이는 정책에서도 소외되고, 불평등을 경험하게 될 것이다. 이는 사회통합을 방해하는 장애물이 될 수 있다. 그러므로 우리 사회는 핵가족만이 정상적 가족이라는 개념을 넘어서, 다양한 형태의 가족이라는 현대적인 가족 개념을 수용해야 한다.

2) 관련용어

가족을 정의하기 위해서는 가족과 관련된 용어를 파악해야 한다(표 1–1).

<표 1-1> 가족과 관련된 용어

가 정	가족이 함께 생활하는 사회의 가장 작은 집단이다. 또한 가정은 긴장완화, 휴식과 안정, 재충전 등을 위한 심신의 안식처의 의미도 가지고 있다.
가구 · 세대	가구와 세대는 동일한 의미로 사용된다. 가구는 혈연관계와는 상관없이 1인 또는 2인 이상이 모여 주거와 생계의 경제적 협력을 같이하는 단위이다.
친 족	친족은 혈연관계와 인척관계에 의해 결합된 사람들을 말한다. 우리나라의 민법에서는 친족을 부계, 모계 구분 없이 8촌 이내의 혈족, 4촌 이내의 인척, 배우자를 의미한다. 일반적으로 '친척'이라 한다.

집	집은 가족 구성원, 거주지, 건물 등까지 포함되는 가족보다 더 광범위하게 사용되는 개념이다. 복지서비스의 비공식적 주체로서 집은 재가・재택・거택 등으로 표시된다. 재가는 사회복지서비스의 공급에서 가족의 기능을 부각시키는 의미로 주로 우리나라에서 사용된다. 재택은 주로 일본에서 사용하며, 가정의 장소적 의미로 사용된다. 거택은 가족의 기능을 거의 기대하지 않는 것으로 장소적 의미가 가장 강한 것이다.

3) 가족형태

가족의 형태는 가족의 크기, 가족 구성의 범위, 부부의 결합형태, 세대 수에 따른 분류 등 구분요인에 따라 매우 다양하다.

(1) 소가족과 대가족 및 핵가족과 확대가족

가족 구성원의 범위를 따져 가족의 형태를 분류하는 것으로 가장 기본적인 가족형태 분류방법이다.

① 소가족과 대가족

소가족과 대가족을 구별하는 것은 단순히 가족 구성원의 수가 많고 적음을 의미하기도 하지만, 혈연관계의 범위와 관련지어 사용되기도 한다. 가족 구성원의 수가 5인 이하인 가족을 소가족이라 하고, 6인 이상인 가족을 대가족이라 한다.

② 핵가족과 확대가족

핵가족과 확대가족은 혈연관계에 따라 가족을 분류할 때 많이 사용된다. 핵가족(nuclear family)은 부부와 그들의 미혼 직계자녀로 구성된 가족으로, 결혼한 자녀는 부모의 집에서 독립하여 새살림을 시작하는 것을 원칙으로 한다. 그러므로 핵가족의 가족 구성은 부모와 자녀, 2세대로 한정된다.

확대가족(extended family)은 핵가족이 확대 또는 복합된 형태의 가족을 의미하며, 결혼한 자녀가 부모와 동거하는 가족형태를 말한다. 가족이 종적으로 확대된 것을 직계가족(stem family)이라고 하고, 형제들이 결혼한 후에도 그들의 부모와 동거하여 횡적으로 가족이 확대된 것을 방계가족(collateral family)이라고 한다. 확대가족의 변형된 형태로는 복합가족(joint family)이 있다. 복합가족은 확대가족의 제일 윗세대가 사망한 뒤에도 그의 아들들이 계속 한 가족을 이루고 사는 경우이다.

(2) 부부의 결합형태에 따른 분류

결혼의 형태는 사회적으로 용인되는 배우자의 수에 따라서 나눌 수 있다. 사회에서 용인하는 배우자의 수에 따라 1남 1녀로 이루어지는 부부의 결합형태를 단혼제 또는 일부일처제(monogamy)라 한다. 배우자의 수가 어느 한 쪽이 단수이고, 상대 배우자가 복수인 경우는 복혼제(polygamy)라 하며, 일부다처제와 일처다부제로 나눌 수 있다.

오늘날에는 이혼이 증가하여 일부일처제 사회에서도 일생 동안 여러 배우자를 만나는 경우가 증가하고 있다. 이것은 동시에 한 사람 이상의 배우자와 결혼하는 복혼제와는 다른 것으로 연속적 단혼제(serial monogamy)라 한다.

(3) 세대 수에 따른 분류

가족의 형태는 가족을 구성하고 있는 세대 수에 따라서 구분할 수 있다. 남매나 형제로 구성된 가족은 1세대 가족이며, 부부와 미혼자녀로 구성되는 핵가족은 2세대 가족이다. 조부모와 부모, 자녀로 구성된 직계가족과 방계가족은 3세대 가족으로 분류할 수 있다.

(4) 새로운 가족형태

이미 존재하고 있으나 아직 가족으로 인식되지 않고 있는 가족형태가 있다.

① 독신가족

독신가족은 결혼을 해야 한다는 사회적 통념을 거부하고 자신의 가치관과 인생의 목적에 부합되는 자유로운 생활을 원하는 집단이다. 하지만 적절한 대상을 만나지 못하거나 이혼, 배우자의 사망 등 비자발적으로 독신상태에 있는 경우는 독신가족에 자신을 동일시하지 않는 경우가 많으므로, 한시적·장기적으로 독신생활을 가족의 대안으로 보아, 자발적으로 결혼을 하지 않는 사람의 경우만을 독신가족으로 보는 것이 타당하다.

독신가족이 증가하는 원인은 첫째, 교육기간의 연장과 직장생활의 확산, 둘째, 개인주의와 자유화의 영향으로 인한 자아실현에 대한 기대 상승, 셋째, 가족가치관의 변화, 넷째, 생활양식의 변화이다.

그러므로 독신생활자는 개인적 자유와 성취감이 기혼자보다 강하며, 가족에 대한 구속이 없어 다양한 인간관계를 가질 수 있다. 하지만 독신생활자는 그들을 사회적 이탈자로 보는 사회적 인식으로 인한 합법성 결여, 사회적 동의와 지지의 부족 등에서 오는 심리적 불안감 등의 부정적 요소를 가지고 있다.

② 자발적 무자녀가족

자발적 무자녀가족은 부부가 동의하여 자녀를 가지지 않겠다고 결정한 가족이다. '자녀를 갖지 못하는(childless)' 가족과는 구분이 되는 '자녀를 갖지 않는(child-free)' 가족을 말한다. 과거 성인이 되어 결혼을 하면 생산을 위한 노동력과 노후보장을 위해 자녀를 출산하는 것을 필수적인 것으로 생각하였다. 그러나 오늘날에는 생산활동의 경제구조가 변화되고 노후를 위한 사회보장제도가 강화되어 출산은 필수가 아니라 부부가 선택하는 것으로 바뀌게 되었다.

그러나 아직 무자녀를 선택한 부부를 이기적이고 반사회적으로 바라보는 사회적 편견이 존재한다. 하지만 우리나라에서 전체 가구 수 중 2인 가구 수가 차지하는 비율을 살펴보면, 2017년에는 26.1%, 2023년에는 29.1%로 증가하였다. 그러므로 더는 이들을 비정상적으로 보거나 사회적 책임감이 없는 사람들로 보는 것이 아니라 개인의 선택영역으로 존중하는 시각이 필요하다.

③ 동거가족

동거가족은 공식적으로 결혼을 하지 않고 가족을 형성하는 것으로, 여성의 혼전순결을 강조하는 전통적 가치관으로 본다면 비도덕적이라 할 수 있다. 동거의 이유로는 일시적이고 우연적인 동거, 애정적이고 지속적인 동거, 결혼에 대한 시험으로서의 동거, 결혼에 대한 일시적 동거 또는 항구적 대안 등이 있다(Macklin, 1987 : 388). 그중 일시적 동거나 성적 욕구 해결, 경제적 이유 등으로 인한 동거는 동거가족으로 보지 않고, 결혼생활의 대안으로 생각하는 동거만을 동거가족이라 한다.

④ 집단가족

집단가족은 공동체 정신의 구현을 목적으로 함께 살면서 책무, 재산 등을 공유하는 집단을 말한다. 자녀를 공동으로 양육하고 남녀의 역할구분이 없어 여성의 자율권과 지위가 높은 편이다. 우리나라 사회적 분위기는 경쟁적이고 개인주의적인 성향이 강하여 공동체 정신의 구현이라는 목적에 부합되는 집단가족이 존재하기는 힘들다. 하지만 공동 육아, 탁아를 위한 집단가족형태의 요구가 점차 증가하고 있다.

⑤ 동성가족

동성애는 사회에서 비정상적이고 병리적인 현상으로 인식되어 왔다. 하지만 최근에는 네덜란드를 중심으로 여러 나라(벨기에, 캐나다, 스페인, 남아프리카공화국, 노르웨이, 스웨덴, 포르투갈, 아르헨티나, 덴마크, 프랑스, 브라질, 우루과이, 뉴질랜드 등)와 미국의 몇몇 주에서 동성결혼을 합법적으로 인정하고 있고, 그들의 자녀입양에 대해서 보다 허용적으로 변화하고 있다. 우리나라에서도 점차 동성애자가 자신의 정체성을 밝히고 있으며, 그들의 권리를 주장하고 있다. 그러므로 곧 한국에서도 동성애자의 결혼을 합법적으로 요구하게 될 가능성이 높다.

싱글족 500만 명 시대, 송파구에 소형 오피스텔 '인투파크 거여' 분양

싱글족 500만 명 시대다. 통계청 발표에 따르면 2000년 15.5%에 그쳤던 국내 1인 가구의 비율은 2016년 27.2%로 520만 가구에 육박하면서, 2인 가구 및 전통적인 4인 가구의 비율을 앞질렀다.

1인 가구가 500만 명을 넘어서 2020년 600만 가구가 될 것으로 전망되고 있는 가운데 고령층 1인 가구는 '소득불안'에 시달리고 젊은층 1인 가구는 '집세부담'에 대해 걱정하는 것으로 나타났다.

특히 20~30대 1인 가구는 주거불안이 심각한 것으로 나타났다. 20~30대 1인 가구는 주택소유 비중이 23.8%로 가장 낮다. 특히 전·월세 보증금 부담이 다른 연령대에 비해 상대적으로 더 가중되고, 월세 지출 규모도 다른 연령대보다 큰 것으로 조사됐다.

1~2인 가구의 비중이 지속적으로 증가 추세에 있고, 그에 따라 주거비용 부담이 덜한 소형 주택의 인기가 꾸준한 가운데 서울 송파구 ㅇㅇ동 일대에 소형 면적의 주거형 오피스텔 '인투파크 거여'가 분양 중이다.

부동산 수요자들의 자금 확보가 매우 어려워진 현실에서 상대적으로 자금력이 더 약한 신혼부부 및 젊은 세대들에게 청약통장이 필요 없는 공동주택과 소형 오피스텔은 새로운 주거의 형태로 자리매김하고 있다.

출처 : 국제뉴스(2018. 12. 3).

김제리 "서울시, 미혼모 지원 비혼모로 확대해야… 선제 지원도 주문"

"통계청 조사에선 비혼모 빠져 있다. 비혼모에게도 생활안정지원 필요"

서울특별시 김제리 의원은 "서울시 차원에서 미혼모 지원정책과 더불어 미혼모·부에 대한 선제 지원정책이 비혼모·부에게도 추진돼 저출산 대책과 연계될 수 있도록 적극 노력해 달라"고 촉구했다.

김제리 의원은 "지난해 통계청의 '연령별 미혼모 현황' 조사에 따르면 미혼모 2만 2,065명 가운데 20세 미만은 377명으로 1.7%, 30~40대 미혼모가 1만 5,115명으로 68.5%에 달하는 것으로 나타났다"고 밝혔다.

김 의원은 "하지만 통계청의 조사에선 비혼모가 빠져 있다. 비혼모에게도 생활안정지원이 필요하다"며 "저출산이 심각한 현시점에서 미혼모 지원정책을 비혼모·부 지원정책으로 확대하고 한 걸음 더 나아가 출산정책과 연계해 적극적으로 시행해야 한다"고 강조했다.

또한 김 의원은 "경제협력개발기구(OECD) 국가 비혼출산율을 살펴보면, 2014년 기준 한국의 비혼출산 비율은 1.9%지만, 같은 시기 독일은 35.0%, 미국은 40.2%, 스웨덴 54.6%, 노르웨이 55.2%, 프랑스 56.7% 등 OECD 27개 국가 평균은 40.5%로 나타났다"고 설명했다.

김 의원은 "이 조사결과는 결혼과 출산이 세계적으로 필수가 아닌 선택으로 전환이 가속화됨을 나타내는 것"이라면서 "비혼출산율이 점차 높아지는 선진국의 사례를 참고한다면, 미혼모·부 지원정책을 저출산 대책과 연계하는 것은 반드시 이뤄져야 한다"고 촉구했다.

출처 : 데일리한국(2018. 12. 10).

대만 동성결혼 합법화 : 동성결혼 찬반 국민투표 '반대파' 승리

탄자니아 정부가 동성애자를 검거하는 '특별 감시팀' 만들었다
인도 법원, 레즈비언 커플 동거 허용 판결
대만, 동성결혼 찬반 묻는 국민투표 시작

만약 이번 국민투표에서 찬성표가 더 많이 나와 입법 절차를 거쳤다면 대만은 아시아에서 동성결혼을 합법화하는 첫 나라가 될 전망이었다.

대만 법원은 2017년 5월 동성혼을 금지하는 현재 법안이 헌법에 어긋나고, 국민의 평등을 침해한다고 판결했다.

이어 대만 입법원(국회)에 동성혼을 합법화하도록 법을 개정하든지 동성 간 시민결합(civil partnership)을 허용하는 법을 통과시킬 것을 요구했다. 또 입법 절차가 2년 이내에 이뤄지지 않을 경우, 동성결혼을 희망하는 예비부부는 판결에 따라 법적 부부가 되는 절차를 밟을 수 있다고 덧붙였다.

하지만 이에 반발하며 보수단체, 인권단체 등이 국민투표 청원서를 내며 최종 결정은 국민의 몫이 됐다.

'반대해도 바꾼다'

이번 국민투표 청원서를 제출한 보수단체들은 '결혼'을 남성과 여성 사이에 성립되는 관계로 규정한 현 민법을 유지하자고 주장했고 LGBT 지지 운동가들은 개정할 것을 주장했다.

쉽게 말해 혼인 주체를 '남녀'로 제한할지 아닐지에 대한 질문이 주어진 것이다. 24일 발표된 결과는 결혼을 앞으로도 남녀로 제한하자는 반대 측의 승리였다. 하지만 정부는 국민투표 결과에도 불구하고 법안을 개정할 예정이라고 밝혔다. 동성 간 시민결합을 허용하는 법을 통과시키라는 법원의 명령을 따라야 하기 때문이다. 정부는 이를 위해 민법을 개정하는 대신 특별법을 따로 개설해 시민결합을 허용시킬 것으로 보인다.

출처 : BBC 코리아(2018. 11. 25).

4) 가족의 기능

가족은 보편적으로 두 가지 기능을 수행한다. 하나는 구성원에게 애정과 친밀한 관계로 정서적 지원과 성장, 성숙을 돕는 것이다. 다른 하나는 자녀의 출산과 양육을 통해 사회 성원을 충원하는 것이다. 또한 가족의 기능은 고유기능, 기초기능, 부차적 기능으로 나누어 설명할 수 있다. 이들은 각각 가족 구성원 개개인에 대한 대내적인 기능과 사회 전체에 대한 대외적인 기능으로 나눌 수 있다.

(1) 고유기능

가족의 고유기능은 대내적인 기능으로 애정, 성의 기능과 생식, 양육의 기능이 있다.

가족은 부부의 성적 욕구를 충족시키는 기능을 가지고, 이를 통해 자녀를 출산하게 된다. 이 생식의 기능은 사회의 다른 집단은 대신할 수 없는 것으로 가장 중요한 기능이다.

대외적인 기능으로는 성적인 통제와 사회 구성원 충원의 기능이 있다. 성적인 통제는 결혼을 통해 사회에서 공인을 받는 것으로 전체 사회의 성관계를 질서 있게 통제해 준다. 사회 구성원의 충원은 자손의 재생산을 통하여 국가의 인구를 형성하고, 사회의 보존·발전에 기여하는 것이다.

① **애정의 기능** : 한 남녀가 애정을 바탕으로 가정을 이루며 그들의 자녀를 사랑으로 양육하는 집단이다. 현대의 가족은 다양한 가족의 출현과 산업화, 도시화, 가치관의 변화로 애정의 기능을 중요시하게 되었다. 복잡한 산업사회에서 많은 긴장감과 갈등 속에서 살아가야 하는 현대 가족에서는 정서적 안정감과 사랑을 가족으로부터 제공받아야 하기 때문에 중요한 기능이다.

② **성적 통제 기능** : 성적 무질서를 방지하면서 사회적으로 인정되는 방법으로 성적 욕구를 충족하도록 하는 제도가 결혼이다. 따라서 결혼이라는 사회제도가 전체 사회에 대하여 어느 정도 성관계의 통제 기능을 담당함을 의미한다. 어느 사회나 국가에서 결혼을 제도화한 이유는 성적 관계를 규제하기 위함이며, 이에 따른 규범은 시대나 사회배경에 따라 다소 차이는 있어도 소멸되지는 않을 것이다.

③ **생식의 기능** : 이 기능은 조직의 구성원을 충원하기 위한 재생산의 기능이다. 모든 사회의 조직은 그 사회의 존속을 위해 사망한 사람의 빈자리를 보충해 나가야 한다. 가족은 그 기능을 담당하고 있고, 이는 가족 이외의 다른 집단이 대신할 수 없는 기능 중 하나이다.

④ **양육**(사회화)**의 기능** : 아이는 출생하면서부터 가족 구성원들에 의해 보호를 받으며, 가족생활을 통해 교육을 받게 된다. 가정에서는 아이들이 사회에 잘 적응하고, 자기에게 주어진 역할을 하고, 바람직한 인간으로 성장하도록 돕는 역할을 한다. 가족은 1차 집단으로 자녀의 인격 형성에 막대한 영향을 끼치므로, 나아가서는 건강한 사회인을 길러내는 기능이기도 하다.

(2) 기초기능

기초기능은 가족이 가지는 생산과 소비의 경제적 측면을 의미한다. 대내적으로는 생산과 소비의 기능을 하고, 대외적으로는 노동력의 제공과 생활보장, 경제질서의 유지기능을 한다. 그러나 오늘날의 가족은 생산보다 소비기능의 비중이 높다. 소비기능은 특히 도시에서 살고 있는 가족에게 비중이 매우 높다. 주로 의식주가 중심이 되어 외적 생활보장의 기능을 한다.

① **경제**(생산, 소비)**의 기능** : 전통사회 가족의 경제적 기능은 생산과 소비의 기능을 함께 수행했지만, 현대사회는 고도의 상업화, 상품의 대량생산으로 생산단위로서의 가족기능은 축소되었으며, 가족원은 산업사회에 노동력을 제공하고 그 대가로 임금을 받으며 이것으로 필요한 물품을 구입하게 된 것이다. 따라서 현대 산업사회의 가족은 상품 구매에 대한 현명한 소비자로서 능력이 요구된다.

(3) 부차적 기능

부차적 기능은 고유기능과 기초기능으로부터 파생된 것이다. 대내적 기능으로는 교육, 보호, 휴식, 오락, 종교적 기능 등이 있다. 대외적으로는 가족 구성원이 신체적 · 심리적 · 문화적 · 정신적으로 안정을 가지게 하여 사회안정 유지 및 재생산의 기능을 한다.

① **교육적 기능** : 교육적 기능은 문화전달기능에 대응한다. 양육의 기능으로 자녀가 사회에 적응하는 데 필요한 지식, 기술, 규칙 등의 기초적인 사회화를 시켜주는 것이다. 그러나 오늘날에는 교육이 교육전담기관인 학교나 학원 등에 의하여 수행되고, 가족의 사회화도 사회활동을 위한 조직체가 담당하여 교육적 기능을 가족 외에서 수행하는 비율이 늘어나게 되었다.

② **보호적 기능** : 보호적 기능은 외적 위험으로부터 가족 구성원과 가족의 재산을 보호하는 것이다. 특히 오늘날에는 익명적 · 대중적 사회생활 속에서 정신질병으로 인한 피해가 심각하므로 가족의 보호적 기능이 보다 중시되고 있다.

③ **휴식의 기능** : 휴식의 기능은 가장 특징적인 부차적 기능으로 가족 구성원에 대해 심신의 긴장과 피로를 해소하고, 노동력을 회복시키는 기

능을 의미한다. 이전의 사회는 과중한 노동으로 육체적인 피로가 많았지만, 오늘날에는 심신의 긴장이나 피로가 늘어, 이를 회복하기 위한 장소로 따뜻한 가족적인 분위기가 더욱 필요해지고 있다.

④ **오락의 기능** : 오락의 기능은 가족 구성원의 오락적 욕구를 충족시키는 기능을 의미하며, 여가를 즐길 때 가족 구성원이 한자리에 모두 모이게 되므로 교육적 의미도 수반될 수 있다. 오늘날에는 오락적인 욕구가 질적 · 양적으로 복잡하고 다양해져 가족 단위의 여가활동이나 오락이 증가하는 경향과 함께 컴퓨터나 TV, 스마트폰 등의 영향력이 증가하여 가족의 오락기능을 위협하는 경향이 나타나고 있다.

⑤ **종교적 기능** : 종교적 기능은 종교적 의례와 형식만을 의미하는 것이 아니라 가족의 신앙적 욕구를 충족시키는 기능이다. 삶에 감사하고 삶의 진리를 깨달으며, 인간의 한계를 인정하고 기도하는 생활태도를 의미한다. 과거의 가족은 종교공동체적인 성격을 지녔으나, 오늘날에 이 기능은 감퇴되고 있다.

부차적 기능의 대외적 기능은 대내적 기능에 대응한다. 그중 교육적 기능은 문화전달기능에 대응한다. 그리고 보호와 휴식의 기능은 심리적 · 신체적 측면에, 오락과 종교의 기능은 정신적 · 문화적 측면에서 사회안정화 기능에 대응한다. 이러한 대외적 기능은 대중사회로 사회가 변화하면서, 자기소외현상에 따라 발생하는 다양한 사회병리현상들로 인해 중요한 역할을 담당하게 되었다.

<표 1-2> 가족기능의 유형

성 격	대내적 기능 (가족 구성원 개인에 대한 기능)	대외적 기능 (사회 전체에 대한 기능)
고유기능	애정, 성	성적 통제
	생식, 양육	자손의 재생산(사회 구성원 충족)
기초기능	생산(고용, 수입 획득)	노동력 제공, 분업에 참여
	소비(의식주, 문화적 욕구충족)	생활보장, 경제질서의 유지
부차적 기능	교육(개인의 사회화)	심리적 · 신체적 · 문화적 · 정신적 안정
	보호	
	휴식	
	오락	
	종교	

2 가족복지의 개념과 필요성

1) 가족복지의 개념

(1) 가족과 사회복지의 관계

가족복지의 개념을 정의하기 위해서는 '가족'과 '복지'에 대한 이해가 필요하다.

가족(family)이란 앞서 살펴본 바와 같이 전통적으로는 혼인, 혈연 및 입양을 통해서 이루어진 관계자들의 집단이다. 이들은 의식주를 공동으로 해결하고 정서적으로 유대를 가지며, 공동체적 생활방식을 갖는 집단이라고 정의하면서, 현대사회에서 보다 보편적으로 통용되는 연대의식을 가지고 일상생활을 함께하는 광의의 정의를 의미하였다.

복지(welfare)란 안녕(well-being)의 의미로 사용되며 더할 나위 없이 좋고 만족스러운 삶과 건강, 행복의 조건들이 만족스러운 안녕의 상태를 말한다. 또한 공적 구제(public relief)의 의미가 포함되어 인간의 안녕된 삶을 위한 적극적인 사회적 노력이라 할 수 있다.

가족은 사회의 유지와 발전을 위해 필수불가결한 제도이다. 건전한 가족생활을 보장하는 것이 사회의 중요한 의무가 되어가고 있고, 특히 도시가족의 급격한 핵가족화, 맞벌이, 농촌지역의 해체현상, 이혼가정, 여성취업인구의 증대 등 산업화 과정에서 가족은 사상 유래가 없는 중대한 변동을 일으키고 있다.

전통적으로 가족과 가족문제는 사회복지의 주요 관심 대상이 되어왔다. 인간을 상품화하는 시장영역이 커질수록 가족 구성원의 보호라는 가족의 전통적인 기능은 약화되었으며, 개인에게 감정적 지원과 만족감을 주는 안식처로서의 가족의 중요성은 더해갔지만, 그러한 기능을 가진 가족은 점차 사라지고 있다는 것이다. 이러한 상품시장의 왜곡을 풀어내기 위한 사회적 기제로서 사회복지제도화의 필요성이 증대되었다.

그러므로 20세기 선진국들의 사회복지제도는 가족의 전통적인 보호기능을 대행해 주는 대체물로서 성장하였다. 이런 의미에서 한 국가의 사회복지정책은 가족정책과 동전의 양면관계에 있다고 할 수 있다. 20세기 복지국가의 유형 차이를 설명하는 가장 중요한 변수 중 하나는, 그 국가가 실제적인 가족의 변화를 인정하고 새로운 변화의 방향을 적극적으로 주도했느냐, 아니면 낭만적인 가족 개념을 포기하지 못하고 가족구조의 변화를 병리적인 것으로 인식하여 그 변화를 저지하고 역기능적인 가족을 원조하는 데 주력하였느냐 하는 태도의 차이이다.

이런 점에서 현대사회에서는 여러 가지 가족문제를 가족병리현상으로 간주하고 있다. 예를 들어, 가족해체, 아동의 인권침해, 한부모가족의 급증, 사생아의 증가 등 지금까지는 그렇게 많이 볼 수 없었던 사회병리현상의 급증에 직면하여 가족을 재발견하기 위해서는 가족에 대하여 일관된 사회적 중요성을 갖춘 사회복지 대응에 관한 합의와, 가족에 대해 보다 통합되고 체계화된 사회복지적 접근이 필요하다고 보았다(전선영 외, 2011 : 43). 즉, 가족과 아동의 양육을 위해 어떠한 접근이 이루어져야 하는지, 그 접근을 어떻게 적용해야 하는지, 사회보장제도와 어떻게 관련지어 나가야 하는지 등의 과제가 제기되는 것이다. 그리고 이와 같은 가족에 대한 사회복지 접근은 가족을 더 건강하게 만들고 자녀의 생활환경을 개선하기 위한 접근이 되어야만 한다. 그러므로 자녀에게만 초점을 둔 사회복지정책도 필요하지만 더 중요한 것은 '가족에 대한' 그리고 '가족을 위한' 사회적 정책을 시행하여야 한다.

이렇게 사회복지에서 가족이 중시되는 이유는 다음과 같다. 가족은 사회의 기본 단위이고 가족 구성원을 1차적으로 보호하며, 복지서비스를 제공하는 대상으로 기능하기 때문이다. 그리고 근대적인 사회복지제도들은 가족이 제공하던 상부상조의 복지기능의 약화로 그것을 보완하기 위해 만들어진 것이다.

현대사회에서 가족은 상부상조의 기능을 상당 부분 상실하였지만, 사회의 기본 제도이자 정서적 욕구충족의 장소로 기능하여 여전히 중시되고 있다. 그러므로 사회문제의 해결을 1차적으로 가족이 담당하기 때문에 가족에게 기대하는 복지의 책임은 매우 크다. 그러나 현대 가족은 자본주의의 구조적 모순, 산업화, 가족규모의 축소와 그 기능의 약화, 다양화된 가족형태, 가부장주의 가치와 양성평등주의 가치의 혼재 등으로 인한 결손가족 문제, 가족폭력 문제, 노인가구 가족문제, 장애인가족 문제, 비행청소년 가족문제,

알코올중독자 가족문제, 다문화가족 문제 등의 사회문제를 직면하고 있다.

이러한 가족의 중요성과 그 가족이 가지고 있는 심각한 문제로 인해 사회복지는 그 시작부터 가족을 사회복지사업의 주 대상으로 선정하였고, 사회복지학에서도 가족에 관한 연구를 중요하게 다루었다. Richmond가 1917년 그의 저서 『사회진단(Social Diagnosis)』에서 가족환경을 개인의 생활배경으로 사회사업 영역에서 중요하게 다룬 이후로, 가족에 대한 연구는 사회복지사업에서 가족의 문제를 해결하고자 하는 가족복지사업, 가족복지정책, 가족사회사업, 가족치료 등의 명칭으로 나뉘어 발달하였다.

한편 가족에 대해 사회복지적으로 접근한다는 것은 가족문제를 해결하기 위한 사회복지적 대책을 강구하는 것을 의미한다. 여기서 사회복지적 대책이란 가족문제를 해결하기 위해 사회복지의 방법이 사용된다는 것이다. 이런 점에서 이념으로서의 가족에 대한 사회복지적 접근은 산업혁명 이후 영국을 비롯하여 프랑스, 독일 및 스칸디나비아에서 시작되었으며, 실천으로서의 가족에 대한 사회복지적 접근은 다양한 형태의 서비스 또는 프로그램을 중심으로 미국에서 발달되었다(Munson, 1980).

오늘날 가족에 대한 사회복지의 책임논의는 상반된 두 가지 차원을 갖는다. 하나는 과거에 가족의 사적인 영역으로 생각되었던 부분이 점차 공적 영역화되는 것이다. 예를 들면, 건강과 성에 관련된 정보나 교육 등은 가족의 사적인 영역으로 가족이 그 역할에 실패하였을 때만 공적인 책임이 되었지만, 최근에는 가정생활교육, 가정폭력, 미성년자 임신, 학대, AIDS 예방교육 등의 예방적 프로그램으로 전환되었다.

다른 하나는 과거에는 공적인 책임으로 생각되었던 부분들이 다시 가족의 사적인 영역으로 되돌아가는 것이다. 예를 들면, 복지개혁을 통해 일을 통한 복지(workfare)를 강조하며 개인의 책임을 강조하는 나라가 미혼모와 그 아동 또는 빈곤가족을 위한 경제적 지원을 줄이고, 이에 대해 노동과의 교환을 요구하는 정책적 시도가 있다.

위와 같이 가족의 사회복지 책임에 대한 논의가 있지만 사회복지의 출발이 가족에서 이루어졌음을 알 수 있다. 그리고 오늘날에도 가족은 사회복지 분야 중 중심적인 활동분야로 존재하고 있다.

(2) 가족복지의 개념

사회의 기본 단위인 가족은 인간의 성장과 발달, 문화전달, 양육을 담당하는 1차 집단으로 위대한 생존가치와 능력을 가진다. 또한 가족은 현대사회의 급격한 변동에도 가족생활은 개인의 생활주기를 통해 다른 사회부분에서 발견할 수 없는 중요한 가치를 지니고 있다. 그러나 가족의 규모와 기능이 축소되면서 가족을 중심으로 일어나는 사회문제를 해결하기 위해 가족복지가 요청되고 있다.

가족복지란 가족의 삶이 행복하고 안정되며 바람직하도록 사회 구성원 전체가 집단적으로 노력하는 것을 말한다. 또한 이것은 건강한 가족이 더욱 안정적이고 질 높은 삶을 살 수 있도록 지지하고, 직면한 문제를 극복 또는 해결하기 힘든 위기가족을 다양한 수단과 기관을 통해 도움을 주는 노력이다.

그러나 가족복지는 가족이 가지는 복합성, 포괄성과 사회복지가 가지는 고도의 다양성으로 인해 개념을 고정화하기 매우 어렵다. 가족은 사회의 일부로서 모든 문제와 정책에 직간접적으로 끊임없이 영향을 받으며, 사회복지의 다른 분야인 아동문제, 노인문제, 장애인문제, 여성문제 등과도 중첩되어 구분이 모호하기 때문이다. 또한 가족복지의 대상을 규정할 때 가족구성원 간의 상호작용과 역할관계가 모두 고려된 가족정체성을 고려하기보다는 실용적이고 편의적인 개인 단위로 규정하는 경우가 많기 때문이다.

이렇게 볼 때 가족복지는 가족의 복지를 추구하기 위한 인간의 공동체적 노력으로 볼 수 있다. 그러므로 가족복지의 개념은 문화적 양상에 따라 다양한 의미를 나타낼 수 있으며, 여러 학자들의 정의를 살펴보면 다음과 같다.

Feldman과 Scherz(1968)는 가족복지란 전체로서의 가족은 물론 그 구성원의 사회적 기능수행을 효과적으로 증진시킴으로써 가족 구성원 모두의 행복을 도모하기 위한 사회복지의 한 분야라고 하였다.

조흥식 등(1997)은 가족복지란 목적 면에서는 국민의 생활권의 기본 이념에 입각하여 가족의 행복을 유지시키고자 하는 것이며, 주체 면에서는 가족을 포함한 사회 구성원 전체가 되고, 대상 면에서는 가족 구성원 개개인을 포함한 '한 단위로서의 가족 전체'가 되며, 수단 면에서는 제도적 · 정책적 · 기술적 서비스 등 조직적인 제반활동이 되고, 범위 면에서 사회복지의 한 분야인데 추상적인 목적 개념이 아니라 복지라는 목적 달성을 위한 현실적인 수단으로서 실체 개념을 갖는다고 하였다.

최경석 등(2003)은 가족복지를 사회의 한 단위로서의 가족의 전체성을 주목하면서 가족과 그 구성원이 경험하는 문제를 해결하여 가족이 건강하고 행복한 상태를 유지할 수 있도록 하는 거시적이고 미시적인 사회적 대책으로 정의하였다.

김영화 등(2010)은 가족복지를 가족의 욕구와 문제를 스스로 충족시킬 수 있도록 그 잠재력을 개발하고, 가족의 역할과 기능을 활성화시키며, 생활의 질적 향상을 위해 여러 가지 형태로 사회가 개입하는 것으로 정의하였다.

이렇듯 가족복지는 다양하게 규정되거나 구체적으로 규정하기 어려워 그 개념이 다양하게 정의되지만, 가족문제를 가족 전체(family as a whole)의 맥락에서 본다는 것에는 대체적으로 합의하고 있다.

이상의 정의에 근거하여 가족복지는 가족이 욕구를 충족할 수 있도록 그 가족의 잠재력을 개발시켜 주거나 가족문제의 예방 및 해결, 가족 구성원의 사회적 기능 수행의 활성화와 생활의 질적 향상들에 전문적 지식과 기술을 두는 과정이라 할 수 있다. 이것은 가족 구성원의 만족스러운 삶 그 이상의 상태를 지향하며, 그를 위한 구체적 실천활동까지 포함하는 개념이다.

(3) 가족복지의 의의

가족과 사회의 관계를 살펴보면, 사회는 가족을 기본적이고 핵심적인 단위로 삼아 존속・발전하기 때문에 사회는 가족의 생존과 복지를 보장해 주는 기능을 수행하게 된다. 그러므로 사회가 가족의 기능과 구조를 바람직한 방향으로 이끌고, 가족의 복지를 증진시키고자 노력하는 것은 사회의 존속과 발전뿐만 아니라 가족의 존속과 발전을 위해서도 필요한 일이다.

가족의 기능이 잘 수행된다는 것은 가족 구성원 개개인이 주어진 복지적 책임을 잘 수행한다는 의미이다. 그러나 사회가 변화되면서 가족이 그 맡은 바 기능을 수행하는 것이 점차 힘들어지고, 사회를 대표하는 국가가 가족의 복지기능을 강화・보완・대리하기 위하여 제도적인 노력을 기울이게 되어 복지국가가 탄생하게 되었다.

가족은 구성원들의 일상적인 욕구를 충족시키면서 개인의 발전과 복지를 돕고, 개인이 사회에서 기능적인 역할을 하게 하여 사회의 유지와 발전을 돕는 것에 그 본질적인 의의가 있다. 그런데 가족기능의 일부를 사회의 다른 제도가 수행할 수는 있지만, 그 다양하고 복합적인 기능을 지속적으로 수행할 수는 없다. 여기에 바로 가족복지의 의의가 있다.

(4) 가족복지의 목표

가족복지의 목표는 가족복지를 통하여 실현하고자 하는 것으로, 가족복지에 관심을 갖는 이유이다. 이것은 하나의 절대적인 개념이 아니라, 한 사회의 경제, 정치, 역사적 배경에 따라 다양하게 변화한다. 그중 기본적으로 염두에 두어야 할 가족복지의 목표는 다음과 같다.

① 가족의 안녕 추구

가족복지는 가족의 문제와 욕구를 해결하여 개인과 가족의 안녕을 추구해야 한다.

② 가족 구성원 간의 권리보장과 평등증진

현행의 가족관련 법률에 제시되고 시행되고 있는 가족정책은 대체로 바람직하다. 하지만 아직은 가족 구성원 간의 권리보장과 평등증진의 목표를 반영하는 데 부족한 부분이 존재한다. 그러므로 다양한 가족 구성원 간의 문제를 해결하고 예방하기 위해서는 법적 장치와 제도적 장치가 가족 구성원의 권리와 평등을 보장하는 것에 목표를 두고 실천되어야 한다.

③ 새로운 가족형태의 인정

사회와 가치관의 변화에 따라 새로운 형태의 가족이 출현하고 있음을 인정하고, 이를 정책에 반영해야 한다. 즉, 전통적인 직계가족이나 핵가족만이 아니라 새로이 나타나는 한부모가족, 아동가장가족, 노인단독가족 등의 가족형태를 인정하고, 그들이 가진 문제를 해결하기 위한 정책을 적극적으로 시행하여야 한다.

④ 사회문제의 근본 해결

가족복지는 사회의 변화를 유도하고, 사회문제를 해결하는 데 기여해야 한다. 가족의 문제해결은 인간이 끊임없이 추구해온 가치인 평등과 자유의 개념을 실현하는 수단이며, 이를 통해 사회변화를 유도할 수 있어야 한다.

(5) 가족복지의 대상

가족복지의 대상은 가족으로 구성된 개개인이 아니라 가족 전체라는 사실을 전제로 해야 한다. 기존의 복지는 아동, 청소년, 여성, 노인, 장애인 등 가족을 구성하는 개개인을 대상으로 하여 가족복지라고 할 수 없다. 그러므로 가족복지의 대상은 반드시 '전체로서의 가족'이어야 한다. 이를 좀 더 구체적으로 설명하면, 가족복지의 대상은 국가와 가족의 입장에서 본 가족의 문제와 욕구이다. 욕구와 문제는 밀접한 관련이 있는데, 만일 가족의 욕구가 충족되지 않는다면 가족의 문제가 사회문제가 되기 때문이다.

1970년대까지 미국에서는 일반적으로 가족복지의 대상영역을 세 가지로 정리하였다. 첫째, 가족의 스트레스 상황으로 가족 구성원의 갑작스러운 사망, 이혼, 가장의 전근, 낯선 지역으로의 이사, 가장의 실직 등의 경우다. 둘째, 경제적 곤경 및 사회자원 도입의 곤란 등 경제적 · 사회적 요구를 충족할 수 없는 상황에 놓이는 경우다. 셋째, 가족관계, 가족 구성원의 개인적인 기능의 장애상황으로 가족 구성원 중 일부가 이상성격으로 곤란한 문제가 발생하여 가족이 사회적 기능을 수행하는 데 제한이 생기는 경우다(NASW, 1990).

또한 가족복지의 대상을 가족의 구조, 기능, 그리고 가족의 주기에 따라 구체적으로 분류할 수 있다.

가족구조상의 특성에 따른 대상은 가족구조의 특성에 따라 가족복지의 대상을 규정하는 것이다. 예를 들어, 맞벌이가족, 미혼모가족, 이혼 및 재혼가족, 아동가장가족, 독신가족 등의 가족에 개입할 때, 가족의 구조의 다양성을 고려하여 각각의 가족이 가지고 있는 특성에 따라 복지개입을 다르게 하는 것이다.

가족기능상의 문제에 따른 대상은 가족기능상의 문제에 따라 가족복지의 대상을 규정하는 것이다. 예를 들어, 학대, 알코올중독, 약물중독, 청소년 비행 및 가장의 실직으로 인한 소득의 상실 등으로 가족이 병리적 또는 경제적인 측면에서 기능상의 손상을 경험하는 가족과 장애로 인해 심리적·의료적 문제를 겪고 있는 가족의 경우를 말한다.

가족의 생활주기에 따른 대상은 가족의 생활주기에 따라 다양한 변화, 위기, 문제를 경험한다. 가족의 성립기, 육아기, 노후기의 세 시기로 나누어 각각에 해당하는 가족복지 대상영역을 설정하고 있다.

가족의 성립기에서는 불건전한 결혼의 형태가 주요 대상으로, 이는 가족구성원 상호 간의 불균형을 낳게 된다. 일반적인 결혼의 유형으로 부모-자녀관계와 비슷한 결혼, 투사적 동일화의 결혼, 부부간에 거리가 있는 결혼, 미성숙한 결혼, 상호 의존이 강한 결혼, 지배-굴복적 결혼, 공생적 결혼이 있다.

육아기에는 건전한 육아기능 수행이 가족복지의 대상이 된다. 육아기능의 주된 목표는 양육자와 피양육자 간의 건전한 신뢰감 육성, 자기통제, 사랑하고 사랑받는 능력의 조장, 훈련, 학습능력의 습득을 도와주는 것이다.

노후기에서는 노후문제가 가족복지의 대상이 된다. 가족주기의 마지막 단계인 노년기를 65세 이상으로 규정하고 노후문제에 초점을 맞추는데, 이는 노인 단독의 문제가 아니라 가족의 문제로서 현대 가족복지의 주요 대상영역이 된다.

이상의 논의는 주로 가족 내부와 관련이 있다. 그러나 국가의 정책이나 법, 그리고 행정조직에 따라 가정복지의 대상이 구체적으로 규정된다고 볼 수 있기에 가족에 대해 국가가 어떻게 대응해야 하는가에 대한 논의 또한 이루어져야 한다. 현행 우리나라의 가족복지 대상은 요보호대상자 중심으로, 가족 전체로서의 접근이 아니라 가족 구성원 개인이다. 또한 가족문제를 빈곤과 이로 인한 소득의 상실, 질병, 자녀양육문제 및 여성의 모성보호문제, 그리고 노후대책문제와 장애인가족 문제 등으로 분리·제한하고 있다.

(6) 가족문제

가족문제는 가족 구성원이 가족 내에서 욕구가 충족되지 못하여, 자신의 역할을 적절히 수행하지 못하게 되어 가족기능과 가족관계에 결함이 발생하여 가족해체현상이 나타나는 모든 현상을 의미한다. 이는 그 발생의 원인이 가족 외부에 있는지 내부에 있는지에 따라 구별할 수 있다.

① 가족 외부문제

가족 외부의 일로 인한 문제는 가족과 관련된 사회경제적 문제로 가족에게 영향을 주는 경제적 상황, 불평등, 실업, 무주택, 교육과 의료기회의 박탈 등이 있다.

② 가족 내부문제

가족 내부의 문제는 가족 구성원 간의 관계문제와 내적 문제로 구분할 수 있다. 가족 구성원 간의 관계문제는 가족의 전체성에 영향을 미치는 것으로 가족 구성원의 역할불이행, 갈등, 가족 구성원의 증가 또는 감소, 별거, 이혼 등이 있다. 가족 구성원의 내적 문제는 가족 구성원의 적응능력, 상호작용, 행동장애 등이며, 이는 가족 외부문제와 마찬가지로 가족의 정체성에 영향을 준다.

<표 1-3> 가족문제의 분류

문 제	내 용
구조적 가족문제	가족문제의 발생원인이 가족의 구조적 결함에 있다. 결손가족이나 가족 구성원상의 문제로 가족 구성원 간의 연령차, 성별, 구성원의 부재 등이 문제의 원인이다.
기능적 가족문제	가족 내 하위체계의 기능, 가족 구성원의 역할기능을 가족문제의 원인으로 본다. 가족 내의 하위체계로는 부부관계, 부모–자녀관계, 형제자매관계 등이 있다. 가족 구성원의 역할기능으로 인한 문제는 사회의 급격한 변화로 갈등이 발생하며 파생된다.
사회환경적 가족문제	가족문제의 원인은 가족 내에만 존재하는 것이 아니라 사회·문화적 요인, 지역사회, 경제체제 등과도 연관이 있다. 많은 가족이 빈곤, 실업, 범죄 등의 사회경제적 문제에 노출되어 있으며, 이러한 요인들은 가족의 관계와 기능문제의 원인이다.
역동적 가족문제	가족문제가 구조적·관계적·사회경제적 조건 등의 상호 역동성에 의해 발생한다고 보는 것이다. 예를 들어, 구조적 결함으로 인한 결손가족, 기능적 장애로 인한 경제적 부양기능의 결여, 가족의 감정관계로 인한 부부관계의 혼란 등의 문제가 상호 역동적으로 발생한다는 것이다.

2) 가족복지의 필요성

오늘날의 가족은 사회경제적 변화를 비롯하여 가족의 구조나 관계, 기능, 역할, 가치관, 그리고 가족생활 전반에 걸쳐 많은 변화를 겪고 있다. 그로 인한 가족 내부적인 변화로 가족은 다양하고 복잡한 가족문제에 직면하고 있으며, 가족문제의 증가는 개인과 사회에 많은 부담과 부작용을 가져오게 된다. 이러한 상황 속에서 그동안 가족이 수행하던 기능들이 축소되면서 가족복지서비스가 가족기능을 보완하고 대체하게 되어, 가족복지가 더욱 필요해졌다.

① 가족과 사회관계의 변화

가족은 사회의 존속을 위해 필수적인 존재로서 가족과 사회의 관계성은 보다 긴밀해지고 있다. 하지만 가족은 사회의 변화로 인해 과거에는 경험하지 못했던 문제를 가지게 되었다. 그 결과 취업모의 증가, 핵가족화, 탈시설화 정책, 비용절약정책 등의 이유로 가족의 구성원들은 가족에게 보다 많은 보호와 복지에 대한 책임을 요구하고 있다. 따라서 가족의 책임을 잘 수행할 수 있도록 다양한 사회복지서비스가 제공되어야 한다.

② 가족에 대한 개입의 관점변화

과거에는 가족 구성원의 보호와 복지는 가족의 책임으로 제3자인 국가가 개입하는 것이 더 많은 문제를 야기한다는 입장이었다. 하지만 오늘날에는 사회문제 해결에 국가의 개입을 부정적으로 바라보던 신자유주의자들조차 사회복지제도의 개혁을 추진하면서 가족복지 프로그램을 집중지원하는 경향으로 가족에 대해 국가가 개입하는 것을 요구하고 있다.

③ 다양한 가족형태의 등장과 욕구변화

다양한 가족형태가 등장하고 그에 맞추어 다양한 욕구변화가 발생하여 이를 충족시켜 주는 가족복지서비스가 필요해졌다. 맞벌이가족, 재혼가족, 한부모가족, 소년소녀가장가족, 독신가족, 동성부부가족, 집단가족 등 다양한 가족이 점차 증가하면서 기존의 가족복지정책으로는 가족 구성원들의 다양한 욕구를 충족시키기 어렵게 되었다.

④ 가족문제에 대한 가족 단위의 접근변화

점차 인간과 사회문제를 해결하는 데 가족이 효율적인 단위라는 사실이 강조되고 있다. 그 예로 인간의 문제를 해결하기 위해 개인을 대상으로 한 접근보다 가족을 단위로 한 가족치료가 보다 효과적이다.

3 가족복지의 접근방법

가족복지는 다양한 가족문제에 의도적으로 직간접적 방법을 사용하여 개입하는 것을 의미한다. 그러므로 가족복지의 접근방법은 간접적 방법인 가족복지정책과 직접적 방법인 가족복지서비스로 나누어 볼 수 있다.

가족복지정책적 접근방법은 가족문제에 대한 예방적 방법으로, 가족문제를 사회 전체의 문제로 보고 가족이 전체 사회와의 관계에서 제도로서 잘 존속하거나 기능할 수 있도록 사회적 조건과 환경을 조성해 가는 접근방법이다. 이는 가족에게 직접 개입하지 않고 법과 제도를 통해 거시적이고 간접적으로 접근한다.

가족복지서비스적 접근방법은 사후 회복적 방법으로, 문제 또는 장애로 고통받고 있는 가족에 직접적으로 개입하여 심리적 서비스를 제공하거나 지역사회 정보나 연계를 활성화하는 것과 관련된다.

위의 접근방법들은 간접적 및 직접적 접근의 시각 차이가 있을 뿐, 가족의 사회적 기능수행 향상과 가족의 행복을 추구한다는 점에서 상호 보완적인 관계에 있다.

1) 가족복지정책적 접근방법

가족정책은 문제가족에 대하여 사후 복귀적 관점보다 예방적 관점을 가지고 사회 질서가 무너져 사회적 위험으로 나타난 사회구조적 문제를 국가의 책임으로 보면서 제도적·환경적·거시적으로 접근하는 것이다. 즉, 가족정책은 국가가 가족을 위해 시행하는 모든 활동을 의미한다.

이러한 가족정책의 용어 사용은 역사적으로 변화해 왔다(Kamerman & Kahn, 1978).

첫째, 처음에 유럽에서는 포괄적으로 가족에 대한 수당, 보편적 가족급여, 소득세제 등과 같은 가족을 유지하는 소득재분배의 의미로 주로 사용되었다. 현재에도 이러한 맥락은 남아 있다.

둘째, 인구정책과 장기간에 걸친 인구계획의 맥락에서 사용되었다.

셋째, 부적응 가족으로 불리는 가족, 즉 결손가족, 장애가족, 노인가족, 빈곤가족, 무주택가족 등을 중심 대상으로 하는 맥락에서 사용되었다.

넷째, 최근의 개념으로 아동의 인권옹호 및 주부를 위한 사회적 정책의 맥락 속에서 가족정책이 강조되었고, 특히 취업모를 위한 시책으로서 가족정책을 다시 보게 되었다.

(1) 가족정책의 분류

가족정책의 영역은 일반적으로 명시적 가족정책, 묵시적 가족정책 등으로 분류된다(NASW, 1995).

① 명시적 가족정책

명시적 가족정책은 정부가 특정한 기획과 정책을 시행할 때, 그것이 가족에게 분명하게 관여하여 가족정책의 목표를 얻을 수 있는 것이다. 예를 들어, 아동복지서비스, 가족상담, 생활부조, 가족계획, 각종 조세혜택, 주택정책 등을 들 수 있다.

② 묵시적 가족정책

묵시적 가족정책은 정책의 목표를 모두 얻을 수 없더라도 가족에 대해 관여하고 있는 기획이나 정책을 말한다. 가족에게 직접적, 특정적, 1차적으로 관여하는 것이 아니라, 정부와 행정기관이 행하는 활동이 간접적으로 가족을 위해 사회적 중요성을 가지는 것이다. 예를 들어, 공장을 어디에 설치해야 하는가, 도로와 건물의 배치를 어떻게 해야 하는가, 관세조정과 이민정책 등을 들 수 있다.

이 외에도 사람들이 가족정책에 대해 요망하고 있는 것을 살펴보면 다음과 같다. 자녀교육정책의 충실, 인구정책의 충실, 노동시장에서 여성의 처우 개선과 그 대책에 관한 시책의 충실 등이다.

(2) 가족정책의 장점

현대사회에서 가족정책이 점점 중요하게 요구되는 이유는 다음과 같은 장점들을 가지고 있기 때문이다.

① 가족정책은 전통적으로 유지되어 온 핵가족의 붕괴를 방지하는 하나의 잠재적인 전략이 될 수 있다.

② 가족정책은 사회복지 전개와 분석에 유용한 틀을 제공할 수 있으며, 끊임없이 변화하는 가족의 복지요구에 즉각적으로 대응할 수 있다.

③ 마지막으로, 가족정책은 모든 영역에서 지금까지의 제반 사회정책과 공공정책을 평할 수 있는 하나의 기준이 될 수 있다.

(3) 가족정책의 대상영역

가족정책이 가족복지의 발전을 위한 하나의 수단으로써 그 합리성을 갖기에 가족정책을 평가할 때는 다음과 같은 대상영역들을 중심으로 해야 한다.

① 소득유지정책에 관한 것 : 사회보장, 금전부조, 물품부조, 각종 세금공제 혜택 등

② 인구정책에 관한 것 : 가족계획 등

③ 고용 및 노동시장의 촉진정책에 관한 것

④ 주택정책에 관한 것

⑤ 아동양육 프로그램 및 서비스에 관한 것 : 가정탁아, 각종 탁아센터 등
⑥ 보건 및 의료보호 정책에 관한 것
⑦ 대인복지서비스에 관한 것 : 카운슬링, 가정원조서비스, 급식서비스, 보육서비스 등

특히 대인복지서비스는 개별사회사업, 집단사회사업, 지역사회조직사업 등의 여러 가지 사회복지실천의 기법을 통합하여 성립되는 것이기 때문에, 사회정책의 중요한 과제로 삼아야 한다. 즉, 복지국가를 형성하기 위해서는 정책목표를 고려해야만 하고, 그 목표 중 하나로 대인복지서비스가 중요한 것이 된다.

(4) 가족정책 수립 시 고려할 점

가족정책을 평가할 때, 해당 국가의 사회제도와 역사적 배경을 고려해야 한다. 왜냐하면 사회제도와 역사적 배경에 따라 국가의 가족에 대한 사회복지적 대응정책의 구조와 기능이 다르게 나타나기 때문이다.

가족정책의 전체적인 모습은 그 사회가 추구하는 사회적 비전과 사회적 목표를 바탕으로 결정된다. 또한 전체 가족복지서비스 체계를 구성하는 중요 요소들은 가족정책에 의해 반영된다. 가족정책의 수립 시 고려할 중요 요소들은 다음과 같다.

① 가족정책의 목표가 갖는 가족 구성원 개개인의 보호 측면과 전체 가족의 유지 측면의 균형문제이다.
② 가족정책의 대상이나 중점 프로그램을 선정하는 과정에서 보편주의와 선정주의의 균형문제이다.
③ 재가가족중심 프로그램과 가족 외부에 존재하는 가족대체 프로그램 균형문제이다.

④ 전문주의 개입 대 일반주의 개입의 균형문제이다.

⑤ 예방 대 치료의 균형문제이다.

⑥ 가족정책 주관기관에 대한 관심문제이다.

⑦ 단기비용과 장기수익의 균형문제이다.

그러나 하나의 정책목표과제로서 정부가 가족정책을 실행해 나가기 위해서는 가족의 일상의 복지문제에 대해 직접적이고 광범위하게 다룰 수 있는 가족정책 관리운영체계를 조직해야 하는 등의 장애요소가 존재한다.

첫째, 비용문제이다. 많은 명시적 가족정책은 높은 시행비용을 전제로 한다.

둘째, 가치의 차이 문제이다. 개인의 가족관은 계급, 인종, 종교, 성별, 연령 등에 따라 매우 다양하다.

셋째, 정부의 역할에 대한 견해의 차이가 있다. 가족과 정부 간의 역할에 대한 상이한 견해가 다수 존재하고 있다.

넷째, 가족정책과 프로그램이 가족에게 악영향을 줄 수 있다는 견해가 있다. 가족정책의 시행으로 인해 지역사회의 보호사업과 부모의 자녀양육 책임이 감소되며, 전문가에 의한 가족정책이 소수민족의 발전을 위한 노력을 저해할 수 있다는 것이다.

다섯째, 장애요소는 가족정책의 발달을 과학적으로 예측할 수 없다는 것이다.

위의 문제들을 통해서 가족정책이 아직 풀어야 할 많은 과제를 가지고 있음을 알 수 있다. 그러나 이러한 문제점을 가지고 있어도 가족정책은 오늘날 중요한 사회복지정책의 하나로서 부각되고 있다.

2) 가족복지서비스적 접근방법

가족복지서비스적 접근방법이란 그 대상이 개인에게 있는 직접적 접근방법이다. 가족개입의 문제를 인간관계의 조정기술로 보고, 문제의 원인을 심리적·사회적 원인에서 주로 찾는다.

가족복지서비스와 관련한 가족연구는 그 역사가 오래되었다. Richmond (1997)로 대표되는 개별사회복지에 대한 연구가 나온 이래, 가족은 사회복지의 중요한 대상영역으로 파악되어 왔다. 특히 1960년대를 기점으로 가족을 하나의 유기체로서 접근하려는 시도가 활발하게 진행되었다. 이로써 가족복지서비스는 윤곽을 갖추게 되었다.

미국사회복지사협회(NASW)는 가족복지서비스의 내용을 가족상담과 가족치료에 관한 것, 자아심리학의 응용, 가족과 가족 구성원의 역할에 관한 것, 다양한 가족의 문제, 그리고 위기가족의 개입 등에 관련된 서비스로 설명한다. Munson(1980)은 가족복지서비스에 관련하여 Rogers의 가족역동성 이론을 틀로 사용하여 설명하였다. 그 틀은 가족행동이 사회제도적 측면, 집단상호작용적 측면, 개인심리적 측면의 세 구성부분의 상호 연관성에 의해 형성된다고 보았다. 즉, 가족복지서비스란 이 세 측면의 상호 연관성에 관련된 서비스를 말한다.

가족복지서비스의 영역은 다양하게 설명되지만, 그중 대표적인 프로그램은 다음과 같다.

(1) 가족복지서비스의 목적

가족복지서비스의 본질적 목적은 교육과 지지, 그리고 새로운 서비스 기술을 통해서 가족 구성원들 간에 임파워먼트함으로써 보다 건강하고 만족스러운 환경을 제공하는 데 있다. 가족복지서비스는 가족원 모두의 발달적 · 정서적 욕구를 충족시키면서 가족이 보다 완전하게 기능하는 것을 배우도록 돕는 것을 1차적 목적으로 한다. 구체적인 가족복지서비스의 목적은 다음과 같다.

① 사회와 가족의 변화에 따른 준비를 하고, 가족의 장점을 강화하는 것을 목적으로 한다.

② 가족의 상실된 기능을 회복하고 가족기능을 효과적으로 유지할 수 있도록 적절한 치료를 제공하고, 지속적인 추가지원을 제공하는 것을 목적으로 한다.

③ 가족의 생활주기와 효과적이고 만족스러운 일상생활을 유지하기 위하여 가족의 전체적 기능에 구체적인 변화를 창출하는 것을 목적으로 한다.

(2) 가족복지서비스 실천유형

① 가족에 대한 직접적 서비스

가족에 대한 직접적 서비스는 가족사회사업의 일련의 과정들이다. 이는 가족복지관이 주로 수행하는 것으로, 부부간의 문제, 부모-자녀 간의 관계 문제, 세대 간의 갈등 등의 문제에 특별히 전문가가 개입하는 방법이다.

가족사회사업은 상황에 따라 단기 또는 장기로 나뉜다. 직접적 면접을 통한 상담의 형식으로 진행되며, 경우에 따라 개인, 집단, 가족 전체에 적용된다. 진행은 가족사정과 초기 만남, 계약, 개입방법의 선택, 개입, 평가 등의 일련의 과정을 거친다.

② 가족보호

가족보호(family care)는 가정 내 발생하는 각종 장애 문제에 대해 보호를 제공하여 가족의 역할수행과 그 능력을 향상시키는 기능을 수행하는 것이다. 그 예로, 발달장애아동을 가진 가족, 치매노인 가족, 폭력가족, 알코올중독자 가족, 만성질환자를 가진 가족들에 대한 서비스를 들 수 있다.

③ 가족치료

가족치료(family therapy)는 가족을 단위로 하는 사회복지사업, 치료 및 상담 등의 방법을 절충하는 다양한 모델을 가지며, 가족복지기관과 사회복지 관련 분야에서 활발히 사용되고 있다.

가족치료는 가족진단을 기초로 가족문제를 해결하여 정상적 기능을 수행할 수 있도록 원조하는 직접적이고 전문적인 개입활동이다. 이러한 개입의 초점은 문제를 가진 가족 구성원에서 가족 전체로 옮겨 가족 전체가 변화에 참여할 수 있도록 유도한다.

이는 개인을 하나의 독립된 존재로 인지하는 것이 아니라, 환경과 상호작용하는 연대적 맥락 안에서 이해하기 위한 방법이다. 가족치료를 뒷받침해주는 이론으로는 일반체계이론, 구조이론, 상호작용이론, 발달이론, 의사소통이론, 역할이론 등이 있다. 가족치료는 가족체계에 초점을 두고 있어 개인상담에 비해 주어진 문제를 더 포괄적으로 이해할 수 있다. 또한 관계와 상황을 중시하여 다양한 접근이 가능하다.

④ 가족옹호

가족옹호(family advocacy)는 지역사회에 필요한 변화를 일으키기 위해 사람들이 사회행동에 사명을 가지고 가족의 욕구에 대한 직접적이고 전문적인 지식을 이용하게 하여, 가족의 생활조건을 향상시키도록 계획된 전문적 서비스를 말한다. 이러한 서비스의 목표는 현존하는 공공 및 민간 서비스와 그 전달체계의 수준 향상과 그 지역사회에 적합한 새로운 형태의 서비스를 개발하는 데 있다. 또한 가족옹호는 지역사회 내의 많은 가족에게 영향을 미치는 약물중독과 알코올중독, 정신적 장애 및 인권남용 등의 공통된 문제를 해결하기 위해 협동적 사회행동을 하도록 하는 데 목표를 두고 있다.

가족옹호서비스의 우선순위는 인종차별, 빈곤, 불의, 출신, 인간차별, 기회의 불평등 등으로부터 영향을 받고 있는 개인, 가족, 이웃 및 지역사회에 주어져야만 한다.

⑤ 가족생활교육

가족생활교육(family life education)은 가족생활의 질적 극대화를 실현하기 위해 집단역학의 학습과정을 통해 가족 및 개인의 사회적 기능을 향상시키려는 서비스이다. 가족 구성원들로 하여금 집단 및 지역사회생활의 정상적 형태 및 긴장 요소를 이해하도록 도와 대인관계를 향상시키고, 상황적 위기를 예방 또는 완화시키도록 돕는 데 그 목적이 있다. 대표적인 가족생활교육 서비스로는 부모역할훈련 프로그램이 있다. 일반적으로 이 서비스의 교육방법은 집단 참여자의 지적·정서적 경험을 활용하여 자신의 현실을 이해하고 가족의 문제해결 및 치료에 참여하게 하는 것이다.

가족생활교육은 가족원의 긴장과 가족 내 역기능 증가, 가족가치의 혼란과 탈규범적 가족문화의 출현, 가족의 교육기능 상실, 외부자원에 대한 가족의 욕구 증가, 가족 및 사회 변화에 따라 그 필요성이 더욱 강조되고 있으며, 가족강화에 대한 사회적 합의의 증가에 따라 세계적으로 널리 보급되고 있는 대표적인 예방적 차원의 가족복지서비스이다.

⑥ 가족계획사업

가족계획사업(family planning work)은 재생산적 건강보호서비스의 일종으로 임신 중절, 성병에 대한 보호, 영양, 자녀 계획, 임신을 위한 서비스 등을 제공하여 건강한 가족생활을 하도록 돕는다. 또한 혼전(예방성)·혼후(치료성) 상담 서비스가 있는데, 이것은 훈련을 받은 전문가가 혼전·혼후에 수반되는 여러 문제를 해결하고자 하는 과정에 참여하여, 행복한 결혼생활에 대비하게 하고 원만한 부부관계를 유지하도록 하기 위한 일종의 치료적 상담이다.

⑦ 가족보존과 가정기반서비스

가족복지기관들은 다양한 가족의 욕구를 충족 그리고 가족을 보존하기 위해 여러 가족보존과 가정기반서비스(family preservation and home-based services)를 개발하고 있다. 가정법률상담, 학령 전 아동 및 노인을 위한 주간보호 등은 가족보존을 위한 서비스이고, 다양한 접근 및 치료방법, 상호 보완적 서비스의 결합형태로 행해지는 것은 가정기반서비스이다. 이는 다양한 전달체계에 의해 수행된다.

오늘날의 가족복지서비스 관련기관은 특수집단이나 지역사회의 응급한 욕구를 충족시키기 위해 특수 프로그램과 가족상담, 가족옹호, 가정조성서비스, 가족생활교육 등의 다양한 서비스를 제공한다. 이러한 서비스들은 모두 인간사회의 기본 단위인 가족을 강화하여 체계보다 체계 내의 사람들을 돕기 위한 가족서비스라는 공통적인 사명감을 기본으로 하고 있다. 그러므로 모든 가족서비스기관은 인간의 존엄성과 가치에 입각하여 개인의 인권 및 가족의 권익을 보호하기 위해 노력해야 한다.

CHAPTER 02

현대 가족의 변화와 문제

학습목표

- 현대 가족의 변화를 설명할 수 있다.
- 사회문제와 연관시켜 현대 가족의 문제를 파악할 수 있다.
- 현대 가족의 문제를 해결하기 위한 방법을 제시할 수 있다.

1 현대 가족의 변화

현대사회 가족의 변화는 산업사회와 현대 도시의 성장으로 탈제도화, 다양화, 개인화 등 다양한 차원에서 우리들의 생활을 변화시켰다. 산업혁명 전에는 농촌공업의 가내공업에 종사를 하였고, 산업화 초기에는 공장에 취업하여 고된 도시생활을 하면서 양육의 버거움과 여성의 생활력 등이 강해지면서 점차적으로 대가족을 기반으로 한 가족구조에서 소규모의 가족구조로 변화하고 있으며, 노동시장을 중심으로 조정되는 생활방식 속에서 대규모 집단이나 공동체보다는 개인의 이동성이나 유동성을 강조하는 개인화 경향이 뚜렷하게 나타나고 있다. 특히 여성의 교육수준 향상과 노동시장 진출은 여성들에게 점차 가족 안에서의 역할을 벗어나 노동영역 안에서의 삶을 기획하고 조정해야 하는 상황에 놓이게 하였다. 이에 따라 자율적 개인으로서의 여성과 남성이 가족을 이루고 생활하게 될 때 가족과 노동시장 영역 간 성역할 분업을 둘러싼 갈등은 피할 수 없는 것이 되고 있으며, 이를 새로운 방식의 삶으로 재조정해야 하는 단계로 접어들었다. 더욱이 완전고용이나 평생직장 보장이라는 기반 위에 성립되어 왔던 남성가장중심의 1인 생계자 가족구조는 자본주의의 고도화 속에서 점차 확대되고 있는 고용불안정성, 불완전고용의 증가로 인하여 더 이상 적합하지 않은 시대로 접어들었다(Esping－Andersen, 1999).

따라서 현대사회의 가족은 가족의 구조적 변화의 외부변수인 산업화, 도시화에 따라 핵가족이라는 가족형태가 출현하게 되었으며, 전형적인 가족 모델로 자리를 잡으며 부모와 자녀만의 핵가족 세대비율이 감소하고 부부만의 세대, 편부・편모세대, 독신세대 등 가족의 다양화 현상이 뚜렷해지고 있으며, 출산율의 감소, 노인인구의 증가, 독신가구 및 단독가구의 증가, 결혼연령과 이혼 및 재혼율의 증가 등의 현상들은 가족 인구구성의 변화뿐만 아니라 가족구조, 형태, 기능, 가치관, 주기에 있어서도 많은 변화를 초래하고 있다.

1) 인구구성의 변화

(1) 초혼연령 증가 및 혼인 감소

우리나라의 최근 10년 전에 비해 평균 초혼연령이 남자는 1.8세, 여자는 1.9세 각각 증가했다. 통계청에 의하면 남성의 초혼연령은 2013년 32.2세, 2017년 32.9세, 2020년 33.9세로 2023년에 34.0세로 증가하였고, 여성의 초혼연령은 2013년 29.6세, 2017년 30.2세, 2020년 30.8세로 2023년에 31.5세로 증가하였다. 이러한 초혼연령의 증가는 단순한 결혼 시기 연기가 아닌, 한국 사회의 변화를 반영하는 중요한 지표이며, 경제적 불황으로 결혼준비를 하지 못했거나 결혼 이후의 경제적 부담에 따른 남성의 결혼기피와 자아 성취 욕구가 증대됨에 따라 교육과 취업 기회에 적극적으로 참여하는 여성의 사회참여로 인한 것으로 볼 수 있다.

또한 가족형성에 가장 기본적인 의미인 혼인 역시 감소하고 있다. 지난 10여 년간의 변화를 보면, 2013년 약 32만 건이던 혼인은 2020년에 약 21만 건으로 약 11만 건 정도의 감소를 보였고, 2023년에는 19.3만 건이 혼인을 하였다. 이에 따른 혼인율은 2013년에 인구 천 명당 6.4%에서 2020년에는 4.2%로 낮아졌고, 2023년에는 3.8%로 지속적인 감소 추세가 예측된다.

이러한 초혼연령의 증가와 혼인 감소는 노부모와 미혼자녀가 함께 거주하는 노후핵가족 등의 새로운 가족유형을 등장시켰으며, 성인 자녀의 독립 시기를 늦추게 되어 노부모의 노후준비자원 축소를 유발하고, 미혼 고령자의 증가에 따른 사회적 부양부담 및 고독사 증가 등의 다양한 사회문제를 야기할 위험을 초래하고 있다.

<표 2-1> 평균 초혼연령, 2013~2023

(단위 : 세)

		2013	2014	2015	2016	2017	2018	2019	2020	2021	2022	2023	증감	
													전년 대비	10년 전 대비
초혼연령	남자	32.2	32.4	32.6	32.8	32.9	33.2	33.4	33.2	33.4	33.7	34.0	0.3	1.8
	여자	29.6	29.8	30.0	30.1	30.2	30.4	30.6	30.8	31.1	31.3	31.5	0.2	1.9
	차이 (남-여)	2.6	2.6	2.6	2.7	2.7	2.8	2.8	2.5	2.3	2.5	2.5	0.1	-0.1

출처 : 통계청(2024). 2023년 혼인통계.

<표 2-2> 혼인 건수 및 평균 조혼인율, 2013~2023 (단위 : 1천 명당, 천 건)

	2013	2014	2015	2016	2017	2018	2019	2020	2021	2022	2023
혼인 건수(천 건)	322.8	305.5	302.8	281.6	264.5	257.6	239.2	213.5	192.5	191.7	193.7
증감(천 건)	-4.3	-17.3	-2.7	-21.2	-17.2	-6.8	-18.5	-25.7	-21.0	-0.8	2.0
증감률(%)	-1.3	-5.4	-0.9	-7.0	-6.1	-2.6	-7.2	-10.7	-9.8	-0.4	1.0
조혼인율*	6.4	6.0	5.9	5.5	5.2	5.0	4.7	4.2	3.8	3.7	3.8

출처 : 통계청(2024). 2023년 혼인통계.

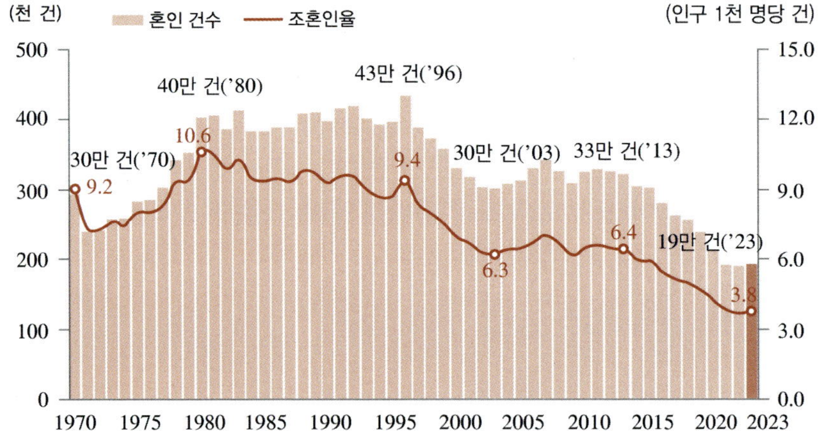

<그림 2-1> 혼인 건수 및 조혼인율 추이, 1970~2023

출처 : 통계청(2024). 2023년 혼인통계.

(2) 저출산 현상

현재 우리나라의 출산율은 계속해서 감소하는 추세를 보이고 있다.

1960년대의 합계출산율은 6.0명에서 1975년에는 3.43명, 1985년에는 1.66명, 1995년에는 1.63명, 2005년에는 1.08명으로 초저출산 사회에 진입하였고, 2015년에는 1.24명, 2017년에는 1.05명, 2023년에는 0.72명을 출산하였다. 특히 2005년에는 세계 최저수준을 기록하면서 저출산이 사회적 이슈로 크게 부각되기 시작하였다.

이에 국가에서는 2024년 출산율 목표를 OECD 회원국 수준인 1.51명으로 하고, 출산율을 높이기 위한 범국가적 정책으로 가족계획 표어를 만들어 범국민적 운동으로 전개하였다. 1960년대는 "3명의 자녀를 3년 터울로 35세 이전에 단산하자"에서 1970년대는 "딸, 아들 구별 말고 둘만 낳아 잘 기르자"로, 1980년대는 "둘도 많다, 하나 낳고 알뜰살뜰"이다가 2004년 표어부터는 "아빠! 하나는 싫어요, 엄마! 저도 동생을 갖고 싶어요", 2006년에는 "낳을수록 희망가득, 기를수록 행복가득"으로, 이전과 달리 출산장려 내용으로 전환되었다(보건복지가족부, 2008). 이로 인해 2006년 평균 출산 1.13명에서 2012년 1.30명으로 다소 높아진 현상을 보이다가 다시 감소하게 되었다. 이처럼 출생아 수가 감소하는 이유는 출생의 선행지표인 혼인 건수가 감소하고, 결혼기피현상, 초혼연령 증가, 가치관의 변화, 여성의 사회진출, 경제불황 등이 복합적으로 작용했기 때문이다.

<표 2-3> 출생아 수와 합계 출산율 (단위 : 천 명, 가임여성 1명당 명)

구 분	1975	1985	1995	2005	2015	2025	2035	2045	2055	2065
출생아 수 (천 명)	874	655	715	435	438	417	362	306	282	263
합계 출산율 (%)	3.43	1.66	1.63	1.08	1.24	1.28	1.36	1.38	1.38	1.38

주 : 합계 출산율은 가임여성(15~49세) 1명의 평균 출산할 것으로 예상되는 평균 자녀 수를 나타낸 지표로서 연령별 출산율의 통합이며, 출산력 수준을 나타내는 대표적 지표임.
출처 : 통계청(2017). 인구로 보는 대한민국. 인구동향조사. 장래인구추계.

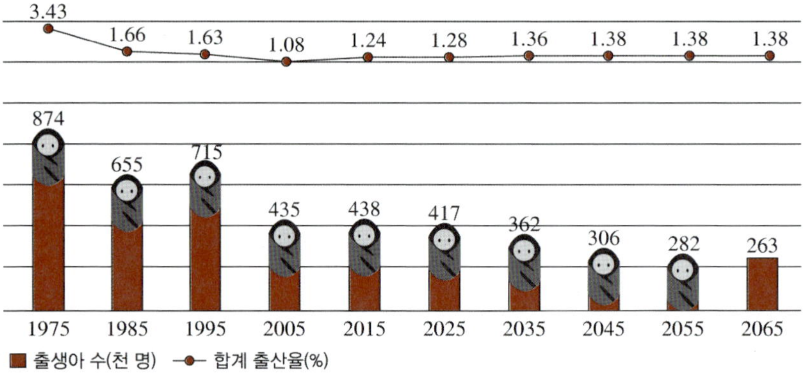

<그림 2-2> 출생아 수와 합계 출산율

출처 : 통계청(2017). 인구로 보는 대한민국. 인구동향조사. 장래인구추계.

(3) 고령화인구 증가

인구학에서 65세 이상 인구(노령인구라고 부른다) 구성비에 따라 고령화 사회(7% 이상)·고령사회(14% 이상)·초고령 사회(20% 이상)의 3단계로 나눈다.

우리 사회는 지난 20년 동안 전체 인구에서 노령인구가 차지하는 비율이 꾸준히 높아졌다. 2000년에 이미 노령인구가 340만 명으로, 전체 인구의 7.2%를 넘으면서 고령화 사회에 접어들었고, 2017년에 14.02%로 고령사회가 되었다. 2025년에는 초고령 사회가 될 것으로 판단된다.

<표 2-4> 연령계층별 인구 현황 (단위 : 천 명, %)

구 분	2000	2010	2018	2025	2030	2035
총인구	47,008	48,875	51,650	52,585	52,801	52,467
0~14세	9,911	7,907	6,695	6,320	5,968	5,604
15~64세	33,702	35,611	37,574	35,757	33,878	31,687
65세 이상	3,395	5,357	7,381	10,508	12,955	15,176
구성비	100.0	100.0	100.0	100.0	100.0	100
0~14세	21.1	16.2	13.0	12.0	11.3	10.7

15~64세	71.7	72.9	72.7	68.0	64.2	60.4
65세 이상	7.2	11.0	14.3	20.0	24.5	28.9

출처 : 통계청(2017). 장래인구추계.

우리나라의 노령인구는 세계적으로 볼 때 그리 많은 편은 아니다. 그러나 우리의 고령화 추세는 프랑스, 미국, 독일, 일본 등 선진국에 비해 그 속도가 매우 빠르다. 고령화 사회에서 고령사회로 넘어가는 데 걸린 시간이 프랑스 115년, 스웨덴 85년, 미국 73년, 초고령 사회에 접어든 일본도 24년이 걸렸다. 한국은 그보다 더 빠른 17년이 걸렸고, 2025년에 20.0%를 넘어 5명 중 1명이 노인인 초고령 사회가 될 것으로 예상된다. 지금까지 고령사회가 가장 빠르게 진행된 나라는 일본으로 24년이 걸렸는데 우리나라는 이보다 무려 7년이 빨랐다. 그러나 출산율이나 평균수명에 따라 약간 변동이 있을 수 있다.

<표 2-5> 주요 국가별 인구고령화 진전현황 비교

국 가	도달연도			증가 소요연수	
	고령화(7%)	고령(14%)	초고령(20%)	7% → 14%	14% → 20%
한 국	2000	2017	2025	17	8
일 본	1970	1994	2006	24	12
프랑스	1864	1979	2018	115	39
이탈리아	1927	1988	2006	61	18
미 국	1942	2015	2036	73	21
스웨덴	1887	1972	2014	85	42

출처 : 통계청(2017). 장래인구추계.

이러한 평균수명의 연장과 고령인구의 증가는 가족 내 부양해야 하는 노인의 증가와 노인만으로 구성된 노인단독가구, 남성보다 평균수명이 긴 여성노인 혼자 생활하는 여성노인가구 등 가족으로부터 제공되었던 주된 보호기능을 노인 스스로가 감당해야 하는 다양한 형태의 노인가족 유형을 초래할 수 있다.

<표 2-6> 한국 평균수명 변화추이

(단위 : 세)

구분	1975	1985	1995	2005	2015	2025	2035	2045	2055	2065
전체	64.2	68.9	73.8	78.2	82.1	84.3	86.1	87.6	88.9	90.0
남자	60.3	64.6	69.7	74.9	79.0	81.6	83.7	85.5	87.1	88.4
여자	68.2	73.2	77.9	81.6	85.2	87.0	88.5	89.7	90.7	91.6

출처 : 통계청(2017). 장래인구추계.

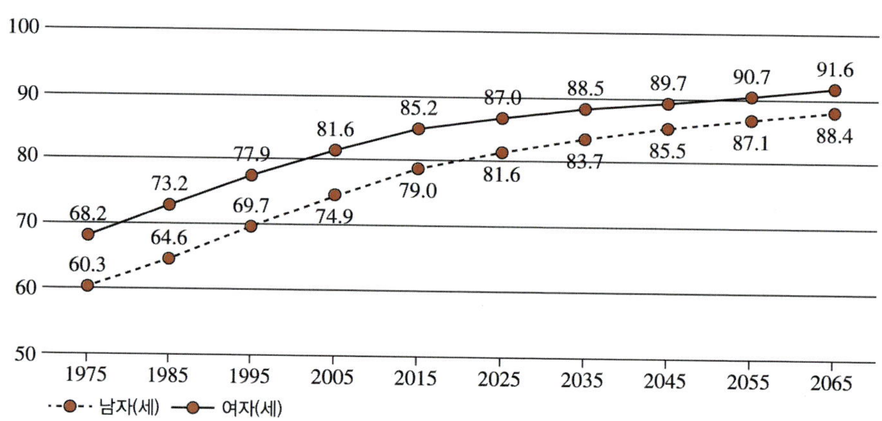

<그림 2-3> 한국 평균수명 변화추이

출처 : 통계청(2017). 장래인구추계.

2) 가족구조의 변화

(1) 가족규모의 축소

지금 세계적인 흐름은 1인 가구가 늘고 있는 추세이다. 우리나라의 경우 1인 가구의 증가세는 세계에서도 가장 빠른 수준이다. 1990년대 전체 가구의 9.0%였던 우리나라의 1인 가구 비중은 2010년에 23.8%로 늘어났다. 2011년에는 1인 가구 비중이 24.5%로 전체 가구 중 가장 많은 비중을 차지하였고, 그 비중은 계속 늘어 2035년에는 4인 가구의 3.6배가 예상된다.

이러한 1인 가구의 증가추세는 부모와 자식이 함께 사는 핵가족의 형태가 점차 해체되고, 결혼을 하지 않거나, 이혼, 사별이 꾸준히 늘어나기 때문이다. 또한 의료기술의 발달에 따른 평균수명 연장으로 인한 고령화추세, 경제와 고용의 불안정에 따른 결혼 및 출산의 연기, 여성의 자아실현욕구 증가에 따른 경제참여의 증가로 인한 저출산 현상은 1인 가구의 증가를 심화시키고 있다. 이러한 가족규모의 축소에 따라 현대사회의 가족구조가 변화되고 있다.

<표 2-7> 1~2인 가구의 비율

(단위 : 만 가구)

구분	2000	2005	2010	2015	2020	2025	2030	2035	2040	2045
전체	1,451	1,604	1,749	1,901	2,017	2,101	2,164	2,207	2,231	2,232
1인	226	319	417	518	607	670	720	763	795	810
2인	276	352	418	495	571	641	697	736	763	780

출처 : 통계청(2017). 장래가구추계.

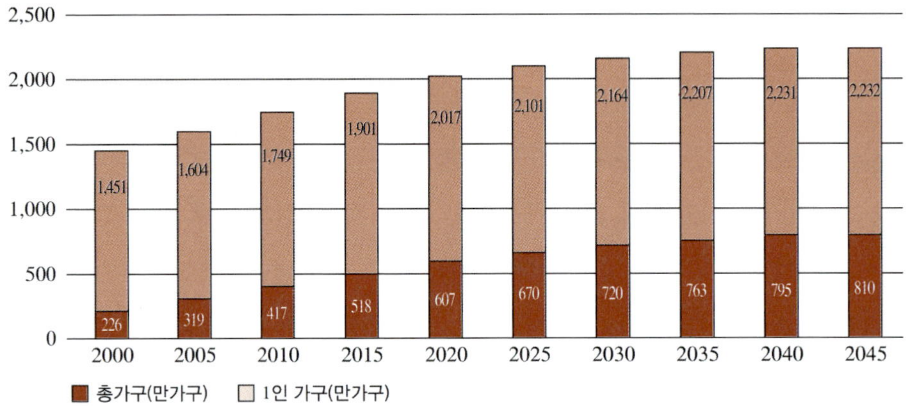

<그림 2-4> 1인 가구 비율

출처 : 통계청(2017). 장래가구추계.

(2) 가족형태의 다양화

현대사회는 급속한 산업화, 도시화, 서구화의 진행에 따라 가족구조에 커다란 변화를 겪고 있다. 개인주의 가치관이 일반화되고 여성의 경제활동이 늘어나면서 초혼연령의 상승 및 성역할의 변화로 핵가족이 가속화되고 가족세대가 분화되는 가족구조의 변화를 겪고 있으며, 사회변화에 대처하기 위한 다양한 가족유형이 나타나고 있다.

① 한부모가족

한부모가족은 현대에 들어 결혼율 감소, 1인 가구의 증가, 재혼율의 증가, 여성의 경제활동 참여 증가, 정부의 지원 확대 등의 원인으로 그 수가 감소하는 추세를 보이고 있다. 우리나라 한부모가구의 현황을 보면, 2017년에는 1,533천 가구였던 것이 2023년 1,494천 가구로 39천 가구가 감소하였다. 이와 같은 다양한 사회경제적 요인들이 복합적으로 작용하여 한부모가구의 수가 줄어들고 있는 것으로 보인다. 하지만 저소득 한부모가족은 2018년 2,500천 가구에서 2021년 3,300가구로 지속적으로 증가하고 있다.

현대사회는 계속적으로 이혼과 한부모가족을 양산해 낼 수밖에 없다. 즉, 한부모가족은 산업화 이후 고도로 발전된 경제 성장과 사회변동에 따른 가치관의 변화, 가족의 행복보다는 개인의 행복을 더 추구하는 개인주의적 성향, 개정된 가족법의 영향, 복잡한 사회환경으로 인한 교통사고, 산업재해, 높은 스트레스, 각종 성인병, 과로사 등 40대 남성의 사망률 증가로 양산될 것이다. 이와 같이 개인주의의 확산과 더불어 결혼생활에 대한 만족 여부가 이혼을 결정하는 요인이 되었고, 재산분할청구권, 자녀양육권, 면접교섭권 등 여성에게 불리했던 법들이 개정되면서 나타날 것이다.

<표 2-8> 한부모가구 현황

(단위 : 천 가구, %)

구 분	2016	2017	2018	2019	2020	2021	2022
전체가구	19,837	20,167	20,499	20,891	21,484	22,022	22,383
한부모가구	1,539	1,533	1,539	1,529	1,532	1,509	1,494
한부모가구 비율	7.6	7.6	7.5	7.3	7.1	6.9	6.7

출처 : 통계청(2023).

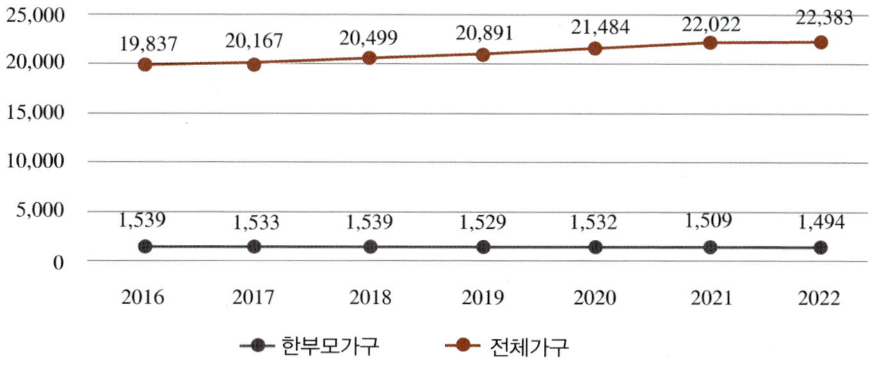

<그림 2-5> 한부모가구 현황

출처 : 통계청(2023).

② 재혼가족

재혼가족은 혼합가족 또는 재구성 가족으로도 불린다. 최근 현대사회는 점차 이혼율이 늘어남에 따라 재혼율도 증가하고 있는 추세이다. 배우자와의 사별 또는 이혼으로 인해 혼자 남게 된 배우자는 몇십 년이 될지 모르는 긴긴 여생을 혼자 보내기에는 너무나도 외롭고 힘들기 때문이다. 이렇게 재혼율이 점차 증가함으로 인해 그에 대한 문제점도 크게 대두되고 있다.

우리나라의 경우 재혼 건수는 2013년도에는 남자 46.83천 건, 여자 42.5천 건, 2017년도에는 남자 48.7천 건, 여자 44.4천 건이었던 것이 2022년도에 들어서는 남자 51.0천 건, 여자 46.8천 건으로 과거보다는 크게 증가하고 있는 추세이다.

<표 2-9> 우리나라의 재혼현황

(단위 : 천 건)

구 분		2013	2014	2015	2016	2017	2018	2019	2020	2021	2022	2013년 대비(%)
재혼 건수	남자	46.8	47.1	47.6	48.2	48.7	48.9	49.6	50.0	50.7	51.0	9.2%
	여자	42.5	43.0	43.5	44.0	44.4	44.6	45.2	45.7	46.5	46.8	9.0%

출처 : 통계청(2023). 인구동향조사.

<표 2-10> 우리나라의 이혼현황

(단위 : 천 건)

구분	2013	2014	2015	2016	2017	2018	2019	2020	2021	2022	2013년 대비(%)
이혼 건수	115.3	115.5	109.2	107.3	106.0	108.7	110.8	106.5	101.7	93.2	−23.7%

출처 : 통계청(2023). 인구동향조사.

이렇듯 재혼가족의 비율은 급격히 늘어나고 있으며, 전통적인 핵가족에 비해 가족의 역동성과 자녀관계의 문제 등 가족관계에 있어 훨씬 복잡하다.

이러한 재혼가족의 문제점에 대한 사회과제는 그 속도를 따라가지 못하고 있는 추세이다.

③ 무자녀가족

최근 들어 다양한 이유로 자녀를 두지 않는 무자녀가족이 점차 증가하고 있다.

무자녀가족(voluntary childless family)은 부부의 합의하에 자발적으로 자녀를 갖지 않기로 결정하고 자녀 없이 부부 두 사람만으로 구성되는 가족을 말하며, 자녀 출산을 거부하는 삶의 형태로 딩크족(DINK : Double Income No Kids)이라고도 하며, 부부가 자신들이 처한 각 상황 속에서 자신들에게 가장 적합한 대안을 모색하는 과정에서 만들어진 '과정적 현상'으로 이해된다.

무자녀가족은 저출산 지속(2017년도 기준 합계출산율이 1.05명), 2인 가구 증가(2017년도 총가구 대비 2인 가구 26.1%), 가족구조의 변화, 부부의 의식변화, 불임부부, 새로운 삶을 추구하는 가족형태 등으로 인해 점차 늘어날 것으로 판단된다. 이러한 무자녀가족 형태의 가족구조의 변화는 유자녀가족에 비해 이혼이 좀 더 손쉽게 결정될 수 있어 가정해체의 위기에 놓일 가능성이 크므로, 노후대비를 위한 사회적 지원체계의 마련이 필요하다.

④ 다문화가족

최근 2000년 이후 우리나라는 외국인 노동력에 대한 수요의 증가와 더불어 외국인 여성과의 국제결혼이 지속적으로 증가하고 있다. 이러한 다문화 현상은 우리나라뿐만 아니라 전 세계의 흐름으로 자리 잡고 있다.

우리나라의 경우 국제결혼에 의한 다문화가족이 크게 증가하고 있는데 통계청 자료에 의하면, 전체 혼인 대비 국제결혼 비율은 1990년 1.2%에서 2008년에는 11.2%로 거의 10배가량 증가하였으며, 2017년에는 8.3%, 2022년 9.1%의 비율을 보였다. 또한 다문화 출생아 수도 전체 출생아 수 대비

2015년에 4.5%, 2020년까지 6.0%로 증가 추세였으나 2021년 5.5%, 2022년에는 5.0%로 점차 감소 추세로, 이는 혼인율 감소와 전반적 출산율 감소로 다문화 출생아 수도 함께 줄어들고 있는 것으로 보인다. 이에 따라 대부분의 다문화가족은 언어나 문화적 차이, 경제적 어려움, 외국인에 대한 사회적 편견 등으로 가족 간의 갈등과 사회적 소외를 경험하고 있으며, 다문화가족의 자녀들은 언어발달 지체와 이로 인한 학교생활 적응곤란 등의 문제에 노출되어 있다. 이와 같은 사회적 변화에 따라 혼인이주여성의 출신국 변화와 혼인형태의 다양화, 생애과정의 진전, 자녀의 증가 등 다양한 변화들이 일어나고 있으며, 이러한 혼인이주자와 다문화가족들의 변화는 새로운 가족형태로 등장하게 되어 새로운 정책수요를 발생시키게 되었다.

<표 2-11> 다문화가족 현황 (단위 : 건, 명, %)

구 분	2015	2016	2017	2018	2019	2020	2021	2022
전체 혼인 건수(건)	302,828	281,635	264,455	257,622	239,159	213,502	192,507	191,690
다문화 혼인 건수(건)	22,462	21,709	21,917	23,773	24,721	16,177	13,926	17,428
다문화 혼인비중(%)	7.4	7.7	8.3	9.2	10.3	7.6	7.2	9.1
전체 출생아 수(명)	438,420	406,243	357,771	326,822	302,676	272,337	260,562	249,186
다문화 출생아 수(명)	19,729	19,431	18,440	18,079	17,939	16,421	14,322	12,526
다문화 출생비중(%)	4.5	4.8	5.2	5.5	5.9	6.0	5.5	5.0

출처 : 통계청(2023). 인구동향조사(다문화).

⑤ 동성애가족

현대사회의 변화에 따라 가족형태가 변화되고 있는 가운데 동성애가족도 점차 늘어나고 있다. 이는 동성애 자체의 증가보다는 성적 취향에 대한 사회적 인식의 개방과 더불어 나타나기 시작한 것이다. 동성애가족에 대한 그 실체나 통계치를 정확하게 찾아볼 수는 없지만 네덜란드, 독일, 벨기에에서 동성애 결혼을 합법화한 것을 시점으로 점차 많은 동성애가족이 생겨날 것으로 본다. 동성끼리 가족을 이룬다는 것은 법적으로나 사회인식으로나 아직도 많은 부분에서 불이익을 받고 있다. 여성가족부(2015)에서 조사한 '이웃으로 삼고 싶지 않은 사람(동성애자)' 조사에서 '이웃으로 삼고 싶지 않다'가 78%이고, '이웃으로 삼고 싶다'가 22%로 아직도 우리나라는 동성애가족을 인정하지 않는 사람이 더욱더 많다는 것을 알 수 있다. 그렇지만 서서히 유럽에서는 동성애가족을 인정하는 분위기가 조성되고 있어서 많은 동성애 부부가 생겨날 것이다. 동성애가족들은 사회적 소수로 인해 생활하는 데 있어서 여러 가지 문제점이 있다. 가장 큰 문제점은 결혼의 합법화를 들 수 있는데, 이는 결혼을 통해 얻는 모든 법적 지위를 누릴 수 있기 때문이다.

앞에서 언급했듯이 동성애 결혼은 유럽에서 서서히 인정하는 추세가 되고 있다. 유럽의 동성애자 결혼의 합법화 과정을 살펴보면, 앞으로 우리나라가 동성애 결혼에 대해 나아갈 바를 알 수 있을 것이다.

현재 동성애자들의 결혼을 법적으로 인정하고 있는 나라는 네덜란드(2001), 벨기에(2003), 스페인(2005), 캐나다(2005), 남아프리카공화국(2006), 노르웨이(2009), 스웨덴(2009), 포르투갈(2010), 아이슬란드(2010), 아르헨티나(2010), 덴마크(2012), 브라질(2013), 프랑스(2013), 우루과이(2013), 뉴질랜드(2013), 룩셈부르크(2015), 미국(2015), 아일랜드(2015), 콜롬비아(2016), 핀란드(2017), 몰타(2017), 독일(2017), 오스트레일리아(2017), 오스트리아(2019), 중화민국(2019), 코스타리카(2020) 등이다. 미국은 동성애자라는 이유로 취업 거부를 하지 못하게 했다. 오스트리아에서는 결혼을 이성 간으로 한정 짓는 것은 차별이라고 하였고, 동성애부부(same－sex couple)에게 이성애부부와 대등한 권리를 부여하는 움직임이 잇따랐다. 의학계 일각에서는 레즈비언 부부들이 인간복제기술로 자식을 갖게 될 가능성을 조심스럽게 점치고 있다. 마지막으로 게이와 레즈비언 가정이 늘어나자 네덜란드에서는 동성애자 간의 결혼을 합법화하였고 동성부부의 어린이 입양도 합법화하였다.

그에 반해 현재 우리나라는 동성애의 결혼, 동성부부의 어린이 입양 등 동성애의 제반문제에 대해 법적으로 허용되는 것이 없으며, 동성애에 관한 제도들을 인정하고 받아들일 태도가 되어있지 않다. 동성애부부는 그만큼 중요하고 많은 문제점들이 뒤따르기 때문이다. 하지만 예전과 달리 동성애를 위한 많은 다각적인 노력이 보이고 있다.

⑥ 공동체 가족

공동체 가족은 혼인과 혈연을 기반으로 하는 기존 가족 틀을 벗어나 공동체적 기능을 갖는 개인 및 가족들의 복합체라 할 수 있다. 따라서 공동체 가족은 의식주 및 가사노동의 공유, 집합적인 놀이, 여가문화의 창조 등 개인의 집단사회에 대한 대등한 참여와 협력을 통해 자신과 타인을 똑같이 존중하고 배려하며 함께 생활하는 집단이다.

공동체 가족의 출현은 현대사회의 가족구조가 가질 수 있는 문제점들을 극복하고자 나타난 가족의 형태로, 공동체 자체의 가족기능에 초점을 맞춘 선택적 가족으로 사람들이 가족처럼 집단으로 모여 함께 사는 것이다. 우리나라의 대표적인 공동체 가족은 1955년 부천에서 시작된 풀무원과 1977년 시작된 부천의 복음자리마을, 1980년에 조직된 두레마을 등을 들 수 있는데, 이들 공동체의 특성은 종교적 신념을 기반으로 형성된 것이다. 또한 공동생활가정 같은 시설도 공동체 가족으로 볼 수 있다.

3) 가족기능의 변화

가족은 개인의 성장·발달을 위해 여러 가지 기능을 수행하고 있다. 이러한 가족기능은 산업의 발달과 도시화의 영향으로 많은 변화를 겪게 되었다. 가족기능의 일부가 다른 사회기관에 의해 수행됨으로써 그 기능이 축소·약화된 반면, 자녀를 사회화시키는 기능이나 가족 구성원의 긴장과 피로를 회복시키기 위한 기능, 사회발전에 기여할 수 있는 기능은 오히려 확대·강화되고 있다.

가족의 일반적인 기능변화는 다음과 같다.

(1) 성적 및 재생산 기능의 변화

현대사회에서도 가족은 정상적인 규범하에서 성적 욕구 외 종족유지의 본능을 가능하게 하는 장소로서의 기능을 한다. 그러나 임신 및 출산의 자유, 다양한 피임법의 개발 및 보급으로 성에 대한 규범 및 가치관의 변화를 가져왔다.

(2) 자녀양육 및 사회화의 기능변화

자녀양육 및 사회화의 기능은 과거보다 강화되어 가족에게 큰 부담으로 작용하고 있다. 이는 부분적으로 부모 및 자녀 간의 갈등을 조장하기도 하고, 입시 위주의 교육제도로 인해 조기교육 및 과잉교육에 따른 가정교육의 부재현상도 나타나고 있다.

(3) 경제적 기능의 변화

가족의 경제적 기능은 산업화로 인해 가족 삶의 공간과 일터가 분리됨에 따라 변화가 일어났다. 농경사회에서 가족이 수행하던 자급자족의 생산기능이 약화되거나 혹은 상실되고 오히려 소비기능이 강화되었다. 또한 취업은 경기변동에 더 큰 영향을 받아 직업의 안정성은 상대적으로 낮아졌다. 따라서 실업은 1차적으로 가족의 소득 중단 혹은 소득 감소에 영향을 미치기 때문에 가족경제적인 측면에서 심각성을 가지며 결과적으로 가족위기를 유발시킨다.

(4) 정서적 유대 및 여가의 기능변화

과거에 비해 가족 간의 정서적 유대 및 여가기능이 강화되어 그 어느 때보다 중요시되고 있다. 특히 최근 부부의 이혼·별거 등에 의한 가족해체로 버려지는 자녀들이 점점 늘고 있다. 이는 부모의 책임의식이 약화되고 있으며, 사랑과 보호와 양육을 가장 우선으로 하는 가족의 정서적 유대기능이 점점 약화되고 있음을 보여주는 현상이다. 또한 가정의 휴식 및 여가기능은 일터와 가정의 연결, 인적 재원의 재충족, 노동력 질의 향상을 위해서 필요하며, 개인 및 가족 삶의 질 향상에 절대적인 역할을 하고 있으므로, 점차 비중이 커져가고 있는 기능으로 오늘날 휴식 및 여가기능은 대부분 창조적 활동보다는 '상품소비'의 방식으로만 이루어지고 있고, 계급 및 계층 간의 격차가 매우 큰 것으로 나타난다. 또한 '구세대', 즉 조부모 세대의 노인들은 소외되기 쉽다는 문제점이 있다.

(5) 사회보장기능의 변화

지금까지의 가족은 노인과 환자 등을 보살피는 일종의 사회보장제도로서의 기능을 수행해 왔다. 그러나 현대의 가족은 사회보장기능을 담당할 인적 자원을 보유하고 있지 않으며, 또한 사회보장제도가 미비한 우리나라의 경우 가족에게 경제적 부담과 심리적 부담을 안겨주고 있는 실정이다. 따라서 가족기능을 대신할 사회보장제도가 마련되어야 한다.

(6) 지위계승기능의 변화

과거에 비해 현대사회는 지위계승기능이 강화되었으며, 자녀의 교육과 결혼, 재산상속 등을 통해 계속 강화되고 있다.

(7) 가사노동의 변화

여성의 가사노동 부담을 덜기 위한 성역할 사회화, 의식주 생활의 상품화, 가사보조기구의 기계화 등이 계속 진행되고 있다.

이상과 같이 가족은 사회제도의 변화 및 발전과 함께 개인의 욕구가 다양해지면서 가족의 기능이 변화·축소됨에 따라 그 중요성이나 내용 면에서 달라지고 있다. 따라서 가족의 기능이 과거와는 많이 달라졌듯이 미래에도 변화될 것이며, 사회의 기본 단위로서 존재할 것이다.

4) 가족생활주기의 변화

가족생활주기는 가족이 함께 생활하면서 변화하는 과정으로 개인적 측면에서는 자신의 삶을 계획해 볼 수 있으며, 가족적 측면에서는 가족의 계속적인 발달과 변화에 따른 발달과업을 준비하고 잠재된 문제와 취약점 등을 파악하고 예방할 수 있다.

가족생활주기는 결혼에 의해 이루어지는 가족형성, 출산에 따른 가족확대 등으로 인해 변화된다. 현대사회의 가족생활주기도 과거에 비해 큰 변화가 일어났다.

가족확대기와 축소기는 상당히 단축된 반면, 확대완료기와 축소완료기는 상당히 길어졌다. 이러한 변화는 평균수명의 연장과 함께 적은 수의 자녀를 원하고, 노후에 자녀와 동거하기를 원치 않는 경향에서 비롯된 것으로 현대사회 가족생활주기의 변화는 다음과 같다.

(1) 가족형성기의 변화

결혼연령이 늦춰지면서 가족형성기가 늦게 시작되는 추세이다. 오늘날의 젊은 여성들은 자신의 목표를 세우고 경력을 쌓기 위해 이전보다 더 늦은 나이에 가족생활주기의 첫 단계인 형성기로 들어간다. 또한 결혼을 한 젊은 부부들은 자신들의 계획을 이루기 위하여 자녀의 출산을 늦추는 경향이 있다. 이로 인해 부부간 결혼연령의 차이도 적어지고 있다.

(2) 가족확대기의 축소

현대사회의 가족은 자녀출산기와 자녀의 양육 및 교육기가 짧아진다. 부부가 모두 직업을 갖고 있으므로 자녀를 늦게 갖거나, 자녀를 적게 낳거나, 아예 낳지 않는 경우도 있다. 그에 따라 형성기는 비교적 늦게 시작하여 길어지는 경향이 있지만, 자녀출산기와 자녀의 양육 및 교육기는 짧아지는 경향이 있다. 또한 자녀의 결혼에 소요되는 기간 역시 단축되어 첫 자녀의 결혼부터 막내 자녀의 결혼까지의 기간이 짧아지고 있다. 과거에는 첫째와 막내의 연령 차이가 컸으나, 현재는 자녀 수가 적기 때문에 첫째와 막내 연령 차이도 작다.

(3) 가족축소기의 연장

자녀 수가 적어지는 추세이므로 마지막 자녀가 독립하는 시기가 빨라진다. 거기에 사람들의 수명이 길어지면서 자녀가 독립한 후 부부만이 남는 중·노년기 기간이 전보다 훨씬 더 길어지게 되었다. 중·노년기는 21세기에 들어서면서 가족생활주기에서 가장 크게 변화한 단계라고 할 수 있는데, 이러한 변화와 함께 가족의 형태는 점점 더 핵가족화되면서 중·노년기 가족의 수가 증가하고 있다.

(4) 가족해체기의 연장

가족축소기가 연장됨에 따라 가족생활주기의 마지막 단계인 해체기 역시 연장되고 있다. 가족해체기에는 여성이 남편 없이 혼자 살게 되는 기간이 긴 것으로 나타났는데, 그 이유는 일반적으로 여성이 남성보다 더 낮은 연령에 결혼하며 수명이 더 길기 때문이다. 현대에 들어서면서 여성의 수명이 남성보다 더 많이 길어졌기 때문에 여성이 나이가 들어 홀로 사는 기간은 더 길어질 것이다.

(5) 가족생활주기 변화로 인한 가족생활의 변화

가족생활주기가 변화함으로써 가족생활에서 중요한 면들도 변화하였다. 예전의 사람들은 결혼 후 생의 대부분을 자녀를 낳고 양육하는 데에 보내는 반면, 현대인들은 자녀를 모두 독립시킨 후에도 배우자가 사망하기까지 약 20여 년 정도 부부만의 시간을 보낸다. 그러므로 배우자와 취미활동이나 여가시간을 함께하는 것이 매우 중요하게 되었고, 아울러 배우자를 선택할 때 상대방의 사회·경제적 배경보다는 성격이나 가치관을 더 중요한 것으로 여기게 되었다. 이렇게 과거의 부모·자녀 중심에서 부부중심의 가족으로 변화함에 따라 부부 전기와 부부 후기의 중요성이 강조되고 있으며, 특히 부부 후기의 장기화는 노년에 대비해야 한다는 새로운 가정의 설계방식을 일깨워 주었다.

이러한 가족주기상의 변화는 우리의 가족관계에도 영향을 미쳐 부자중심에서 부부중심의 가족관계로 변화되었으며, 사람들은 원만하고 행복한 부부생활의 중요성을 인식하게 되어 부부 단위로 가족활동·여가활동·사회활동에 참가하는 경우가 증대되었다(김미숙·김명자, 1990).

자녀관도 변화하여 과거의 집과 부모를 위한 자녀의 필요성보다는 사회와 자녀 자신을 위한 자녀양육과 교육의 필요성을 지니게 되었다. 또한 노후생활에 대한 인식과 준비가 증대하고 있으며, 특히 노인의 대부분을 차지하는 여성노인에 대한 문제와 남성노인의 은퇴 뒤 가정생활에 적응하는 문제가 강조되고 있다.

시대마다 사회마다 사람들이 결혼하는 연령, 자녀의 수, 수명 등이 다르기 때문에 가족생활주기는 변화하고 다양할 수밖에 없다. 그러므로 어떠한 방식으로 생활하는 것이 옳다는 한 가지의 획일적인 규범을 적용하는 것은 바람직하지 않다. 대신 사람들이 서로 다른 모습으로 생활할 수 있다는 점을 인식하고, 다양한 가족생활주기를 고려하면서 자신의 삶에 대해 생각해 볼 필요가 있다.

5) 가족가치관의 변화

하루가 다르게 변화하고 있는 현대사회에서 가족 또는 사회의 변화에 적극적 혹은 수동적으로 적응하면서 사회 구성원의 가족 개개인의 의식의 변화가 초래되고 있다. 이에 따라 현대사회의 개인주의 가치관의 확산과 가족가치관의 약화가 급속히 진행되고 있다. 가족을 둘러싼 가치관의 변화를 살펴보면 다음과 같다.

(1) 결혼가치관의 변화

가족과 공동체 구성원으로서의 역할과 이익보다는 개인의 자아성취와 개인의 이익을 우선시하는 개인주의적 가치관이 보편화되면서 일정한 연령이 되면 반드시 결혼하여야 한다는 보편적 결혼관이 약화되고, 미혼기간이 길어지고 심지어 결혼을 포기하는 경향이 증가하고 있다. 한국여성정책연구원(2016) '여성가족패널조사 : 미혼여성의 결혼의향'에 의하면 '결혼의향 있다'는 43.9%이고, '결혼의향 없다'는 22.6%이며, '생각해 본 적이 없다'는 33.5%로 그 심각성을 알 수 있다.

결혼에 대한 인식은 그 사회의 시대적 배경이나 상황, 그리고 개인에 따라 나름대로의 특성을 지니고 있어 결혼형태는 다양성을 지니는데 결혼관도 가족중심에서 개인중심으로 점차 바뀌어 가고 있으며, 최근에는 결혼은 필수가 아닌 선택으로 받아들여지고 있어 생활능력이 있고 불편이 없으면 하지 않아도 괜찮다는 식의 결혼 필요성에 대한 부정적인 태도도 증가하고 있다. 이는 양성평등의식과 기존의 가부장제적 가족의식 사이의 지체현상이 커져 미혼의 젊은이들에게 결혼을 통한 가족구성이 더 이상 필수가 아니며 매력적인 유인도 되지 못하기 때문일 것이다. 또한 이혼에 대한 인식도 점차 허용적으로 바뀌고 있다.

이러한 현상은 후기 산업사회로의 진전과 함께 개인주의 가치관의 확산, 가족원 간 정서적 유대감 약화, 여성의 사회경제활동 증가, 핵가족화 등에 기인한 것으로 지속적인 확산이 전망되며, 재혼에 대한 가치관도 이혼과 마찬가지로 긍정적인 인식의 경향이 늘고 있다. 실제로 재혼의 비율이 꾸준히 증가하고 있으며, 가족에 대해서 혈연과 부모−자식관계를 중시하던 과거와 달리 선택적으로 결혼하고 선택적으로 자녀를 낳으며 행복하지 않은 결혼은 해체할 수 있다는 가치관이 퍼지면서 다양한 가족형태를 바라보는 시각도 더 수용적으로 변화되었다.

(2) 자녀에 대한 가치관의 변화

현대사회로 갈수록 산업사회의 구조적 특성과 가족구조의 변화, 역할의 변화로 인해서 자녀에 대한 가치관도 달라지고 있다. 과거에는 경제적인 도움 등 도구적으로 생각하는 경향이 강했지만, 갈수록 자녀를 정서적인 가치로 생각하는 경향은 오랫동안 가족이 수행해 온 자녀의 출산이 점점 선택적으로 변화하고 있다는 것이다. 이는 결혼 이후 자녀출산을 필수적으로 생각하는 경향은 줄어들고 상대적으로 결혼과 출산 간 상호 연관성은 약화되는 추세로 볼 수 있으며, 현대사회의 가족은 경기침체로 인한 고용과 소득의 불안정, 직장을 가진 여성의 어려움, 자녀양육과 교육비에 대한 부담을 크게 느끼고 있음을 알 수 있으며, 저출산의 주요 요인으로 작용하고 있다.

현재 세계출산율은 평균 2.7%인데, 1970년대 미국, 독일, 일본의 출산율이 2.0% 이하일 때 우리나라는 4.0% 이상으로 두 배가 넘었던 것에 비해, 2000년대에 와서는 우리나라가 그 나라들보다 훨씬 낮은 출산율을 나타냈다. 즉, 우리나라가 지난 30년간 얼마나 급격한 출산율 감소현상을 나타냈는지 잘 보여주고 있다. 이는 아직까지 우리나라 여성들이 결혼 후 자녀양육과 함께 사회생활을 병행하는 것이 쉽지 않기 때문임을 나타내는 것이며, 이에 따라 자녀에 대한 가치관도 변화하고 있는 것이다.

(3) 평등에 대한 가치관의 변화

최근 남성과 동등한 수준의 교육을 받은 여성들이 점차 늘어나면서 자녀를 출산·양육하고 가사를 책임지는 일에 만족하지 않고, 자아실현을 위해 노력하는 여성들이 증가하고 있다. 이는 가족생활에 지대한 영향을 미치게 되어 취업여성들은 가사분담 및 자녀양육에서 동등함을 주장하게 되었고, 가부장적 제도에서 남편의 역할에 익숙한 남편들은 아내의 요구를 이해하지 못해 부부갈등의 원인이 되었다. 또한 과거의 남아선호사상은 현대사회의 변화에 따라 새로운 시대에 맞는 가치관을 정립하려는 부단한 노력과 함께 양성평등의 개념이 부각되었다. 그러나 아들에 대한 선호는 여전히 남아있지만 그 강도는 낮아지고 있다. 평등에 대한 가치관의 변화는 부부관계에서도 나타나고 있다. 과거에는 가족의 중요한 사안은 주로 남편이 결정하였지만, 최근 가족생활에서의 결정권은 부부가 공동으로 결정하는 추세를 보이고 있다. 이러한 양성평등에 대한 가족 간 갈등을 해소하기 위해서는 가정생활에서부터 변화를 가져와야 된다. 집안일들은 남자, 여자 구별 없이 가족 모두 서로 도우며 남자, 여자가 서로 할 수 있는 일이라 생각하고, 부모는 자녀에게 동등하고 평등하게 서로 독립적으로 협동하면서 사는 모습을 보여주어 수평적이며 민주적인 인간관계를 배우도록 노력하여야 한다.

양성평등사회를 위한 노력

- 남성답다, 여성답다는 말은 '인간답다'로 바꾼다.
- 차이를 개성으로 인정한다.
- 한 성이 다른 성을 지배하지 않는다.
- 서로 인간으로서 동등한 대우를 한다.
- 성차별 문화는 적극 거부한다.

2 현대 가족변화에 대한 쟁점

가족은 사회환경과 역동적인 상호작용관계를 끊임없이 가짐으로써 지속적으로 변화하고 때로는 급격한 변동을 하며, 이 시기에는 기존 가족가치가 강조되고 가족변화에 대한 거부감이 증가되어 가족위기론이 등장하게 되었다. 특히 산업화 과정에서 나타난 가족의 변화는 다양한 조건들이 상호 복합적으로 작용하여 형성되었다. 그러므로 이에 대한 원인을 규명하기 위해서는 사회경제적·문화적 그리고 가족 내적인 조건 등 거시적 차원과 미시적 차원에서 동시적으로 접근해야 한다(이진숙, 2003).

사회경제적 측면에서는 사회와 노동시장의 구조가 변화됨으로써 남성뿐 아니라 여성도 사회진출에 따른 노동시장 중심적으로의 변천이 가족변화의 원인으로 볼 수 있으며, 문화적으로는 사회 내에서뿐만 아니라 가족 내에서도 개인주의적·자유주의적 가치관이 확산되어 기존의 가부장적 위계질서가 민주성, 자율성, 그리고 평등을 기반으로 하는 새로운 질서로 전환되기 시작하였다. 따라서 가부장적 가족제도의 의미는 쇠퇴되고 가족 내 관계에 대한 새로운 인식이 확산되어 가족 구성원 간의 관계는 수직적 질서에서 수평적인 동반자 관계로 변화되었다. 그 과정에서 자연스러운 이혼을 비롯한 가족의 불안정성이 나타나게 되었다.

이와 같이 산업화 속에서의 가족변화는 가족 구성원의 개인화와 가족의 탈제도화, 여성의 탈가족화 현상을 동시에 내포하고 있는 '다양한 새로운 가족'의 등장으로 나타나고 있다.

이러한 가족의 변화에 대한 연구는 여러 학문분야에서 접근을 달리하며 다양한 이론에 의해 연구되고 있다.

1) 가족위기론

가족위기론자들이 말하는 가족의 위기는 단순한 표면적 변화를 말하는 것이 아니라 근본적인 구조 및 기능상의 쇠퇴와 그에 따른 삶의 방식에 있어서의 혼란과 갈등을 의미한다(Popenoe, 1988).

그리고 이들은 가족변화의 원인을 극단적인 개인주의와 이기주의 및 인간의 쾌락주의에서 찾는다. 산업화와 도시화가 진행되면서 개인주의적 가치가 증대하고, 자아실현의 욕구가 강조되는 사회 속에서 점차 가족은 자녀의 보호와 사회화 기능 및 사랑과 연대감 제공이라는 정서적 기능들을 원활히 수행하지 못한 채, 이혼과 한부모가족, 무자녀부부 가족, 독신가구 등이 증가하고, 출산을 거부하는 부정적인 방향으로 가고 있다고 진단한다. 이들은 현대사회에서 개인은 점차 집단보다는 개인을 중시하고 공동체로서의 가족유대보다는 개별체로서의 자아실현에 더 가치를 두고 사회적 풍조가 확산되고 있다고 보는 것이다.

이에 따라 가족 내에서 희생과 배려의 가치가 상실되어 가고 있고, 이것이 가족해체현상으로 이어진다고 본다. 그리고 가족위기론의 입장에서는 아동의 빈곤을 가장 심각한 문제 중의 하나로 제기하고 있다. 즉, 아동은 가족해체 이후 극심한 빈곤층을 형성하게 되었으며, 일상적 부양 단위가 파괴됨으로써 전통적으로 부모들이 자녀에게 투자하는 물질, 시간 및 애정이 현저히 감소하고, 이에 따라 정서적으로 심각한 갈등을 경험하는 등 여러 가지 어려움을 겪고 있다고 주장한다. 그 예로 1980년대 이후 미국 아동빈곤 증가폭의 절반 이상은 이혼과 이로 인한 모자가정의 증가에 의해서 발생되고 있다는 것이다. 따라서 가족위기론자들은 전형적 가족을 강조하려는 경향이 강하고 '남성은 생계부양, 여성은 가족보호'의 성별 역할분업에 기반하여 아동을 양육하는 핵가족 형태인 정상가족에 대한 신화를 바탕으로 핵가족이야말로 천부적으로 주어진 성별 역할에 기초하여 사회구조를 원활하게 유지하기 위한 수단이 되며, 아동양육과 부양, 가족 구성원들의 사회화, 노동력 재생산기능을 가장 잘 수행해 낼 수 있는 기본적 단위로 가장 이상적인 가족형태가 된다고 강조한다.

그리고 중심적인 가족가치를 전통적 가족구조에 기반한 정서적 유대와 상호 의존성에 의한 가족안정성을 꼽고 있다. 따라서 가족만이 제공할 수 있다고 생각하는 특별한 정서적 유대가 흔들리고, 그것을 대체할 수 있는 다른 인간관계나 사회제도가 등장하지 않는 상황하에서 새롭게 등장하고 있는 한부모가족, 동거부부 및 동성애부부와 같은 새로운 가족형태는 극단적인 일탈 혹은 병리적 현상으로 간주한다. 결혼에 대한 전통적 의미와 규범적 성격은 퇴색하고 결혼마저 개인적 행복과 자아실현을 위한 수단적 성격이 강조되어 자유로운 선택과 계약에 입각한 하나의 생활양식에 불과한 것이 되었다고 보는 것이다(Bellah, et al., 1985). 이처럼 가족변화의 심각성을 강조하는 학자들은 새로운 가족형태의 등장원인을 극단적인 개인주의가 가족에까지도 침투하였기 때문으로 분석한다.

또한 가족위기론자들은 이혼 후 형성된 한부모 여성가장가구의 빈곤문제를 해결하기 위한 국가의 부담이 늘어남으로써 국가재정이 낭비되고 있다는 비판도 함께 제기하고 있다. 특히 1980년대 이후 미국, 영국을 중심으로 제기된 복지의존성(welfare dependency) 논쟁의 근원도, 따지고 보면 가족변화에 대한 정상가족 이데올로기와 맥락이 닿아있다고 볼 수 있다.

정상가족으로서 핵가족을 고수하려는 이러한 가족위기론의 입장에서는 가족변화의 위기에 대한 대책으로 주로 여성의 권한을 제한하고 종래의 성별 역할을 지속시켜 나갈 수 있는 방안을 강력하게 주장한다. 특히 구조기능론자의 대표적인 학자인 Parsons는 남성의 도구적 역할과 여성의 정서적 역할을 가장 인간적이고 자연에 순응하는 가족의 이상형으로 제시하여 이를 기반으로 사회가 구조화되는 것을 강조하였으며, 이러한 주장은 2000년대에 이르기까지 다소 변형의 과정을 거치면서도 이와 유사한 이론으로 재생산되고 있다.

2) 가족진보론

가족변화를 위기보다는 당연하고 자연스러운 변화로 수용하면서 다양한 가족유형을 인정하는 가족진보론의 입장에서는 현대사회의 가족은 민주적이고 평등한 가치를 중시하는 전체 사회의 변화 속에서 점차 전통적 가족의 위계를 거부하고 민주적인 가족관계를 형성하고자 하는 의지들을 성숙시켜 나가고 있으며, 이에 따라 가족구조는 변화하고 다양화되어 간다고 주장한다.

가족을 둘러싼 변화를 긍정적으로 바라보는 가족진보론자들은 현대사회의 가족변화를 야기한 근본적 요인으로 종래의 가부장제적 가족구조와 경제구조의 불안정성을 강조한다(Scanzoni, 1987). 즉, 가족은 성과 연령에 의한 불평등과 역할 및 기능 수행을 의무로 했던 가부장제적 가족에서 부부간 평등과 아동 및 개별 구성원들의 개인적 권리가 존중되는 가족으로 변화되어 가고 있다는 것이다. 따라서 이혼과 한부모가족, 동거부부 및 동성애부부와 같은 비전형적 가족은 정상(혹은 건강)가족에서 일탈한 비정상 가족이 아니라 자율성과 평등성을 기본 가치로 하는 현대사회의 대안가족이 될 수 있다고 본다. 또한 이혼이나 출산율 문제의 근본적 원인은 전통적인 성역할을 거부하려는 여성의 이기심에 있는 것이 아니라, 자녀양육 및 출산의 모든 책임이 여성에게 과부하된 성별 분업체계, 가정과 직장의 양립을 지원하기 위한 보육정책 및 사회적 지원체계 부족, 여성의 가족보호역할에 대한 사회적 경시 등에서 비롯된다고 간주한다(이동원 외, 2001).

또한 이들은 가족이 변화되어 갈 수밖에 없는 이유 중의 하나로 경제구조의 다원화와 불안정성을 지적한다(Furstinberg & Cherlin, 1991). 이는 갈등론적 시각과 일치하는데 구조기능론자에 의해서 강력히 옹호되는 남성 생계부양자 모델은 중산층 이상의 가족에만 적용되는 한계를 지니고 있다고 강력히 비판한다. 즉, 이들은 가족변화의 또 다른 주요 원인 중의 하나로 남성가장의 수입만으로는 가족을 부양할 수 없는 경제구조와 고용형태의 변화를 강조한다. 실제로 남성가장의 수입과 전업주부 여성역할을 기본으로 가족을 꾸려나가는 가족의 수적 비율은 후기 산업사회로 가면서 지속적으로 감소하고 있음이 이를 반영한다.

또한 가족은 사회 내에서 경제적 위기에 의해 가장 직접적으로 영향을 받는 제도 중의 하나로 경제위기가 가족을 해체시킬 수 있는 주요한 영향력이 있음을 강조한다. 실제로 경제위기 및 불황의 지속은 가족관계 악화는 물론, 이의 결과로서 이혼율 증가, 가족 구성원에 대한 신체적 학대 및 자녀유기의 증가로 이어지고 있다는 연구결과들이 많다.

특히 이들은 가족구조 변화로 인해 가장 커다란 사회문제로 지적되는 아동의 빈곤화 문제에 대해서도 성차별적·사회구조적 환경을 주요한 요인으로 들고 있다. 비전형적 가족의 하나인 이혼 후 여성가구주 가족을 중심으로 나타나는 아동의 빈곤화 문제는 기본적으로 가족 자체의 문제라기보다는 노동시장 내 여성불평등과 저임금체계, 사회복지정책 및 사회안전망 체계의 부재에서 비롯된다고 주장한다(Gaufhier, 1996).

서구 및 유럽국가 간 노동시장정책과 사회보장정책 비교를 통하여 이들 가족의 빈곤이 절대적인 문제가 아니라 사회적 대처방식에 따라 해결될 수 있는 사안임을 가족진보론자들은 강조하였다(Gauthier, 1996).

그리고 가족의 해체적 위기를 강조하는 가족위기론자들의 입장에서 볼 때, 이혼가정 아동들은 극복할 수 없을 정도의 정서적·심리적 갈등을 겪고 있다는 주장도 상당히 과장된 것이라고 가족진보론자들은 반박한다. 부모가 이혼했다 하더라도 부모의 충분한 사랑과 보살핌이 있으면, 아동들은 대부분 변화된 환경에 성공적으로 잘 적응한다는 것이다. 실제로 아동들이 겪는 심리적 어려움은 부모의 이혼 그 자체에서 비롯된다기보다는 이혼 후에 지속되는 부부간 갈등양상이나 경제적 어려움에 주로 기인한다는 점에 이들은 주목한다(Furstenberg & Cherlin, 1991).

즉, 한부모가정의 빈곤문제는 사회적 불평등이라고 하는 다른 각도에서 접근하는 문제이며, 이혼 및 재혼 가정에서 발생하는 아동들의 적응상의 문제들은 부모의 이혼 및 재혼 그 자체에 기인하는 문제라기보다 근본적으로 부모와 자녀 간의 관계, 그리고 가족 내의 갈등구조상의 문제로 접근할 문제라고 본다. 즉, 불행한 가정생활의 지속보다 차라리 이혼하는 편이 자녀의 복지를 개선하는 것이 되며, 부모가 이혼하더라도 부모와 자녀 간의 지속적인 심리정서적 유대를 통하여 자녀들의 새로운 환경의 적응은 별문제가 없고 일부 발생하는 문제들은 사회복지실천 개입을 통해 해소될 수 있다고 본다(Furstinberg & Cherlin, 1991).

또한 가족진보론자들은 이상적 가족형태로서 갖는 정상가족 이데올로기 신화에 대하여 전면적으로 반박한다. 이들에 따르면, 초역사적으로 정상적이고 이상적인 가족에 대한 집착은 신념으로만 존재했을 뿐 가족은 늘 다양한 방식의 문제와 이를 해결해 가는 과정의 연속선상에 놓여왔다는 것이다. 특히 사람들은 이념형으로서의 '이상가족'에 대해 항상 긍정적이고 밝은 면만을 그리며, 그 모델이 가지고 있는 또 다른 면을 보려고 하지 않는다는 점을 비판한다. 이에 따라 가족에 대한 정의와 인식은 지나치게 단순화되어 현실적으로 가족들(families)이 가지는 복합성, 유동성, 다양성들이 비정상가족으로 범주화되는 결과를 초래하고 있다고 지적한다. 핵가족이 확대가족을 대체하던 시기에는 확대가족을 오히려 전형적인 가족으로 전제하여 핵가족이 마치 전통적으로 존재해 왔던 공동체 유대를 파괴하고 가족을 고립화시킨다고 우려했던 것과 마찬가지로 현재는 핵가족을 전형적인 가족유형으로 전제하고, 이의 해체를 또 다른 차원에서 염려하고 있다는 점을 들어 비판하고 있다.

그리고 이들은 중심적인 가족가치를 개인의 만족과 자기발전, 그리고 자율과 독립성에 두고 있다. 따라서 가족위기론자들에 의해 가족쇠퇴의 증후로 제시되는 이혼율의 증가나 결혼율의 감소를 가족진보론자들은 다르게 해석한다. 이와 같은 변화는 가족이나 결혼에 대한 근본적인 가치의 변화를 의미하기보다는 불행한 가족, 결혼생활을 굳이 지속할 필요가 없다는 인식상의 전환, 그리고 가족 내의 좀 더 개방적이고 민주적인 의사소통과 생활방식을 통해 개별 구성원들의 삶의 질을 향상시켜야 한다는 더욱 적극적인 생활방식을 반영한 것이다. 즉, 변화가 가족과 결혼제도를 존속할 수 있게 하고 더욱 성숙한 가족관계를 가능하게 하는 것으로 가족진보론자들은 간주한다. 대부분의 현대인에게 이혼은 불행한 결혼을 청산하고 새로운 삶의 기회를 모색하는 적극적인 삶의 방식일 뿐 반드시 가족가치가 흔들리는 것을 의미하는 것으로 볼 수 없다는 것이다.

이들은 이상적인 부부관계를 성별 분업에 기초한 남성중심적인 동반자 관계가 아닌, 남녀평등한 동업자 관계를 강조한다. 아울러 한부모, 독신, 동거, 동성애 가족 등 새롭게 등장하고 있는 가족유형들을 가족제도의 위기증후로 보는 것이 아니라 새로운 대안적 가족형태로 간주한다.

따라서 가족진보론자들에 따르면, 가족변화는 당연하며 오히려 국가정책이 종래의 가부장제적 가족구조와 경제구조의 불안정성을 타파하는 방향으로 나가야 하는데, 특히 적극적 사회복지정책을 통한 전통적 가족기능을 사회화해야 함을 강조한다.

3 현대 가족의 문제

1) 빈곤이나 자원의 결핍으로 인한 문제

가족생활에 필요한 경제적 자원의 결여는 가족의 생존 자체를 위협할 수 있다는 측면에서 가족생활의 곤란 중에서도 가장 기본적인 문제이다. 빈곤가족은 주로 가족의 생계를 책임지는 사람의 사망, 질병, 실업, 장애, 노령에 의해 발생하며, 빈곤으로 인한 가족문제는 다양하고도 심각하며, 심각한 경우 가족해체를 가져오기도 한다. 한편 오늘날 심각한 사회문제가 되고 있는 주택문제도 가족의 문제와 연결된다. 예를 들면, 주택의 부족문제, 그리고 핵가족만이 살기 적합한 주거공간은 노인을 부양하는 데 어려움을 가져오는 요소가 될 수 있다.

2) 가족 내 인간관계의 문제

가족 구성원이 각기 모순된 욕구와 의지를 가짐으로써 가족 내의 인간관계가 왜곡되어 가족기능을 충분히 수행하지 못할 때 가족은 어려움을 겪게 된다. 즉, 가족 간 가치관의 차이, 역할갈등, 가족 구성원의 특수한 성격, 습관 등이 원인이 되어 가족생활을 유지하기 곤란하게 되는 경우이다. 물론 어느 가족이나 어느 정도의 긴장과 갈등은 가지고 있다. 그러나 심한 경우 이혼, 별거, 가출 등이 일어나며, 가족이 해체되거나 가족의 안정성을 상실하게 된다. 최근에는 특히 아내학대나 아동학대, 노인학대와 같은 가정폭력이 증가하고 있으며, 청소년의 비행, 미혼모, 성폭행, 혼수문제로 인한 가정파탄 등의 병리적 가족문제도 증가하고 있다.

3) 불안정가구의 증가

현대 가족의 변화를 나타내는 가장 큰 특징은 소위 불안정한 혹은 비전통적인 가족이 증가하고 있는 것이라고 말할 수 있다. 즉, 사회적 보호를 필요로 하는 문제를 가지는 가구가 증가한 것이다. 최근에는 이혼율의 증가로 인한 편부모가족, 여성가구주 가족의 증가도 심각한 사회문제로 대두되고 있다. 특히 결혼 후 한두 명의 어린 자녀를 둔 상황에서 이혼하는 경우가 많기 때문에 이혼은 아동의 보호문제로 이어지기도 한다.

4) 피부양자의 보호문제

산업화로 인해 가족의 기능 중 생산기능, 교육기능 등이 다른 사회제도로 이양되고, 현대 가족에는 재생산기능과 보호를 필요로 하는 대상자의 보호기능만 남아 있다는 것이 일반적인 지적이다. 사실상 아직 대부분의 사회적 보호를 필요로 하는 대상자, 즉 아동, 노인, 장애인, 병자 등에 대한 보호가 가족에서 이루어지고 있다. 그러나 현대 가족에서는 이들에 대한 보호문제가 점점 중요하고 심각하게 대두되고 있다. 확대가족의 유대 안에서 피부양자에 대한 보호가 자연스럽게 이루어지던 전통사회와는 달리 현대의 핵가족 안에서는 보호를 담당할 사람이 많지 않다. 그뿐만 아니라 여성의 사회참여나 취업이 증가하는 추세인데, 이것은 여성 교육수준의 확대와 경제적 욕구의 확대로 인한 필연적인 결과이며 앞으로는 더욱 증가될 전망이다. 따라서 여성이 가정 내에서 자녀를 양육하고 노인이나 병자를 돌보던 방식은 이제 더 이상 당연한 것이 될 수 없게 되었고, 결국 피부양자에 대한 보호제공의 문제는 개인이나 개별 가족이 해결할 수 있는 상태를 벗어나고 있다.

4 현대 가족의 문제점 해결방안

1) 가족복지법의 제정

가족과 가족 구성원을 통합적으로 보는 시각에서 현재의 각종 가족관련 법을 보완하여 정리하거나 혹은 가족관계의 기본법으로 가족복지법을 새로 입안하는 것이 바람직하다.

2) 대통령 직속의 가족정책 심의기구 설치

가족관련 정책, 예를 들어 주택, 근로, 교육, 세제, 여성, 가족법 등은 정부의 어느 한 부서에서 통괄할 수 없으므로 국무총리 산하 혹은 대통령 직속으로 가족정책 심의기구를 설치하거나, 2~3년에 한 번씩 '가족에 관한 청와대 회의'와 같은 기구를 설치하여 가족에 관한 정책을 조정하고 통괄하여야 한다.

3) 가족기능의 와해 전 보완적 서비스의 제공

가족정책은 가족의 기능이 실패한 후 혹은 가족이 와해된 후에 도와주는 것이 아니라, 지원이 필요할 때 가족의 기능을 회복하도록 도와주는 방향을 지향하여야 한다.

4) 금전적 서비스는 국가가, 비금전적 서비스는 가족이 상호 보완적으로 책임

최소한의 소득보장과 의료보장은 공적 부조와 사회보험을 통하여 정부가 금전적으로 책임져야 하며, 비금전적 서비스는 가족의 기능을 일시적 혹은 부분적으로 보완하는 사회서비스를 제공하여 가족이 사회적 서비스의 도움을 받으면서 가족 구성원들에게 필요한 서비스를 제공하는 책임을 져야 한다.

5) 가족기능을 보완하는 서비스 제공

개인에 대한 직접적인 원조보다는 가족을 통하여 원조하거나 아니면 가족을 직접 원조해 주는 방향으로 나가야 한다. 따라서 가족에 대한 소득보장, 주택서비스, 교통편의 제공, 간호보호 역할의 완화 서비스, 예를 들면 보육서비스, 가정봉사원 서비스, 탁노서비스 등을 확대하는 것이 바람직하다.

6) 가족은 문제의 해결사라는 전제에 도입

가족은 문제의 발생 혹은 저장소이기보다는 문제의 해결사로서 가족정책은 가족의 이러한 기능을 발휘할 수 있도록 강화시키거나 회복시키는 방향으로 지향하여야 한다.

CHAPTER 03

가족복지실천 원리와 원칙

학습목표

- 가족복지실천의 원리와 원칙을 설명할 수 있다.
- 가족복지실천 시 가족사회복지사의 역할을 설명할 수 있다.
- 가족문제에 따른 가족복지서비스를 설명할 수 있다.

1 가족복지실천의 원리

가족복지실천은 가족과 함께 행복한 삶을 영위하고 아름다운 생애가 되도록 효과적으로 일상생활을 이어가는 데 관심을 두고 있다. 즉, 가족이 위기에 직면하였을 때 어떻게 도울 것인지에 관심이 있으며, 문제상황에 적절하게 개입하여 효과성과 유용성에 대한 인식의 연결과 가정중심의 실천의지에 높은 가치를 부여하고자 한다. 이에 가족관계를 관리하는 보다 효과적인 방법을 창출하는 기술을 가르치는 것을 가족복지실천의 원칙으로 삼고자 한다. 이러한 인식은 가족과 개인에게 새로운 행동을 하도록 도우며, 가족관계를 관리하는 방법론적 입장에서 생태학적 접근에 바탕을 두고 가족복지실천의 원칙으로 정하고자 한다.

1) 가족체계기반의 이념원리

가정은 우리에게 어떤 삶의 기반을 제공하고 있는가? 가족복지실천의 관심은 과거 20년간 아동복지분야에서 부각되다가, 고령화 사회에 접어들면서 약 20년 전부터 노인의료복지사업에 매진하고 있다. 국가가 효도에 나섰다는 노인장기요양보험제도는 생활패턴을 바꾸어 놓고 있다.

사회복지사는 가정에서 가족기능 수행에 대한 직접적인 정보를 편안하게 대할 수 있으며, 가족 구성원들이 친근한 환경에서 상호작용을 하고 있기 때문에 가족 구성원 간의 관계를 환경생태도로 그려볼 수 있다. 특히 사회적으로 소외된 가족이나 인간관계에서 어려움을 겪고 있는 가족과 어린 자녀의 문제를 가지고 있는 가정을 치유하기 위한 개입을 보다 선명하게 정책적 제안을 하고 지지하며 적극적인 개입으로 도와야 한다.

가족복지서비스는 가정에서 서비스를 제공하고 있기에 단지 사정, 개입하는 것만으로 끝나지 않는다. 만약 병원치료를 하면 병원상담 동안에도 발생되는 클라이언트의 변화를 병원 밖의 장소와 상황까지 가정이 관여하게 된다. 이를테면 가정에서의 문제가 지역사회까지 전환될 수 있다는 이론이다. 그러나 병원섹션에서 가정에 이르기까지 포괄적인 변화가 일어난다는 것은 그리 쉽지 않다. 예를 들면, 부모교육 프로그램에서 익힌 지식과 기술들이 지속적으로 가정에서 자녀를 대상으로 부모역할에 실제 영향을 미치는 경향은 아주 미약하다. 그래서 가족문제가 발생되는 동시에 가족치료적 개입을 하는 것이 보다 효과적임을 입증하는 결과라고 강조해 본다. 가정을 중심으로 한 실천기반의 가족복지서비스는 가정에서 서비스를 제공하는 것 이외에도 다음과 같은 시너지효과가 기대된다.

① 가정은 쉽게 개입할 수 있는 세팅된 장소이다.

② 모든 가족 구성원의 참여를 자연스럽게 유도할 수 있다.

③ 가족복지서비스를 보다 폭넓은 범주에서 접근할 수 있다.
④ 중도탈락자와 약속한 후에 개입할 수 없는 사례를 줄일 수 있다.

이와 같은 융통성 있는 실천기법을 가지고 가정을 중심으로 한 서비스를 제공하는 것은 사회복지사들에게 해결의 어려운 쟁점인 '침묵하는 가족 구성원들'을 보다 쉽게 가족문제에 관여할 수 있도록 동기를 부여하고 관계를 증진시키게 만든다. 따라서 가정기반의 서비스에 대한 클라이언트의 변화를 촉구하는 프로그램에서 부모들은 다른 서비스와 비교해 볼 때 가정으로 찾아오는 서비스에 대하여 보다 성의 있는 접근을 하는 경향이 있다.

2) 가족중심 사상의 원리

가족복지실천의 중심사상은, 가족의 변화 가능성과 가족복지실천은 보호적인 환경에서 양육·성장하는 것이 모든 인간의 권리라는 원칙에 기초를 두고 있다.

변화의 중심으로 가족을 고려하는 것은 여러 가지 측면에서 좋은 발상이다.

일단 가족기반의 개입은 변화와 목표를 가진 측면에서 문제 외의 문제를 해결할 수 있는 기술을 습득하게 한다. 따라서 전체 가족과 생활과업을 통하여 부모는 표적이 된 자녀의 개입과정에서 알게 된 사실을 해결하고자 할 때 다른 자녀에게는 같은 잘못을 저지르지 않도록 배려할 수 있다. 변화목표가 된 가족이 변화되는 것은 참으로 효과적인 방법인데 이는 가족복지실천에서 중요한 측면이다.

이에 가족복지실천의 핵심요소가 부모에게 아동양육방법을 배우고 익히게 하는 일이라면 다른 형제들에게 미치는 영향까지 배려하는 것이 보편적인 실천원칙이다.

따라서 논리적으로 부모가 배운 기술은 모든 가족들에게 활용될 수 있다는 이론도 있다. 표적 가족 구성원이 변화되는 것 이외에 문제 있는 다른 가족 구성원의 행동 역시 가족중심 가족복지실천의 중요한 기법 중의 하나이다.

3) 가정 위기개입의 원리

가족복지실천에서 위기관리는 가정의 파탄 지경에서 긴급한 지원을 하는 서비스이다. 위기는 지속적인 상태 속에서의 급격한 변화를 의미하는데, 개인은 적응기제나 균형기제를 가지고 있다. 이에 위기상태에서의 개입은 개인의 습관적 문제를 해결하고자 하는 활동만을 가지고서는 재빨리 균형상태를 회복하지 못한다. 특히 어떤 위험스러운 사건은 현재의 본능적 욕구에 위협을 줄 수 있기에 과거의 위협과도 쉽게 연결될 수 있어 과거에 해결되지 못한 미해결 과제의 갈등이나 부분적으로만 해결된 무의식적 갈등을 내포하고 있다. 위기는 발달적 위기와 상황적 위기로 구별하고 있다.

그러나 가족복지실천은 스트레스와 다양한 가족문제를 가지고 있는 동안 위기개입을 하게 된다. 위기개입은 학대 또는 자살위협과 같은 긴급한 상황도 있는데, 가족 구성원이 위험상황에 놓였을 때 개입하게 되므로, 이 과정은 매우 중요하다. 이와 같이 위기개입은 무엇보다 시간제한적인 한계를 가지고 있다. 따라서 가족 구성원이 위급할 때 모든 가족은 즉석에서 지원을 하게 된다. 따라서 위기기간 동안 사회복지사는 가족들이 위기를 해결하고, 이 상황을 극복하고 적응할 수 있도록 대처기술을 원조하는 데 주력을 해야 한다.

이때 문제해결과 의사결정에 집중하면서 가족복지실천적 개입을 하여야 한다. 위기개입을 통한 가족복지실천은 가족 구성원이 자신의 고통을 견디고 새로운 성장과 더 나은 가정생활을 통하여 사회통합을 이룩하고, 극복 시점까지 도달하도록 원조하여야 한다. 이러한 결과를 기대하기 위하여 위기개입은 가족이 경험한 구체적이고 실질적인 문제를 중심으로 해야 한다. 이와 같이 위기개입은 여러 가지 복합된 문제를 가지고 있는 가족 구성원에게 접근할 때 효과적으로 관계형성을 하고 개입하면서, 직면한 문제를 즉각적으로 해결하고 예상하지 못한 생활상의 사건들에 적응할 수 있도록 단기 가족치료기법을 적용시켜 나가야 한다.

4) 가족생활교육의 접근원리

가족생활교육은 개인이 가족생활을 영위하는 과정에서 발생할 수 있고 예측할 수 있는 문제들에 대해 교육을 통하여 문제의 발생을 예방하고 직면한 문제를 슬기롭게 해결해 나갈 수 있도록 교육하는 것이다. 개인은 가족생활교육전문가가 개발한 교육 프로그램을 통한 교육을 이수함으로써 소기의 목적을 달성할 수 있게 된다. 한국가족관계학회에서는 가족생활교육 프로그램을 개발・교육하고 있으며, 가족생활교육 프로그램을 활성화하기 위한 방안으로 가족생활교육전문가를 양성하고 있다.

따라서 사회복지사는 가족생활교육전문가의 역할을 훈련받아야 한다. 이에 가족 구성원 스스로 가족 구성원 간의 관계와 조화를 증진시킬 수 있는 기술이 향상되도록 사회복지사가 도울 수 있어야 한다. 그리고 가족의 역할과 가족관리기술의 특화는 사회복지사가 가족을 돕고자 할 때 상당히 필요한 기술이다. 이러한 기술은 다양한 방법으로 접근할 수 있다.

① 자기조절기법

② 효과적인 행동의 강화

③ 분노를 다룰 수 있는 기술

④ 가족의 행동을 추적하는 방법
⑤ 부모역할하기와 가족관리기술 개발
⑥ 가족갈등으로 인한 스트레스 조절방법
⑦ 역할극 같은 기법을 이용하여 긍정적인 행동실행방법

오늘날 우리나라 가족은 급변하는 사회 속에서 많은 가족문제를 경험하고 있다. 따라서 가족문제를 예방하는 차원에서 가족생활교육에 대한 사회 전반에 관한 인식이 높아지고 있다. 특히 가족생활교육은 가족상담 및 치료에 비해 일반인이 쉽게 접근할 수 있도록 특화되고 있기 때문에 전망이 아주 밝다고 할 수 있다. 앞으로 우리가 살아가고 있는 21세기는 사회 전반에서 변화가 가속화되고 다양화·다원화·개성화가 추구되고 있고, 가족도 다양한 형태를 보이고 있다. 그러므로 가족생활교육은 사회변화 및 가족 내 욕구의 다양화로 인해 다양한 프로그램의 개발이 필요하다. 이러한 프로그램을 개발할 때에 가장 중요한 것은 건강한 가족을 구현할 수 있는 가족향상(family enrichment) 또는 가족의 잠재력(family potential)을 최대화하는 것이다(유영주·정민자, 1993 : 369-387).

5) 생태학적 접근원리

가족생태학 이론은 Haeckel이 주장한 생태학에서 파생된 학문으로 Richard에 의해 가정학으로 발전하였다. 이것은 전체주의적·체계론적 관점이 등장하는 데 도움을 주었고, 이 과정에서 가족생태학적 이론의 논의가 본격화되었다. 체계는 목적을 달성하기 위해 전체를 구성하는 각 부분이 전체와 부분 간의 상호작용을 통해 체계론적 과정을 형성하고, 투입, 과정, 산출, 피드백 과정을 거친다. 따라서 체계이론을 가족생태계에 적용하면, 가족을 둘러싼 모든 환경은 투입요소가 되며, 가족체계가 환경에 적응하거나 또는 환경을 변화시키는 것은 변환과정이 된다.

가족생태학적 접근에서 가족은 외부환경과 그 안에 있는 인간과의 끊임없는 상호작용과 교류를 통해 의사결정을 하고 체계를 발전시켜 나간다. 궁극적으로 가족 구성원의 욕구충족과 삶의 질 향상은 외부환경의 행동을 제약할 수 있으며, 가능성과 기회를 창출하게 만든다. 한편 가족은 외부환경과의 상호작용에 대한 조정과 자율의 권한을 가지고 있다.

가족복지를 실천하는 사회복지사는 인간의 행동을 사회적 맥락에서 이해하여야 한다. 생태학적 접근은 특히 사회와 가족과의 관계를 파악할 때 보다 중요하다. 사회적 맥락에서 볼 때 가족은 위험과 기회라는 양면성을 가지고 있다.

예를 들면, 가족이 친한 이웃 없이 범죄 가능성이 높은 지역에 사는 것은 생태학적으로 위험하다. 이렇게 이웃 사람들이 서로 돌보아 줄 수 없어 스트레스를 많이 받고, 이웃에게 필요한 지원을 제공할 수 없다면 이것은 큰 문제이다.

그래서 효과적인 가족복지실천은 가족과 사회환경, 양 측면에서 도움을 줄 수 있는 강점과 자원을 검토하여야 한다. 가족복지실천은 가족의 경계선을 넘어 존재하는 요소를 심도 있게 민감성을 가지고, 공감적 이해를 통하여 관계와 의사소통, 그 이상의 다양한 가족기능 수행 역할을 감당해야 한다. 예를 들면, 부모역할하기는 부모가 아동을 양육하는 문제와 사회환경 등이 학습된다.

가족복지실천의 개입은 가정, 학교, 지역사회를 연계하고 체계 간의 상호지원과 협조체계를 가질 수 있도록 하기 위하여 필요하다. 가족과 환경과의 적절한 지원체계의 기반은 가족복지실천에서 필요 불가결한 요소이다.

가족이 스스로 새로운 지원망을 가질 수 있도록 돕는 것은 가족이 사회복지사에게 전적으로 의존하는 것을 예방할 수 있다. 사회복지사가 어떠한 문제를 가지고 있는 가족들과 종결할 때까지는 가족 구성원이 종결 이후에 지원받을 수 있는 자원을 확보할 수 있도록 해야 한다.

따라서 사회복지사는 어떤 가족에게 폭넓게 개입하기보다는 하나의 특정한 문제나 도움을 줄 수 있다는 것도 알고 있어야 한다. 특히 가족의 고유한 욕구와 기대에 맞지 않는 폭넓은 지원은 결코 좋은 관계 형성이라고 할 수 없다.

가족복지실천에서 또 다른 변화는 결핍과 문제에만 대응하는 것보다 가족의 강점을 구축해야 한다는 이론이다. 사회복지사가 초점을 확대해 나가면서 서비스의 우선순위를 정해야 하거나 가족 내에서 갈등하는 문제를 다루는 데 더 실제적이고 구체적인 선택을 하여야 한다. 따라서 서비스를 제공할 때 모든 가족 구성원의 욕구를 고려하는 것이 필요하며, 문제가 있는 특정한 가족 구성원에게만 집중해서는 안 된다.

이러한 생각을 바탕으로 사회복지사는 가족 구성원의 욕구에 개입하여 명료화하고 규명하여야 하며, 특정한 문제를 어떻게 해결할 것인지 활용할 수 있는 가족 내외의 자원을 연결하여 집중시켜 나가야 한다. 그러나 이러한 모든 것은 가족들과 함께 성취해야 한다.

2 가족복지실천의 원칙

다음의 원칙은 가족복지실천현장에서 사회복지사가 가족의 강점과 적극적인 선택의 자유를 추구할 수 있는 기본적인 원칙이다. 이러한 원칙들은 사회복지의 토대가 긍정적인 변화를 유도할 수 있는 가족의 능력에 대한 믿음을 전달할 것임을 확실하게 인식할 수 있게 해준다.

① 가족을 돕는 가장 좋은 장소는 가정이다

집은 가족들에게 가장 자연스러운 환경이다. 집에서 가족이 상호작용하는 것을 관찰함으로써 사회복지사는 가족에게 보다 쉽게 접근할 수 있다. 가족의 사회적 상황을 바탕으로 가족에 대한 정확한 이해가 이루어지고, 이러한 것을 기반으로 한 개입은 성공을 위한 기회를 제공한다. 집에서 사회복지사는 상호작용과 문제해결을 위한 대안에 관하여 즉각적인 피드백을 가족에게 제공할 수 있다.

② 가족복지실천은 가족이 스스로 문제를 해결할 수 있도록 가족의 능력을 최대로 활용한다

가족복지실천의 한 가지 중요한 목적은 가족이 보다 더 기능적이 될 수 있도록 돕는 것이다. 즉각적인 해결책을 제공하는 것은 현재의 스트레스를 감소시키고 순간적인 해결이 될 수는 있으나, 가족이 앞으로 경험하게 될 예측할 수 없는 갈등을 조절할 수 있도록 준비시키는 것은 아닐 것이다.

가족은 새로운 기술을 배우고 실천함으로써 변화한다. 개입의 주요 목표는 가족들이 자신에 대하여 신뢰를 가지고 독립을 촉진하는 방법으로 변화에 적극적으로 참여할 수 있도록 하는 것이다. 사회복지사는 이것을 명확하게 인식하는 것이 중요하다. 가족들이 스트레스에 대처하는 방법은 다양하다. 어떤 가족은 적절한 대처방법을 가지고 있으면서도 스트레스가 증가하면 추가적인 원조를 필요로 한다. 반면에 다른 가족들은 지속적인 원조를 필요로 할 수 있다. 모든 가족들은 그 나름대로의 독특한 강점과 약점을 동시에 가지고 있다. 그러나 어떠한 가족도 능력이나 강점에서 전적으로 부족한 것은 아니다. 이와 같이 가족의 능력에 대하여 구체적으로 정확하게 사정하는 것은 개입을 계획하기 전에 이루어져야 한다.

③ 특정 가족의 사회, 심리, 문화, 교육, 경제, 신체적 특성에 대한 사정에 기초하여 개별화된 개입이 필요하다

가족복지실천은 도움을 필요로 하는 특정 가족이 있는 곳부터 출발한다. 이 원칙은 사회복지사가 몇 회를 가정방문하든지 간에 동일하게 적용된다. 한 가족에게 효과적인 것이 비슷한 문제를 가진 다른 가족에게도 동일한 효과를 나타내길 기대할 수는 없다. 미리 예정된 기준에 맞추어 개입하게 되면 특정 가족의 특별한 욕구에 적합하도록 수정할 수가 없다. 가족복지실천의 이점 중 하나는 가족의 독특성을 반영하는 개입을 계획할 수 있다는 데 있다.

④ 사회복지사는 우선 가족의 긴박한 욕구에 우선하여 반응하고 난 후 장기적인 목표를 추구하여야 한다

굶주린 사람들은 음식을 우선 요구하며 배고픔을 달래고자 한다. 사회복지사는 이 사실을 기억하고 즉각적인 반응을 하고 사정해야 하며, 이러한 욕구가 충족될 수 있는 도움을 줄 수 있어야 한다. 그리고 사회복지사는 가족 구성원이 기본적으로 신체적 요구와 안전의 욕구가 보장될 수 있도록 하고 다음 욕구를 위하여 가족과 함께 노력한다. 그러나 가족의 욕구는 변화하기 때문에 사회복지사는 가족의 변화하는 욕구에 대한 우선순위와 그때마다 무엇을 도와줄 것인지에 대하여 유연하게 대처할 수 있는 능력이 필요하다.

⑤ 하나의 사회체계로 가족 구성원의 행동은 전체 가족에게 영향을 줄 수 있다

한 가족원의 행동은 다른 가족원에게 영향을 준다. 그러나 관심을 두어야 할 것은 특정한 변화로 인하여 누가 이익을 얻고 누가 피해를 입을 것인가 하는 것이다. 이익은 가능한 한 개별 가족원의 이익이 전체 가족이 치르는 대가보다 적은 결과를 예측하는 것이 가족들에게 도움이 된다.

⑥ 사회복지사와 가족 간에 상호 협력적인 관계가 형성되어야 한다

사회복지사가 가족과 협력적인 관계를 형성하는 것은 무엇보다 중요하다. 사회복지사는 가족문제를 해결하기 위하여 계획단계에서는 전문적인 지식과 방법을 제공하지만 문제를 정의하고 해결하는 과정에서는 가족과 협력하여야 한다. 이런 협력적 동반관계는 공통의 문제를 확인하고 목표를 설정하고 해결책을 강구할 수 있는 힘을 부여하는 데 매우 중요한 조건으로 작용한다.

⑦ 가족복지실천의 목표는 인종, 지역, 신념 등에 관계없이 모든 집단을 위한 사회정의를 실현한다

가족복지의 실천은 인종, 지역, 신념 등에 관계없이 모든 집단에게 유익을 주며 사회정의를 실현해 준다. 그리고 전통적으로 소외된 가족에 대한 문제는 편견, 선입견, 특수한 환경에 대한 적응부족 등으로 무시되어 왔다. 가족복지실천의 목표는 무엇보다 가족에게 효과적인 서비스를 제공하는 것이다. 따라서 사회복지사는 도움을 필요로 하는 가족에 대하여 옹호자, 교육자, 중재자의 역할을 수행하여야 하며, 어떤 특정한 문화적 관점을 가지고 다른 문화적 관점을 강요하는 것을 경계하여야 하고, 그 대신에 가족의 문화적 유산으로부터 강점이 무엇인가를 찾아 강조할 수 있어야 한다.

⑧ 가족친화적 · 여성친화적 · 양성평등적 가족정책 및 행정체계의 확립이 필요하다

가족복지실천은 가족 모두가 행복하고 편안한 생활이 되어 아름다운 생애가 되도록 서로 협력하여 선을 이룩하여야 한다.

이에 따라서 다음과 같은 과제를 수행할 수 있어야 한다.

㉠ 가족복지실천에 대한 사회적 연대의 정책이 확보되어야 한다.

㉡ 가족보호기능에 대한 사회적 지원(보육, 노인부양)이 필요하다.

㉢ 체계적 가족정책의 수립과 진행을 위한 행정체계의 구축이 필요하다.

㉣ 가족복지서비스 전달체계의 구축이 필요하다.

3 가족사회복지사의 역할

사회복지가 점차적으로 전문화되면서 가족복지실천방법을 직접적으로 전달하는 사회복지사의 역할도 다양화되고 있다. 사회복지사는 가족과의 상호작용을 넓히면서 가족원조기능을 증진시키기 위해 가족과 상호 존중 및 동반자적인 관계를 형성한다.

1) 지지자의 역할

가족사회복지사의 주요 역할은 가족의 강점을 발견하여 이를 강화시켜 주는 것이다. 이처럼 가족의 강점을 알려주는 것은 가족사회복지사가 가족과 동참할 수 있게 하고 변화를 향한 동기와 낙관주의를 창출할 수 있는 유대를 발달시킬 수 있게 한다.

2) 교사・훈련자의 역할

가족사회복지사는 가족에게 부족한 지식이나 기술을 습득하도록 돕는다. 여기에는 가족관계에서 문제가 될 수 있는 영역, 즉 의사소통, 부모역할기술, 문제해결, 분노 조절, 갈등해결, 가치 명료화, 금전 관리, 일상생활 기술 등에서의 결핍을 포함한다.

3) 자문가의 역할

가족사회복지사는 현재 가족이 직면한 문제에 대해 조언할 수 있다. 가족들이 자녀의 일탈행동이나 진로탐색 등 다른 곳에서 도움을 받을 수 없을 경우, 가족이 처한 상황에 대해 피드백을 제공함으로써 이들의 특정 문제를 해결하도록 돕는다.

4) 중재자의 역할

가족사회복지사는 가족원 간, 가족 간, 또는 가족과 지역사회의 갈등상황에서 해결을 중재할 수 있고 갈등상황에서 발생하는 스트레스를 감소시킬 수 있는 역할을 한다.

5) 옹호자의 역할

가족사회복지사는 가족과 가족원보다 더 큰 사회체계에 대해 행동을 취해야 하는 경우가 있다. 가족문제가 가족 내 가족원들의 관계에서 기인한 것이 아니라 지역 또는 사회환경의 구조적 문제로 인해 발생한 것이라면, 가족의 이익과 문제해결을 위해 사회체계로부터 가족을 옹호하는 역할을 한다.

6) 자원동원가의 역할

가족사회복지사는 사회복지 원조체계와 사회적 지지망에 대한 이론적 지식을 근거로 가족문제를 해결하는 데 필요한 지역사회 집단과 자원을 활성화시키고 동원할 수 있는 역할을 한다.

7) 가능하게 하는 자의 역할

가족사회복지사는 가족이 다른 방식으로 접근할 수 있도록 기회를 확장해 주어 이용할 수 있는 서비스를 가족에게 알려주고 서비스를 활용할 수 있도록 도와 그 가족의 능력과 힘을 강화시켜 주는 역할을 한다.

4 가족복지서비스

가족복지서비스는 가족의 문제를 개별적·심리적·미시적으로 해결하고 치료하는 서비스로 사후 회복적 처우라는 성격이 있다. 그러나 특수한 요구를 가진 가족문제가 점차 일반화되어 가면서 예방적 관점에서의 프로그램 개발과 실시가 필요하게 되었다.

가족복지서비스를 기능상의 특성에 따라 구분하면 다음과 같다.

1) 가족기능 지원서비스

가족에 대한 지지적 서비스(supportive service)로 가족이 생활하고 있는 시대와 사회가 요구하는 가족의 기능을 가족 스스로가 보다 잘 수행할 수 있도록 기능의 일부를 지지하는 서비스이다. 가족의 기능을 지원하는 서비스로는 보편주의적 관점에서 제공되는 각종 가족정책(소득·주택·교육·보건·의료 보장), 가족상담, 가족치료서비스, 가족생활교육 및 부모교육 서비스, 문화 또는 여가생활 및 각종 생활정보를 제공하는 서비스 등이 있다.

2) 가족기능 보충서비스

가족의 내부적 원인이나 가족을 둘러싼 여러 가지 사회환경 때문에 가족 스스로가 가족의 기능을 원활하게 수행하지 못할 때 가족문제가 발생하게 되는데, 이렇게 발생된 가족문제를 해결하여 가족이 안정을 찾을 수 있도록 사회가 가족의 기능을 일부 보충해 주는 서비스(supplementary service)이다.

가족의 기능을 보충해 주는 서비스로는 보육서비스, 노인과 장애인을 위한 재가서비스와 케어(care)서비스, 가정조성사업(home maker service), 노인보호서비스 등을 들 수 있다. 또한 선별주의적 관점에서 제공되는 각종 사회보장으로 국민기초생활 보장법에 의한 저소득층 가정에 제공되는 보호를 들 수 있다.

3) 가족기능 대리서비스

가족 스스로가 그들이 당면한 문제를 도저히 극복하거나 해결할 수 없을 때에 가족의 기능을 전적으로 대리하는 서비스(substitute service)로, 일시 또는 장기간의 가정위탁보호, 입양, 노인 및 장애인이나 아동을 수용하는 시설보호 등을 들 수 있다.

PART

2 가족복지정책

CHAPTER 04 가족복지정책과 전달체계

CHAPTER 05 가족복지정책 관련법

CHAPTER 04

가족복지정책과 전달체계

학습목표

- 가족복지정책의 개념과 발달과정을 설명할 수 있다.
- 외국의 가족복지정책과 한국의 가족복지정책을 비교하여 설명할 수 있다.
- 가족복지정책의 공공전달체계와 민간전달체계를 설명할 수 있다.

1 가족복지정책의 개념과 유형

가족복지정책은 한 가족을 정책대상 단위로 하여 가족복지를 실천하는 거시적·제도적 방법이다. 가족복지정책은 가족 구성원들의 삶의 질을 높이기 위하여 가족이 원하는 것을 실현하고 추구하는 것을 목표로 하며, 일반적인 의미의 가족복지정책은 정부가 가족을 위해 실시하는 제반 조치로서 일반적·통일적·종합적 관점에서 가족생활의 유지, 강화를 도모하는 여러 시책이라 할 수 있다(Kamerman & Kahn, 1978).

1) 가족복지정책의 개념

일반적으로 사회복지분야에서 가족과 관련된 정책은 가족정책(family policy)과 가족복지정책(family welfare policy)으로 구분된다. 이 경우에 가족정책은 '국가가 가족의 기능이나 역할에 의도적으로 영향을 미침으로써 원하는 방향의 변화를 가져오려는 체계적인 개입계획'을 의미하고, 가족복지정책은 통제와 지원을 통해 국가가 순수하게 '가족을 위해 행하는 정책'만을 의미하는 것으로 이해된다.

그러나 이 두 개념은 경우에 따라 혼용되므로 명확히 구분하기가 어려우며, 오늘날 국가는 사회복지의 전 분야에 걸쳐 정책을 통해 가족에게 영향을 미치고 있으므로, 가족정책과 가족복지정책의 개념을 구분하는 것은 점차 의미를 상실해 가고 있다(이진숙, 2002). 그러므로 이 책에선 가족복지정책만을 다루도록 하겠다.

가족복지정책은 정부가 가족복지를 향상시키기 위해 시행하는 모든 활동을 의미한다. 그러므로 가족복지정책은 가족성원을 대상으로 하며 가족 구성원의 복리를 증진하기 위한 수단으로 행해지는 갖가지 정책을 포함한다. 가족복지정책은 가족 구성원의 안정과 복지 강화, 삶의 질을 제고하는 데 목표를 두고 있다. 가족복지정책은 가족관련 사회보험, 공적부조, 사회복지서비스, 고용정책, 조세정책, 보건의료정책, 주택정책 등을 예로 들 수 있다.

가족복지정책의 개념은 국가, 학자에 따라서 그 견해가 다양하며, 이러한 차이는 가족복지정책이 각 나라의 사회, 경제, 정치, 문화 등의 사회적 환경 변화에 맞추어 발달하기 때문이다. 따라서 가족복지정책은 정치, 경제, 교육, 법, 종교 등과 함께 사회의 가장 기본적인 제도로 가족 구성원에게 많은 영향을 미치게 된다.

(1) 가족복지정책의 정의

가족복지정책의 개념을 정의할 때, 가장 보편적으로 인용되는 것은 Kamerman과 Kahn(1978)의 정의이다. Kamerman과 Kahn은 "가족복지정책이란 정부가 가족에 대해 그리고 가족을 위해 행하는 모든 활동"이라 정의하였다.

Gauthier(1999)는 가족정책을 협의와 광의로 나누어 정의하였다. 광의의 영역은 가족법, 공공정책 등이고, 협의의 영역은 소득보장, 모성보호, 아동보호, 노인보호, 사회복지서비스 등이다.

Gomick(2001)은 산업사회 속에서 가족이 경험하는 가난의 문제를 해소하기 위하여 국가가 전개하는 노동수입에 따른 가족수당(family income supplement, 프랑스), 근로자가족 세액공제(working family tax credit, 영국)와 같은 일련의 가족부양정책적 활동을 가족복지정책이라고 하였다.

전선영 등(2011)은 국가가 그 사회가 추구하는 목표를 실현하기 위한 의도를 가지고, 가족 및 가족 구성원으로서의 개인을 대상으로 행하는 일련의 정책이라고 가족복지정책을 정의하였다.

(2) 가족복지정책의 유형

Kamerman과 Kahn은 가족복지정책을 세 가지 유형으로 제시하였다.

첫째, 가족복지정책을 사회문제 해결을 위한 정책의 한 분야로 보는 유형이다. 이는 가족복지정책을 하나의 가족에 대해 어떤 구체적 목표를 설정하는 정책 영역으로 인식하고, 출산율 증대, 아동건강 증진, 양육부담의 감소, 성평등 증진 등의 목표달성을 추구하며 뚜렷하게 가족을 목표로 하는 법을 포함한다. 특히 다른 정책과의 연계성을 강조하며, 영양 및 고용정책, 주택정책, 건강정책, 현금급여, 아동보호서비스, 여성정책 등이 존재한다.

둘째, 가족복지정책을 수단으로 활용하는 유형이다. 이는 가족복지정책을 가족의 행위를 변화시킴으로써 더 넓은 사회, 정치적 목적을 달성하기 위한 일종의 사회통제수단으로 본다. 아동보육시설 확대와 모성수당 제도 등을 통해 여성들의 경제활동 참여를 유도하거나 고실업 시대에 육아휴직 등을 통해 여성을 다시 가정으로 유인하는 정책 등 노동시장 목적 달성을 위해 가족복지정책을 활용하는 것을 예로 들 수 있다.

셋째, 다른 사회정책을 선택하기 위한 관점 또는 결정의 기준으로 접근하는 유형이다. 이 유형은 모든 사회정책에서 가족에게 미치는 효과와 영향력이 고려되어야 한다는 관점으로 국가의 모든 사회정책을 가족복지 정책적 시각에서 바라봐야 한다는 점을 강조한다. 입양정책, 탁아정책, 가족계획 등 가족을 위한 목표를 의도적으로 세우는 명시적 가족복지정책과 조세정책, 주택정책 등 의도적으로 만들진 것은 아니나 결과적으로 가족에게 영향을 주는 묵시적 가족복지정책으로 구분할 수 있다.

위의 세 유형은 가족복지정책의 궁극적 목표를 어디에 두는가에 대한 관점의 차이가 존재하지만, 가족을 정책의 직접적 대상 단위로 한다는 점과 가족 구성원이 아니라 가족을 하나의 통합적 단위로 보고 접근한다는 점은 일치한다. 이러한 일치점은 가족복지정책이 아동, 여성, 노인, 장애인 등을 위한 복지와는 다른 전략적 접근이 필요함을 제시한다.

Harding(1996)은 가족의 책임에 대해 국가가 어떤 방식으로 통제, 지원하는가 또는 그 수준이 어느 정도인가 등에 따라 권위주의 모델(authoritarian model), 자유방임모델(laissez-faire model), 중간개입모델(intermediate model)로 구분하였다. 권위주의 모델은 국가의 통제가 매우 강력하며, 국가가 선호하는 행동의식과 가족형태를 강화하기 위해 정책과 법적 조치를 강조한다. 자유방임모델은 국가의 가족불간섭을 원칙으로 하며, 특별히 선호되는 가족형태는 존재하지 않는다. 중간개입모델은 국가통제방법에 따라 특정한 분야의 책임을 강화하는 유형과 동기유인형, 특정 가족형태에 대한 가정(assumption)에 근거한 상호작용형, 가족지원형, 가족대체형, 욕구반응형으로 다양하게 제시되어 있다.

이러한 유형은 가족과 국가 사이에서 책임범위를 놓고 발생하는 상호작용에 초점을 두고 있다. Kamerman과 Kahn의 유형이 정책목표를 놓고 접근하였다면, Harding의 모델은 정책목표 내면에 존재하는 특성을 국가와 가족의 역할분담이라는 측면에서 더 구체적으로 파악할 수 있는 틀을 제공하였다.

이처럼 가족복지정책의 내용은 정책의 목적에 따라 분류하고 가족 구성원의 복지에 대한 욕구충족을 위한 체계적 가족복지정책의 지침에 근거해야 한다. 그러므로 가족복지정책의 내용은 아동, 여성, 노인, 장애인 등의 개별집단을 위한 접근과는 다른 차원의 방향에서 설정되어야 하며, 가족을 총체적으로 고려하는 차원에서 이루어져야 한다.

<표 4-1> 가족정책모델

유 형	특 징	통제 정도
권위주의 모델 (authoritarian model)	• 국가는 특정 선호하는 가족유형과 가족행위를 장려하고 여타의 것을 금지하는 통제정책을 펼침 • 개인과 가족의 개별적 욕구나 선택은 무시됨	통제적
특정 영역에서 가족책임의 강제 (the enforce of responsibilities in specific areas)	• 특정 영역에 있어서 가족생활을 통제함	↑
긍정적 인센티브를 사용한 조정 (the manipulation of incentives)	• 국가가 선호하는 가족 행동패턴을 조장하기 위해 조세나 급여체계 등의 경제적 유인책을 병행함	
제한적 가정하에서 작용 (working within constraining assumption)	• 구체적인 어떤 행동유형을 통제하거나 부정적 제재를 가하는 통제적 가족정책은 없음 • 암묵적으로 정책에서 어떤 가족유형을 가정함으로써 결과적으로 특정 가정유형을 조장함	
가족을 대체하거나 지원 (substituting for and supporting families)	• 가족행위에 대해 의도적으로 영향을 미치고자 하는 국가정책은 없으며 현존 가족역할이나 행위가 지속되기를 바람 • 다만, 가족이 실패할 경우 이를 지원하거나 혹은 대체하는 서비스를 제공함	
수요와 욕구에 반응 (responding to needs and demands)	• 국가는 특정 가족유형에 대한 가정이나 선호가 없으며 가족의 변화에 따라 나타나는 가족의 욕구에 수동적으로 반응함 • 가족유형에 상관없이 모든 가족들이 필요한 서비스를 이용할 수 있음	↓
자유방임모델 (laissez-faire model)	• 가족은 개인의 자유영역이고 사적 선택영역으로 간주함 • 국가는 가족생활에 대해 어떠한 영향력을 행사하지 않음 • 가족에 대한 정책목표는 없으며 선호하는 가족유형이나 행위, 가치, 성도덕 등은 존재하지 않음. 가족정책은 무정책(no policy)이 정책임 • 국가는 가족을 매개하지 않고 단지 개인으로서의 구성원과 관계함	방임적

출처 : Harding(1996).

2 가족복지정책의 발달과정

우리나라의 가족복지정책은 1960~1970년대, 산아제한을 위한 가족계획 수립에서 시작되었다. 이 시기는 우리나라의 사회경제구조가 급격하게 변화한 시기로 경제 성장 위주의 정부정책이 시행되어 가족에 대한 지원은 매우 미미한 수준이었다.

제5공화국시기(1980~1987년)에는 가족관련 정책의 지원대상이 주로 가족에게 부양을 받을 수 없는 장애인, 노인, 아동, 모자 등의 보호 또는 취약계층에 집중되었다.

제6공화국시기(1988~1992년)에는 다양한 계층의 사회적 욕구를 반영하여 사회보장제도가 확충되었으나, 충분한 생계유지 및 저소득층 자립에는 미치지 못하였다.

문민정부 시대(1993~1997년)는 저소득 장애인 가구에 대한 교육비와 각종 장애인 감면제도 등이 확대되었다.

국민의 정부 시기(1998~2002년)는 생산적 복지를 강조하여 생계에 어려움을 겪고 있는 저소득층과 실직자를 돕기 위한 각종 제도들이 마련되었다.

참여정부 시기인 2003년 이후에는 참여복지라는 슬로건하에서 사회복지의 공급주체로서 국가의 역할이 강조되었고, 예방적 측면에서의 복지의 기능을 강조함에 따라 건강가정기본법이 제정되고 여성가족부가 신설되어 가족정책의 전환점이 된 시기이다.

2008년 2월 새로운 정부가 들어서며 기존의 여성가족부에서 담당하던 가족정책이 보건복지부로 통합되었으며, 한부모가족이나 다문화가족 등에 대한 지원과 위기가정에 대한 지원 등에 초점을 맞추었다.

2013년 첫 여성대통령 취임으로 여성가족분야 국정과제에는 저출산 문제해결과 일·가정 양립을 위한 임신과 출산, 양육정책 비중이 두드러진 것이 특징이다.

2017년 5월 문재인정부가 들어서며 내 삶을 책임지는 국가를 표방하며 노후생활 보장, 건강보험 보장성 강화, 주거복지, 저출산 극복, 아동·청소년의 성장 지원, 성평등 사회실현, 일·생활의 균형 실현 등 생애주기 및 삶의 질 제고를 위한 복지정책을 강화하고 있다.

3 외국의 가족복지정책과 한국의 가족복지정책

가족복지정책의 방향이나 구체적인 내용은 그 사회가 처한 현실과 사회 전반의 이념적 지향에 따라 달라진다. 하지만 상황에 상관없이 가족복지정책에서 자녀양육을 지원하는 정책이 가족복지정책의 기본이 된다. 유럽과 같이 가족복지정책이 발전한 사회에서는 오래전부터 저출산과 밀접하게 연계된 자녀양육지원을 중심으로 가족복지정책을 재구성하고 있으며, 특히 기혼여성의 경제활동 증가로 인한 가족생활과 직장생활의 병행지원을 정책의 핵심분야로 삼고 있다.

1) 저출산 및 자녀양육 문제(학자별)

학자들은 가족정책의 핵심요소인 저출산 문제를 해결하기 위해 자녀출산과 양육에 영향을 미치는 요인을 찾아 자녀출산과 자녀양육의 안정화를 가져올 수 있는 정책방안을 제안하고 있다.

Kammerman과 Kahn(2000)은 모성을 보호할 수 있는 정책 마련을 핵심요소로 강조하였다. 즉, 자녀를 출산하는 경우 노동시장에서의 정책은 출산 전후로 건강을 회복할 기간, 그 기간 동안의 임금 대체, 복직 이후 보육서비스를 제공하는 것까지를 고려하여 마련되어야 한다.

Wetzelsa(1999)는 가족복지정책의 핵심요소로 일·가정생활의 양립을 강조하면서, 이를 성취하기 위해서 개별 세제혜택, 보육지원금 및 보육서비스의 이용 가능성, 그리고 보육서비스의 질을 강조하였다.

Sleebos(2003)는 양성평등과 관련된 사회규범이 출산수준에 영향을 미친다고 보고 여러 사회제도 간 양성평등 균형의 중요성을 강조하였다. Sleebos는 특히 출산에 영향을 미치는 요인을 포괄적으로 수용하면서 다음과 같이 제시하고 있다(장혜경 외, 2004 재인용).

우선 출산 여부에 영향을 미치는 요인으로 첫째, 자녀양육으로 기대되는 물질적·심리적 혜택의 변화이다. 현대사회는 자녀양육의 결과로 자녀로부터 제공받는 물질적 혜택은 감소하고 있고, 자녀출산으로 얻을 수 있는 정서적 혜택보다 자아실현, 개인성취를 강조하는 경우 자녀출산을 머뭇거리게 된다고 보았다.

둘째, 자녀양육으로 발생하는 직접비용과 기회비용 요인이다. 자녀에 대한 교육기간 및 양육의 질적 수준에 대한 높은 기대로 자녀양육비인 직접비용은 증가하는데, 여성의 교육기회, 취업기회, 과외활동의 기회가 감소되어 자녀출산과 양육으로 인한 기회비용은 감소한다.

셋째, 고용이 불안정하거나 실업률이 높은 경우 결혼뿐 아니라 출산을 연기하기 쉽다. 특히 여성의 직업과 경력에 대해 사회적으로 긍정적인 시각의 확산과 경제적 여건 등이 출산과 관련된 결정에 영향을 미친다.

넷째, 물질주의 영향으로 개인의 자율성, 자아실현 등이 가중되는 현대사회에서 자녀라는 존재의 가치가 감소하고 있다.

다섯째, 남성을 주 생계부양자로 규정하는 남성중심의 사회는 일과 가정을 병행하고자 하는 여성의 요구를 수용하지 못하며, 양성평등과 관련된 사회 전체의 제도나 규정이 제대로 되어 있지 않으면, 개인적으로 출산수준을 낮추는 경향을 보인다.

Sleebos는 이 다섯 가지 요인에 대해 모두 정책을 통해 개입이 가능한 것은 아니지만, 직간접적 정책을 통해 개선할 수 있다고 주장하였다. 직접적 정책은 아동수당, 보조금 지급, 세제감면 제공 등과 같은 현금지원을 말하며, 간접적 정책은 양육 여건을 개선하여 양육비용을 감소시키거나 양육과 관련된 여성의 일방적인 부담을 제도적으로 개선하는 것으로 공보육, 출산휴가, 육아휴직, 탄력근무제 등이 가능하다고 하였다. 가족복지정책의 핵심 요소별 자녀양육지원정책은 <표 4−2>와 같이 구분할 수 있다.

<표 4-2> 자녀양육지원정책의 유형

구 분		특 징	내 용
재정적 지원	현금급여	정기적 현금급여	가족수당, 자녀수당
		일시불 현금급여	출산수당, 모성급여, 새학기 수당
	세제지원	• 세금환급 • 세액공제 • 세금감면	자녀유무, 자녀 수, 자녀연령, 출생순위 등에 따른 세금감면, 세금환급 등
	서비스와 재화	서비스와 재화의 무료제공 및 보조금 지급	교육서비스, 의료서비스, 치과서비스, 대중교통서비스에 대한 지원, 여가활동 관련서비스
	주택지원	• 보조금 지급 • 주택관련 세제혜택 • 기타 서비스에 대한 보조 등	• 주택담보대출 시 저당권 감액 • 주거비용의 세금환급 및 소득공제 • 주거관련 서비스에 대한 보조금 지원
시간적 지원	휴가 및 휴직	• 산전·후 휴가 제공 • 육아휴직제도 제공	• 복지보장 • 상실임금의 보전 • 출산 및 육아를 위한 휴가제도
	탄력근무제	탄력근무제 도입	• 탄력적 근무시간제도 • 가족관련 업무를 위한 외출 가능
서비스 제공	보육서비스	공보육서비스의 제공	보육시설의 제공, 보육재정의 제공, 방과후 프로그램, 직장 보육서비스 등
		보육서비스에 대한 공공재원의 제공	

출처 : 유계숙 외(2007).

2) EU 국가의 가족복지정책

EU의 국가들은 오래전부터 자녀돌봄과 양육의 사회화를 가족복지정책의 핵심으로 삼았다. 그 배경은 다양화, 탈제도화, 개인화 등의 가족변화로 다양한 가족의 증가와 더불어 가족의 위기를 드러내는 이혼의 증가, 자녀출산의 감소를 경험하였기 때문이다.

물론 이를 해결하는 정책방향은 나라마다 차이점을 가지고 있다. EU 소속 국가의 주요 가족복지정책을 살펴보면 다음과 같다. 첫째, 유럽의 경우는 가족복지정책이 가족의 유형에 상관없이 다양한 가족들의 양육과 부양부담 완화를 목표로 하고 있다. 둘째, 부모가 가족생활과 취업을 병행하고 자녀 양육으로 인해 파생되는 경제적 부담을 덜어주기 위해 보육지원에 초점을 두고 있다. 셋째, 이와 연관된 가족복지 프로그램과 서비스의 종류가 과거에 비해 다양해지고 있다.

(1) 스웨덴

스웨덴의 가족복지정책의 기본 이념은 사회 구성원 모두가 공공복지의 기여자가 되어야 하며, 동시에 수혜자가 되는 사회연대와 평등이다. 가족친화적인 성격이 강하며, 노동시장에서의 양성평등을 통해 여성이 일과 자녀양육을 병행할 수 있게 하는 데에 초점을 둔다. 가족의 다양성을 인정하여 동거와 결혼이 동일하게 인정되며, 차별을 두지 않는다. 다양한 가족의 형태를 수용하고 어떠한 유형의 가족형태이든 개인의 출생에서 사망에 이르기까지 국가가 지속적인 도움을 제공하는 진보적·가족친화적인 관점을 띠는 것이 스웨덴 가족복지정책의 특징이다.

스웨덴에서 부모의 역할과 노동을 병행하도록 돕는 정책으로는 가족수당, 공보육(public education), 부모휴가제도가 있다.

① 가족수당 & 아동수당

가족수당은 모든 시민이 최소한의 생계수준을 보장받아야 하며, 아동이 빈곤으로부터 보호를 받고 경제적으로 적절한 환경에서 양육되어야 한다는 취지에서 만들어졌다. 정액급여의 형태로 1948년 도입되었으며, 이를 통해 스웨덴은 현대적인 의미의 가족복지정책을 구현하였다.

아동수당에는 16세 이하 아동에게 제공하는 기초아동수당과 아동이 아프거나 6개월 이상 치료를 필요로 하는 장애가 있을 경우 부모에게 제공하는 아동보호수당이 있다.

② 공보육

스웨덴의 보육유형은 어린이집이 일반적이며, 그 밖에도 가정보육, 방과후 보육 등 다양한 종류가 있다. 비용의 부담은 소득에 비례하여 차등 적용된다. 1995년부터 1~6세까지의 모든 아동에 대한 보육과 6~12세 아동을 대상으로 방과전, 방과후 보육을 실시하고 있다.

③ 부모휴가 & 부모급여

임신, 출산, 육아와 관련된 휴직과 소득보전을 보장하기 위한 것으로, 여성이 노동시장에 동등하게 참여하기 위한 제도이다.

스웨덴의 부모휴가급여는 대부분 고용주가 납부하는 사회보장기여금 중 일부로 마련되며 일부는 일반 조세에서 지원된다. 고용주는 고용인 임금의 약 31.42%에 해당하는 금액을 고용주세 명목으로 정부에 납부한다. 이 중 약 2.6%가 부모휴가 관련 급여로 사용된다.

스웨덴의 부모휴가는 자녀 한 명당 총 480일이며, 부모는 해당 자녀가 12세 혹은 초등학교 5학년을 마칠 때까지 주어진 480일을 재량껏 나누어 사용한다. 그러나 부와 모에게 각각 할당된 기간이 90일이기 때문에 한부모 외에는 부모 중 한 명이 혼자 최대로 사용할 수 있는 부모휴가 기간은 90일을 제외한 390일이다.

부모휴가급여는 크게 세 종류로 나뉜다. 월 임금소득의 약 77.6%를 390일 동안 수급할 수 있는 정률 급여(소득 인정 최대 상한선은 월 임금의 3만 8750크로나), 90일간 180크로나가 지급되는 정액 급여, 기존의 임금소득이 정률 급여 기준에 미치지 못하는 경우 받을 수 있는 250크로나의 기본 급여가 있다.

(2) 독일

독일은 고령화의 영향으로 가족복지정책을 강화하여 정책의 담당부서가 연방정부 내의 주요 부서로 자리 잡았다.

독일의 가족복지정책은 자녀양육부담으로 인한 저소득 문제와 여성이 경제활동을 할 경우 발생하는 성평등적 역할분담의 갈등으로 인한 저출산 문제에 대한 대안으로, 부모가 직업과 가사를 병행할 수 있는 사회적 여건 조성에 초점을 두고 있다.

① 소득지원정책

독일의 가족에 대한 소득지원은 정책적으로 가족을 이루는 것이 부담이 아니라 사회 여러 분야로부터 지원되어야 할 중요한 성과로 인식해야 한다는 것에서 출발한다. 이러한 인식을 실현하기 위하여 가족의 생활 개선과 자녀로 인한 가족의 경제적 부담을 경감시키고자 아동수당, 자녀 세금공제를 실시하고 있으며, 자녀가 있는 가족의 경우 주택수당과 실업수당도 지급하고 있다.

‘가족성과보상제도’는 자녀 수에 비례하여 지급되는 아동수당과 자녀 세금공제가 주가 되는 것으로 1996년 처음 도입되었다. 이는 자녀가 없는 가구와 자녀가 있는 가구 간의 경제적 격차가 발생하지 않도록 지원하는 것으로, 한부모가정의 경우에도 최저생계비 이상의 소득보장이 이루어지도록 배려하는 것을 목적으로 한다.

② 자녀양육지원정책

독일의 자녀양육지원정책은 출산율 저하와 고령화에 대응하기 위한 것으로 궁극적인 목적은 가족의 재생산기능 강화이다. 이를 위해 여성이 자녀양육과 취업을 조화롭게 병행할 수 있도록 지원하며, 자녀양육으로 인해 경제활동을 중단할 경우 그에 상응하는 수입을 지원하여 손실분이 최소화되도록 한다. 양육비 지급, 모성보호휴가 등이 운영되고 있다.

아동수당은 16세 미만 자녀를 대상으로 소득에 근거하여 지급하고 있으며 양육비는 2001년 이후부터 출생한 자녀를 직접 양육하고, 일주일당 30시간 미만의 형태로 취업하는 부모에게 소득에 따라 차등 적용된다.

모성보호휴가는 출산 전 6주, 출산 후 8주의 모성보호기간에 걸쳐 기존 월급의 100%를 출산급여로 받는다. 직접 자녀를 양육하는 근로자들은 성별에 관계없이 자녀가 4세가 될 때까지 '부모시간제도'를 사용할 수 있다. 이는 종전에 여성에게만 적용되던 육아휴직을 확대한 것으로 아버지의 자녀양육참여를 유도하기 위한 것이다. 해당 부모는 3년간 사업장에서 파트타임으로 근무할 수 있으며, 고용주의 동의를 얻는다면 자녀가 8세가 되는 해로 연기하여 사용할 수 있다.

(3) 프랑스

프랑스는 가족친화적인 가족복지정책을 실시하고 있으며, 보편주의적 가족복지에서 점차 선별적인 복지정책으로 변화하고 있다. 또한 가족의 다양성을 정책적으로 포용하기 위해서 '연대성'과 '정의'의 논리에 근거를 두고 있다.

① 소득지원정책

프랑스의 대표적인 가족 단위 소득지원정책으로는 가족수당, 가족소득보충급여, 주거수당, 이사보조금, 최저생계비 지원 등이 있다. 가족수당은 20세 이하 자녀 2명 이상을 키우고 있는 가족에게 지급되며, 가족소득보충급여나 이사보조금 지원은 3인 이상의 가구로 한정하여 소득지원과 동시에 출산을 장려하고 있다.

② 자녀양육지원정책

프랑스의 자녀양육지원정책은 크게 수당지급과 보육정책으로 구분할 수 있다.

수당은 영유아수당, 자녀입양수당, 자녀간병수당, 자녀교육수당, 특수교육수당, 편부모수당 및 자녀부양비 징수 지원, 가족지원수당 등 다양한 방식으로 지급되고 있다.

보육정책은 시설보육 위주의 정책에서 개별가정보육지원정책으로 전환하였으며, 개별가정보육지원정책으로 3년까지 정액제로 유급육아휴직을 제공하고 있다. 또한 2명 이상의 자녀가 있는 부모에게 제한적으로 지급되는 육아휴직수당, 개별가정보육지원수당 및 보육인고용지원금 지원, 등록보육사고용보조금 지원 등이 있다.

3) 한국의 가족복지정책

(1) 가족복지정책의 기본 방향

① 다양한 가족에 대한 수요자 중심 서비스를 강화한다

가족기능의 역량을 강화하고, 사회통합을 위한 다문화가족의 사회적응을 위한 서비스를 제공하며, 가족에 대한 보편적·예방적 지원과 이탈된 요보호아동을 위한 서비스를 제공한다.

② 가족친화적 사회환경을 조성한다

가족친화적 지역환경 조성을 촉진하고, 기업의 가족친화경영 활성화를 유도하며, 지역사회가 중심이 되는 통합적 가족지원 전달체계를 강화한다.

③ 가족복지서비스 정책 연계 및 효율화를 향상시킨다

다양한 민간·공공 관련서비스 전달체계의 효율화와 대상·기능별 관련 서비스와 연계를 강화한다.

(2) 가족복지정책의 비전

① 가족기능의 강화 : 아이돌보미서비스를 통한 가족양육 지원과 가족에 대한 상담, 교육, 문화사업을 확대한다.

② 다양한 가족의 자립역량 강화 : 다문화가족의 생애주기별 서비스를 지원하고, 한부모·조손가족의 자녀양육을 지원한다. 보호가 필요한 아동에게 건강한 가정을 마련, 지원한다.

③ 일과 가정의 양립 지원 : 가족친화적 직장분위기를 조성하고 가족친화적 지역사회를 조성한다.

④ 가족정책 인프라 확충 : 가족서비스 전달체계를 효율적으로 발전시키고, 지역사회와 관련기관의 가족돌봄자원의 연대를 구축한다.

(3) 가족복지정책의 내용

① 보육

초기 우리나라의 보육정책은 영유아의 복리향상에 초점을 맞추고 있어, 여성의 경제활동을 통한 보육환경 변화에 대응하기 미흡하였다. 이러한 보육환경 변화에 대응하기 위해 중앙정부는 보육서비스를 자녀양육에 수반되는 경제적 부담을 완화하는 것을 목적으로 보육시설에 대한 지원을 확대,

영유아보육비를 현금으로 지급하고 있으며, 방과후 학교보육교실과 방과후 아동보호서비스 등을 제공하고 있다.

2016년 아이돌봄 지원법 시행으로 만 12세 이하 아동을 둔 맞벌이 가정 등에 아이돌보미가 직접 방문하여 아동을 안전하게 돌봐주는 서비스에 대한 법적 근거가 마련되어, 아이의 복지 증진과 보호자의 일·가정 양립을 통한 가족 구성원의 삶의 질 향상과 양육 친화적인 사회에 대한 정책적 환경이 마련되었다. 아이돌봄서비스는 건강가정지원센터, 다문화가족지원센터, 여성단체 등에서 제공하고 있으며 2022년 말 227개소가 운영 중에 있다.

② 건강가정 및 다문화가족 지원

2005년 건강가정기본법 시행에 따라 각 시군별 건강가정지원센터가 2023년 기준 244개소가 설립·운영되고 있으며 가족돌봄나눔, 가족교육, 가족상담, 가족문화, 가족통합지원, 지역사회연계 등의 사업을 제공하고 있다. 또한 2008년 다문화가족지원법 시행에 따라 다문화가족의 삶의 질 향상과 사회통합을 돕기 위해 211개소가 설치·운영되고 있다. 2014년부터는 건강가정지원센터와 다문화가족지원센터의 통합을 추진하는 가족서비스 전달체계개편을 시범 운영하고 2021년부터 건강가정·다문화가족지원센터의 명칭을 가족센터로 변경하여 자녀에서 부모 및 노인세대까지 모든 가족 구성원의 욕구를 수요자 중심 통합적 가족서비스로 제공하도록 하고 있다. 가족센터는 2016년부터 78개소로 시작하여 2020년 196개소, 2023년 244개소가 운영되고 있다.

건강가정지원센터, 다문화가족지원센터의 통합은 기존의 가족돌봄, 가족상담, 가족교육, 가족문화, 지역사회연계의 5대 사업 영역에서 가족관계, 가족돌봄, 가족생활, 가족과 함께하는 지역공동체의 4대 사업 영역으로 변화를 가져왔다.

<표 4-3> 건강가정 · 다문화가족지원센터 통합서비스 영역

사업 영역	기본사업	비 고
가족관계	부모역할 지원[임신・출산(부모)지원, 영유아기 부모지원, 학부모지원, 혼례가치교육], 노년기 부부지원, 아버지 역할 지원, 부부갈등예방·해결지원, 이혼위기가족지원, 다문화가족 관계향상지원, 다문화가족 이중언어환경 조성, 다문화가족 자녀성장지원, 가족상담	교육, 상담(정보제공 및 초기상담), 문화 프로그램 등
가족돌봄	가족역량강화지원, 자녀돌봄지원, 다문화가족 방문서비스	교육, 상담(정보제공 + 초기상담 → 전문상담), 돌보미 파견, 사례관리 등
가족생활	맞벌이가정, 일・가정 양립 지원, 다문화가족 초기정착지원, 결혼이민자 통번역 지원, 결혼이민자 취업지원	교육, 상담, 정보제공, 문화 프로그램 등
가족과 함께하는 지역공동체	가족봉사단(다문화가족나눔봉사단), 가족품앗이, 공동육아나눔터, 가족사랑의 날, 결혼이민자 정착단계별 지원 패키지	모임, 활동, 문화 프로그램 등

출처 : 2018 건강가정・다문화가족지원센터 통합서비스사업안내.

③ 부모권 보장

부모권 보장을 위한 정책으로는 출산전후휴가와 육아휴직이 있다. 출산전후휴가와 육아휴직제도는 2002년 1월에 근로기준법 개정과 2008년 6월에 개정된 「남녀고용평등과 일・가정 양립 지원에 관한 법률」을 기반으로 제도화되었다. 이는 맞벌이가족과 한부모가족을 위한 복지를 법령으로 규정하여 저출산・고령화를 지원하기 위한 정책이다.

출산전후휴가제도는 임신 중의 여성에 대하여 출산전후를 통하여 90일의 보호 휴가를 주어야 한다는 내용을 주축으로, 90일 중 출산 후에 반드시 45일 이상이 확보되도록 부여해야 한다. 이는 출산한 여성근로자의 근로의무를 덜어주며, 임금의 상실 없이 휴식을 보장받도록 돕는다.

육아휴직이란 근로자가 만 8세 이하(또는 초등학교 2학년 이하)의 자녀를 양육하기 위해 신청하는 휴직으로 근로자의 육아부담을 덜어주고, 계속 일할 수 있게 지원하여 근로자의 생활안정과 고용안정을 도모한다. 자격을 갖춘 근로자가 신청하면 1년 이내의 육아휴직을 부여받을 수 있으며, 양육대상인 자녀가 출생한 날부터(여성의 경우 임신 중인 기간에도 신청 가능) 8세 이하의 기간 동안 자유로이 그 시기와 기간을 정할 수 있다.

<표 4-4> 출산전후휴가급여와 육아휴직제도 비교

구분	출산전후휴가급여	육아휴직제도
지원 대상	• 휴가가 끝난 날 이전에 고용보험법 제41조에 따른 피보험 단위기간이 통산하여 180일 이상일 것 • 휴가를 시작한 날(제19조 제2항에 따라 근로자의 수 등이 대통령령으로 정하는 기준에 해당하는 기업이 아닌 경우는 휴가 시작 후 60일이 지난 날로 본다) 이후 1개월부터 휴가가 끝난 날 이후 12개월 이내에 신청할 것. 다만, 그 기간에 대통령령으로 정하는 사유로 출산전후휴가급여 등을 신청할 수 없었던 자는 그 사유가 끝난 후 30일 이내에 신청하여야 한다.	• 육아휴직을 시작한 날 이전에 고용보험법 제41조에 따른 피보험 단위기간이 통산하여 180일 이상일 것 • 고용보험법 제70조 제1항에 따른 육아휴직급여를 지급받으려는 사람은 육아휴직을 시작한 날 이후 1개월부터 육아휴직이 끝난 날 이후 12개월 이내에 신청하여야 한다. 다만, 해당 기간에 대통령령으로 정하는 사유로 육아휴직급여를 신청할 수 없었던 사람은 그 사유가 끝난 후 30일 이내에 신청하여야 한다.
지원 금액	• 우선지원 대상기업의 경우 90일(다태아 120일)의 급여가 고용보험에서 지급되고, 대규모 기업의 경우 최초 60일(다태아 75일)은 사업주가, 그 이후 30일(다태아 45일)은 고용보험에서 통상임금상당액을 지급한다. • 근로기준법 제74조의 규정에 의한 보호휴가기간 중 보호휴가를 이유로 지급받은 금품과 출산전후휴가급여 등을 합한 금액이 보호휴가 개시일을 기준으로	• 육아휴직기간 동안 매월 통상임금의 100분의 80을 지급한다(월 상한액 150만 원, 하한액 70만 원). 단, 육아휴직급여액 중 일부(100분의 25)를 직장복귀 6개월 후에 합산하여 일시불로 지급한다. 육아휴직 중 다른 사업장에 취업하여 1주 동안의 소정근로시간이 15시간 이상이거나, 근로소득 또는 사업소득이 월 150만 원 이상인 경우에는 급여 지급이 제한될 수 있다.

	한 통상임금을 초과한 경우, 그 초과하는 금액을 출산전후휴가급여 등에서 감액하여 지급한다.	• '6+6 부모육아휴직제' : 생후 18개월 이내 부모가 동시에 또는 순차적으로 육아휴직 사용 시 첫 6개월에 대해 부모 각각의 육아휴직급여를 통상임금의 100%를 지원한다(상한액 200~450만 원). 또한 육아휴직기간 중 사업주로부터 육아휴직을 이유로 금품을 지급받은 경우로서 매월 단위로 육아휴직기간 중 지급받은 금품과 육아휴직급여의 100분의 75에 해당하는 금액(하한액 70만 원)을 합한 금액이 육아휴직 시작일 기준으로 한 월 통상임금을 초과한 경우에는 그 초과한 금액을 육아휴직급여의 100분의 75에 해당하는 금액에서 빼고 지급한다.
신청 시기	• 우선지원 대상기업 : 휴가를 시작한 날 이후 1개월부터 휴가가 끝난 날 이후 12개월 이내(휴가기간 중 : 30일 단위로 신청 가능) • 대규모 기업 : 휴가를 시작한 날부터 60일이 지난 이후 1개월부터 휴가가 끝난 날 이후 12개월 이내 출산전후휴가 종료일부터 12개월 이내에 신청하지 않을 경우에는 출산전후휴가급여를 받을 수 없다. ※ 단, 천재지변, 본인·배우자 또는 그 직계존·비속의 질병·부상, 병역법에 의한 의무복무, 범죄혐의로 인한 구속 또는 형의 집행이 발생한 경우 그 사유가 끝난 후 30일 이내에 신청해야 한다.	육아휴직을 시작한 날 이후 1개월부터 매월 단위로 신청하되, 당월 중에 실시한 육아휴직에 대한 급여의 지급신청은 다음 달 말일까지 해야 한다. 매월 신청하지 않고 기간을 적치하여 신청 가능하다. ※ 단, 육아휴직이 끝난 날 이후 12개월 이내에 신청하지 않을 경우 동 급여를 지급하지 않는다.

④ 노인장기요양보험

노인장기요양보험법은 2007년 4월 27일에 제정되어 2008년 7월 1일부터 시행되고 있다. 노인장기요양보험제도는 고령 또는 노인성 질환 등으로 인해 일상생활을 혼자 수행하기 어려운 노인에게 신체활동 또는 가사지원 등의 장기요양급여를 제공하여 가정의 몫이던 노인에 대한 요양문제를 국가와 사회가 공동으로 사회연대원리에 의해 해결하기 위한 것이다. 노후의 생활안정을 도모하고, 그 가족의 부담을 덜어주어 국민 삶의 질을 향상시키는 것을 목적으로 한다.

제도의 적용대상은 전 국민이며 장기요양신청대상자는 65세 이상의 노인 및 노인성 질환을 가진 65세 미만의 국민으로 하되, 6개월 이상 혼자 정상생활이 어려운 자로서 장기요양등급판정위원회에서 등급판정을 받은 국민으로 한다.

장기요양등급판정은 1차적으로 국민건강보험공단의 방문조사원이 방문조사를 통해 파악한 요양욕구 5영역 52개 항목에 대한 결과를 수형분석도에 적용하여 2차 판정을 위한 장기요양인정 여부 및 장기요양등급(1차 판정 결과)을 산출하면, 등급판정위원회에서 1차 판정 결과와 특기사항 및 의사소견서, 기타 심의 참고자료 등을 종합하여 장기요양인정 여부 및 장기요양등급을 최종으로 결정한다.

급여의 종류로는 시설급여와 재가급여, 현금급여가 있다. 시설급여는 노인요양시설과 노인전문요양시설의 통합형태인 요양시설과 소규모형태의 노인요양공동생활시설로 구분되며, 재가급여는 방문요양, 방문목욕, 주·야간보호, 단기보호서비스로 구분된다. 현금급여로는 가족요양비, 특례요양비 및 요양병원간병비가 있다.

<표 4-5> 등급판정

등 급	심신의 기능 상태	장기요양인정 점수
1등급	심신의 기능상태 장애로 일상생활에서 전적으로 다른 사람의 도움이 필요한 자	95점 이상
2등급	심신의 기능상태 장애로 일상생활에서 상당 부분 다른 사람의 도움이 필요한 자	75점 이상 95점 미만
3등급	심신의 기능상태 장애로 일상생활에서 부분적으로 다른 사람의 도움이 필요한 자	60점 이상 75점 미만
4등급	심신의 기능상태 장애로 일상생활에서 일정 부분 다른 사람의 도움이 필요한 자	51점 이상 60점 미만
5등급	치매환자(노인장기요양보험법 시행령 제2조에 따른 노인성 질병으로 한정)	45점 이상 51점 미만
인지지원등급	치매환자(노인장기요양보험법 시행령 제2조에 따른 노인성 질병으로 한정)	45점 미만

4 가족복지정책의 전달체계

전달체계의 운영주체에 따라서 공공전달체계와 민간전달체계로 구분할 수 있다.

1) 공공전달체계

공공전달체계는 국가 또는 지방자치단체가 수립하고, 직접 그 운영의 주체가 되는 것으로, 정부 차원의 사회복지정책을 통한 사회보험과 사회복지서비스 등을 의미한다.

(1) 중앙정부

중앙정부는 20세기에 들어 복지정책의 공급주체로 크게 성장하였으며, 대부분의 서구 복지국가들은 중앙정부가 중심이 되어 사회복지정책을 수행하고 있다.

중앙정부는 의료나 교육과 같이 공공재적 성격이 강한 재화나 서비스의 공급에 유리하며, 사회보험과 같이 규모의 경제가 발생하는 부분에서의 역할이 크고, 평등과 사회적 적절성 실현에 필요한 강력한 권한을 가지고 있다. 또한 프로그램을 통합하고 조정하기에 유리하고 안정적인 사회복지제도 유지에 유리하며 정책전달에 가장 중요한 역할을 수행한다. 그러나 중앙정부의 서비스 제공은 자원이 비효율적으로 배분될 수 있고, 중앙정부의 독점적 공급에 따른 재화나 서비스의 질이 저하될 수 있으며, 서비스 대상의 변화하는 욕구에 융통성 있게 대응하기가 어렵다는 단점을 가지고 있다.

우리나라의 중앙정부 가족복지 관련 정책은 노동권 보장, 부모권 보장, 노인돌봄, 소득보장의 영역으로 구분할 수 있으며 행정기구는 각 정책의 성향에 따라 교육부, 보건복지부, 고용노동부로 구분되어 운영되고 있다. 특히 가족정책은 2000년까지는 보건복지부가 주관해 오다, 2001년 여성부가 신설되며 가족정책이 분리되어 이관되었다.

<표 4-6> 가족복지정책과 주무 행정부처

구 분	정책 내용	행정부처
노동권 보장	• 보육 및 방과후 보육서비스 • 보육료 지원 및 보육시설 관리 • 근로자 지원(근로시간 단축청구권 등)	교육부 보건복지부 고용노동부
부모권 보장	• 산전·산휴 휴가, 부성육아휴직	고용노동부
노인돌봄 관련	• 노인장기요양 서비스	보건복지부
소득보장	• 아동양육수당	보건복지부

이후 여성부는 여성가족부로 개편되었는데, 이는 사회가 점차 저출산, 고령화 사회로 접어들면서 전통적 가족구조와 역할이 변화하고, 가족해체문제가 심각해짐에 따라 이를 예방하고 새롭게 형성되는 다양한 형태의 가족이 가족공동체로서의 역할을 할 수 있도록 지원하는 일이 시급해져 통합적 가족복지정책을 수립하고, 각 부처의 가족복지정책을 수립·조정·지원하는 기능을 수행하기 위한 것이다.

여성가족부는 가족정책의 주무부서로서의 기능을 수행하며, 공공전달체계로서의 주도적 역할을 담당하고 있다. 여성정책의 기획·종합 및 여성의 권익증진, 청소년의 육성·복지 및 보호, 가족과 다문화가족정책의 수립·조성 지원, 여성·아동·청소년에 대한 폭력피해예방 및 보호를 지향하고 있다(이영실 외, 2012).

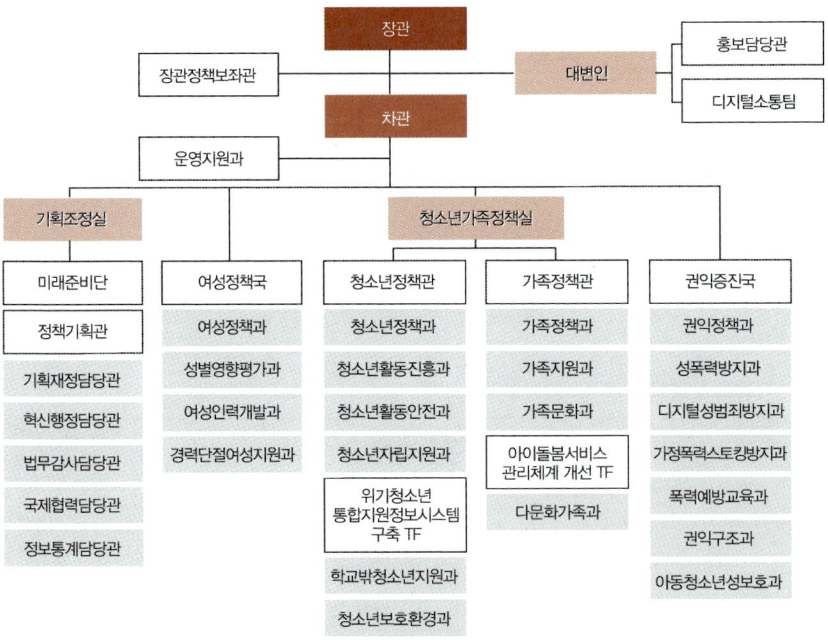

<그림 4-1> 여성가족부 가족정책의 전달체계

출처 : 여성가족부(www.mogef.go.kr).

(2) 지방정부

사회복지재화나 서비스가 완전하게 지방정부 단독으로 제공되는 경우는 많지 않다. 하지만 지방정부가 사회복지정책에 관여하는 역할은 결코 작지 않다.

지방정부는 지역주민의 욕구에 보다 신속하고 효과적·효율적으로 대응할 수 있으며, 지방정부 간의 경쟁으로 서비스의 질을 향상시킬 수 있다. 또한 서비스의 대상자가 정책결정과정에 참여하기가 보다 쉬우며, 변화하는 대상자의 욕구에 적극적으로 대처할 수 있다.

그러나 지역 간 불평등으로 인해 사회통합을 저해시킬 수 있으며, 규모의 경제를 실현하기가 어려워 사회보험제도의 시행이 곤란하다. 그리고 프로그램의 안정성과 지속성 보장이 어렵고, 지방정부 단위의 프로그램 발전은 단편화될 가능성이 크다.

2) 민간전달체계

(1) 자원조직

자원조직에 대한 개념규정은 매우 애매하며, 하나의 조직적 형태로 활동하는 점에서 비공식적 전달체계나 지원체계와는 구별된다. 자원조직은 집단적 사회복지활동의 한 형태라고 할 수 있다(김익균, 2003).

자원조직은 자원봉사자에게 의존하는 비중이 높으며, 그 재원이 자선적 기부에 크게 의존하고 있다. 때로는 정부의 재정적 지원을 받기도 하고, 필요시에는 수익사업을 하여 재원을 마련하기도 하지만, 기본적으로는 개인 또는 집단으로부터 기부금, 회비 등에 의존한다. 또한 자원조직은 집단 구성원이 스스로의 보호를 위해 재원조달과 활동을 한다는 특징을 가진다.

그러나 자원조직은 국가와 시장영역 사이에서 그 경계선이 애매하고 불명확한 경우가 있다. 특히 국가로부터 받는 지원과 수익성 사업 등이 자원조직의 정체성을 약화시킨다.

(2) 비공식부문

비공식부문은 가족, 친구, 이웃 등과 같이 일정한 형식을 갖추지 않으면서 사회복지서비스를 공급, 전달하는 체계를 말한다. 사회복지분야의 비공식부문은 모든 공식적 복지체계의 기반을 이루고 있으며, 그 규모가 거대하다.

비공식부문은 복지서비스를 필요로 하는 대상들의 다양한 욕구와 그 변화에 쉽게 대응할 수 있으며, 비용의 효율성을 극대화할 수 있다. 또한 대상자의 내적 욕구에 적절하게 대응할 수 있다는 장점을 가진다.

그러나 이러한 장점에도 비공식부문은 점차 축소될 것으로 예상되고 있는데, 그 이유는 다음과 같다. 비공식부문은 여성을 축으로 하여 발전하였다. 하지만 가족규모가 축소, 핵가족화되고 1인 가구가 증가하며, 여성의 경제참여가 증가하고 있어 비공식부문 서비스 제공자의 규모가 점차 줄어들게 되어 점차 비공식부문의 규모가 축소될 것으로 예상된다.

(3) 영리조직

영리조직은 자본주의 국가에서 여러 가지 모습으로 공공복지체계와 연관되어 존재한다. 사회민주주의가 발달한 국가에서는 국가부문이 보다 엄격하게 영리조직을 규제하고, 공공부문이 광범위하게 복지부문에서 활동한다. 반면에 자유주의 국가인 미국을 살펴보면, 의료보험과 같은 사회복지가 민간 차원에서 제공되며 국가는 보충적인 기능을 담당한다.

영리조직은 사회복지분야에서 비교적 최근에 발달하기 시작하였다. 그 배경으로는 사회경제적 변동이 복지서비스를 구매하게 하여 사회적 여건이 변화한 것에 있다. 이는 사회변동으로 인한 복지욕구의 변화를 의미하며, 기초적이고 포괄적인 욕구가 충족된 이후에 부가적이고 일상적인 성격을 가진 복지 관련 욕구가 새롭게 창출된 것이다. 그 예로는 보육과 재가복지 서비스를 들 수 있으며, 이는 가족구조의 변화 및 생활욕구의 전반적인 상승이 중대한 요인이다. 그리고 국가복지가 팽창하여 기하급수적으로 증가한 복지비용을 절감하고 국민의 복지욕구 억제를 기대하는 것도 하나의 배경으로, 모든 국민이 부가적으로 필요로 하는 복지서비스를 이용하기 위해서는 시장원리에 따라 향유하게 하는 방식이 적절하다는 것이다. 즉, 이 방식은 사회적 자원의 효율성을 극대화하는 측면을 가지고 있다.

CHAPTER 05

가족복지정책 관련법

학습목표

- 가족복지관련법의 의의와 주요 내용을 설명할 수 있다.
- 가족복지관련법에 근거한 주요 정책을 설명할 수 있다.

1 건강가정기본법

1) 법의 의의와 기본 이념

기존의 노인복지법, 아동복지법, 영유아보육법, 장애인복지법, 국민기초생활 보장법 등의 사회복지 관련법이 있었지만, 그 내용이 가족을 단위로 하지 않고, 가족을 건강하게 유지하고 발전시키기 위한 것이라고 보기 힘들며, 현재 변화하고 있는 가족환경을 고려한 제도라고 볼 수 없었다. 이에 가족 및 가정과 관련된 새로운 정책과 법이 요구되어 2004년 2월에 건강가정기본법이 제정되어 2005년 1월부터 시행되었다.

건강가정기본법은 우리 사회가 변화함에 따라 증가하고 있는 가족해체현상인 이혼, 가족의 부양기능 약화 등의 가족문제에 대처하며, 가정을 단위로 한 통합적이고 예방적인 복지서비스를 구현하기 위해 제정되었다. 2010년 3월 19일부터 개정 시행되고 있으며, 개정 이유 및 주요 내용은 보건복지부의 청소년·가족기능을 여성부로 이관하여 종합적 가족정책기능을 수행할 수 있도록 여성부를 '여성가족부'로 확대개편하고, 보건복지가족부는 보건복지정책기능을 중심으로 재편하여 '보건복지부'로 명칭을 변경하려는 것이다(이영실 외, 2012).

입법목적은 건강한 가정생활의 영위와 가족의 유지 및 발전을 위한 국민의 권리·의무와 국가 및 지방자치단체 등의 책임을 명백히 하고, 가정문제의 적절한 해결방안을 강구하며 가족 구성원의 복지증진에 이바지할 수 있는 지원정책을 강화함으로써 건강가정 구현에 기여하는 것을 목적으로 한다(동법 제1조).

2) 건강가정기본법의 주요 내용

(1) 가족, 가정, 건강가정에 대한 정의

건강가정기본법 제3조에 의한 가정 관련용어의 정의는 다음과 같다.

<표 5-1> 가족, 가정, 건강가정에 대한 정의

용 어	정 의
가 족	혼인·혈연·입양으로 이루어진 사회의 기본 단위
가 정	가족 구성원이 생계 또는 주거를 함께하는 생활공동체로서 구성원의 일상적인 부양·양육·보호·교육 등이 이루어지는 생활 단위
건강가정	가족 구성원의 욕구가 충족되고 인간다운 삶이 보장되는 가정
건강가정사업	건강가정을 저해하는 문제의 발생을 예방하고 해결하기 위한 여러 가지 조치와 가족의 부양·양육·보호·교육 등의 가정기능을 강화하기 위한 사업

(2) 책임주체 및 적용대상

건강가정기본법에 따르면, '모든 국민은 가정의 구성원으로서 안정되고 인간다운 삶을 유지할 수 있는 가정생활을 영위할 권리'를 가지기 때문에

'모든 국민은 가정의 중요성을 인식하고 그 복지의 향상을 위하여 노력하여야 한다'(동법 제4조). 따라서 국가 및 지방자치단체는 건강가정을 위하여 필요한 제도와 여건을 조성하고, 이를 위한 시책을 강구하고 가족 구성원의 특성과 가정유형을 고려하여야 한다. 또한 '민주적인 가정형성, 가정친화적 환경조성, 양성평등한 가족가치 실현 및 가사노동의 정당한 가치평가를 위하여 노력하여야 한다'(동법 제5조)라고 명시되어 있다.

(3) 건강가정사업

건강가정기본법에서는 국가 및 지방자치단체가 추진해야 하는 건강가정사업으로 가정에 대한 지원, 가족 단위 복지증진, 가족의 건강증진, 가족부양의 지원, 이혼예방 및 이혼가정지원, 건강가정교육 등(제21·23·24·25·31·32조), 개별 복지법과 달리 가정을 단위로 한 통합적 접근을 규정하고 있다. 건강가정기본법의 이러한 내용은 여전히 잔존하고 있는 우리나라 사회에서 가부장적 가치관을 불식하고 양성평등한 가족관계를 증진시키며, 가족 단위의 시민적 역할을 강조하고, 자원봉사활동을 지원하도록 명시하고 있다. 또한 최근 증가하고 있는 이혼을 예방하고 이혼가정에 대한 적절한 서비스를 지원하기 위한 내용과 가정봉사원제도에 대하여 근거를 제시하고 있다.

<표 5-2> 건강가정사업의 주요 내용

사 업	내 용
가정에 대한 지원	• 국가 및 지방자치단체는 가정이 원활한 기능을 수행하도록 지원해야 하며, 지원할 사항은 다음과 같다. - 가족 구성원의 정신적·신체적 건강지원 및 안정된 주거생활 - 소득보장 등 경제생활의 안정 및 직장과 가정의 양립 - 태아검진 및 출산, 양육의 지원 - 음란물, 유흥가, 폭력 등 위해환경으로부터의 보호

	– 가정폭력으로부터의 보호 및 가정친화적 사회분위기의 조성 • 그 밖에 건강한 가정의 기능을 강화·지원할 수 있는 관련사항 – 국가 및 지방자치단체는 취업여성의 임신·출산·수유와 관련된 모성보호 및 부성보호를 위한 유급휴가시책이 확산되도록 노력하여야 한다. – 국가 및 지방자치단체는 한부모가족, 노인단독가정, 장애인가정, 미혼모가정, 공동생활가정, 자활공동체 등 사회적 보호를 필요로 하는 가정에 대하여 적극적으로 지원하여야 한다.
자녀양육 지원 강화	• 국가 및 지방자치단체는 자녀를 양육하는 가정에 대하여 자녀양육으로 인한 부담을 완화하고, 아동의 행복추구권을 보장하기 위해 보육, 방과후 서비스, 양성이 평등한 육아휴직제 등의 정책을 적극적으로 확대 시행하여야 한다. • 국가 및 지방자치단체는 다양한 가족형태를 고려하여 아동양육지원사업시책을 수립·시행해야 하며, 이를 예산의 범위 내에서 지원할 수 있다. • 국가 및 지방자치단체는 가사노동의 가치에 대한 사회적 인식을 제고하고, 이를 관련법·제도 및 가족정책에 반영하도록 노력하여야 한다.
가족 단위 복지증진	• 국가 및 지방자치단체는 사회보험·공공부조 등 사회보장제도의 운용과 관련하여 보험료의 산정·부과, 급여 등을 운용함에 있어서 가족을 지지하는 시책을 개발·추진하여야 한다. • 국가 및 지방자치단체는 경제·사회, 교육·문화, 체육, 지역사회 개발 등 각 분야의 제도·정책 및 사업을 수립·추진함에 있어 가족을 우대하는 방안을 강구하여야 한다.
가족의 건강증진	• 국가 및 지방자치단체는 영유아, 아동, 청소년, 중·장년, 노인 등 생애주기에 따르는 가족 구성원의 종합적인 건강증진대책을 마련하여야 한다.
가족부양 지원	• 국가 및 지방자치단체는 영유아 혹은 노인 등 부양지원을 요하는 가족 구성원이 있는 가정에 대하여 부양부담을 완화하기 위한 시책을 적극적으로 강구하여야 한다. • 국가 및 지방자치단체는 질환이나 장애로 가족 내 수발을 요하는 가족 구성원이 있는 가정을 적극 지원하며, 보호시설을 이용할 수 있도록 전문보호시설을 확대하여야 한다. • 국가 및 지방자치단체는 가족 구성원 중 장기요양을 필요로 하는 질병이나 사고로 간병을 요할 경우 가족간호를 위한 휴가 등의 시책을 마련하여야 한다.
민주적이고 양성평등한 가족관계 증진	• 국가 및 지방자치단체는 부부 및 세대 간에 가족갈등이 있는 경우 이를 예방·상담하고, 민주적이고 양성평등한 가족관계를 증진시킬 수 있도록 가족지원서비스를 확대하고, 다양한 가족생활교육·부모교육·가족상담·평등가족 홍보 등을 추진하여야 한다. • 국가 및 지방자치단체는 가정폭력이 있는 가정의 경우 가정폭력피해자와 피해자가족에 대한 개입에 있어 전문가의 체계적인 개입과 서비스가 이루어지도록 노력하여야 한다.

가족 단위의 시민적 역할	• 국가 및 지방자치단체는 가족의 결속력과 가족 구성원의 발전을 위하여 가족이 시민으로서의 역할을 증진할 수 있는 기회와 서비스를 제공하여야 한다. • 국가 및 지방자치단체는 가족 단위의 자원봉사 참여가 확대되도록 노력하여야 한다.
가정생활 문화 발전	• 국가 및 지방자치단체는 건강가정의 생활문화를 고취하고, 그에 대한 지원정책을 수립해야 하며, 국가 및 지방자치단체가 지원하여야 하는 건강가정의 생활문화는 다음과 같다. – 가족여가문화 및 양성평등한 가족문화 – 가족 단위 자원봉사활동 – 건강한 의식주 생활문화 및 합리적인 소비문화 – 지역사회 공동체문화 – 그 밖에 건강가정의 생활문화와 관련된 사항
가정의례	• 개인과 가정은 건전한 가정의례를 확립하도록 노력하여야 한다. • 국가 및 지방자치단체는 건전한 가정의례를 확립하기 위한 지원정책을 수립하여야 한다.
가정봉사원	• 국가 및 지방자치단체는 건강한 가정을 유지하기 위하여 필요한 경우에는 가정을 방문하여 가사·육아·산후조리·간병 등을 돕는 가정봉사원을 지원할 수 있다. • 가정봉사원은 여성가족부령이 정하는 바에 따라 교육을 받아야 하며, 국가 및 지방자치단체는 가정봉사원에게 예산의 범위 안에서 일정 금액을 지급할 수 있다.
이혼예방 및 이혼가정 지원	• 국가 및 지방자치단체는 이혼하고자 하는 부부가 이혼 전 상담을 받을 수 있게 하는 등 이혼조정을 내실화할 수 있도록 필요한 조치를 강구하여야 한다. • 국가 및 지방자치단체는 이혼의 의사가 정해진 가족에 대하여 이들 가족이 자녀양육·재산·정서 등의 제반문제를 준비할 수 있도록 도움을 주는 지원서비스를 제공하도록 하여야 한다. • 국가 및 지방자치단체는 이혼한 가족에 대하여 양육비에 대한 집행력의 실효성을 강화하고 그 적용대상을 확대하도록 하여야 한다.
건강가정 교육	• 국가 및 지방자치단체는 건강가정교육을 실시해야 하며, 그 교육내용은 다음과 같다. – 결혼준비교육 – 부모교육 및 가족윤리교육 – 가족가치 실현 및 가정생활 관련교육 등
자원봉사 활동 지원	• 국가 및 지방자치단체는 건강가정과 관련되는 자원봉사활동사업을 육성하고 장려하여야 한다.

출처 : '건강가정기본법' 건강가정사업 재구성.

(4) 건강가정지원센터

건강가정기본법에 의해 국가 및 지방자치단체는 가정문제의 예방, 상담 및 치료, 건강가정의 유지를 위한 프로그램의 개발, 가족문화운동의 전개, 가정관련 정보 및 자료제공 등을 위하여 중앙, 시·도 및 시·군·구에 건강가정지원센터를 설립·운영해야 한다.

센터에서 근무하는 건강가정사는 건강가정사업을 수행하기 위하여 관련 분야에 대한 학식과 경험을 가진 전문가로 구성되어야 한다. 건강가정사는 대학 또는 이와 동등 이상의 학교에서 사회복지학, 가정학, 여성학 등 여성가족부령이 정하는 관련 교과목을 이수하고 졸업한 자만 가능하다.

<표 5-3> 건강가정기본법의 주요 내용

구 분	조 항	
목 적	제1조	건강한 가정생활의 영위와 가족의 유지 및 발전을 위한 국민의 권리·의무와 국가 및 지방자치단체 등의 책임을 명백히 하고, 가정문제의 적절한 해결방안을 강구하며 가족 구성원의 복지증진에 이바지할 수 있는 지원정책을 강화함으로써 건강가정 구현에 기여하는 것을 목적으로 한다.
이 념	제2조	가정은 개인의 기본적인 욕구를 충족시키고 사회통합을 위하여 기능할 수 있도록 유지·발전되어야 한다.
국민의 권리와 의무	제4조	① 모든 국민은 가정의 구성원으로서 안정되고 인간다운 삶을 유지할 수 있는 가정생활을 영위할 권리를 가진다. ② 모든 국민은 가정의 중요성을 인식하고 그 복지의 향상을 위하여 노력하여야 한다.
국가 및 지방자치단체의 책임	제5조	① 국가 및 지방자치단체는 건강가정을 위하여 필요한 제도와 여건을 조성하고, 이를 위한 시책을 강구하여 추진하여야 한다. ② 국가 및 지방자치단체는 제1항의 시책을 강구함에 있어 가족 구성원의 특성과 가정유형을 고려하여야 한다. ③ 국가 및 지방자치단체는 민주적인 가정형성, 가정친화적 환경조성, 양성평등한 가족가치 실현 및 가사노동의 정당한 가치평가를 위하여 노력하여야 한다.

주: 용어의 정의와 건강가정사업은 앞의 표와 중복되어 생략하였다.

2 한부모가족지원법

1) 법의 의의와 기본 이념

우리나라의 한부모가족지원법은 1989년에 만들어졌던 모자복지법이 그 효시라 할 수 있다. 모자복지법은 배우자와의 사별, 이혼, 유기, 별거 등의 사유로 배우자가 없거나, 배우자가 있어도 노동능력을 상실하여 여성이 생계를 책임지는 모자가정의 자립, 재활을 지원하기 위해 만들어졌다. 이후 경제구조의 변화와 이혼의 증가로 부자가족의 경우에도 자립과 재활을 위한 국가의 지원을 필요로 하게 되어 2002년 모・부자복지법으로 변경되었다. 이후 2007년 10월 17일에 한부모가족지원법으로 개정되었다. 이 법령은 65세 이상의 고령자와 손자녀로 구성된 조손가족까지 보호의 대상자로 확대하여 생활안정과 복지증진을 함께 도모하는 데 의의를 두고 있다.

2) 한부모가족지원법의 주요 내용

(1) 한부모가족의 정의

한부모가족지원법 제4조에 의하여 '한부모가족'이란 모자가족 또는 부자가족을 의미하고, '모자가족'이란 모가 세대주(세대주가 아니더라도 세대원을 사실상 부양하는 자를 포함한다)인 가족을 의미한다. '부자가족'이란 부가 세대주(세대주가 아니더라도 세대원을 사실상 부양하는 자를 포함한다)인 가족을 의미한다.

(2) 한부모가족지원법의 목적

한부모가족지원법은 오늘날 사회가 변화하면서 급격한 증가세를 보이고 있는 한부모가정을 지원하기 위한 법이다. 한부모가족은 부부가 함께 살아가는 가족에 비해 경제적 어려움 또는 가족이나 이웃과의 단절, 자녀교육 등의 문제에 직면할 확률이 높다. 한부모가족지원법은 이러한 어려움에 직면해 있는 한부모가족들에게 소득보장과 취업알선, 주거보장, 의료보건지원, 보육지원 등을 국가적으로 지원하기 위한 법으로 한부모가족의 건강하고 문화적인 생활의 보장을 목적으로 규정하고 있다.

(3) 책임주체 및 적용대상자

한부모가족지원법에 따르면, 한부모가족의 복지를 증진할 책임을 지는 것은 국가와 지방자치단체이며, 모든 국민은 한부모가족의 복지를 증진시키기 위해 협력하여야 한다. 또한 한부모가족의 모, 부, 아동은 가지고 있는 자산과 노동능력 등을 최대한으로 활용하여 자립과 생활의 향상을 위해 노력해야 한다(동법 제3조).

보호대상자의 범위는 특례규정을 두고 있다. 국내에 체류하고 있는 외국인 중 대한민국 국민과 혼인하여 대한민국 국적의 아동을 양육하고 있는 사람도 대상에 포함된다. 그리고 출산 후 해당 아동을 양육하지 아니하는 미혼모도 미혼모 공동생활가정을 이용할 때에는 이 법에 따른 보호대상자가 된다(동법 제5조).

(4) 복지지원의 내용

복지지원의 내용으로는 복지급여, 복지자금의 대여, 가족지원서비스 등의 현물급여와 전문서비스를 포함하고 있으며, 또한 한부모가족의 주거안정을 위하여 국가 및 지방자치단체는 국민주택을 분양하거나 임대할 때에는 한부모가족에게 일정 비율이 우선 분양될 수 있도록 규정하고 있다(한부모가족지원법 제12·13·17·18조).

(5) 한부모가족 복지시설

한부모가족 복지시설은 국가나 지방자치단체가 설치할 수 있으며, 이 외의 자가 설치·운영하기 위해서는 시장, 군수, 구청장에게 신고해야 한다.

한부모가족 복지시설의 종류로는 출산지원시설, 양육지원시설, 생활지원시설, 일시지원시설, 한부모가족복지상담소 등이 있으며, 각 시설의 목적은 다음과 같다.

① **출산지원시설** : 한부모가족지원법 제4조 제1호의 모, 미혼 임산부, 미혼 출산모로서 아동을 양육하지 아니하는 모의 임신·출산 및 그 출산 아동(3세 미만에 한정한다)의 양육을 위하여 주거 등을 지원하는 시설

② **양육지원시설** : 6세 미만 자녀를 동반한 한부모가족에게 자녀를 양육할 수 있도록 주거 등을 지원하는 시설

③ **생활지원시설** : 18세 미만(취학 중인 경우에는 22세 미만을 말하되, 「병역법」에 따른 병역의무를 이행하고 취학 중인 경우에는 병역의무를 이행한 기간을 가산한 연령 미만을 말한다) 자녀를 동반한 한부모가족에게 자립을 준비할 수 있도록 주거 등을 지원하는 시설

④ **일시지원시설** : 배우자(사실혼 관계에 있는 사람을 포함한다)가 있으나 배우자의 물리적·정신적 학대로 아동의 건전한 양육이나 모 또는 부의 건강에 지장을 초래할 우려가 있을 경우 일시적 또는 일정 기간 동안 모와 아동, 부와 아동, 모 또는 부에게 주거 등을 지원하는 시설

⑤ **한부모가족복지상담소** : 한부모가족에 대한 위기·자립 상담 또는 문제해결 지원 등을 목적으로 하는 시설

<표 5-4> 한부모가족지원법 주요 내용

구 분		조 항
목 적	제1조	한부모가족이 안정적인 가족기능을 유지하고 자립할 수 있도록 지원함으로써 한부모가족의 생활안정과 복지증진에 이바지함을 목적으로 한다.
국가 등의 책임	제2조	① 국가와 지방자치단체는 한부모가족의 복지를 증진할 책임을 진다. ② 국가와 지방자치단체는 한부모가족의 권익과 자립을 지원하기 위한 여건을 조성하고 이를 위한 시책을 수립·시행하여야 한다. ③ 국가와 지방자치단체는 한부모가족에 대한 사회적 편견과 차별을 예방하고, 사회 구성원이 한부모가족을 이해하고 존중할 수 있도록 교육 및 홍보 등 필요한 조치를 하여야 한다. ④ 교육부장관과 특별시·광역시·특별자치시·도·특별자치도의 교육감은 유치원, 초등·중등·고등학교에서 한부모가족에 대한 이해를 돕는 교육을 실시하기 위한 시책을 수립·시행하여야 한다. ⑤ 국가와 지방자치단체는 청소년 한부모가족의 자립을 위하여 노력하여야 한다. ⑥ 모든 국민은 한부모가족의 복지증진에 협력하여야 한다.
한부모 가족의 권리와 책임	제3조	① 한부모가족의 모(母) 또는 부(父)는 임신과 출산 및 양육을 사유로 합리적인 이유 없이 교육·고용 등에서 차별을 받지 아니한다. ② 한부모가족의 모 또는 부와 아동은 한부모가족 관련 정책결정과정에 참여할 권리가 있다. ③ 한부모가족의 모 또는 부와 아동은 그가 가지고 있는 자산과 노동능력 등을 최대한으로 활용하여 자립과 생활 향상을 위하여 노력하여야 한다.
용어의 정의	제4조	1. "모" 또는 "부"란 다음 각 목의 어느 하나에 해당하는 자로서 아동인 자녀를 양육하는 자를 말한다. 가. 배우자와 사별 또는 이혼하거나 배우자로부터 유기(遺棄)된 자 나. 정신이나 신체의 장애로 장기간 노동능력을 상실한 배우자를 가진 자 다. 교정시설·치료감호시설에 입소한 배우자 또는 병역복무 중인 배우자를 가진 사람 라. 미혼자[사실혼(事實婚) 관계에 있는 자는 제외한다] 마. 가목부터 라목까지에 규정된 자에 준하는 자로서 여성가족부령으로 정하는 자 2. "한부모가족"이란 모자가족 또는 부자가족을 말한다. 3. "모자가족"이란 모가 세대주[세대주가 아니더라도 세대원(世代員)을 사실상 부양하는 자를 포함한다]인 가족을 말한다.

		4. “부자가족”이란 부가 세대주[세대주가 아니더라도 세대원을 사실상 부양하는 자를 포함한다]인 가족을 말한다. 5. “아동”이란 18세 미만(취학 중인 경우에는 22세 미만을 말하되, 「병역법」에 따른 병역의무를 이행하고 취학 중인 경우에는 병역의무를 이행한 기간을 가산한 연령을 말한다)의 자를 말한다. 6. “지원기관”이란 이 법에 따른 보호를 행하는 국가나 지방자치단체를 말한다. 7. “한부모가족복지단체”란 한부모가족의 복지증진을 목적으로 설립된 기관이나 단체를 말한다.
복지 급여의 신청	제11조	① 지원대상자 또는 그 친족이나 그 밖의 이해관계인은 제12조에 따른 복지급여를 관할 특별자치시장 · 특별자치도지사 · 시장 · 군수 · 구청장에게 신청할 수 있다. ② 제1항에 따라 복지급여 신청을 할 때에는 다음 각 호에 따른 자료 또는 정보의 제공에 대한 보호대상자의 동의서면을 제출하여야 한다. 1. 「금융실명거래 및 비밀보장에 관한 법률」 제2조 제2호 및 제3호에 따른 금융자산 및 금융거래의 내용에 대한 자료 또는 정보 중 예금의 평균잔액과 그 밖에 대통령령으로 정하는 자료 또는 정보(이하 “금융정보”라 한다) 2. 「신용정보의 이용 및 보호에 관한 법률」 제2조 제1호에 따른 신용정보 중 채무액과 그 밖에 대통령령으로 정하는 자료 또는 정보(이하 “신용정보”라 한다) 3. 「보험업법」 제4조 제1항 각 호에 따른 보험에 가입하여 납부한 보험료와 그 밖에 대통령령으로 정하는 자료 또는 정보(이하 “보험정보”라 한다) ③ 제1항에 따른 급여의 신청 방법 · 절차와 제2항에 따른 동의의 방법 · 절차 등 필요한 사항은 대통령령으로 정한다.
복지 급여의 내용	제12조	① 국가나 지방자치단체는 제11조에 따른 복지급여의 신청이 있으면 다음 각 호의 복지급여를 실시하여야 한다. 1. 생계비 2. 아동교육지원비 3. 삭제〈2011. 4. 12.〉 4. 아동양육비 5. 그 밖에 대통령령으로 정하는 비용 ② 이 법에 따른 지원대상자가 「국민기초생활 보장법」 등 다른 법령에 따라 지원을 받고 있는 경우에는 그 범위에서 이 법에 따른 급여를 하지 아니한다. 다만, 제1항 제4호의 아동양육비는 지급할 수 있다.

		③ 제1항 제4호의 아동양육비를 지급할 때에 다음 각 호의 어느 하나에 해당하는 경우에는 예산의 범위에서 추가적인 복지급여를 실시하여야 한다. 이 경우 모 또는 부의 직계존속이 5세 이하의 아동을 양육하는 경우에도 또한 같다. 1. 미혼모나 미혼부가 5세 이하의 아동을 양육하는 경우 2. 34세 이하의 모 또는 부가 아동을 양육하는 경우 ④ 국가나 지방자치단체는 이 법에 따른 지원대상자의 신청이 있는 경우에는 예산의 범위에서 직업훈련비와 훈련기간 중 생계비를 추가적으로 지급할 수 있다. ⑤ 제1항부터 제4항까지의 규정에 따른 복지급여의 기준 및 절차, 그 밖에 필요한 사항은 여성가족부령으로 정한다.
복지 자금의 대여	제13조	① 국가나 지방자치단체는 한부모가족의 생활안정과 자립을 촉진하기 위하여 다음 각 호의 어느 하나의 자금을 대여할 수 있다. 1. 사업에 필요한 자금 2. 아동교육비 3. 의료비 4. 주택자금 5. 그 밖에 대통령령으로 정하는 한부모가족의 복지를 위하여 필요한 자금 ② 제1항에 따른 대여 자금의 한도, 대여 방법 및 절차, 그 밖에 필요한 사항은 대통령령으로 정한다.
가족 지원 서비스	제17조	국가나 지방자치단체는 한부모가족에게 다음 각 호의 가족지원서비스를 제공하도록 노력하여야 한다. 1. 아동의 양육 및 교육 서비스 2. 장애인, 노인, 만성질환자 등의 부양 서비스 3. 취사, 청소, 세탁 등 가사 서비스 4. 교육·상담 등 가족관계 증진 서비스 5. 인지청구 및 자녀양육비 청구 등을 위한 법률상담, 소송대리 등 법률구조서비스 6. 그 밖에 대통령령으로 정하는 한부모가족에 대한 가족지원서비스
국민주택의 분양 및 임대	제18조	국가나 지방자치단체는 주택법에서 정하는 바에 따라 국민주택을 분양하거나 임대할 때에는 한부모가족에게 일정 비율이 우선 분양될 수 있도록 노력하여야 한다.
한부모 가족 복지시설		① 한부모가족 복지시설은 다음 각 호의 시설로 한다. 1. 출산지원시설 : 다음 각 목의 어느 하나에 해당하는 자의 임신·출산 및 그 출산 아동(3세 미만에 한정한다)의 양육을 위하여 주거 등을 지원하는 시설

	제19조	가. 제4조 제1호의 모 나. 혼인 관계에 있지 아니한 자로서 출산 전 임신부 다. 혼인 관계에 있지 아니한 자로서 출산 후 해당 아동을 양육하지 아니하는 모 2. 양육지원시설 : 6세 미만 자녀를 동반한 한부모가족에게 자녀를 양육할 수 있도록 주거 등을 지원하는 시설 3. 생활지원시설 : 18세 미만(취학 중인 경우에는 22세 미만을 말하되, 「병역법」에 따른 병역의무를 이행하고 취학 중인 경우에는 병역의무를 이행한 기간을 가산한 연령 미만을 말한다) 자녀를 동반한 한부모가족에게 자립을 준비할 수 있도록 주거 등을 지원하는 시설 4. 일시지원시설 : 배우자(사실혼 관계에 있는 사람을 포함한다)가 있으나 배우자의 물리적・정신적 학대로 아동의 건전한 양육이나 모 또는 부의 건강에 지장을 초래할 우려가 있을 경우 일시적 또는 일정 기간 동안 모와 아동, 부와 아동, 모 또는 부에게 주거 등을 지원하는 시설 5. 한부모가족복지상담소 : 한부모가족에 대한 위기・자립 상담 또는 문제해결 지원 등을 목적으로 하는 시설 ② 제1항 제1호부터 제4호까지의 규정에 따른 시설의 입소기간 및 그 기간의 연장 등에 필요한 사항은 여성가족부령으로 정한다.
한부모 가족 복지 시설의 설치	제20조	① 국가나 지방자치단체는 한부모가족 복지시설을 설치할 수 있다. ② 제19조에 따른 한부모가족 복지시설의 장은 청소년 한부모가 입소를 요청하는 경우에는 우선 입소를 위한 조치를 취하여야 한다. ③ 국가나 지방자치단체 외의 자가 한부모가족 복지시설을 설치・운영하려면 특별자치시장・특별자치도지사・시장・군수・구청장에게 신고하여야 한다. 신고한 사항 중 여성가족부령으로 정하는 중요 사항을 변경하려는 경우에도 또한 같다. ④ 특별자치시장・특별자치도지사・시장・군수・구청장은 제3항에 따른 설치・운영 신고 또는 변경 신고를 받은 날부터 여성가족부령으로 정하는 기간 내에 신고수리 여부를 신고인에게 통지하여야 한다. ⑤ 「국내입양에 관한 특별법」 제37조 제1항 및 「국제입양에 관한 법률」 제32조 제1항에 따라 업무를 위탁받은 사회복지법인 및 단체를 운영하는 자는 제19조 제1항 제1호에 해당하는 출산지원시설을 설치・운영할 수 없다. ⑥ 한부모가족 복지시설의 시설 설치・운영 기준, 시설 종사자의 직종(職種)과 수(數) 및 자격기준, 그 밖에 설치신고에 필요한 사항은 여성가족부령으로 정한다.

3 다문화가족지원법

1) 법의 의의와 기본 이념

우리나라는 2000년 이후 국제결혼이 증가함에 따라 결혼이민자 및 그 자녀 등으로 구성되는 다문화가족이 급격하게 형성되었으며, 다문화가족은 언어 및 문화적 차이로 인하여 사회부적응과 가족 구성원 간 갈등 및 자녀 교육에 어려움을 겪고 있다. 이에 따라 다문화가족의 구성원이 우리 사회의 구성원으로 순조롭게 통합되어 안정적인 가족생활을 영위할 수 있도록 하기 위한 가족상담·부부교육·부모교육 및 가족생활교육 등을 추진하고, 문화의 차이 등을 고려한 언어통역, 법률상담 및 행정지원 등의 전문적인 서비스를 제공하도록 하는 등 다문화가족에 대한 지원정책의 제도적인 틀을 마련하기 위하여 2008년 3월 다문화가족지원법이 제정되었다.

이 법은 다문화가족 구성원이 안정적인 가족생활을 영위하고 사회 구성원으로서의 역할과 책임을 다할 수 있도록 함으로써 이들의 삶의 질 향상과 사회통합에 이바지함을 목적으로 한다(동법 제1조).

이러한 목적에 따라 국가와 지방자치단체는 다문화가족 구성원이 안정적인 가족생활을 영위하고 경제·사회·문화 등 각 분야에서 사회 구성원으로서의 역할과 책임을 다할 수 있도록 필요한 제도와 여건을 조성하고 이를 위한 시책을 수립·시행하여야 하며, 특별시·광역시·특별자치시·도·특별자치도 및 시·군·구(자치구를 말한다)에는 다문화가족 지원을 담당할 기구와 공무원을 두어야 한다(동법 제3조).

2) 다문화가족지원법의 주요 내용

(1) 다문화가족에 대한 정의

"다문화가족"이란 재한외국인 처우 기본법 제2조 제3호의 결혼이민자와 국적법 제2조부터 제4조까지의 규정에 따라 대한민국 국적을 취득한 자로 이루어진 가족, 국적법 제3조 및 제4조에 따라 대한민국 국적을 취득한 자와 같은 법 제2조부터 제4조까지의 규정에 따라 대한민국 국적을 취득한 자로 이루어진 가족을 말한다. "결혼이민자 등"이란 다문화가족의 구성원으로서 재한외국인 처우 기본법 제2조 제3호의 결혼이민자와 국적법 제4조에 따라 귀화허가를 받은 자를 말한다(동법 제2조).

(2) 생활정보제공 및 교육지원

국가와 지방자치단체는 결혼이민자 등이 대한민국에서 생활하는 데 필요한 기본적 정보(아동·청소년에 대한 학습 및 생활지도 관련 정보를 포함한다)를 제공하고, 사회적응교육과 직업교육·훈련 및 언어소통 능력 향상을 위한 한국어교육 등을 받을 수 있도록 필요한 지원을 할 수 있으며, 결혼이민자 등의 배우자 및 가족 구성원이 결혼이민자 등의 출신 국가 및 문화 등을 이해하는 데 필요한 기본적 정보를 제공하고 관련 교육을 지원할 수 있다. 또한 국가와 지방자치단체는 교육을 실시함에 있어 거주지 및 가정환경 등으로 인하여 서비스에서 소외되는 결혼이민자 등과 배우자 및 그 가족 구성원이 없도록 방문교육이나 원격교육 등 다양한 방법으로 교육을 지원하고, 교재와 강사 등의 전문성을 강화하기 위한 시책을 수립·시행하여야 하며, 방문교육의 비용을 결혼이민자 등의 가구 소득수준, 교육의 종류 등 여성가족부장관이 정하여 고시하는 기준에 따라 차등지원할 수 있다(동법 제6조).

(3) 가정폭력 피해자에 대한 보호 · 지원

국가와 지방자치단체는 「가정폭력방지 및 피해자보호 등에 관한 법률」에 따라 다문화가족 내 가정폭력을 예방하기 위하여 노력하여야 하며, 가정폭력으로 피해를 입은 결혼이민자 등을 보호 · 지원할 수 있다. 또한 국가와 지방자치단체는 가정폭력의 피해를 입은 결혼이민자 등에 대한 보호 및 지원을 위하여 외국어 통역 서비스를 갖춘 가정폭력 상담소 및 보호시설의 설치를 확대하도록 노력하여야 하며, 결혼이민자 등이 가정폭력으로 혼인관계를 종료하는 경우 의사소통의 어려움과 법률체계 등에 관한 정보의 부족 등으로 불리한 입장에 놓이지 아니하도록 의견진술 및 사실확인 등에 있어서 언어통역, 법률상담 및 행정지원 등 필요한 서비스를 제공할 수 있다(동법 제8조).

(4) 아동 · 청소년 보육 · 교육

국가와 지방자치단체는 아동 · 청소년 보육 · 교육을 실시함에 있어서 다문화가족 구성원인 아동 · 청소년을 차별하여서는 아니 되며, 다문화가족 구성원인 아동 · 청소년이 학교생활에 신속히 적응할 수 있도록 교육지원대책을 마련하여야 하고, 특별시 · 광역시 · 특별자치시 · 도 · 특별자치도의 교육감은 다문화가족 구성원인 아동 · 청소년에 대하여 학과 외 또는 방과 후 교육 프로그램 등을 지원할 수 있다. 또한 국가와 지방자치단체는 다문화가족 구성원인 18세 미만인 사람의 초등학교 취학 전 보육 및 교육 지원을 위하여 노력하고, 그 구성원의 언어발달을 위하여 한국어 및 결혼이민자 등인 부 또는 모의 모국어 교육을 위한 교재지원 및 학습지원 등 언어능력 제고를 위하여 필요한 지원을 할 수 있다. 영유아보육법 제10조에 따른 어린이집의 원장, 유아교육법 제7조에 따른 유치원의 장, 초 · 중등교육법 제

2조에 따른 각급 학교의 장, 그 밖에 대통령령으로 정하는 기관의 장은 아동·청소년 보육·교육을 실시함에 있어 다문화가족 구성원인 아동·청소년이 차별을 받지 아니하도록 필요한 조치를 하여야 한다(동법 제10조).

(5) 다문화가족지원센터

국가와 지방자치단체는 다문화가족지원센터(이하 "지원센터"라 한다)를 설치·운영할 수 있으며, 지원센터의 설치·운영을 대통령령으로 정하는 법인이나 단체에 위탁할 수 있다.

지원센터는 다문화가족을 위한 교육·상담 등 지원사업, 결혼이민자 등에 대한 한국어교육, 다문화가족 지원서비스 정보제공 및 홍보, 다문화가족 지원 관련 기관·단체와의 서비스 연계, 일자리에 관한 정보제공 및 일자리의 알선, 다문화가족을 위한 통역·번역 지원사업, 다문화가족 내 가정폭력 방지 및 피해자 연계 지원, 그 밖에 다문화가족 지원을 위하여 필요한 사업을 수행하며 지원센터에는 다문화가족에 대한 교육·상담 등의 업무를 수행하기 위하여 관련 분야에 대한 학식과 경험을 가진 전문인력을 두어야 한다. 국가와 지방자치단체는 지원센터에 대하여 예산의 범위에서 지원센터의 업무를 수행하는 데에 필요한 비용 및 지원센터의 운영에 드는 비용의 전부 또는 일부를 보조할 수 있다(동법 제12조).

<표 5-5> 다문화가족지원법 주요 내용

구 분	조 항	
목 적	제1조	다문화가족 구성원이 안정적인 가족생활을 영위하고 사회 구성원으로서의 역할과 책임을 다할 수 있도록 함으로써 이들의 삶의 질 향상과 사회통합에 이바지함을 목적으로 한다.
정 의	제2조	1. "다문화가족"이란 다음 각 목의 어느 하나에 해당하는 가족을 말한다.

		가. 재한외국인 처우 기본법 제2조 제3호의 결혼이민자와 국적법 제2조부터 제4조까지의 규정에 따라 대한민국 국적을 취득한 자로 이루어진 가족 나. 국적법 제3조 및 제4조에 따라 대한민국 국적을 취득한 자와 같은 법 제2조부터 제4조까지의 규정에 따라 대한민국 국적을 취득한 자로 이루어진 가족 2. "결혼이민자 등"이란 다문화가족의 구성원으로서 다음 각 목의 어느 하나에 해당하는 자를 말한다. 가. 재한외국인 처우 기본법 제2조 제3호의 결혼이민자 나. 국적법 제4조에 따라 귀화허가를 받은 자 3. "아동·청소년"이란 24세 이하인 사람을 말한다.
국가와 지방자치 단체의 책무	제3조	① 국가와 지방자치단체는 다문화가족 구성원이 안정적인 가족생활을 영위하고 경제·사회·문화 등 각 분야에서 사회 구성원으로서의 역할과 책임을 다할 수 있도록 필요한 제도와 여건을 조성하고 이를 위한 시책을 수립·시행하여야 한다. ② 특별시·광역시·특별자치시·도·특별자치도 및 시·군·구(자치구를 말한다. 이하 같다)에는 다문화가족 지원을 담당할 기구와 공무원을 두어야 한다. ③ 국가와 지방자치단체는 이 법에 따른 시책 중 외국인정책 관련 사항에 대하여는 재한외국인 처우 기본법 제5조부터 제9조까지의 규정에 따른다.
생활정보 제공 및 교육지원	제6조	① 국가와 지방자치단체는 결혼이민자 등이 대한민국에서 생활하는 데 필요한 기본적 정보(아동·청소년에 대한 학습 및 생활지도 관련 정보를 포함한다)를 제공하고, 사회적응교육과 직업교육·훈련 및 언어소통 능력 향상을 위한 한국어교육 등을 받을 수 있도록 필요한 지원을 할 수 있다. ② 국가와 지방자치단체는 결혼이민자 등의 배우자 및 가족 구성원이 결혼이민자 등의 출신 국가 및 문화 등을 이해하는 데 필요한 기본적 정보를 제공하고 관련 교육을 지원할 수 있다. ③ 국가와 지방자치단체는 제1항 및 제2항에 따른 교육을 실시함에 있어 거주지 및 가정환경 등으로 인하여 서비스에서 소외되는 결혼이민자 등과 배우자 및 그 가족 구성원이 없도록 방문교육이나 원격교육 등 다양한 방법으로 교육을 지원하고, 교재와 강사 등의 전문성을 강화하기 위한 시책을 수립·시행하여야 한다. ④ 국가와 지방자치단체는 제3항의 방문교육의 비용을 결혼이민자 등의 가구 소득수준, 교육의 종류 등 여성가족부장관이 정하여 고시하는 기준에 따라 차등지원할 수 있다.

		⑤ 국가와 지방자치단체가 제4항에 따른 비용을 지원함에 있어 비용 지원의 신청, 금융정보 등의 제공, 조사·질문 등은 아이돌봄 지원법 제22조부터 제25조까지의 규정을 준용한다. ⑥ 결혼이민자 등의 배우자 등 다문화가족 구성원은 결혼이민자 등이 한국어교육 등 사회적응에 필요한 다양한 교육을 받을 수 있도록 노력하여야 한다. ⑦ 그 밖에 제1항 및 제2항에 따른 정보제공 및 교육에 필요한 사항은 대통령령으로 정한다.
가정폭력 피해자에 대한 보호·지원	제8조	① 국가와 지방자치단체는 「가정폭력방지 및 피해자보호 등에 관한 법률」에 따라 다문화가족 내 가정폭력을 예방하기 위하여 노력하여야 한다. ② 국가와 지방자치단체는 가정폭력으로 피해를 입은 결혼이민자 등을 보호·지원할 수 있다. ③ 국가와 지방자치단체는 가정폭력의 피해를 입은 결혼이민자 등에 대한 보호 및 지원을 위하여 외국어 통역 서비스를 갖춘 가정폭력 상담소 및 보호시설의 설치를 확대하도록 노력하여야 한다. ④ 국가와 지방자치단체는 결혼이민자 등이 가정폭력으로 혼인관계를 종료하는 경우 의사소통의 어려움과 법률체계 등에 관한 정보의 부족 등으로 불리한 입장에 놓이지 아니하도록 의견진술 및 사실확인 등에 있어서 언어통역, 법률상담 및 행정지원 등 필요한 서비스를 제공할 수 있다.
아동·청소년 보육·교육	제10조	① 국가와 지방자치단체는 아동·청소년 보육·교육을 실시함에 있어서 다문화가족 구성원인 아동·청소년을 차별하여서는 아니 된다. ② 국가와 지방자치단체는 다문화가족 구성원인 아동·청소년이 학교생활에 신속히 적응할 수 있도록 교육지원대책을 마련하여야 하고, 특별시·광역시·특별자치시·도·특별자치도의 교육감은 다문화가족 구성원인 아동·청소년에 대하여 학과 외 또는 방과후 교육 프로그램 등을 지원할 수 있다. ③ 국가와 지방자치단체는 다문화가족 구성원인 18세 미만인 사람의 초등학교 취학 전 보육 및 교육 지원을 위하여 노력하고, 그 구성원의 언어발달을 위하여 한국어 및 결혼이민자 등인 부 또는 모의 모국어 교육을 위한 교재지원 및 학습지원 등 언어능력 제고를 위하여 필요한 지원을 할 수 있다. ④ 영유아보육법 제10조에 따른 어린이집의 원장, 유아교육법 제7조에 따른 유치원의 장, 초·중등교육법 제2조에 따른 각급 학교의 장, 그 밖에 대통령령으로 정하는 기관의 장은 아동·청소년 보육·교육을 실시함에 있어 다문화가족 구성원인 아동·청소년이 차별을 받지 아니하도록 필요한 조치를 하여야 한다.

다문화가족 지원센터의 설치·운영 등	제12조	① 국가와 지방자치단체는 다문화가족지원센터(이하 "지원센터"라 한다)를 설치·운영할 수 있다. ② 국가 또는 지방자치단체는 지원센터의 설치·운영을 대통령령으로 정하는 법인이나 단체에 위탁할 수 있다. ③ 국가 또는 지방자치단체 아닌 자가 지원센터를 설치·운영하고자 할 때에는 미리 시·도지사 또는 시장·군수·구청장(자치구의 구청장을 말한다. 이하 같다)의 지정을 받아야 한다. ④ 지원센터는 다음 각 호의 업무를 수행한다. 1. 다문화가족을 위한 교육·상담 등 지원사업의 실시 2. 결혼이민자 등에 대한 한국어교육 3. 다문화가족 지원서비스 정보제공 및 홍보 4. 다문화가족 지원 관련 기관·단체와의 서비스 연계 5. 일자리에 관한 정보제공 및 일자리의 알선 6. 다문화가족을 위한 통역·번역 지원사업 7. 다문화가족 내 가정폭력 방지 및 피해자 연계 지원 8. 그 밖에 다문화가족 지원을 위하여 필요한 사업 ⑤ 지원센터에는 다문화가족에 대한 교육·상담 등의 업무를 수행하기 위하여 관련 분야에 대한 학식과 경험을 가진 전문인력을 두어야 한다. ⑥ 국가와 지방자치단체는 제3항에 따라 지정한 지원센터에 대하여 예산의 범위에서 제4항 각 호의 업무를 수행하는 데에 필요한 비용 및 지원센터의 운영에 드는 비용의 전부 또는 일부를 보조할 수 있다. ⑦ 제1항, 제2항 및 제3항에 따른 지원센터의 설치·운영 기준, 위탁·지정 기간 및 절차 등에 필요한 사항은 대통령령으로 정하고, 제5항에 따른 전문인력의 기준 등에 필요한 사항은 여성가족부령으로 정한다.

4 영유아보육법

1) 법의 의의와 기본 이념

우리나라의 보육제도는 일하는 기혼여성의 아동을 보호하는 탁아사업의 형태로 시작되었다. 1980년대 후반, 기혼여성의 사회진출을 적극적으로 돕기 위해 보육권 보장의 사회적 책임문제가 공식적으로 제기되기 시작하였다.

입법의 목적은 영유아의 심신을 보호하고 건전하게 교육하여 건강한 사회 구성원으로 육성함과 아울러 보호자의 경제적·사회적 활동이 원활하게 이루어지도록 함으로써 가정복지 증진에 이바지함을 목적으로 한다(동법 제1조).

이러한 목적에 따라 보육은 영유아의 이익을 최우선적으로 고려하여 제공되어야 하고, 영유아가 안전하고 쾌적한 환경에서 건강하게 성장할 수 있도록 하여야 한다. 또한 영유아는 자신이나 보호자의 성, 연령, 종교, 사회적 신분, 재산, 장애, 인종 및 출생지역 등에 따른 어떠한 종류의 차별도 받지 아니하고 보육되어야 한다(동법 제3조).

2) 영유아보육법의 주요 내용

(1) 영유아와 보육에 대한 정의

"영유아"란 7세 이하의 취학 전 아동을 의미하며, "보육"이란 영유아를 건강하고 안전하게 보호·양육하고 영유아의 발달 특성에 맞는 교육을 제공하는 어린이집 및 가정양육 지원에 관한 사회복지서비스를 말한다(동법 제2조 제1·2항).

(2) 책임주체 및 적용대상자

영유아보육법에 따라 모든 국민은 영유아를 건전하게 보육할 책임을 진다. 또한 국가와 지방자치단체는 보호자와 더불어 영유아를 건전하게 보육할 책임을 지고, 이에 필요한 재원을 안정적으로 확보하도록 노력하여야 하며, 특별자치시장·특별자치도지사·시장·군수·구청장(자치구의 구청장을 말한다)은 영유아의 보육을 위한 적절한 어린이집을 확보하여야 한다(동법 제4조). 여기에서 "어린이집"이란 보호자의 위탁을 받아 영유아를 보육하는 기관을 말하며, "보호자"란 친권자·후견인, 그 밖의 자로서 영유아를 사실상 보호하고 있는 자를 말한다(동법 제2조 제3·4항).

(3) 육아종합지원센터, 한국보육진흥원

영유아에게 제26조의2에 따른 시간제보육 서비스를 제공하거나 보육에 관한 정보의 수집·제공 및 상담을 위하여 교육부장관은 중앙육아종합지원센터를, 특별시장·광역시장·특별자치시장·도지사·특별자치도지사(이하 "시·도지사"라고 한다) 및 시장·군수·구청장은 지방육아종합지원센터를 설치·운영하여야 한다. 이 경우 필요하다고 인정하는 경우에는 영아·장애아 보육 등에 관한 육아종합지원센터를 별도로 설치·운영할 수 있다. 중앙육아종합지원센터와 지방육아종합지원센터에는 육아종합지원센터의 장과 보육에 관한 정보를 제공하는 보육전문요원 및 보육교직원의 정서적·심리적 상담 등의 업무를 하는 상담전문요원 등을 두어야 하며, 육아종합지원센터의 설치·운영 및 기능, 육아종합지원센터의 장과 보육전문요원의 자격 및 직무 등에 필요한 사항은 대통령령으로 정한다(동법 제7조).

교육부장관은 보육에 관한 연구와 정보제공, 프로그램 및 교재 개발, 평가척도 개발 및 보육교직원 연수 등의 업무를 위하여 한국보육진흥원을 설립

한다(동법 제8조). 한국보육진흥원은 보육정책 및 보육사업에 관한 조사·연구 및 정책분석, 원활한 어린이집 운영 및 보육서비스 제공을 위한 지원, 동법 제22조 제1항에 따른 보육교직원의 자격 검정 및 자격증 교부 등 지원, 제23조 및 제23조의2에 따라 실시하는 보수교육의 총괄 관리 및 지원, 보육서비스 품질 관리를 위하여 제25조의2에 따른 부모모니터링단 운영의 지원, 제30조에 따른 어린이집 평가의 지원 및 제30조의2에 따른 공공형어린이집의 지정을 위한 지원과 제41조에 따른 지도와 명령 및 제42조에 따른 보고와 검사에 대한 사전준비 또는 사후관리 지원, 제26조에 따라 실시하는 취약보육 관련 사업의 지원, 제26조의2에 따라 제공하는 시간제보육 서비스 관련 사업의 지원, 영유아 보육 관련 교육 및 홍보에 관한 업무, 가정양육 지원에 관한 업무, 그 밖에 이 법 또는 다른 법령 등에 따라 교육부장관, 국가 또는 지방자치단체로부터 위탁받은 업무를 수행한다.

(4) 어린이집

어린이집의 종류에는 국공립어린이집, 사회복지법인어린이집, 법인·단체등어린이집, 직장어린이집, 가정어린이집, 협동어린이집, 민간어린이집이 있다(동법 제10조).

국가나 지방자치단체는 국공립어린이집을 설치·운영하여야 하며, 국공립어린이집은 도시 저소득주민 밀집 주거지역 및 농어촌지역 등 취약지역, 「산업입지 및 개발에 관한 법률」 제2조 제8호에 따른 산업단지 지역에 우선적으로 설치하여야 한다. 국가나 지방자치단체는 주택법 제2조 제3호에 따른 공동주택에 같은 법 제35조에 따라 설치되어야 하는 어린이집을 국공립어린이집으로 운영하여야 한다(동법 제12조). 국공립어린이집 외의 어린이집을 설치·운영하려는 자는 특별자치시장·특별자치도지사·시장·군수·구청장의 인가를 받아야 하며, 어린이집 방문자 등이 볼 수 있는 곳에 어린이집 인가증을 게시하여야 한다(동법 제13조).

대통령령으로 정하는 일정 규모 이상의 사업장의 사업주는 직장어린이집을 설치하여야 한다. 다만, 사업장의 사업주가 직장어린이집을 단독으로 설치할 수 없을 때에는 사업주 공동으로 직장어린이집을 설치·운영하거나, 지역의 어린이집과 위탁계약을 맺어 근로자 자녀의 보육을 지원하여야 한다(동법 제14조).

<표 5-6> 영유아보육법 주요 내용

구 분	조 항	
목 적	제1조	영유아의 심신을 보호하고 건전하게 교육하여 건강한 사회 구성원으로 육성함과 아울러 보호자의 경제적·사회적 활동이 원활하게 이루어지도록 함으로써 영유아 및 가정의 복지증진에 이바지함을 목적으로 한다.
정 의	제2조	1. "영유아"란 7세 이하의 취학 전 아동을 말한다. 2. "보육"이란 영유아를 건강하고 안전하게 보호·양육하고 영유아의 발달 특성에 맞는 교육을 제공하는 어린이집 및 가정양육 지원에 관한 사회복지서비스를 말한다. 3. "어린이집"이란 영유아의 보육을 위하여 이 법에 따라 설립·운영되는 기관을 말한다. 4. "보호자"란 친권자·후견인, 그 밖의 자로서 영유아를 사실상 보호하고 있는 자를 말한다. 5. "보육교직원"이란 어린이집 영유아의 보육, 건강관리 및 보호자와의 상담, 그 밖에 어린이집의 관리·운영 등의 업무를 담당하는 자로서 어린이집의 원장 및 보육교사와 그 밖의 직원을 말한다.
보육 이념	제3조	① 보육은 영유아의 이익을 최우선적으로 고려하여 제공되어야 한다. ② 보육은 영유아가 안전하고 쾌적한 환경에서 건강하게 성장할 수 있도록 하여야 한다. ③ 영유아는 자신이나 보호자의 성, 연령, 종교, 사회적 신분, 재산, 장애, 인종 및 출생지역 등에 따른 어떠한 종류의 차별도 받지 아니하고 보육되어야 한다.

책 임	제4조	① 모든 국민은 영유아를 건전하게 보육할 책임을 진다. ② 국가와 지방자치단체는 보호자와 더불어 영유아를 건전하게 보육할 책임을 지며, 이에 필요한 재원을 안정적으로 확보하도록 노력하여야 한다. ③ 특별자치시장·특별자치도지사·시장·군수·구청장(자치구의 구청장을 말한다. 이하 같다)은 영유아의 보육을 위한 적절한 어린이집을 확보하여야 한다. ④ 국가와 지방자치단체는 보육교직원의 양성, 근로여건 개선 및 권익 보호를 위하여 노력하여야 한다. ⑤ 국가와 지방자치단체는 지방의 보육 여건을 개선하기 위한 종합적인 시책을 수립·추진하고 지원방안을 강구하여야 한다.
육아종합 지원센터	제7조	① 영유아에게 제26조의2에 따른 시간제보육 서비스를 제공하거나 보육에 관한 정보의 수집·제공 및 상담을 위하여 교육부장관은 중앙육아종합지원센터를, 특별시장·광역시장·특별자치시장·도지사·특별자치도지사(이하 "시·도지사"라고 한다) 및 시장·군수·구청장은 지방육아종합지원센터를 설치·운영하여야 한다. 이 경우 필요하다고 인정하는 경우에는 영아·장애아 보육 등에 관한 육아종합지원센터를 별도로 설치·운영할 수 있다. ② 제1항에 따른 중앙육아종합지원센터와 지방육아종합지원센터(이하 "육아종합지원센터"라 한다)에는 육아종합지원센터의 장과 보육에 관한 정보를 제공하는 보육전문요원 및 보육교직원의 정서적·심리적 상담 등의 업무를 하는 상담전문요원 등을 둔다. ③ 삭제〈2011. 8. 4.〉 ④ 교육부장관은 업무의 효율적인 수행을 위하여 대통령령으로 정하는 공공기관 또는 민간기관·단체 등을 제1항에 따른 중앙육아종합지원센터로 지정한다. ⑤ 육아종합지원센터의 설치·운영 및 기능, 육아종합지원센터의 장과 보육전문요원 및 상담전문요원의 자격 및 직무 등에 필요한 사항은 대통령령으로 정한다. ⑥ 육아종합지원센터의 안전사고 예방 및 사고에 따른 영유아 생명·신체 등의 피해보상에 관하여는 제31조의2를 준용한다. 이 경우 "어린이집"은 "육아종합지원센터"로, "어린이집의 원장"은 "육아종합지원센터의 장"으로 본다.
한국보육 진흥원의 설립 및 운영	제8조	① 보육서비스의 질 향상을 도모하고 보육정책을 체계적으로 지원하기 위하여 한국보육진흥원(이하 "진흥원"이라 한다)을 설립한다. ② 진흥원은 다음 각 호의 업무를 수행한다. 1. 보육정책 및 보육사업에 관한 조사·연구 및 정책분석

		2. 원활한 어린이집 운영 및 보육서비스 제공을 위한 지원 3. 제22조 제1항에 따른 보육교직원의 자격 검정 및 자격증 교부 등 지원 4. 제23조 및 제23조의2에 따라 실시하는 보수교육의 총괄 관리 및 지원 5. 보육서비스 품질 관리를 위하여 제25조의2에 따른 부모모니터링단 운영의 지원, 제30조에 따른 어린이집 평가의 지원 및 제30조의2에 따른 공공형어린이집의 지정을 위한 지원과 제41조에 따른 지도와 명령 및 제42조에 따른 보고와 검사에 대한 사전준비 또는 사후관리 지원 6. 제26조에 따라 실시하는 취약보육 관련 사업의 지원 7. 제26조의2에 따라 제공하는 시간제보육 서비스 관련 사업의 지원 8. 영유아 보육 관련 교육 및 홍보에 관한 업무 9. 가정양육 지원에 관한 업무 10. 그 밖에 이 법 또는 다른 법령 등에 따라 교육부장관, 국가 또는 지방자치단체로부터 위탁받은 업무 ③ 진흥원은 법인으로 하고, 주된 사무소의 소재지에 설립등기를 함으로써 성립한다. ④ 진흥원은 보조금, 기부금, 그 밖의 수입금으로 운영한다. ⑤ 교육부장관은 진흥원의 운영에 필요한 경비를 예산의 범위에서 지원할 수 있다. ⑥ 진흥원은 제2항 제8호의 업무를 관련 전문기관 등에 위탁할 수 있다. ⑦ 진흥원에 관하여 이 법과 「공공기관의 운영에 관한 법률」에서 정한 사항 외에는 민법 중 재단법인에 관한 규정을 준용한다.
어린이집의 종류	제10조	1. 국공립어린이집 : 국가나 지방자치단체가 설치·운영하는 어린이집 2. 사회복지법인어린이집 : 사회복지사업법에 따른 사회복지법인이 설치·운영하는 어린이집 3. 법인·단체등어린이집 : 각종 법인(사회복지법인을 제외한 비영리법인)이나 단체 등이 설치·운영하는 어린이집으로서 대통령령으로 정하는 어린이집 4. 직장어린이집 : 사업주가 사업장의 근로자를 위하여 설치·운영하는 어린이집(국가나 지방자치단체의 장이 소속 공무원 및 국가나 지방자치단체의 장과 근로계약을 체결한 자로서 공무원이 아닌 자를 위하여 설치·운영하는 어린이집을 포함한다) 5. 가정어린이집 : 개인이 가정이나 그에 준하는 곳에 설치·운영하는 어린이집

		6. 협동어린이집 : 보호자 또는 보호자와 보육교직원이 조합(영리를 목적으로 하지 아니하는 조합에 한정한다)을 결성하여 설치・운영하는 어린이집 7. 민간어린이집 : 제1호부터 제6호까지의 규정에 해당하지 아니하는 어린이집
국공립 어린이집의 설치 등	제12조	① 국가나 지방자치단체는 국공립어린이집을 설치(국공립어린이집 외의 어린이집을 기부채납 받거나 무상임차 등 사용계약을 통하여 전환하는 경우를 포함한다)・운영하여야 한다. 이 경우 국공립어린이집은 제11조의 보육계획에 따라 다음 각 호의 지역에 우선적으로 설치하여야 한다. 1. 도시 저소득주민 밀집 주거지역 및 농어촌지역 등 취약지역 2. 삭제〈2018. 12. 24.〉 3. 「산업입지 및 개발에 관한 법률」 제2조 제8호에 따른 산업단지 지역 ② 국가나 지방자치단체가 제1항에 따라 국공립어린이집을 설치할 경우 제6조 제1항에 따른 지방보육정책위원회의 심의를 거쳐야 한다. ③ 국가나 지방자치단체는 「주택법」 제2조 제3호에 따른 공동주택에 같은 법 제35조에 따라 설치되어야 하는 어린이집을 국공립어린이집으로 운영하여야 한다. 다만, 「공동주택관리법」 제2조 제1항 제7호에 따른 입주자 등의 과반수가 국공립어린이집으로의 운영에 찬성하지 아니하는 경우 등 대통령령으로 정하는 경우에는 그러하지 아니하다. ④ 제3항에 따라 국공립어린이집을 설치・운영하여야 하는 공동주택의 규모와 국공립어린이집의 설치・운영에 필요한 사항은 대통령령으로 정한다.
국공립 어린이집 외의 어린이집 설치	제13조	① 국공립어린이집 외의 어린이집을 설치・운영하려는 자는 특별자치시장・특별자치도지사・시장・군수・구청장의 인가를 받아야 한다. 인가받은 사항 중 중요 사항을 변경하려는 경우에도 또한 같다. ② 특별자치시장・특별자치도지사・시장・군수・구청장은 제1항에 따른 인가를 할 경우 해당 지역의 보육 수요를 고려하여야 한다. ③ 제1항에 따라 어린이집의 설치인가를 받은 자는 어린이집 방문자 등이 볼 수 있는 곳에 어린이집 인가증을 게시하여야 한다. ④ 제1항에 따른 인가에 필요한 사항은 교육부령으로 정한다.

직장 어린이집의 설치 등	제14조	① 대통령령으로 정하는 일정 규모 이상의 사업장의 사업주는 직장어린이집을 설치하여야 한다. 다만, 사업장의 사업주가 직장어린이집을 단독으로 설치할 수 없을 때에는 사업주 공동으로 직장어린이집을 설치·운영하거나, 지역의 어린이집과 위탁계약을 맺어 근로자 자녀의 보육을 지원(이하 이 조에서 "위탁보육"이라 한다)하여야 한다. ② 제1항 단서에 따라 사업장의 사업주가 위탁보육을 하는 경우에는 사업장 내 보육대상이 되는 근로자 자녀 중에서 위탁보육을 받는 근로자 자녀가 교육부령으로 정하는 일정 비율 이상이 되도록 하여야 한다. ③ 제1항에 따른 어린이집의 설치 및 위탁보육에 필요한 사항은 교육부령으로 정한다.

5 아동수당법

1) 법의 의의와 기본 이념

아동은 우리 사회의 소중한 구성원이자 미래 사회를 책임지게 될 중요한 세대임에도 불구하고 그동안 아동에 대한 재정적·정책적 지원에는 소극적이었다. 이에 2018년 3월 아동수당법을 제정하여 6세 미만 아동에게 보호자와 그 가구원의 경제적 수준을 고려하여 아동수당을 지급하도록 함으로써 아동양육에 따른 경제적 부담을 경감하고 아동의 건강한 성장 환경을 조성하며, 아동양육에 대한 국가의 책임성을 강화하였다.

입법의 목적은 아동에게 아동수당을 지급하여 아동양육에 따른 경제적 부담을 경감하고 건강한 성장 환경을 조성함으로써 아동의 기본적 권리와 복지를 증진함을 목적으로 한다(동법 제1조).

이러한 목적에 따라 국가와 지방자치단체는 아동수당이 아동양육에 따른 경제적 부담을 경감하고 아동의 건강한 성장 환경을 조성하는 데 필요한 수준이 되도록 최대한 노력하여야 하며 필요한 비용을 부담할 수 있도록 재원을 조성하여야 한다. 또한 보호자는 아동의 기본적 권리와 복지증진을 위하여 아동수당을 사용하여야 한다(동법 제3조).

2) 아동수당법의 주요 내용

(1) 아동수당의 지급대상 및 지급방법

아동수당은 8세 미만의 아동에게 매월 10만 원을 지급하되, 2세 미만의 아동에게는 매월 50만 원 이상으로서 대통령령으로 정하는 금액을 추가로 지급한다(동법 제4조).

아동수당은 아동수당의 지급을 신청한 날이 속하는 달부터 8세 생일이 도래하는 달의 전달까지 매월 정기적으로 수급아동 또는 그 보호자에게 지급하고, 현금으로 지급하되, 지방자치단체의 조례로 정하는 다른 방법으로도 지급할 수 있다(동법 제10조). 보호자가 아동학대범죄를 범하여 임시조치, 피해아동보호명령이 있는 경우 등 수급아동의 보호를 위하여 필요한 경우에는 다른 보호자에게 아동수당을 지급할 수 있다(동법 제12조).

(2) 책임주체

보건복지부 장관 또는 특별자치시장・특별자치도지사・시장・군수・구청장은 아동수당 수급자격 여부 등을 확인하기 위하여 소득・재산・가족관계 등에 관한 자료의 제출을 요구하거나 필요한 조사・질문 등을 할 수 있으며(동법 제7조), 특별자치시장・특별자치도지사・시장・군수・구청장은 제

7조에 따른 조사·질문 등을 거쳐 아동수당 수급권의 발생·변경·상실에 관한 사항을 확인하고, 아동수당의 지급 여부 등을 결정한다(동법 제9조).

<표 5-7> 아동수당법 주요 내용

구 분	조 항	
목 적	제1조	아동에게 아동수당을 지급하여 아동양육에 따른 경제적 부담을 경감하고 건강한 성장 환경을 조성함으로써 아동의 기본적 권리와 복지를 증진함을 목적으로 한다.
정 의	제2조	1. "아동수당 수급권"이란 이 법에 따른 아동수당을 받을 권리를 말한다. 2. "아동수당 수급권자"란 아동수당 수급권을 가진 아동을 말한다. 3. "수급아동"이란 제9조에 따라 아동수당의 지급이 결정되어 아동수당을 받을 예정이거나 받고 있는 아동을 말한다. 4. "보호자"란 아동의 친권자·후견인 또는 그 밖의 사람으로서 아동을 사실상 보호·양육하고 있는 사람을 말한다.
국가의 책무	제3조	① 국가와 지방자치단체는 아동수당이 아동양육에 따른 경제적 부담을 경감하고 아동의 건강한 성장 환경을 조성하는 데 필요한 수준이 되도록 최대한 노력하여야 한다. ② 국가와 지방자치단체는 제1항에 따라 필요한 비용을 부담할 수 있도록 재원을 조성하여야 한다. ③ 보호자는 아동의 기본적 권리와 복지증진을 위하여 아동수당을 사용하여야 한다.
아동 수당의 지급 대상 및 지급액	제4조	① 아동수당은 8세 미만의 아동에게 매월 10만 원을 지급한다. ② 삭제〈2019. 1. 15.〉 ③ 삭제〈2019. 1. 15.〉 ④ 삭제〈2019. 1. 15.〉 ⑤ 제1항에도 불구하고 2세 미만의 아동에게는 매월 50만 원 이상으로서 대통령령으로 정하는 금액을 추가로 지급한다.

아동 수당의 지급 시기 및 방법	제10조	① 특별자치시장・특별자치도지사・시장・군수・구청장은 제9조 제1항에 따라 아동수당의 지급을 결정한 아동에 대하여 아동수당의 지급을 신청한 날이 속하는 달부터 8세 생일이 도래하는 달의 전달까지 매월 정기적으로 수급아동 또는 그 보호자에게 아동수당을 지급한다. 다만, 수급아동이 아동복지법 제52조 제1항 제1호의 아동양육시설이나 같은 항 제4호의 공동생활가정에서 보호조치되고 있는 경우 등 보건복지부 장관이 정하는 경우에는 아동수당의 전부 또는 일부를 같은 법 제42조의 자산형성지원사업에 따라 개설된 수급아동 명의의 계좌에 입금하여 지급할 수 있다. ② 제1항에도 불구하고 아동이 출생한 후 출생일을 포함한 60일 이내에 아동수당의 지급을 신청하는 경우에는 출생일이 속하는 달부터 소급하여 지급한다. 다만, 보건복지부령으로 정하는 부득이한 사유로 아동이 출생한 후 출생일을 포함한 60일 이내에 아동수당의 지급을 신청하지 못한 경우에는 그 사유가 존재하는 기간을 60일 이내의 기간에 산입하지 아니한다. ③ 제4조 제1항에 따른 아동수당은 현금으로 지급한다. 다만, 특별자치시장・특별자치도지사・시장・군수・구청장은 대통령령으로 정하는 바에 따라 해당 지방자치단체의 조례로 정하는 다른 방법으로도 지급할 수 있다. ④ 제4조 제5항에 따른 아동수당은 현금으로 지급한다. 다만, 대통령령으로 정하는 바에 따라 「영유아보육법」 제34조의3의 보육서비스 이용권 또는 「아이돌봄 지원법」 제21조의 아이돌봄서비스 이용권으로도 지급할 수 있다. ⑤ 제1항부터 제4항까지에서 규정한 사항 외에 아동수당의 지급 시기・방법 및 절차 등에 필요한 사항은 대통령령으로 정한다.
아동 수당 수급권의 보호	제18조	① 아동수당 수급권은 양도하거나 담보로 제공할 수 없으며, 압류 대상으로 할 수 없다. ② 아동수당으로 지급받은 금품은 압류할 수 없다.

6 아이돌봄 지원법

1) 법의 의의와 기본 이념

여성의 사회참여와 맞벌이 가정이 증가함에 따라 자녀의 양육에 대한 국가의 책무가 늘어나게 되었다. 정부는 2012년 8월 아이돌봄 지원법을 제정하여 부모의 다양한 자녀양육 수요를 충족시킬 수 있는 가정 내 개별 돌봄서비스 활성화를 추진하고 일정 수준 이상의 돌봄 인력과 서비스 질을 관리하기 위한 법적 체계를 구축하여 취업부모들의 양육부담 경감 및 개별 양육을 희망하는 수요에 탄력적으로 대응하고, 경력단절 중장년 여성의 고용증진, 취약계층의 육아 역량강화 등을 도모하였다.

입법의 목적은 가정의 아이돌봄을 지원하여 아이의 복지증진 및 보호자의 일·가정 양립을 통한 가족 구성원의 삶의 질 향상과 양육친화적인 사회환경 조성을 목적으로 한다(동법 제1조).

이러한 목적에 따라 국가와 지방자치단체는 돌보는 아이의 이익을 최우선으로 고려하여 아이돌봄을 지원하여야 하며 보호자의 다양한 요구를 충족할 수 있도록 아이돌봄이 지원되어야 한다. 또한 국가와 지방자치단체는 보호자가 아이돌봄의 책임을 다할 수 있도록 지원하여야 한다(동법 제3조, 제4조).

2) 아이돌봄 지원법의 주요 내용

(1) 아이와 아이돌봄 서비스에 대한 정의

"아이"란 만 12세 이하 아동을 의미하며 "아이돌봄 서비스"란 아이의 주거지 등에서 개별적으로 제공하는 보호 및 양육 등의 서비스를 말한다. "아이돌보미"란 제7조에 따른 자격을 갖춘 사람으로서 제11조에 따라 지정된 서비스제공기관을 통하여 아이돌봄서비스를 제공하는 사람을 말한다. 또한 "육아도우미"란 제11조에 따라 지정된 서비스제공기관을 통하지 않고 아이돌봄서비스를 제공하는 사람을 말한다(동법 제2조).

(2) 아이돌보미

아이돌보미는 아이의 안전한 보호 및 돌봄 업무를 수행하여야 하며, 아이에게 질병·사고 등이 발생한 경우 의료기관에 이송하고, 안전하고 균형 있는 영양의 급식 및 간식을 제공하며, 아이의 청결과 위생의 유지업무를 수행하여야 한다. 또한 아이돌보미는 업무를 수행할 때에는 아이에게 신체적 고통이나 고성·폭언 등의 정신적 고통을 가하여서는 아니 되며, 아이의 생명·안전 보호 및 위험방지를 위하여 여성가족부령으로 정하는 주의의무를 다하여야 한다. 아이돌보미는 보호자의 육아 방침을 존중하여야 하며, 응급조치 등과 관련하여 보호자와 협의하여야 한다(동법 제5조).

(3) 아이돌봄서비스 제공기관 및 아이돌봄서비스 종류

아이돌봄서비스를 제공할 수 있는 서비스제공기관(이하 "서비스기관"이라 한다)을 설치·운영하고자 하는 자는 여성가족부령으로 정하는 시설, 인력, 운영 등 기준을 갖추고 소재지를 관할 구역으로 하는 시·도지사·시장·군수·구청장으로부터 지정을 받아야 한다. 시·도지사·시장·군수·구청장은 서비스기관의 지역적 분포 및 적정공급 규모, 대상 아이 수 등을 고려하여 적정 수의 기관을 지정하여야 한다(동법 제11조).

아이돌봄서비스는 영아종일제서비스, 시간제서비스, 질병감염아동지원서비스, 기관연계서비스로 구분되며 국가와 지방자치단체는 여성가족부령으로 정하는 일정소득 이하 가구의 아이돌봄서비스 비용의 전부 또는 일부를 지원할 수 있다(동법 제20조).

(4) 공동육아나눔터

국가 및 지방자치단체는 아이양육 관련 정보교류, 부모교육 등을 위하여 공동육아나눔터를 설치·운영할 수 있으며, 설치한 공동육아나눔터를 법인이나 단체 등 전문기관에 위탁하여 운영할 수 있다(동법 제19조).

<표 5-8> 아이돌봄 지원법 주요 내용

구 분	조 항	
목 적	제1조	가정의 아이돌봄을 지원하여 아이의 복지증진 및 보호자의 일·가정 양립을 통한 가족 구성원의 삶의 질 향상과 양육친화적인 사회환경 조성을 목적으로 한다.
정 의	제2조	1. "아이"란 만 12세 이하 아동을 말한다. 2. "보호자"란 친권자·후견인, 그 밖의 사람으로서 아이를 사실상 보호하고 있는 사람을 말한다. 3. "아이돌봄서비스"란 아이의 주거지 등에서 개별적으로 제공하는 보호 및 양육 등의 서비스를 말한다. 4. "아이돌보미"란 제7조에 따른 자격을 갖춘 사람으로서 제11조에 따라 지정된 서비스제공기관을 통하여 아이돌봄서비스를 제공하는 사람을 말한다. 5. "육아도우미"란 제11조에 따라 지정된 서비스제공기관을 통하지 않고 아이돌봄서비스를 제공하는 사람을 말한다.
아이돌봄 지원의 원칙	제3조	① 국가와 지방자치단체는 돌보는 아이의 이익을 최우선으로 고려하여 아이돌봄을 지원하여야 한다. ② 제1항에 따른 아이돌봄 지원은 보호자의 다양한 요구를 충족할 수 있도록 제공되어야 한다.
아이 돌보미의 직무 및 책무	제5조	① 아이돌보미는 여성가족부장관이 정하는 기준에 따라 아이의 안전한 보호 및 돌봄 업무를 수행하여야 한다. ② 아이돌보미는 다음 각 호의 업무를 수행한다. 1. 아이에게 질병·사고 등이 발생한 경우 의료기관에의 이송 2. 안전하고 균형 있는 영양의 급식 및 간식 제공 3. 아이의 청결과 위생의 유지 4. 그 밖에 여성가족부령으로 정하는 사항 ③ 아이돌보미는 업무를 수행할 때에는 아이에게 신체적 고통이나 고성·폭언 등의 정신적 고통을 가하여서는 아니 된다.

		④ 아이돌보미는 업무를 수행할 때에는 아이의 생명・안전 보호 및 위험방지를 위하여 여성가족부령으로 정하는 주의의무를 다하여야 한다. ⑤ 아이돌보미는 보호자의 육아 방침을 존중하여야 하며, 응급조치 등과 관련하여 보호자와 협의하여야 한다.
서비스제공기관 지정 등	제11조	① 아이돌봄서비스를 제공할 수 있는 서비스제공기관(이하 "서비스기관"이라 한다)을 설치・운영하고자 하는 자는 여성가족부령으로 정하는 시설, 인력, 운영 등 기준을 갖추고 소재지를 관할 구역으로 하는 시・도지사・시장・군수・구청장으로부터 지정을 받아야 한다. ② 시・도지사・시장・군수・구청장은 서비스기관의 지역적 분포 및 적정공급 규모, 대상 아이 수 등을 고려하여 적정 수의 기관을 지정하여야 한다. ③ 제1항과 관련된 서비스기관의 지정절차와 그 밖에 필요한 사항은 여성가족부령으로 정한다. ④ 서비스기관의 장은 중요한 사항을 변경하는 경우 시・도지사・시장・군수・구청장에게 승인을 받아야 한다. 그 밖의 변경 사항일 경우에는 신고하여야 한다. ⑤ 제4항과 관련된 내용 및 절차 등은 여성가족부령으로 정한다.
공동육아나눔터	제19조	① 국가 및 지방자치단체는 아이양육 관련 정보교류, 부모교육 등을 위하여「주택법」 제2조 제3항에 따른 공동주택 등에 공동육아나눔터를 설치・운영할 수 있다. ② 국가 및 지방자치단체는 제1항에 따라 설치한 공동육아나눔터를 법인이나 단체 등 전문기관에 위탁하여 운영할 수 있다. ③ 공동육아나눔터 시설 기준, 위탁 등에 필요한 사항은 여성가족부령으로 정한다.
비용의 지원 등	제20조	① 국가와 지방자치단체는 여성가족부령으로 정하는 일정소득 이하 가구의 아이돌봄서비스 비용의 전부 또는 일부를 지원할 수 있다. ② 제1항에 따른 비용은 가구의 소득수준과 거주 지역 및 부모의 취업 등을 고려하여 차등지원할 수 있다. ③ 아이돌봄서비스의 비용은 서비스의 종류, 해당 지역의 사정 등을 고려하여 여성가족부장관이 정하여 고시한다.

PART

3 가족복지의 실천방법

CHAPTER 06 가족복지실천과정

CHAPTER 07 가족문제 해결을 위한 실천

CHAPTER 08 가족문제 예방을 위한 실천

CHAPTER 06

가족복지실천과정

학습목표

- 가족복지실천과정의 개념과 단계별 주요 내용을 설명할 수 있다.
- 가족복지실천과정에서 사용되는 여러 가지 기법이나 기술을 설명할 수 있다.

가족복지실천은 클라이언트로서의 가족과 가족을 둘러싼 다양한 환경 내의 체계변화를 위한 전문적 실천과정이며, 가족의 문제를 해결하고, 관련된 가족문제 해결 기술 증진을 목적으로 한다. 이를 위해 각 단계별로 목표와 이를 수행하기 위한 주요 목적과 과업, 그리고 적절한 기술을 필요로 한다. Collins 등(Collins, et al., 2010)은 가족복지실천의 과정을 초기단계, 사정과 개입단계, 종결단계로 구분하고 각 단계별로 가족을 돕는 사회복지사의 역할과 과업을 제시하였다. 초기단계는 접수와 관계형성의 단계이며, 이후 가족체계와 문제에 대한 사정, 계획수립이 이루어진다. 개입단계는 사회복지사의 실천기술과 가족의 문제해결과 도움으로 다양한 개입기술과 전략을 활용한다. 종결단계는 실천과정의 최종단계로 긍정적 변화를 지속하고, 가족치료의 성과를 평가한다.

이러한 가족복지실천의 과정은 각 단계별로 설정된 목표와 과업에 있어 체계로서의 가족 단위에 초점을 두고, 이러한 가족체계의 특성에 적합한 기술과 전략들을 적극적으로 활용하는 점이 구별된다(김연옥 외, 2005). 특히 최근 가족의 형태와 욕구가 다양하고 복잡해지고 있는 만큼 가족복지실천에 있어 직접적 개입뿐 아니라 지역사회 자원개발과 중개, 옹호활동 등 간접적 개입을 통합적으로 제공할 필요가 있다. 따라서 가족복지실천과정에 있어 사례관리의 활용이 적극적으로 요구되고 있다.

이에 이 장에서는 가족복지실천과정을 가족사정의 주요 단계를 중심으로 제시하였다.

실천과정을 크게 초기단계와 중간, 종결단계로 구분하여 초기단계에 해당하는 접수 및 관계형성 단계와 사정 및 계획수립 단계, 마지막 종결 및 평가단계를 살펴본다.

1 접수 및 관계형성

가족복지실천의 시작단계에서 사회복지사는 개인이나 가족, 지역사회 등 다양한 체계수준을 알아야 한다. 일반적으로 가족 중 한 사람이 기관에 전화를 하거나 방문 또는 기관에 의뢰됨으로써 시작된다. 이에 가족복지실천의 초기단계는 클라이언트를 확인하고 기관과의 기본적인 관계를 형성하는 데 집중한다. 이 단계에서 사회복지사는 가족 단위의 개입관점을 분명히 하고 가족의 어려움을 파악하며, 원조과정의 진행에 대한 기본적인 동의를 얻어야 한다.

그러나 시작단계에서 초기면담뿐 아니라, 클라이언트에게 제공되는 모든 서비스의 과정을 통해 알게 되는 욕구에 대해서 직관이나 느낌보다는 관찰이나 기록, 관련 연구문헌 등 경험적 자료에 근거해서 이루어져야 한다. 또한 가족을 관찰하고 사정하는 전문가의 입장에서 주로 이루어지는 객관적 상황에 대한 사정이 중요하다. 그 객관적 상황에 클라이언트와 가족의 관점에서 이들이 그러한 상황을 어떻게 느끼고 받아들이고 있는지에 대하여 사정이 함께 이루어져야 한다.

1) 접수의 개념과 주요 목표

접수(intake)란 문제를 가진 사람이 사회복지기관을 찾아왔을 때 사회복지사가 클라이언트의 문제와 욕구를 확인하여 그것이 기관의 정책과 서비스에 부합되는지 여부를 판단하는 과정이다. 접수를 통해 그 기관에서 적합한 서비스를 줄 수 있다고 판단될 때, 사회복지사를 찾아온 사람은 클라이언트가 되고 다음 과정인 자료수집, 사정의 단계를 거쳐서 적절한 서비스를 받게 된다. 접수는 과정의 처음 단계이며 기관의 서비스를 수급하는 여부를 결정하는 단계이다. 따라서 접수단계에서는 가족에 대한 정보수집을 통해 해결하고자 하는 문제를 명확히 하고, 이후 원조관계의 수행에 있어 중요한 관계형성이 이루어져야 하는 단계이다. 다음에서 이러한 접수단계의 주요 목표와 관련된 사회복지사의 과업과 역할을 살펴본다.

(1) 문제 및 욕구의 확인

가족복지실천은 가족을 대상으로 하지만 가족원 중의 한 사람에 의해서 요청되거나 기관에서 의뢰받는 경우가 대부분이다. 따라서 클라이언트에 의해 제시된 문제, 최우선적인 과제 등을 관찰 및 발견하고 신속하게 확인하는 것이 중요하다. 이 과정에서 클라이언트가 그 기관에 적합한지, 의뢰받은 기관이 클라이언트에게 서비스를 줄 수 있는지 아니면 다른 기관으로 의뢰해야 하는지를 논리적으로 결정하게 된다. 이에 접수 시 우선사항은 문제 및 욕구의 확인이다.

따라서 사회복지사는 클라이언트의 실제 문제가 무엇인지 정확하게 파악하고 기관에서 그에 관한 서비스를 제공할 수 있는지 평가해야 하며, 접수 시 정확한 판단을 내리기 위해서는 클라이언트의 특성과 문제 또는 욕구의 내용, 그리고 클라이언트가 가지고 있는 자원과 대처능력에 대한 파악이 필요한 것이다. 또한 변화의 초점이 되는 문제를 확인하기 위해 사회복지사는 가족 구성원 각각의 입장과 생각을 고루 들어야 한다. 모든 가족 구성원들이 문제와 관련한 가족원들의 이야기를 듣고, 어느 한쪽으로 책임을 묻거나 비난이 집중되지 않도록 균형 잡힌 태도를 유지해야 한다. 가족 구성원 중 한 사람이 호소하는 문제가 때로는 근본적인 문제가 아닐 때도 있고 같은 문제에 대한 가족 구성원들의 생각이 다를 수도 있다. 특히 가족복지실천은 가족을 단위로 개입하는 만큼 가족 구성원 간의 상호작용 패턴, 즉 관계 특성을 통해 탐색한다. 따라서 문제의 성격을 판단하는 것은 가족을 하나의 역동적 체계로 간주하는 체계론적 사고를 바탕으로 하는 것이다.

(2) 관계형성

가족복지실천의 초기과정에서 사회복지사는 가족과 신뢰관계를 형성해야 한다. 즉, 가족의 신뢰를 바탕으로 긍정적 관심과 교감이 가능한 관계를 수립하는 것이 필요하다. Minuchin은 관계형성 과정을 가족과 합류하는 과정으로 설명하였다. 합류(joining)란 가족의 세계 속으로 들어가는 것을 의미하는데, 가족에 합류하기 위해서는 가족에게 진정한 관심을 보이고 가족의 이야기를 경청하고 공감하는 것과 같은 기본적인 태도와 방법이 적용되어야 한다. 이에 가족의 언어패턴에 맞는 단어를 사용하거나, 가족원들이 대화하는 방법에 따라 대화하며, 가족들 사이에 사용하는 호칭을 신중하게 고려해 사용하는 방법을 활용할 수 있다.

특히 관계형성을 위해 사회복지사는 클라이언트와 첫인상에 유의해야 한다. 가족과의 첫 만남에서 서로의 신뢰적이고 긍정적인 상호관계가 중요하며, 이는 가족과 관계를 형성함에 있어서 중요한 사항이다. 가족과 관계를 형성함에 있어 중요하게 고려되어야 할 사항은 가족 구성원 모두와 관계형성을 해야 한다는 점이다.

가족 구성원들의 참여동기가 다를 수 있으므로 가족 단위의 실천을 시작하기에 앞서 가족성원들의 참여동의가 선행되어야 한다. 사회복지사가 가족 구성원 중 특정 성원하고만 관계를 맺거나 특정 구성원에게만 관심을 쏟아 가족들에게 특정인의 편을 든다는 인상을 주면 가족 전체와의 관계형성이 어렵다. 따라서 가족을 단위로 실천하는 사회복지사는 한 단위로서의 가족과 연합(connectedness)을 발전시킴과 동시에 각 가족 구성원과 개인적인 관계를 수립하는 이중의 과업을 수행해야 한다.

(3) 의뢰

의뢰는 서비스 신청자의 욕구가 기관의 서비스 방향이나 내용과 부합하지 않을 경우, 클라이언트의 문제와 욕구를 기관에서 해결할 수 없는 경우 혹은 문제해결에 더 적합한 기관이 있는 경우 다른 기관으로 클라이언트를 보내는 것이다. 이때 사회복지사는 클라이언트에게 의뢰하는 기관의 서비스에 대한 정보를 제공하고 그 기관과 접촉할 수 있도록 도와주어야 한다. 의뢰기관명과 위치, 서비스 내용과 담당자 등 구체적인 정보를 제공하고 가능하다면 그 기관의 접수담당자와 직접 연결해 주는 적극적인 활동이 되어야 한다(양옥경 외, 2010).

그리고 사후 의뢰된 기관에서 클라이언트가 서비스를 적절히 받고 있는지 반드시 확인해야 한다.

2 가족사정의 개념

가족복지적 관점을 가지고 클라이언트의 문제에 개입할 때에는 가족과 관련한 사정(査定 : assessment)이 무엇인지, 무엇을 사정해야 하는지, 어떻게 사정해야 하는지에 대해 계획을 수립해야 할 필요가 있다. 사회복지실천에서 사정은 그 대상에 따라, 클라이언트 문제에 대한 이론적 입장에 따라, 내용 및 방법에 차이가 있지만, 여기서는 생태체계(ecosystem)적 관점에 근거한 가족사정의 틀과 방법에 초점을 두기로 한다. 생태체계적 관점은 인간에 관한 사회복지실천의 특징적 관점인 '환경 속의 인간(person-in-environment)'을 보다 포괄적이고 체계적으로 볼 수 있게 해주고, 일반주의적 접근(generalist approach)에 가장 부합하기 때문이다. 이 절에서는 가족사정에서 필요한 사정의 틀과 방법을 설명하기로 한다.

1) 일반적 사정절차

효과적인 개입을 위해 사회복지사가 반드시 유념해야 할 지침은 다음과 같다.

① 가족의 욕구에 초점을 둔다.
② 클라이언트의 자율성을 존중한다.
③ 의존을 조성하는 것을 피한다.
④ 클라이언트의 저항을 재사정한다.
⑤ 전문적 거리를 유지한다.
⑥ 적당한 기대를 갖도록 한다.

(1) 문제목록의 작성 및 문제해결의 우선순위 결정

사회복지사는 가족이 제시한 여러 가지 문제 중에서 가장 먼저 해결해야 할 문제부터, 나중에 해야 할 문제의 우선순위를 정하기 위해 가족과 협상하고 그 결과를 바탕으로 개입 우선순위 목록을 작성한다.

(2) 초점문제의 간단한 내력과 과거 및 현재의 노력, 치료내용의 검토

우선 개입해야 할 간단한 문제의 내용과 그 문제의 내력을 검토한다. 이때 가족들이 문제를 확인할 수 있도록 적절한 시간을 할당하고 아울러 초점화된 문제를 해결하기 위해 가족들이 지금까지 어떠한 노력을 해왔는지 탐색한다.

(3) 이론적 틀에 입각한 초점문제의 개념화

사회복지사가 각각의 틀에 따라 문제를 보는 시각과 그 문제를 해결하기 위해 동원되어야 할 개입의 방법이 다르며, 상황에 따라 수시로 교체될 수 있다.

(4) 개입의 목적과 목표설정

목적은 궁극적으로 추구할 활동의 방향이고, 목표는 목적을 이루기 위해 어떤 구체적인 문제행동의 감소와 같이 측정할 수 있는 명확한 형태로 기술하는 것이다. 처음의 2~3회기 중 가족과 충분히 논의하여 분명한 개입목적을 세우고 이를 가족과 확인한다. 목적이나 목표는 무엇보다도 사회복지사가 희망하는 것이 아니라 클라이언트와 가족의 모든 구성원이 바람직한 상태로 기대하고 동의하는 것이어야 한다.

(5) 개입방법의 선택

개입목적과 목표를 성취하는 데 가장 적절하다고 판단되는 이론적 관점을 선택한다. 사회복지사가 이론과 모델을 선택할 경우 자신의 이론적 선호도에 따르기보다는 클라이언트와 그 가족의 문제해결에 가장 도움이 될 만한 이론체계와 개입모델을 선택해야 한다.

(6) 개입기간과 횟수의 결정

개입활동에 대해 클라이언트가 감당해야 할 비용 및 각 개입회기 참여에 소요되는 시간적 제약 같은 이유가 있기 때문에 개입에 소요되는 기간과 횟수를 미리 정하는 것이 좋다.

(7) 외부자원의 활용 및 의뢰

상담 외에 다른 치료자원이 가족에게 필요한지를 살펴보아야 하며, 외부자원이 필요하다면 지역사회의 자원을 연결해야 하므로 다양한 자원들을 파악하고 있어야 한다.

2) 개입에 필요한 공통기술

(1) 관계형성 및 발전기술

① 가족성원이 하는 말을 침착하게 잘 들어야 한다.

② 클라이언트의 말에 진정한 관심을 표시하며, 진솔한 감정이입적 반응을 해야 한다.

③ 개입대상인 가족과 사회복지사 자신 사이에 무엇인가 잘 맞지 않는다는 생각이 지속적으로 들면, 다른 사회복지사나 다른 기관에 의뢰하는 것이 좋다.

④ 감정이입적 반응을 보이면서도 가족의 정서체계에 편입되지 않도록 적절한 경계를 유지해야 한다.

⑤ 개입과정 내내 온화하고 수용적인 자세를 견지하면서 클라이언트에게 안전하고도 믿음이 가는 분위기를 만들기 위해 노력해야 한다.

⑥ 자신의 신분상태, 자격, 위치, 개입팀 등에 대해 솔직해야 하며, 적절한 자기노출(특히 아동과 청소년에게)을 한다.

⑦ 클라이언트의 삶과 경험, 독특한 가치관, 문화적 배경 등에 대해 호기심을 표하며, 그것에 대해 배우고자 하는 자세를 취한다.

(2) 질문기술

① 사실 및 직선적 인간관계 확인을 위한 질문

사실과 관련하여 관계의 탐색에 주로 사용되며, 상황의 내용파악에 중점을 둔다.

② 관계성 질문(확장질문)

드러난 어떤 현상과 관계된 것들이 무엇인가를 탐색하는 질문이다.

③ 직면(전략)질문

다소 직선적이고 도전적일 수 있는 질문으로 상대방의 행동에 영향을 미치기 위해 사용한다.

④ 성찰형 질문

사회복지사가 가족성원의 행동을 특정 방향으로 유도하거나 변화시키지 않고 가족 스스로 현 상황에 대해 충분히 생각해 볼 수 있는 기회를 주기 위해 사용한다.

3 가족사정의 영역

1) 가족 내 역동에 대한 사정

가족의 욕구를 사정하고 목표를 수립한 후 합의된 목표를 성취하기 위해 가족 구성원과 그들을 둘러싼 환경 간의 상호작용을 변화시키고, 이를 통해 과업을 성취하기 위해 적극적인 개입과 역할수행을 하게 된다. 사정을 통해 사회복지사는 가족 구성원에게 의도적 변화를 일으키고, 그 결과로 가족들은 문제를 해결하거나 대처능력을 강화한다.

가족 단위의 개입을 하기 위해서는 가족성원 전체가 참여하는 것이 바람직하며, 현재 겪고 있는 어려움이 가족 간의 상호 맥락에서 발생하고 가족 전체에 영향을 미치는 것이어야 한다. 가족에 대한 개입을 하기 위해서는 다음의 내용들을 점검해야 한다.

(1) 가족문제

가족이 겪는 문제는 가족 한 사람의 문제가 가족성원 모두에게 영향을 미치며, 가족 전체가 고통을 받게 된다. 예를 들어, 가족의 빈곤, 가정폭력, 부부갈등, 부모와 자녀 간의 갈등, 장애인가족, 한부모가족 등 사회복지사는 문제에 직면해 있는 가족을 관찰하면서 이런 가족이 어떻게 문제에 연관되어 있는지를 알아낼 수 있어야 한다.

① 가족이 자신들의 문제를 어떻게 지속시키는가?
② 가족성원이 어떻게 발달하는가?
③ 건강한 가족성원과 건강하지 않은 가족성원의 차이점은 무엇인가?
④ 가족성원이 그들이 작용하는 방식을 어떻게 변화시키는가?
⑤ 가족이 관계를 향상하기 위해 분명한 조치를 취하기를 왜 꺼리는가?

(2) 가족사정의 초기준비기술

초기 가족사정 전 준비사항

① 가족 단위 사정 필요성 여부를 판단해야 한다.

② 사정할 수 있는 역량과 가능성이 있는지를 고려해야 한다.

③ 가족성원 모두의 참여를 유도해야 한다.

④ 문제를 해결하기 위해 시도한 것들과 대처상황을 파악해야 한다.

⑤ 문제의 원인에 대한 추론과 잠정적 가설을 설정한다.

⑥ 기타 행정적 측면, 즉 서비스의 내용, 시간, 비용 등에 관해서 언급되어야 한다.

2) 가족사정의 단계별 기초기술

(1) 첫 상담에서 기본 체크리스트

첫 상담은 가족과 관계를 형성하고 나아가서는 문제해결을 위해 동맹을 형성하는 단계이며 가족에 의해 제시된 문제를 유지하게 만드는 게 무엇인지에 대한 가설을 세우는 단계이다.

첫 상담에서의 기본 체크리스트	Yes	No
문제에 대한 각자의 견해와 상담에 대한 감정을 인정하고 확인한다.		
상담의 구조와 속도를 조절함으로써 지도력을 갖는다.		
온화함과 전문성을 균형 있게 갖춤으로써 가족과의 협력관계를 발전시킨다.		
가족성원의 긍정적 행동과 가족의 강점을 칭찬한다.		
개인에게 공감하고 가족이 일하는 방식을 존중한다.		
구체적 문제와 시도했던 해결책에 초점을 맞춘다.		
제시된 문제와 관련하여 도움이 되지 않는 상호작용에 대한 가설을 발전시킨다.		
불참한 가족성원, 친구, 또는 조력자가 개입되어 있을 가능성을 배제하지 않는다.		

가족의 목표가 포함된 치료계획을 만들고, 치료의 틀을 구체화한다.		
가족성원에게 질문이 있는지 물어본다.		

(2) 초기의 체크리스트

치료초기는 가족의 문제를 유지하고 있는 것에 대한 가설을 확인하여 좀 더 공고하게 발전시켜 공식화해 가면서 문제를 해결하기 위한 작업에 집중하는 시기로 개입의 목표설정 및 계획수립이 이루어지기까지의 과정을 말한다.

상담 초기의 체크리스트	Yes	No
주요 갈등을 확인하고 이를 상담실에서 다룬다.		
가족이 문제를 지속화시키거나 제시된 문제해결의 실패에 대해 가설을 세우고 이를 정교화하여 하나의 공식으로 만든다. 공식은 과정과 구조, 가족규칙, 삼각관계이다.		
치료의 초점을 주요 문제와 이 문제를 있게 하는 인간상황에 둔다.		
과제는 문제와 문제를 있게 하는 상황에 대한 것이어야 한다.		
가족성원을 괴롭히는 문제에 있어 자신들의 역할을 알아보도록 한다.		
상담 중 그리고 집에 있을 때 모두 변화하도록 압력을 넣는다.		
공식 과제의 타당성과 개입의 효과를 검증하기 위해 슈퍼비전과 상담을 받는다.		

(3) 중기의 체크리스트

중기는 주로 가족성원이 자신을 표현하고 서로를 이해하도록 원조하는 단계다.

상담 중기의 체크리스트	Yes	No
가족 구성원들의 문제를 집중적으로 직면시킨다.		
지나치게 지시적·통제적이어서 가족이 스스로 관계를 개선시키지 못하게 하지 않는다.		

각자 책임감과 상호 이해를 촉진한다.		
관계개선을 위해 노력하는 것은 제시된 문제에 영향을 미친다는 것을 분명히 안다.		
하위집단을 만날 때도 가족 전체의 모습을 생각하며 어떤 개인이나 관계, 특히 피하고 싶은 어려운 사람들을 소홀히 하지 않는다.		
정기적으로 상황을 재점검한다.		

(4) 종결기의 체크리스트

종결기는 가족이 목표를 달성했다고 느끼는 시기로서 가족이 서로 보다 만족할 수 있는 행동을 하게 되고 가정 이외의 장소에서도 만족감을 느낄 수 있을 때이다.

상담 종결기의 체크리스트	Yes	No
현재의 문제가 해결되거나 개선되었는가?		
목표달성에 만족하는가? 더 배우고 관계개선에 관심이 있는가?		
닥쳐올 문제를 피할 수 있는 방법을 알고 있는가?		
가족이 다른 사람들과의 관계를 발전시키고 개선하여 왔는가?		

3) 가족사정의 단계별 사례와 기술

가족사정(family assessment) 기술이란 가족을 하나의 '단위'로 보고 가족 내부 및 가족 외부 요인, 그리고 이들 양자 간의 상호작용 등을 파악하기 위해 자료를 수집, 분석하고 종합하여 그 가족에 대한 개입을 계획하는 일련의 과정을 말한다(조흥식 외, 2004 : 85). 여기서는 가족을 하나의 생태체계로 보는데, 이는 가족의 문제를 가족의 기능이나 역동뿐만 아니라 가족에게 영향을 미치는 환경체계의 상호작용 양상도 이해하려는 관점을 말한다.

가족사정에는 '객관적 자료(objective data)'와 더불어서 '주관적 자료(subjective data)'에 대한 파악도 필요하다. 객관적 자료란 가족의 유대감, 가족역할, 물리적 환경, 규칙 등과 같은 자료를 말하고, 주관적 자료란 사건이나 과정에 대한 클라이언트 개인의 반응과 의미, 가족원들의 느낌을 말한다(Holman, 1983 : 16). 가족사정은 전문가의 관찰・사정과 같은 객관적 상황에 대한 사정과 더불어 그 객관적 상황에 대한 클라이언트와 그의 가족이 그 상황을 인지하고 받아들이는지에 대한 주관적 상황에 대한 사정도 포함된다.

가족사정의 영역은 여러 방법으로 제시될 수 있다(전선영 외, 2011).

(1) 가족욕구파악

욕구(need)란 어떠한 목적을 위해 필요하거나 필수적인 것이 결여되거나 결핍된 것을 지칭한다. 여기서의 목적은 생존, 자율, 삶의 계획, 사회적 최소(social minimum)에 대한 사회적 행위자의 의무 등을 말한다(김상균 외, 2001). 이렇게 볼 때 가족욕구란 '가족의 생존, 자율, 생활계획, 사회적 행위자의 의무를 다하기 위해 필요하여 구하는 것'이라고 할 수 있다.

(2) 가족문제중심

욕구는 해결해야 될 문제(problem)로 간주되어, 같은 의미로 사용된다. 문제란 '사람에게 해결욕구를 유발시키는 불만족스러운 상태, 조건'이라고 규정되는데, 이는 인간의 욕구충족을 가로막는, 욕구의 불충족 그 자체로 해석된다(김상균 외, 2001). 다시 말해, 가족문제란 '가족원에게 그에 대한 해결욕구를 유발시키는 불만족스러운 상태 또는 조건'이라고 할 수 있다.

(3) 가족문제유형

사회복지사는 가족사정 시 가족의 욕구・문제가 무엇인지를 사정해야 하는데 이때 가족문제유형이 도움이 된다. 사회복지사는 가족들이 직면할 수 있는 문제들의 유형에 대해 인지하고 있어야 한다. 중요한 것은 문제가 위기로 규정될 수 있느냐가 아니라, 가족이 도움이 필요할 때 찾아온다는 것이다.

(4) 가족의사소통

가족관계는 의사소통의 결과이며, 메시지를 통해 환경과의 관계를 유지한다. 즉, 가족은 의사소통에 의한 규칙이 적용되는 상호작용체계로, 가족문제를 사정하기 위해서는 가족관계 내의 의사소통과정을 이해해야 한다(Janzen, et al., 1980).

① 보완적 관계와 대칭적 관계

Jackson은 보완적 관계(complementary relationship)와 대칭적 관계(symmetrical relationship)를 이렇게 묘사하였다. 보완적 관계에서의 의사소통을 하는 두 사람은 동등하지 않은 지위를 가졌다. 한 사람이 월등한 위치에서 행동을 주도하고, 다른 한 사람은 따른다. 대칭적 관계에서의 의사소통을 하는 두 사람은 동등한 지위를 가지고 있으며, 각자 행동을 주도하는 권리를 나타내고, 상대방을 비평하며 조언한다.

② 이중구속 의사소통

이중구속 의사소통은 메시지를 받는 사람이 복종할 것과 불복종할 것을 요구하는 이중적인 메시지를 말한다. 이것은 동시에 행할 수 없으며 Bateson, Jackson, Haley, Weakland는 정신분열증환자 가족 내의 의사소통에서 이중구속 모순을 발견하였는데, 보통 엄마와 자녀 사이의 보완적 관계 내에서 나타났다.

예 손자를 원하던 시어머니가 딸을 낳고 행복한 표정으로 수유를 하고 있는 며느리에게 이렇게 말한다.

"요즘 누가 딸, 아들을 가리니. 다음번에는 아들 낳으면 되니까 상심마라."

이 메시지는 며느리에게 '딸도 괜찮다'고 말하는 동시에 '괜찮지 않다'고 이야기하는 것이다.

이중구속이 병적인 가족에만 존재하는 것이 아니기 때문에 이중구속 의사소통의 사용량이 일상적 의사소통방법으로 간주될 수 있는지에 따라 그 가족이 병적인지 아닌지가 결정된다. 또한 이중구속의 과정은 양방향성으로, 이중구속 메시지에 의한 모순적 행동은 메시지를 받은 사람에게 이중적인 의사를 전달하기 때문에 영속적인 병적 의사소통이 형성된다.

③ 위장

위장(mystification)은 가족 내에서의 갈등이나 불화를 모호하게 하거나 가면을 쓰고 반응하는 현상을 말한다. 이는 갈등을 직면하지 않고 회피하면서 본질을 가리는 방식으로 반응하며 이러한 회피행동은 갈등을 악화시킨다. 위장의 기능은 현상을 유지하는 것이다(조흥식 외, 2006).

④ 주장적 의사소통

의사소통 시 가족원 주장성은 사정의 요소 중 하나이고, 이는 단정적 의사소통이라고도 한다(Poindexter 외 공저, 이윤로 외 공역, 2003). 주장성은 의사소통하는 방법 중의 하나로 개인의 생각, 욕구, 정서를 자기신뢰감, 기술, 관심으로써 타인에게 알리는 능력이다.

'주장성'은 '공격성'과 혼돈하기 쉽다. 주장적 · 공격적 · 수동적 의사소통은 연속선에 배치할 수 있으며, 차이점은 <표 6-1>과 같다.

<표 6-1> 주장적 · 공격적 · 수동적 의사소통의 차이점

주장적	공격적	수동적
• 다른 사람의 욕구와 감정, 나 자신의 욕구와 감정은 동등하게 중요하다.	• 다른 사람보다 내가 더 중요하다. • 내가 원하고 느끼는 것이 우선되어야 한다.	• 나보다 다른 사람이 더 중요하다. • 내가 말하는 것과 느끼는 것은 가치가 없다.

대부분의 사람들은 주장적 의사소통(assertiveness)에 어려움을 겪고, 몇몇 사람들은 타인의 요구에 부응하고, 자신의 욕구는 부인하는 데 익숙해져 타인의 요구를 거부하는 데 어려움을 겪는다.

(5) 가족구조

Minuchin이 설명한 구조적 가족치료의 기본 토대 중 하나는 가족이란 하위체계의 지지를 통해 기능하는 하나의 체계라는 개념이다. 가족원의 행동은 반복된 작용을 통해 이루어진 상호교류패턴에 의해 조절된다. 가족의 구조가 변화하면, 가족원의 지위도 변화되며, 각 개인도 변화를 겪게 된다. 가족구조는 다음 네 가지 측면을 사정한다(Janzen, et al., 1980).

① 부부하위체계

첫째, 아이가 태어나기 전까지 남편과 아내로 구성된 하위체계를 말한다. 그들의 역할은 남편과 아내로서의 역할이다.

보완성과 적응성은 부부하위체계의 기본 요소로 각 배우자가 상대방의 효과적인 기능수행을 위하여 지지를 해주는 행동양상을 발달시켜야만 하는 것을 의미하며 이것을 실현하는 데 합류와 협동이 더해진다.

또한 부부하위체계의 효과적 기능에는 분리되는 능력과 행동이 필수적이므로, 배우자들은 친밀, 지지, 독립적 행동에 필수적인 개별성 유지 사이에 균형을 추구해야 한다.

그리고 부부하위체계는 가족이라는 경계구조 내의 경계에 의해 특징지어지는데, 내적 경계선은 참여자의 개인성을 유지시키고, 외적 경계선은 그 하위체계를 규정하고 외부세력의 침입으로부터 보호한다.

② 부모하위체계

부모하위체계는 자녀에 초점을 두고 전체 가족을 이끌어 가는 책임을 가진다. 자녀의 출생 및 성장과 더불어 통제와 허용을 적절히 조절하면서 자녀가 독립성을 갖도록 한다(조흥식 외, 2004).

③ 형제하위체계

같은 세대로 이루어지는 경우가 대부분이므로 자신들 나름의 관심과 생각을 갖게 된다. 이들은 어른들로부터 자신들을 보호할 필요가 있을 때 서로 쉽게 연합한다. 부모가 이 체계를 엄격히 다루면 자녀의 독립성이 방해를 받아 가족기능이 역기능적으로 될 수 있다(조흥식 외, 2004).

④ 부모－자녀하위체계

세대가 서로 다른 가족원들로 구성되어 다른 하위체계보다 역기능적이 될 수 있다. 부모하위체계에서와 마찬가지로 자녀에게 엄격함과 허용을 적절히 하는 것이 중요하며, 특히 한쪽 부모가 다른 부모를 배제시키는 방식으로 자녀와 관계를 맺는 경우 역기능적이 되기 쉽다(조흥식 외, 2004).

(6) 가족권력

가족 내에서의 권력이란 다른 가족원의 행동을 변화시킬 수 있는 능력을 말한다. 일반적으로 다른 가족원들의 욕구를 실현시켜 줄 수 있는 자원을 많이 가진 가족원일수록 권력을 많이 가진다. Haley(1976)에 따르면, 가족은 가족 내 어떤 하위체계가 다른 하위체계에 대해 권력을 행사하는 위계질서를 갖는다. 이는 ① 가족원들 사이의 권력의 분포를 통해서, ② 가족의 규칙체계 내에서, ③ 가족이 공유하고 있는 의미와 가치체계를 통해서 알 수 있으며, 사회복지사는 가족이 이러한 위계질서를 어떻게 조직하고 있는가를 아는 것이 중요하다(조흥식 외, 2006).

(7) 가족규칙

가족규칙이란 가족원들이 서로의 행동을 규정하고 제한하는 합의를 말한다(이재연 외, 1990). 여기에는 명시적 규칙, 묵시적 규칙, 메타룰, 가족의례가 있다(Janzen, et al., 1980).

① 명시적 규칙

가족원들이 분명하게 드러내 놓는 규칙을 말하며, 가족 구성원들의 구체적 역할과 기대에 따라 설정되어 있다. 가족들이 원하는 것이 논의되며, 타협과 변화할 수 있다.

② 묵시적 규칙

가족원들이 분명하게 드러내 놓지 않는 규칙을 말하며, 반복된 상호교류가 시간이 지나면서 확고해진 것일 수 있기 때문에 가장 힘을 갖는 규칙일 수 있다.

③ 메타룰

규칙에 관한 규칙으로, 가족원들이 가족규칙을 어떻게 변화시킬 것인가에 대한 규칙이다. 기능적인 가족은 규칙변화의 필요성을 느낄 때 합의를 이끌어 내고, 역기능적인 가족은 변화에 대한 기대를 가지고 있지 않거나 가족규칙이 변화될 수 없을 것이라는 강력한 메타룰을 가지고 있을 것이다(조흥식 외, 2006).

④ 가족의례

가족의례란 생일, 기념일, 정기적 식사모임과 같은 가족이 집행하는 일정한 전통적 의식을 말한다(Wolin, et al., 1980). 따라서 사회복지사는 가족사정을 할 때 그 가족의 의례에는 어떤 것이 있는가를 사정하여 가족을 이해해야 한다.

(8) 가족 삼각관계

가족 삼각관계는 가족 내 2인 체계 속에서 긴장을 느끼는 사람이 긴장의 정도를 감소시키기 위해 제3의 인물이나 이슈를 끌어들여 맺게 되는 관계를 말한다(Janzen, et al., 1980). 사람들은 이를 통해 인간관계의 긴장을 감소시키려 한다. 제3의 요소에 의해 주어지는 이익을 얻기 위해 본래의 두 사람은 노력을 하기 때문에 제3의 요소는 주목의 대상이 된다(김유숙, 2002). 가족 삼각관계는 역기능이 될 수도, 순기능이 될 수도 있다.

(9) 가족신화

가족신화는 가족원들이 공유하는 신념과 서로 간의 기대, 가족원의 관계로 구성된다. 이것은 가족원들이 의심의 여지 없이 신화로 합의하는 결과를 가져온다(Janzen, et al., 1980).

비합리적인 가족신화도 가족원들은 그것이 정서적으로 필요불가결한 부분으로 인식한다는 것을 사회복지사가 명심해야 한다. 그래서 가족신화는 가족원의 행동을 결정하는데, 가족신화가 깨뜨려져 가족항상성이 흔들리면 가족은 다시 그 신화를 강화하여 가족항상성을 유지하려 한다(전선영 외, 2011).

(10) 가족 내 역할

사회복지사는 가족역할구조가 형성된 이유와 과정을 분석하는 것이 중요하다(조흥식 외, 2009). 먼저 역할의 의미부터 살펴보겠다. 역할이란 일정한 지위에 있는 개인에 의해 수행되는 일련의 연속되고 학습된 행동을 의미한다. 따라서 가족 내 역할은 가족 내에서 자신의 위치와 존재를 결정하는 사고와 행동양식을 의미하며, 가족생활을 위한 구체적인 과제수행을 포함한다. 오랜 시간에 걸쳐 형성된 것으로서 영구적이고, 융통성이 적으며 거의 무의식적이다. 역할수행은 네 가지 개념으로 평가된다.

첫째, 역할갈등이다. 역할갈등은 역할을 수행하면서 겪는 어려움을 의미하는데, 하나의 지위에 기대되는 역할들에 합의가 결여될 때 겪는 '역할 내 갈등'과 한 개인에 의해 수행되는 여러 역할들이 상호 불일치할 때 발생하는 '역할 간 갈등'이 있다.

둘째, 역할모호성이다. 이는 어떤 지위에 대한 역할이 분명히 규정되지 않았을 때 발생한다.

셋째, 역할과중이다. 역할과중은 한 개인이 자신에게 기대되는 역할들을 부담되고 힘들게 느껴 문제가 되는 경우를 말한다.

넷째, 역할단절이다. 일반적으로 삶의 주기에 따라 기대되는 역할이 변화되는데, 이때 변화되는 역할 간에 유사성이 부족할 때 파생되는 문제를 역할단절이라 한다(전선영 외, 2011).

(11) 가족생활주기

가족생활주기는 인간의 생활주기와 마찬가지로 가족생활에도 탄생에서 소멸까지 일련의 과정에 단계가 있고, 이들 단계마다 과업이 있다는 것이다. 이것은 발달론적 접근이며, 생태학적 접근과도 맥을 같이한다(조흥식 외,

2009). 가족생활주기를 사정하는 중요한 이유는 ① 대부분의 가족이 가족생활주기의 모든 단계를 거치기 때문이고, ② 가족은 각 단계에 대한 적응과정에서 스트레스를 경험할 수도 있고, 나아가 가족문제를 발생시킬 수 있기 때문이다. 따라서 사회복지사가 가족을 사정할 때는 ① 현재의 가족생활주기, ② 현재의 가족생활주기에 대한 가족원들의 인식 정도, ③ 가족생활주기에 따른 발달과업의 수행 정도, ④ 질병, 죽음 등 갑작스러운 변화의 적응 정도, ⑤ 별거, 이혼, 재혼, 한부모가족이 겪는 생활주기상의 문제들을 사정해야 한다.

가족생활주기의 단계는 학자마다 다르며, <표 6-2>는 가족생활주기의 대표 학자인 Duvall이 제시한 8단계 표이다. 그는 2세대 핵가족을 중심으로 개념화하였고, 주기의 단계별 가족 내 지위, 가족발달단계에 따른 과업을 제시했다.

<표 6-2> 가족생활주기에 따른 발달과업(Duvall의 8단계)

가족생활주기단계	가족 내 지위	가족발달단계에 따른 과업
1. 결혼전기	아내 남편	• 상호 만족적 결혼 • 임신에의 적응과 부모가 되는 것에 대한 희망
2. 신혼기	아내 – 모(母) 남편 – 부(父) 유아 – (딸, 아들)	• 아이 출산, 아이에게 적응, 아이의 발달 고무 • 부모와 아이 모두에게 만족스러운 가족을 꾸미는 것
3. 자녀아동기	아내 – 모(母) 남편 – 부(父) 아들 – 형제 딸 – 자매	• 학령 전 아동의 욕구와 관심을 성장지향적으로 적용하도록 하는 것 • 부모역할로 인해 에너지가 소모되고, 프라이버시가 없어짐에 대처
4. 자녀학동기	아내 – 모(母) 남편 – 부(父) 아들 – 형제 딸 – 자매	• 건설적 방법으로 학령기 아동을 가진 가족집단에 적응 • 아동의 교육적 성취를 고무

5. 자녀청소년기	아내 – 모(母) 남편 – 부(父) 아들 – 형제 딸 – 자매	• 10대 성숙을 위해 책임과 자유의 균형을 이루도록 하고 스스로를 해방 • 나이 들어가는 부모로서의 관심과 경력을 설정
6. 자녀독립기	아내 – 모(母) – 할머니 남편 – 부(父) – 할아버지 아들 – 형제 – 삼촌 딸 – 자매 – 이모	• 성인이 된 자녀들을 직장, 군대, 대학, 결혼 등으로 내보내되 적절한 격식과 도움을 줌 • 지지적 가정을 유지
7. 중년기	아내 – 모(母) – 할머니 남편 – 부(父) – 할아버지	• 결혼관계를 재정립 • 젊은 세대와의 유대를 유지
8. 노년기	과부/ 홀아비 아내 – 모(母) 남편 – 부(父)	• 유족 및 홀로되는 것에 대한 대처 • 가정을 마감하고 노화에 적응 • 은퇴에 대한 적응

출처 : Duvall(1977), p. 179.

4) 환경과의 상호작용에 대한 사정

Compton과 Galaway는 환경을 "특정한 지역 내에서 사회적으로 규정된 건축된 공간 내 사람들의 조합 및 그들의 상호작용과 상호교류"라고 정의하였다. 상호교류는 개인 및 가족생활 내에서, 사회 및 문화체계의 생활 내에서 특정 기간에 걸쳐 발생한다고 하였다. 태어날 때부터 환경은 우리와 친밀한 부분이 되어 우리의 선택과 상호교류를 통해 우리가 삶을 구성할 재료를 제공한다(Compton & Galaway, 1999).

4 가족사정의 방법

가족사정에는 고도의 지식과 기술이 요구되며, 그 방법에는 다양한 사정도구를 선택하는 것이 필요하다. 여기서는 이론적 입장에서 벗어나 가족을 사정하는 데 필요한 다양한 방법들을 제시하기로 한다. 일반 사정과 마찬가지로 가족사정의 방법도 양적인 방법과 질적인 방법으로 구분할 수 있다. 양적인 방법으로는 표준화된 척도, 체크리스트, 목록을 사용하고, 질적인 방법으로는 인터뷰, 그래픽 사용, 가족 관찰방법 등이 있다.

1) 인터뷰

인터뷰는 가족사정 방법 중에서 가장 기본적이고 중요한 방법이다. 인터뷰는 부모, 자녀, 이웃 등을 대상으로 할 수 있다. 그러나 반드시 인터뷰 전에 가족에 관한 기관의 기록과 의뢰 및 그에 대한 정보 등을 살펴보아야 한다.

인터뷰는 클라이언트의 의견을 경청하고, 관찰하는 것 외에도 직간접적 질문이나 격려를 할 수도 있고, 느낌을 반향시키거나 요약한다거나 중요한 내용을 끌어낼 수 있어야 하며, 무엇보다도 편안한 분위기가 조성되어야 한다. 인터뷰는 가족의 개입계획을 위한 충분한 사정이 이루어져야 하고, 구조나 시간이 융통적으로 발휘될 수 있다(Holman, 1983 : 60-61).

인터뷰는 또한 생태도나 가계도, 체크리스트나 목록 등의 여러 가지 도구를 활용하여 진행될 수 있다. 이러한 도구들은 가족원들 간의 연합을 도모하고, 사회복지사가 자료수집을 하는 데 도움을 주며, 말수가 없는 가족을 상대로 할 때 활용가치가 높다(Holman, 1983 : 61-62).

2) 그림그리기

(1) 생태도

생태도(eco-map)는 Hartman에 의해 1975년에 개발된 것으로서, 가족과 그 가족의 생활공간 내에 있는 사람 및 기관 간의 연계를 그림을 그려 나타내는 것이다. 다시 말해, 생태도는 그 가족의 주요 환경체계를 그림으로 그

려서 가족체계의 요구와 자원 간의 균형을 보여주는 것이라고 할 수 있다(조흥식 외, 2004 : 109).

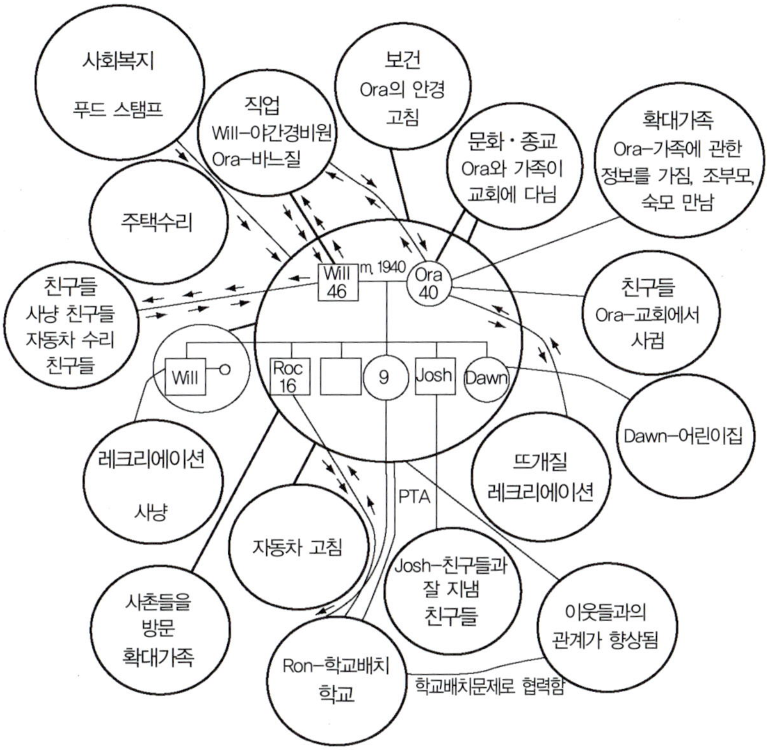

※ 관계가 있는 경우, 연결한다. 관계의 성격을 말로 기술하거나 선으로 표시한다. 에너지, 자원의 흐름을 화살표로 나타낸다.

—— 강한 관계 —— 약한 관계 -++++- 긴장 관계

<그림 6-1> 생태도 예시

출처 : Hartman, A., & Laird, J.(1983), p. 195.

생태도는 다음 순서에 의해 작성한다. ① 가족을 표현하는 원을 중앙에 그려 클라이언트와 그 가족을 표시하고, ② 가족이 일상적으로 상호작용하는 주변 환경체계는 중심원 주변에 각각 원으로 표시한다. 그리고 ③ 클라이언트와 가족체계를 포함한 모든 체계 간의 상호교류, 즉 관계의 성격과

자원의 흐름을 특정 기호로 표시하고, ④ 클라이언트의 가족생활에 영향을 미치는 환경체계를 중앙 원 주변에 배치시킨 후, ⑤ 가족과 환경체계의 관계를 다양한 선으로 표현한다(이영실 외, 2012 : 136). 생태도는 가족과 환경체계 간의 경계의 본질, 가족 내 역동 등 클라이언트 가족에 관한 많은 정보를 제공한다(Hartman & Laird, 1983 : 166-170).

(2) 가계도

생태도가 가족체계와 환경체계 간의 관계를 보여주는 것이라면, 가계도(genogram)는 특정 기간 동안의 클라이언트의 가족의 역사와 주된 사건을 볼 수 있게 해주는 사정도구이다(조흥식 외, 2004). 가계도는 Bowen(1978)의 다세대 가족체계이론에 근거한 사정도구로 2~3세대에 걸친 가족 구성원의 정보와 관계를 도표로 기록하고 작성하며, 가족 내 역동을 이해하거나 여러 세대에 걸쳐 발전시켜 온 가족역할, 유형, 관계 등을 가족과 함께 상호적인 방법으로 살펴보기 위해 사용된다. 따라서 가계도를 그려보는 것은 그 가족의 가족문제에 기여하는 중요 요인과 가족패턴을 알 수 있게 해준다(조흥식 외, 2004). 그림으로 표현되는 그 자체가 과정이고 기록이며, 완성된 가계도는 각 배우자의 가족배경을 포함한다. 이는 치료자와 가족 구성원이 다세대 간의 맥락에서 가족의 정서적 과정의 강약을 파악할 수 있도록 하여 유용하다(송성자, 1998). 가계도의 작성방법은 다음과 같다. ① 가족의 구조를 도식화한다. 가족 구성원이 다음 세대까지 생물학적·법적으로 어떻게 관련되어 있는지 도표로 묘사한다. ② 가족 구성원에 대한 정보를 기록한다. 가족 구성원의 나이, 출생, 사망시기 등의 이력을 기록하고 중요한 사건에 대한 과도기, 대인관계 변화, 이사 등을 기록한다. ③ 가족관계를 기록한다. 가족의 진술내용과 사회복지사의 관찰내용에 근거해 가족 구성원의 관계를 다양한 기호로 표현한다(이영실 외, 2012).

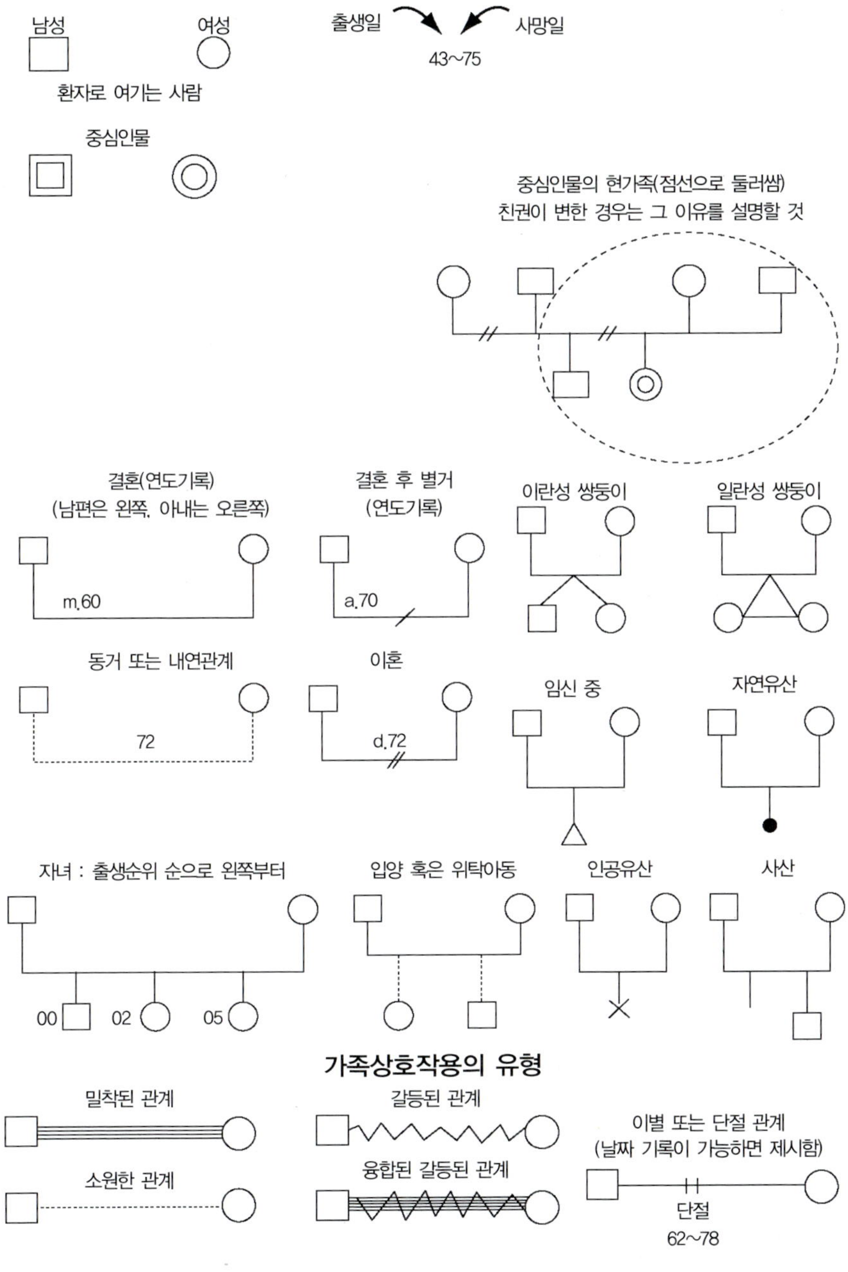

<그림 6-2> 가족의 기본 구조를 나타내는 기호

출처 : McGoldrick, Gerson & Shellenberger(1999).

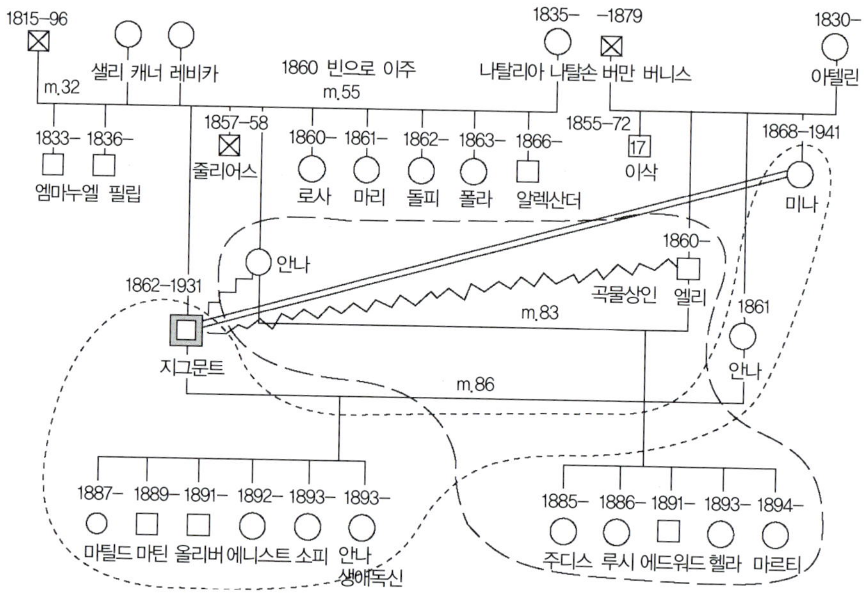

<그림 6-3> 가계도 예시

출처 : Hartman & Laird(1983).

3) 관 찰

관찰(observation)은 사회복지사가 클라이언트가 말하고 행동하는 것에 주의를 기울이는 것이다. 관찰은 가족의 역할, 가족관계, 가족의 생활모습 전반을 살펴볼 수 있으며, 사정 전 과정에서 사용할 수 있다. 또한 클라이언트의 비언어적 표현은 사회복지사가 클라이언트를 이해하는 데 중요한 요소가 된다. 관찰은 수집하고자 하는 정보의 종류에 따라 자연스러운 관찰과 일련의 순서가 있는 구조화된 관찰로 구분할 수 있으며, 즉흥적 관찰과 형식적 관찰, 참여관찰과 비참여 관찰로 구분할 수 있다(Pincus & Minahan, 1974).

관찰은 매우 효과적인 사정도구이나 몇 가지 문제점이 있다(손병덕 외, 2008).

첫째, 공개관찰의 경우 클라이언트가 관찰사실을 알았을 때 이를 인식하여 원래 행동과 다르게 행동할 수 있다. 이때는 정확한 사정이 어렵기 때문에 이런 단점을 해소할 수 있는 사전준비가 필요하다.

둘째, 지적장애를 가진 클라이언트의 경우, 보호자의 동의를 받는다고 하더라도 윤리적으로 문제될 수 있다.

셋째, 관찰자의 사회적 통념과 문화적 편견 등은 왜곡된 사정을 야기한다.

이러한 가족관찰의 대표적인 방법에는 가족조각(family sculpture)이 있다. 가족조각이란 가족 구성원이 가족에 대해 어떻게 인식하고 있는지를 시각적으로 표현하여 가족에 대한 이해를 돕기 위한 방법이다. 가족조각은 가족 구성원이 스스로 공간적 위치를 배치하여 가족관계를 몸으로 표현하면서 하나의 그림을 완성하는 것인데, 이는 가족동맹과 역기능적 가족연합을 표현함으로써 관계재조정의 필요성을 인식시키는 데 효과적인 방법이다. 사회복지사를 통한 가족구조의 논의는 기존의 가족연합을 바꾸도록 한다(허남순 외, 2004).

가족조각의 과정은 다음과 같다. ① 사회복지사는 먼저 한 구성원에게 다른 구성원을 배치하도록 한다. ② 요청을 받은 구성원은 자신이 인식하는 대로 가족 구성원의 공간, 몸짓, 태도 등을 무언으로 연출한다. 가족 구성원은 연출하는 구성원의 지시대로 배치되어 무언극을 하는데, 그 과정에서 연출하는 구성원이 가족에 대해 어떻게 인식하는지 이해할 수 있게 된다. 가족조각을 통해 가족 구성원은 가족체계 내의 신념과 규칙을 인식하고, 이것이 어떻게 표현되는지 알 수 있다.

4) 생활력 도표

생활력 도표(life chronology)는 가족이나 구성원에게 발생한 중요한 사건이나 시기를 표를 이용하여 연대기적으로 작성하는 것이다. 생활력 도표는 특정 발달단계의 생활경험을 이해하는 것과 아동·청소년 대상의 활동에서 유용하다(이영실 외, 2012).

5 종결 및 평가

1) 종결단계

종결단계에서는 클라이언트의 문제가 개선되어 지속적으로 건설적인 변화가 있을 수 있다고 사회복지사와 클라이언트가 동의했을 때, 개입이 종료되는 것을 의미한다. 일반적으로 종결은 모든 목적이 달성되었을 때, 목적이 달성되지 않았거나 더 이상 진전이 없는 것으로 보일 때, 다른 요인들이 개입되어 관계를 끝내야 할 필요가 있을 때 등의 이유가 발생했을 때 이루어진다. 종결에 있어서 중요한 과제는 의도적이고 비의도적인 긍정적 변화를 안정시키는 것이다. 이것은 클라이언트와 함께 사례를 요약하고 재검토하는 과정을 통하여 이루어진다. 그때 사회복지사와 클라이언트는 종결과 사후지도를 계획하며, 종결의 일부로서 사후지도의 계약이 이루어질 수 있고 다른 곳으로 의뢰될 수도 있다.

종결에 따른 감정처리에 있어서 사회복지사는 클라이언트의 감정을 민감하게 이해하고 이에 적절히 반응할 준비가 되어 있어야 한다. 클라이언트의 감정이 긍정적이든 부정적이든 간에 사회복지사는 적대감이나 방어의식 없이 클라이언트의 감정표현을 수용해야만 한다. 사회복지사는 공식적인 관계가 끝난 후에도 클라이언트에게 필요한 도움이 제공될 수 있도록 지역사회의 자원에 대한 그의 지식을 동원함으로써 관계를 원만하게 종료해야 한다.

가족개입에 있어서의 종결이라 함은 모든 과정의 종결과 마찬가지로 원조를 받은 가족이나 개인에게는 특별한 의미를 갖게 된다. 따라서 그동안의 의존적인 상태에서 벗어나 사회의 네트워크 속으로 들어가 상호 의존관계를 유지할 수 있도록 배려하고 유도해 주어야 하는 것이다. 이 때문에 종결에 앞서서 사회복지사의 세심한 배려가 필요하며, 보통 계약이 이루어지는 상담 초반에 가족과 종결에 대해서 나누는 것이 좋다. 이상적으로 종결은 예견되어야 하고 프로그램 개입 초기부터 계획되어 있어야 한다.

2) 종결을 진행하는 단계

(1) 리사이틀

원조과정이 마지막에 가까워 올 때, 사회복지사와 각 가족원들은 변화된 것에 대해 토론하면서 가족사회사업의 경험에 대해 평가할 수 있는 기회를 가져야 한다. 이러한 기회를 통해 가족은 무슨 변화가 일어났으며 무엇이 이런 변화를 일으켰는지를 이해하게 된다. 이것이 리사이틀로, 리사이틀은 가족사회사업에서 중요한 사건을 재검토하는 기법이다. 협상된 목표가 달성되지 않았거나 추가로 문제가 나타났다면, 리사이틀을 통해 사회복지사는 다른 기관 혹은 같은 기관 내의 다른 사회복지사에게 의뢰할 필요성을 알게 된다.

(2) 변화에 대한 자각 유도하기

사회복지사와 가족원이 진행 과정에 대해 지각하는 바를 서로 비교함으로써, 가족원들은 변화를 유발하는 개념적인 이해와 도구 모두를 발전시킬 수 있게 된다. 이러한 반영은 가족 구성원들의 자존감의 강력한 원천이 될 수 있다.

(3) 진전을 견고하게 하기

종결의 세 번째 단계는 달성된 목표를 유지하고 확립하는 방법을 강조하기 위해 미래에 대해 이야기하는 것이다. 가족이 미래의 목표를 성취하는 전략을 개발하도록 돕는 것은 이미 획득한 것을 확고하게 하는 탁월한 방법이다.

종결은 끝이 아니라 전환이다. 종결을 이런 방법으로 클라이언트에게 묘사하는 것은 성취한 것을 인식하게 하고, 더 나아가 이제부터 다시 새롭게 시작한다는 것을 의미한다. 사회복지사가 가족이 변화하도록 혹은 바라던 목표를 달성하도록 돕는다는 명확한 증거를 보여주지 못하더라도 그들의 노력은 클라이언트의 삶에 중요한 차이를 가져올 수 있다.

(4) 사회복지사에게 피드백 제공하기

공식적인 종결에서 대면 토론을 하는 것은 중요하다. 마지막 세션에서 성과에 대해 평가할 수 있다. 첫 번째 단계는 가족이 지각하는 성공을 가족과 함께 평가한다. 이 과정에서 가족은 잘한 점과 부족한 점들에 대해 지적할 수 있는 기회를 가지게 되며, 사회복지사는 가족들이 지적한 사항들을 통해 피드백 받게 된다. 사회복지사는 피드백에 방어적으로 반응하지 않고 감사를 표현하며, 가족원의 기여가 이후 개입에 도움이 될 것임을 알린다.

(5) 종결 이후의 문제를 다룰 수 있도록 가족을 준비시키기

종결의 마지막 단계는 가족들이 이후의 도전들, 즉 변화나 실패를 가져올 수 있는 도전에 대해 예견하게 하는 것이다. 사회복지사는 가족이 그런 도전을 다루기 위해 계획한 것을 묘사해 보라고 요구해야 한다. 또한 사회복지사는 이런 테마를 가족 강점을 강화하고 새로 개발한 기술을 강화하는 데 사용할 수 있다.

가족이 미래를 준비하게 하는 또 다른 방법은 모임의 간격을 점점 늘리면서 가족원들이 프로그램에 의존하는 것을 줄여나가도록 격려하는 것이다.

3) 종결하기에 적절한 시기

가족치료를 종결하기에 가장 좋은 시기는 향상이 이루어지고 목표가 달성되고 갖고 있는 문제가 안정되어 있다는 신호가 보일 때이다. 대부분의 가족은 자신들의 문제해결 능력이 향상되었다는 것을 확인할 수 있을 때 종결에 동의한다. 만일 가족이 종결을 받아들이기 힘들어한다면 사회복지사는 "무엇이 당신들을 문제로 되돌아가게 하나요?"와 같은 역설적인 질문으로 가족원들에게 이미 이룬 변화에 대해 자각하게 할 수 있게 한다.

가족원들의 의존을 피하기 위해 사회복지사는 가족치료의 빈도를 감소시키면서 동시에 가족을 위한 공식적이고 비공식적인 지지를 동원할 수 있다. 가족이 가족치료 종결하기를 저항한다면 가족사회복지사는 그 문제에 대해 토론하고 모든 가족원의 지지를 이끌어 내야 한다. 조기에 작업을 중단하는 것과 중도 탈락에는 차이가 있다. 종결을 피할 수도 있지만 조기 종결은 불가피할 수 있다. 이런 경우 사회복지사는 가족들의 결정과 일치하지 않더라도 부적절하게 압력을 주지 않고 가족들이 결정한 종결을 수용해야 한다.

이상적으로 종결은 제시된 문제가 해결된 이후에 이루어진다. 가족이 문제를 피하지 않고 대처하는 능력은 종결 준비의 중요한 지표이다. 종결 활동은 치료의 시작과 중간 단계가 성공적으로 마무리되었다면 순조롭게 진행된다.

4) 종결 시 사회복지사의 과업

종결이라 함은 그동안의 전문적 원조관계를 시기적절하고 책임 있는 방법으로 마치는 것으로써 개입이 성공적이었는가를 평가할 수 있기 위해서는 항상 목적과 목표를 명확하게 설정하여 개입해야 한다. 그리고 평가 시 변화가 일어났는가의 유무를 설명할 수 있는 측정도구나 절차를 선택하고 설계하는 것이 필요하다.

변화를 위한 활동을 끝내는 시점에서 좋은 결과로 종결을 짓는다면 사회복지사가 효과적인 개입을 했다고 할 수 있을 것이다. 모든 사회복지실천은 생산적인 원조관계로 적절한 시간에 긍정적인 결과와 평가가 함께 이루어져야 한다.

5) 가족상담의 결과 평가하기

가족복지에서 긍정적이고 극적인 결과가 나타난다 해도, 이러한 긍정적인 변화가 종결 이후 얼마 동안 지속되고 유지되는가에 따라 성공 여부는 측정된다. 사회복지사는 가족에게서 종결 이후의 사후 정보를 얻는 것이 바람직하다. 성과에 초점을 두는 것은 가족사회복지사가 변화를 지향하는 개입을 하고, 현실적으로 변화할 수 있는 문제에 초점을 둘 수 있게 하며, 가족들 스스로 자신의 문제에 대해 대처할 수 있는 방법을 생각하도록 돕는다.

클라이언트의 변화 이외에 결과를 측정하는 방법은 사회복지사의 성과를 평가하는 것이다. 사회복지사의 유능함은 가족복지실천개입의 성공에 중요한 요인이다. 가족의 행동을 변화시키기 위해 목표를 설정하는 것 자체가 변화과정을 돕는 것처럼, 전문가의 활동과 관련한 목표를 설정하는 것은 전문기술을 발전시키는 데 도움이 된다.

6) 평가와 종결에 주로 적용되는 실천기술

가족개입 종결기에서는 개입을 통한 가족 혹은 성원들의 변화를 확인하고 가족이 변화를 유지할 수 있도록 지원하며 필요한 경우 사후면접을 계획한다. 사회복지사는 성원들에게 현재 문제상태가 어떠한지, 가족개입 이후 변화된 것은 무엇인지, 개입과정에서 성원들의 역할수행은 무엇이었는지, 유사한 문제발생 시의 대처방법이나 생각은 어떤지, 개입과정의 종결에 대해 성원들은 어떻게 느끼는지, 다시 가족개입이 필요하다고 느끼게 하는 요인은 무엇인지 확인해야 한다. 사후면접에서는 가족의 항상성을 유지하기 위한 자원을 규명하고, 가족이 성취한 목표를 점검하는 데에 초점을 둔다.

CHAPTER 07

가족문제 해결을 위한 실천

학습목표

- 가족복지실천에서 가족치료의 개념을 이해하고 가족치료모델을 적용할 수 있다.
- 가족문제를 해결하기 위한 사례관리를 적용할 수 있다.

1 가족복지실천과 가족치료

가족치료는 개인이 아닌 가족을 대상으로 하는 사회복지실천방법 중의 하나이다. 가족체계는 가족 구성원들의 하위체계를 포함하며 이와 상호작용한다. 또한 가족체계는 사회환경과도 상호작용하며 발달주기에 따라 변화하는 하나의 개방된 체계이다. 그래서 가족 구성원의 역기능은 개인의 문제가 아니라 가족 전체의 역기능으로 이해되며, 구성원은 그저 '가족의 문제를 지니고 있는 사람'이 된다. 가족을 치료하는 전문가는 치료의 초점을 '사람'에서 '가족 전체'로 맞추어 가족이 모두 변화에 참여하여 상호작용할 수 있도록 해야 한다(조흥식 외, 2004).

다음은 가족치료의 주요 개념들에 대한 설명이다.

① 가족항상성

가족의 항상성(homeostasis)은 가족 내의 관계를 지속적으로 유지시키는 상호작용적 과정이며 내적인 균형을 이루게 한다. 가족 간의 균형이 위태롭게 되면 이전의 상태로 돌아가려고 하는데, 이는 가족규칙을 활성화하여 지속적으로 관계를 유지할 수 있게 한다. 다시 말해, 가족 구성원에게 칭찬이나 처벌을 하여 행동을 강화하는 되돌림을 통해 가족의 균형을 유지하는 것이다(조흥식 외, 2002 : 121; 허남순 외 공역, 2004 : 193).

② 가족규칙

가족규칙은 가족 구성원 간에 지켜야 할 의무나 태도에 대한 지침, 권리를 말한다. 이는 가족 내에서 적절한 행동이라고 판단되는 것을 규범으로 구체화한 것인데, 가족성원들의 관계, 역할수행, 행동지침에 대한 지도원리이다. 이를 통해 가족은 항상성을 유지한다(사회복지사 1급 시험연구회, 2006 : 237; 허남순 외 공역, 2004 : 193-194).

③ 순환적 인과성

순환적 인과성(circular causality)에 따르면, 한 성원의 변화는 다른 구성원들과 가족 전체에 영향을 주고, 이 영향은 다시 그 성원에게 영향을 주는 순환구조를 띠며 상호작용한다. 따라서 가족체계의 모든 행동은 반응이며, 개별성원의 문제는 순환적이다(조흥식 외, 2004).

④ 의사소통

의사소통은 가족치료의 발달과정상 의사소통모델이 개발될 정도로 기초가 되는 주요 개념이다. 의사소통은 가족 구성원 간의 정보교환을 통해 관계를 형성해 나가는 모든 행동을 의미한다. 의사소통의 기능에는 내용(content)기능과 관계(relationship)기능이 있다. 내용기능은 사실적인 정보, 의견, 감정을 전달하며, 관계기능은 정보의 전달과정에서 관계의 속성을 규정한다. 가족은 지속적인 관계로 가족규칙이나 동의에 따라 관계를 규정하는 과정을 고정화한다(이영실 외, 2010; 조흥식 외, 2004).

⑤ 체계

체계에는 개방체계와 폐쇄체계가 있다. 체계이론을 가족에 적용한 것인데, 가족은 전적인 개방체계도 폐쇄체계도 아니다. 개방체계일수록 적응적이고, 변화 가능성이 높으며, 넥엔트로피를 가지고 있고, 목표지향, 침투 가능한 경계, 자유로운 의사소통, 개별화의 특징을 가진다. 반면 폐쇄체계일수록 경직된 경계를 가지고, 상대적으로 엔트로피의 위험성이 있다(신성자 외, 2000; Goldenberg & Goldenberg, 1996).

⑥ 경계

가족은 어느 정도의 침투적인 경계를 가지고 외계와 교류할 수 있고, 적절한 가족기능을 위해 하위체계들도 자신의 경계를 유지하면서 각각의 역할과 책임을 수행하며 서로 교류한다. 체계가 복잡할수록, 사정할 때 가족이 개방체계로 기능할 수 있는 능력, 가족원의 계급질서, 역할이 분담되는 방법과 가족 내 행동기준 등이 가족과 외계와의 경계를 규정짓는 규칙 등을 함께 고려하여야 한다(사회복지사 1급 시험연구회, 2006 : 237).

⑦ 형태발생성

형태발생성(morphogenesis)에 따르면, 가족은 항상성을 유지하면서 체계 내외의 변화에 적응하기 위한 유연성이 필요하다. 내부적으로 가족 전체의 발달주기과정에 따른 새로운 과업수행을 위해 재조직되는데, 발달단계가 옮겨가면서 새로운 욕구와 과업을 수행하기 위해 새로운 규범과 선택이 필요하며, 이에 따른 규칙의 변화가 필요한 것이다(조흥식 외, 2004).

⑧ 비총합성

전체는 부분의 합보다 크다. 가족도 마찬가지다. 가족을 이해하기 위해 개별성원의 특성보다는 성원의 행동을 연결하는 상호작용이나 의사소통의 유형에 주의를 기울여야 한다(조흥식 외, 2004).

⑨ 다귀결성 혹은 동귀결성

시작은 같아도 다른 결과를 가져올 수 있으며, 같은 결과도 다른 시작으로부터 올 수 있다는 원칙이다. 처음 상황이나 사건의 영향은 가족조직의 반응에 따라 달라질 수 있으며, 같은 위기상황에서도 가족에 따라 다른 대처를 보이는 현상은 다귀결성으로 설명할 수 있다(조흥식 외, 2004).

2 가족치료모델

가족치료모델의 종류와 학자, 치료목표와 주요 개념들을 비교하여 정리하면 <표 7-1>과 같다.

<표 7-1> 가족치료모델의 종류

모델[학자]	치료목표	주요 개념
다세대가족치료 [Bowen]	원가족과의 분화수준과 가족 구성원의 자아분화수준 향상	자아분화, 삼각관계, 다세대 전수과정 가계도, 탈삼각화, 코칭 등
구조적 가족치료 [Minuchin]	역기능적인 가족구조의 재구조화	가족구조, 가족경계선, 하위체계 합류, 실연, 경계 만들기 등
경험적 가족치료 [Satir]	개인과 가족의 성장, 역기능적 의사소통 변화를 통한 성장	의사소통유형, 자기존중감과 자기가치, 원가족삼인군, 원가족도표, 가족조각 등
전략적 가족치료 [Haley & Madanas]	가족 구성원 간 반복되는 역기능적 상호작용의 고리를 차단하거나 변화시킴	가족항상성과 증상의 관계, 순환적 인식론, 지시기법, 역설적 개입, 순환질문 등
해결중심 가족치료 [De Shazer]	문제중심에서 해결과 미래의 가능성에 초점을 두고 변화하기	해결책과 미래에 초점, 탈이론적이고 비규범적, 예외질문, 기적질문, 대처질문 등

1) Bowen의 다세대가족치료모델

Bowen은 정신분석에서 출발하여 하나의 독립된 가족치료모델을 제안하였는데, 정신역동적인 관점과 체계적인 관점을 연결시켜 접근하였다. Bowen의 세대 간 가족치료기법은 내담자 가족 내의 삼각관계를 분리하여 접근해 간다. 치료자는 치료과정에서 이야기되는 내용보다 가족 내에서 어떻게 상호작용을 하는지에 더 관심을 가져야 한다고 주장한다. 다음은 Bowen 이론의 기본 개념과 치료기법에 대해 알아본다(이영실 외, 2010; 조흥식 외, 2004).

(1) 치료이론과 개념

① 자아분화

자아분화(differentiation of self)는 Bowen 이론의 핵심개념으로 정신내적인 동시에 대인관계적 개념이다. 자신과 타인 구분, 정서과정과 지적 과정의 구분능력, 확고한 자아와 거짓자아의 구분능력으로, Bowen은 자아분화가 가장 높게 되어 있는 상태를 100으로 하여 그 수준을 평가하였다. 자아분화가 이루어지지 못한 사람은 자기감정이 넘쳐 객관적 사고를 거의 하지 못하고, 주위 사람들의 감정에 지배받아 맹목적으로 추종하거나 분노를 느끼며 배척한다. 반면 자아분화가 잘 이루어진 사람은 사고와 감정이 균형적이어서 강한 정서와 자발성을 가지지만, 정서적 충동에 대한 자제력과 객관성을 가지고 있어 가족의 정서적 혼합으로부터 벗어날 수 있다(김규수, 2006 : 213－216; Bowen, 1978 : 59).

② 삼각관계

삼각관계(triangulation)는 가족구조 안에서 두 사람 간의 갈등, 스트레스 해결방법으로 가족의 다른 구성원을 끌어들여 관계를 해결하는 것이다. 이 관계는 고정적이지 않으며 사이가 멀어질 때 발달하기 쉽다. 두 사람 관계에 문제가 없을 때는 안정되지만, 그렇지 않으면 약한 사람이 삼각관계를 만들어 안정을 되찾으려 한다(김정진 편저, 2008 : 156-157; Bowen, 1978 : 59).

③ 핵가족 정서과정

핵가족 정서과정(nuclear family emotional process)은 해소되지 못한 불안이 개인에게서 가족들에게로 투사되는 것을 말한다. 즉, 가족들이 감정적으로 강한 결속력과 유대감을 갖는 것을 의미하며, 원가족에서 자아분화가 잘 안 된 사람은 결혼 후 부부관계에서 강한 융합을 이루려는 경향이 있다(사회복지사 1급 시험연구회, 2006 : 253; Bowen, 1978).

④ 가족투사과정

가족투사과정(family projection process)은 부모가 자신들의 미성숙함과 분화 부족 등의 문제를 자녀에게 전달하는 과정을 말한다. 어머니가 자신의 불안을 자녀에게 집중시키면, 자녀는 적절한 자아분화가 이루어지지 않은 상태에서 심리적인 문제를 일으키게 된다. 어머니는 이를 통해 자신의 불안에서 벗어나지만, 자녀는 정서적인 문제를 갖게 되는 것이다. 이와 같은 과정을 통해 기존의 가족유형을 더욱 공고하게 한다(이영실, 2000 : 100-101; 조흥식 외, 2004; Bowen, 1978).

⑤ 다세대 전수과정

자아분화수준, 연동적인 삼각관계, 융합, 정서적 단절 등은 다세대 전수과정(multiple generation transmission process)으로 전개된다. 이는 가족 내의 정서적 반응이 핵가족으로 그치는 것이 아니라 여러 세대에 걸쳐 일어나는 것을 말한다. 따라서 자녀의 문제는 자녀나 부모의 문제라기보다 여러 세대에 걸쳐 일어나는 행동, 반응의 결과로 볼 수 있으며 정서적 융합 혹은 단절 역시 세대 간에 전수된다(김정진 편저, 2008 : 156-157; 조흥식 외, 2004; Bowen, 1978 : 59).

⑥ 출생순위

출생순위(sibling position)의 개념은 자녀 출생순위에 따라 고정된 성격적 특징을 발달시키는 것으로서 부모와 자녀들의 복잡한 삼각관계에 초점을 둔다. 맏이는 다른 형제들보다 권력과 권위를 더 추구하고, 부모와 강한 감정적 유대관계를 가지고 삼각관계에 빠질 위험이 높으며 자아분화 수준이 떨어질 가능성이 많다. 반면 다른 형제들은 가족 내의 약자로 자기 지위에 불만족하지만 상대적으로 외부경험에 대해 개방적이고 독립적이며 분화수준도 높다(김정진 편저, 2008 : 156-157; Bowen, 1978).

⑦ 정서적 단절

정서적 단절(emotional cut-off)은 부모와의 관계에서 과거에 해결하지 못한 정서적 애착을 처리하는 과정을 말하며, 격리, 위축, 부모거부 등의 방법을 사용한다. 이는 세대 간 미분화의 결과로 나타나며, 정서적 융합이 클수록 오히려 정서적 단절이 클 수 있다. 다른 가족 구성원과의 대화를 피하거나 자신을 고립시키기도 한다. 새로운 가족을 형성하기 위해 다른 사람과 합류하기 전에 자율적 자아를 확립하는 것이 중요하다(이영실, 2000 : 100-101; 조흥식 외, 2004; Bowen, 1978).

⑧ 사회정서적 과정

사회정서적 과정(social-emotional process)은 사회에서 일어나는 정서적 과정이 가족 내의 정서적 과정에 영향을 미친다는 것을 가리킨다. 이는 사회적 불안의 증대가 가족 내의 기능적인 분화수준을 점진적으로 떨어뜨릴 수 있다고 말한다(김경호, 2005 : 170-171; Bowen, 1978).

(2) 치료기법

① 가계도

가계도는 사정・평가하는 단계에서 자료를 조직하고 치료과정을 통해 관계과정과 핵심적인 삼각관계를 추적하는 것이다(김정진 편저, 2008 : 159-160; Goldenberg & Goldenberg, 1991 : 171).

② 삼각관계로부터 자아분화

삼각관계로부터 분화기법은 치료자가 의도적이며 일시적으로 삼각관계에 들어가기도 하고 벗어나기도 하면서 삼각관계를 깨는 것이다. 치료자의 자아분화수준이 높을수록 정서적 균형을 유지할 수 있다(허남순 외 공역, 2004 : 226; Bowen, 1978).

③ 가족조각

가족조각(family sculpting)은 제스처, 거리, 행동 등으로 조각의 의미를 전달하는 것으로서, 가족 구성원에게 그들 가족을 '조각'해 보라고 요청하여 관계의 성질을 묘사하는 방식으로 자세를 취해야 한다. 무언으로 다른 사람의 관점을 이해하는 수단이기 때문에 말수가 적은 가족에게 유용하다(사회복지사 1급 시험연구회, 2006 : 261; 윤현숙 외, 2002 : 282-284; Bowen, 1978).

④ 관계경험

관계경험은 다른 사람의 요구에 대하여 회피, 항복하는 것을 변화할 수 있도록 돕는 방법으로, 가족 내 삼각관계의 구조적 변화를 위한 것이며, 가족 구성원의 체계과정과 자신의 역할을 알도록 하는 것을 목표로 한다(윤현숙 외, 2002 : 282-284; Bowen, 1978).

⑤ 코칭

코칭은 치료자가 내담자에게 개방적이고 직접적으로 접근하도록 하는 기법으로, 치료에서 형태는 다르지만 치료자가 개인적·정서적으로 관여하게 되는 역할과 관련된다. 이해를 증가시키고, 초점을 자기에게 두며, 가족 구성원 간 기능적인 애정관계를 발전시키는 것을 목표로 한다(김정진 편저, 2008 : 157; 이팔환 외 공역, 2001 : 232; Bowen, 1978).

⑥ 자기 입장을 취하도록 함

다른 사람의 행동 대신 자신의 느낌을 말하도록 하는 것은 정서적인 반응의 악순환을 깨는 가장 직접적인 방법이다. 말하는 상대방의 상태를 이해하게 되며, 반응적이고, 해결방법을 찾을 수 있는 생각을 시작하게 할 수 있다(Bowen, 1978; Goldenberg & Goldenberg, 1991 : 171).

2) 구조적 가족치료모델

구조적 가족치료모델의 대표적인 학자는 Minuchin이며, 구조적 모델에서는 가족구조의 중요성을 강조한다. 역기능적인 가족구조를 재구조화하는 것을 목적으로 구조가 변하면 가족문제가 해결된다고 본다. 이론가들은 가족의 하위체계 간에는 경계가 존재하는데, 체계의 구성보다는 경계가 가족의 상호작용 이해에 더 중요하다고 주장한다. 따라서 가족치료사들은 하위체계 간 명확한 경계확립을 위한 활동에 참여하고, 구조적 가족치료는 청소년비행, 거식증, 사회경제수준이 낮은 가족에 대한 적용에 성공적이었다(송성자, 1995).

(1) 치료이론과 개념

① 하위체계

Minuchin은 새로운 체계를 만드는 것보다 하위체계 주변 경계를 명백히 하는 것이 더 중요하다고 하며, 가족구조 내에서 발생하는 가족구조상의 문제에 관심을 두었다. 가족체계구조는 자녀하위체계, 부모하위체계, 부부하위체계로 이루어져 있고, 각각은 고유의 기능과 특징을 가지고 있다(Gurman & Kniskern eds., 1991). Minuchin은 가족의 하위체계의 경계를 표시하기 위해 <표 7-2>와 같은 도표를 사용하고 있다(Nichols & Schwartz, 2001 : 244).

<표 7-2> 가족하위체계의 경계도표

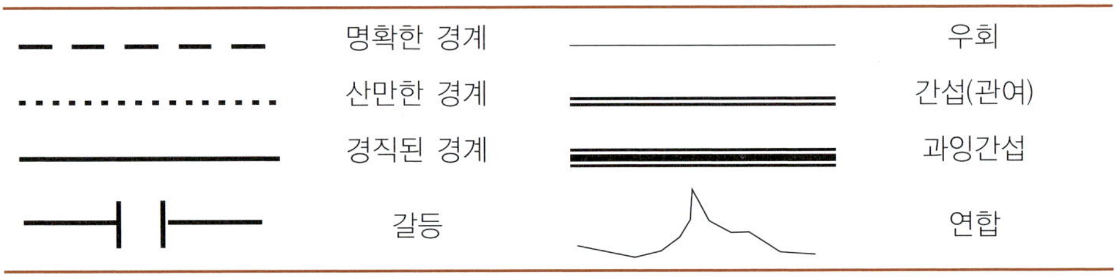

출처 : Nichols & Schwartz(2001), p. 244.

② 위계질서

위계질서는 하위체계 간의 규칙과 우선순위를 말한다. 상위체계는 전체 가족에 대한 의사결정권을 갖고 전체 가족 구성원들의 행동을 통제, 지배하는 규칙을 만들고 시행한다(Minuchin, 1974).

③ 경계

경계(boundary)는 가족과 하위체계의 독립과 자율성을 보호한다. 경직된 경계에서부터 산만한 경계까지 다양하며, 하위체계 간의 상호역동은 경계선이 명확한지, 밀착되어 있는지, 분리되어 있는지에 따라 다르다. 경직·

명확 · 밀착 경계선 비교는 <표 7-3>과 같다(김규수, 2006 : 252-253; Minuchin, 1974).

<표 7-3> 경직 · 명확 · 밀착 경계선 비교

경직된 경계선	명확한 경계선	밀착된 혹은 모호한 경계선
• 독립된 태도로 서로를 대함 • 거리감, 소외감이 있음 • 자율적, 독립적 • 도움을 주는 능력이 부족 • 의사소통이 원활하지 못함 • 가족의 보호기능이 떨어짐	• 기능적인 가족, '우리', '나 자신임'의 감정을 잃지 않음 • 자율적, 독립적 • 협동, 지지하며 서로의 삶에 관여	• '너의 일은 모두 나의 일'이라는 태도 • 개인의 정체성이 모호 • 거리감이 없음 • 강한 소속감으로 자율성을 방해 • 가족원이 지지, 협동, 관여함 • 문제를 자율적으로 탐색 • 해결할 능력 부족 • 개인의 분화는 가족을 배신하는 행위로 간주 • 가족원의 문제에 전체가 반응함

④ 제휴

제휴(alignment)란 안정적 결탁, 삼각관계, 우회적 결탁을 말하며, 이는 다른 사람이 활동하는 데 있어 체계의 한 가족성원이 합류되거나 대항하는 것을 말한다. 즉, 두 명의 구성원이나 하위체계들이 협력적으로 상호작용하는 것이다. 긍정적 제휴는 가족이나 개인의 복지에 기여하지만 부정적 제휴는 경직되고 배타적인 성격을 지니며 가족의 문제를 야기한다(Pavlino & McCrady eds., 김정진 편저, 2008 : 161).

⑤ 세력

세력에 대한 구조적 문제는 체계 내 기능적인 세력의 부족과 연관이 있다. 첫째, 체계 내에서 기능적인 세력의 부족인데 세력행사능력이 부족하거나 가족 구성원이 세력행사를 허용하지 않는 세력이 없는 것을 의미하며, 둘째,

잠재능력을 억제하는 것으로 연령에 부적절한 방법으로 행동하도록 강요하는 것을 의미한다(정문자 외, 2007; Minuchin, 1974).

⑥ 가족적응

Minuchin은 가족체계 내 긴장발생을 다음과 같이 설명했다. 첫째, 한 가족 구성원이 가족 외부세력과 접대할 때, 둘째, 가족 전체가 가족 외부세력과 접촉할 때, 셋째, 가족의 발달단계상의 과도기일 때, 넷째, 한 가족 구성원이 갖고 있는 특정한 문제일 때 긴장이 야기된다고 하였다(이영분 외 공역, 2008; Minuchin, 1974).

⑦ 가족구조

가족구조는 가족 구성원들이 상호작용하는 조직화된 패턴이다. 이는 결정론적인 개념이지만 행동을 규정하지는 않는다. 가족구조에는 일반구속(universal contraints)과 특이구속(idiosyncratic constraints)이 있는데, 일반구속은 부모와 자녀들이 서로 다른 양의 권위를 가지고 일련의 계층적 구조를 가지는 것이며, 특이구속은 구성원들이 서로 다른 상호 보완적인 기능을 가지는 것을 말한다(Pavlino & McCrady eds., 1978).

(2) 치료 목적 및 목표, 치료자 역할

① 치료 목적

구조적 가족치료에서의 목적은 가족구조를 재구조화하는 것이다. 첫째, 역기능적인 상호거래 유형을 변화시키기 위해 가족 구성원의 위치를 변화시키고 부모하위체계를 강화하며, 둘째, 명확하고 융통성 있는 경계선을 만들고, 셋째, 좀 더 효과적으로 적응할 수 있는 대안을 발견하고 동원하는 것이다(이영실, 2000 : 112; Minuchin, 1974).

② 치료 목표

구조적 가족치료에서의 목표는 역기능적 구조를 바로잡는 것이다. 1차적 목표는 가족구조를 바로잡는 일로, 주된 목표는 다음과 같다(김규수, 2006 : 261; Minuchin, 1974).

첫째, 경계선을 바로잡는 것은 엄격한 경계선이나 산만한 경계선을 분명한 경계선으로 바꾸는 것을 말한다. 이를 위해 가족규칙을 파악하고, 이를 재조정하고 유연하게 만드는 일이 포함된다.

둘째, 가족구조의 변화를 위해서 가족체계에 합류해야 한다. 경계선을 변화시키고 하위체계를 재정렬하며, 치료는 가족 구성원의 행동과 경험을 변화시킨다.

셋째, 하위체계 간 위계질서를 바로 잡는 일이다. 부부체계는 가족을 총괄하는 집행부 역할을 맡도록 하고, 자녀체계보다 우위에 있어 여러 가지 연합을 해결하도록 노력한다.

넷째, 치료자가 교류의 패턴변화에 직접적으로 개입해서 순환적 구조를 변형시켜 가족체계의 상호교류 규칙을 재구조화하고, 가족 구성원이 서로 대하는 방식을 변화시키며, 좀 더 서로를 만족하게 하는 데 있다.

③ 치료자 역할

치료자의 표적은 가족으로, 가족체계의 기능 강화에 초점을 맞춘다.

첫째, 가족 구성원의 행동, 경험을 변화시키고, 스스로 문제를 해결할 수 있도록 하며, 가족체계의 변형을 촉진함으로써 가족을 돕는다.

둘째, 경계선이 분명해지고 위계질서가 바로 서면, 가족구조는 가족의 성장을 돕는다.

셋째, 치료자는 가족을 지지하고, 가족은 다른 구성원을 지지하며 돕는 역할을 한다.

넷째, 가족을 합류시키고, 가족구조를 조사·평가·변화시키기 위해 환경을 조성한다(김규수, 2006 : 261; Minuchin, 1974).

(3) 치료기법

① 합류하기(joining)

가족체계는 항상성을 유지하려고 하기 때문에 치료자는 가족에 합류함으로써 성원들을 이해하고 수용해야 한다. 그렇기 때문에 치료자는 적응능력을 가져야 하며, 치료의 초기과정을 단축·촉진시키는 방법에는 유지, 추적, 모방의 기법(표 7-4 참조)이 있다(김정진 편저, 2008 : 163; 이영실, 2000 : 112-113; 허남순 외 공역, 2004 : 408-409; Minuchin, 1974).

<표 7-4> 유지, 추적, 모방의 기법

유지 (maintenance) 기법	• 가족구조를 지각하고 분석할 때 의도적으로 지지함 – 어머니의 지도력이 강한 가족에 합류 → 어머니를 통해 자녀와 접촉 • 가족원 개인의 특성을 있는 그대로 받아들이는 것 – 개인의 장점 인정, 자녀의 침묵, 가족이 사용하는 의사소통, 표현방식 • 가족을 재구조화하는 데 사용될 수 있음 – 치료자가 형제하위체계를 지지 → 모자·부부하위체계 재구조화
추적 (tracking) 기법	• 치료자가 가족의 의사소통과 행동의 내용을 따라 계속되도록 격려 • 비지시적 치료자가 가족에 합류하기 위해 사용하는 전형적인 방법 • 아내, 남편이 사용하는 용어·의사소통패턴 추적 → 문제핵심파악
모방 (mimesis) 기법	• 치료자가 가족의 생활방식·정서상태에 적응하기 위해 가족이 사용하는 언어, 몸짓, 대화방식을 따라함 – 느리게 반응하는 가족원에게 치료자도 속도를 늦춰 반응 • 추적과 모방도 가족의 재구조화를 위해 사용할 수 있음 – 가족의 상호작용패턴을 추적 → 가족의 밀착된 관계의 모습이 드러남 – 특정 가족원의 생활경험 모방 → 치료자와 가족원 간 연합이 이루어짐

② 실연화(enactment)하기

실연화 기법은 치료자가 구상하고 있는 상호작용방법을 가족들이 실제 행동을 통해 연기하도록 만드는 방법이다. 가족의 역기능적 상호작용을 분명하게 하기 위해서 치료자가 가족들에게 실제 상호작용을 연기하도록 요구한다. 가족들이 연기하는 동안에 치료자는 관찰하며 역기능의 가족구조를 발견한다(허남순 외 공역, 2004 : 408－409; Minuchin, 1974).

③ 재구조화하기(restructure)

재구조화 기법은 여러 가지 분야에 적용된다. 가족의 현실・증상에 도전하거나, 가족 상호거래유형 실현화, 경계선 만들기, 스트레스 고조시킴, 과제를 내어줌, 증상 활용, 분위기 조작, 지지・교육・안내 등의 구조화 기법이 사용된다(이영실, 2000 : 112－113; Minuchin, 1974).

④ 상호작용에 개입하기(working with interaction)

가족은 있는 그대로보다 바람직하다고 생각하는 대로 자신을 기술하는 경향이 있다. 그래서 치료자는 가족에게 어떤 문제를 다루는지, 세션 중에 직접 실연하여 가족의 상호작용 구조를 관찰하고 수정한다(김정진 편저, 2008 : 163; Minuchin, 1974).

⑤ 진단하기(diagnosing)

치료자는 가족문제를 한 성원의 문제로 파악할 것이 아니라 개인의 문제를 가족의 역기능적 상호작용의 결과로 이해하고 가족 전체가 변화함으로써 성원들 모두에게 도움이 되도록 문제를 진단한다(최경석 외, 2001 : 189－191; Minuchin, 1974).

⑥ 상호작용을 강조하고 수정하기(highlighting and modifying interactions)

가족의 역기능적인 상호작용유형을 강조하고 수정하기 위해서는 현재의 균형상태를 깨뜨리기 위한 자극적인 방법이 필요하다. 정서, 반복, 지속 등을 선택적으로 사용하여 강도를 이루어 사용한다. 예를 들어, 심하게 떼쓰는 아이에게 부모가 지속적으로 기다림으로써 문제를 수정하는 것이다(김정진 편저, 2008 : 163; Minuchin, 1974).

⑦ 경계 만들기(boundary making)

치료자는 지나치게 유리되거나 밀착된 하위체계 간의 경계를 근접하게 하거나 경계 간에 거리를 만든다. 예를 들어, 어머니가 청소년 자녀에게 지나치게 간섭하는 경우, 자녀가 자신의 주장을 이야기하도록 하는 경계를 만들어 부모가 자녀의 이야기에 주의를 기울이게 함으로써 자녀가 자율성을 가질 수 있도록 한다(허남순 외 역, 2004 : 408−409; Minuchin, 1974).

⑧ 균형 깨뜨리기(unbalancing)

하위체계 간의 관계재배치를 통해 역기능적인 가족의 균형을 깨뜨리는데, 이를 위해 가족치료사는 일부 성원의 편을 들기도 한다(최경석 외, 2001 : 189−191; Minuchin, 1974).

⑨ 가족의 전제에 도전하기(challenging the family's assumptions)

치료자는 가족 구성원의 현실에 대한 인지변화, 정보・충고 제공의 교사 역할을 한다(이영실, 2000 : 114; Minuchin, 1974),

3) 경험적 가족치료모델

경험주의적 가족치료모델(experiential family therapy)의 대표적인 학자는 Carl Whitaker, Viginia Satir, August Napier 등이며, 이 모델은 실존주의적

· 인본주의적 심리치료로부터 파생되었다. 과거보다 현재에 초점을 두고 있지만, 1차적으로 개별성원에 초점을 두며, 높은 자아존중감 재형성, 가족의 성장기능을 회복하는 내적인 자원의 활용을 강조한다. 치료자는 가족에게 문제를 설명하고 통찰력을 제공하기보다는 가족 구성원들이 특유의 행동양식에 맞는 경험을 함으로써 문제해결을 도모하고자 한다. 여기서 경험이란, 가족 구성원이 자발적으로 자신을 표현할 수 있는 기회, 표현의 자유, 개인의 성장 등을 의미한다. 가족과 치료자 사이의 상호작용은 가족이나 치료자 모두가 성장할 수 있는 계기라고 생각한다(정문자 외, 2007; Satir, 1983).

(1) 주요 개념

① 가치체계

인간 속성에 관한 중요한 신념을 언급했으며, Satir의 치료모델은 성장모델로서 인간의 가치체계를 강조하고 있다(김정진 편저, 2008 : 164; Satir, 1983).

② 성숙

중심개념이자 가장 중요한 개념으로 Satir는 성숙한 사람과 미성숙한 사람의 특성, 역기능적인 사람의 의사소통기술을 설명했으며, 동시에 개인의 성숙 정도를 의사소통능력과 관련하여 설명하였다(김경석 외, 2001 : 198-199; Satir, 1983).

③ 자기존중

사람은 자기감정 없이 성숙할 수 없다는 개념이며, 의사소통은 개인의 자아개념, 즉 자기상과 자기존중 · 감정과 밀접한 관계라고 보고 있다(이영실, 2000; Satir, 1983).

④ 의사소통

의사소통은 주고받는 과정과 언어적·비언어적 과정을 중시했으며, 메시지의 일치성·불일치성에 관심을 두었고, 가족체계를 이해하기 위해 역기능적 의사소통유형, 즉 회유·비난·평가·주의산만으로 분류하였는데, Satir의 네 가지 의사소통유형의 언어도형은 <표 7-5>와 같다(김정진 편저, 2008 : 164; 이영실, 2000; Satir, 1983).

<표 7-5> Satir의 네 가지 의사소통유형의 언어도형

의사소통 / 유형	말(words)	몸(body)	내면(insides)
회유형 (placater)	동의한다. • 당신이 원하는 것은 무엇이든 좋다. 나는 오로지 당신을 행복하게 해주고 싶다.	회유한다. • 나는 스스로 어떻게도 할 수 없다.	• 나는 스스로 쓸모없는 존재라고 느낀다(그가 없으면 죽은 사람이다. 나는 가치가 없다).
비난형 (blamer)	동의하지 않는다. • 당신은 어떤 일도 제대로 하지 못한다. 도대체 어떻게 된 일이냐?	비난한다. • 나는 여기에서 우두머리이다.	• 나는 외롭고 성공할 수도 없다.
계산형 (computer)	초합리적이다. • 주의 깊게 관찰해 보면, 여기에 누구의 손이 일을 많이 해서 닳아 있는 것을 알아낼 수 있다.	계산한다. • 나는 조용하고, 냉정하며, 그리고 침착하다.	• 나는 상처를 쉽게 입는다.
산만형 (irrelelvanter)	무관하다. • 말에 의미가 없다.	• 정신이 다른 곳에 팔려있다.	• 아무도 돌봐주지 않는다. 나를 받아들이는 곳이 없다.

(2) 치료 목표

경험적 가족치료의 궁극적인 목적은 각 개인들이 자기가치에 대한 안정된 감정을 발전시킴으로써 성장하도록 하는 것이다(김혜숙, 2008; 이영분 외 공역, 2008; Satir, 1983).

① 치료과정의 목표는 대인관계의 상호작용에서 상호존중과 신뢰할 수 있는 경험을 내담자가 직접 하도록 하는 것이다.
② Satir는 경험에 의해서만 개인이 성장할 수 있는 잠재력을 개발하여 발전시키고 강화시킬 수 있다고 믿었으며, 가족원들이 직접적이며 '지금-여기'에서의 만남을 통해 성숙한다고 믿었다.
③ Satir는 경험에 의해서 잠재력이 개발, 발전, 강화될 때 성장할 수 있다고 하였으며, 이로써 자기존중감을 안정화시키는 데 집중하였다.
④ Satir는 자신의 자아가치와 존중감을 높이고, 자기인생에 대한 선택을 스스로 결정하도록 돕는 것을 목표로 하였다.

(3) 주요 기법

① 가족조각

가족조각(family sculpture)을 사용하는 목적은 가족 구성원이 자신의 내면적 감정에 접함으로써 실제의 자신을 알고 느끼며 새로운 대처방법을 생각해 보기 위한 방법이다. 이 과정을 통해서 가족의 의사소통유형, 권력구조, 경계선, 소속감, 개념과 규칙, 가족체계의 융통성 정도를 파악할 수 있다(허남순 외 공역, 2004 : 226; Satir, 1983).

② 치료도구로서의 밧줄

'상호작용, 연결, 관계'를 상징하는 밧줄은 내면적 과정을 시각화하고 외현화시키는 방법으로 사용된다. 일단 가족 구성원 수만큼의 밧줄을 준비하여 각자의 허리에 묶는다. 구성원들은 밧줄의 묶임과 엉킴 상태를 보고 경직된 관계와 연결상태를 인식하고, 엉킴을 풀 방법을 말하면서 가족관계 개선방법을 알게 된다(김경호, 2005 : 196－197; Satir, 1983).

③ 재정의

재정의(reframing)는 증상의 긍정적 측면을 강조하였는데, 부정적 의미를 긍정적 의미로 변화시키기 위해 사용하는 방법이다. 이미 벌어진 상황에 대해 다른 언어를 사용하여 이에 대한 이해, 느낌, 생각이 바뀌도록 돕는 것이다.

④ 은유

가족문제에 대한 직접적 묘사, 해석은 가족원들의 감정을 자극할 수 있다. 은유(metaphor)는 어떤 생각을 표현하기 위한 수단으로 어떤 단어를 선정하여 사용할 수 있으며, 이렇게 비유된 단어에 의해 그 생각에 대한 가족원들의 논의를 진행할 수 있다(김정진 편저, 2008 : 165－166; Satir, 1983).

⑤ 역할극

역할극은 실제의 경험을 바탕으로 현재의 느낌을 노출시키는 것을 전제해야 한다. 과거의 사건, 바람 또는 미래사건에 대한 두려움을 치료세션 중에 직접 역할놀이를 해보게 하여 가족들이 피부로 느낄 수 있도록 기회를 제공하는 것이다. 지나간 기억을 회상하고, 억압된 감정을 표출하여 정서적 경험을 강화시키는 개인치료에 유용한 방법이다(김정진 편저, 2008 : 165－166; Satir, 1983).

⑥ '나'의 표현('I' statement)

구성원 각자 자신의 기분, 느낌, 소망이 초점이 되는 이야기를 할 수 있는 기회를 갖게 하여, 자기를 표현하고 이해시키는 방법을 알게 한다. "그 상황은 혼란스럽다"를 "내가 혼란스럽다"로 말하게 한다(김정진 편저, 2008 : 165−166; Satir, 1983).

⑦ 가족생활연대기

3세대의 가족생활연대기(family fact chronology)를 적는 것이다. 조부모 출생에서 시작하여 일정한 연령에 이를 때까지의 사건을 연대순으로 적는다. 이 연대기를 정리하는 과정에서 가족들이 경험한 개인적 · 사회적 · 역사적 상황을 이해할 수 있게 된다(손병덕 · 황혜원 · 전미애, 2008; Satir, 1983).

4) 전략적 가족치료모델

전략적 가족치료(strategic family therapy)는 이론보다는 문제해결에 초점을 두기 때문에 문제에 대한 이해보다는 해결방법에 초점을 맞추고, 실용적인 방법들을 제시한다. 치료자는 지시를 많이 사용하며 가족의 동기를 최대화하고, 변화에 대한 저항을 줄이기 위하여 역설적으로 지시(paradoxical directives)하거나, 오히려 증상을 처방(prescribing the symptom)하기도 한다. 또한 치료자는 일방적인 지시보다는 관계 · 정도 · 시간상의 차이에 대해 가족의 의견을 이끌어 내는 순환적 질문하기(circular questioning) 기법을 제안한다. 전략적 모델은 문제해결 목적을 달성하는 방법에 따라 분류한다.

(1) MRI 접근

J. H. Weakland, P. Watzlawick, R. Fisch 등으로 구성된 MRI 집단은, 가족의 문제는 해결하려는 시도에 의해 오히려 유지되기 때문에 문제를 오히려 확대시키는 피드백 고리를 변화시키게 된다고 하였다. 이를 위해 치료자는 문제 주변의 피드백 고리를 규정하고, 상호작용을 유지하는 규칙을 발견하여 피드백 고리 혹은 규칙을 변화하는 방법을 찾는 데 초점을 맞춘다. 이

처럼 전략적 치료자는 문제를 유지하는 행동을 변화시키기 위해 가족이 역설적이라고 생각하는 방법을 지시하거나 증상을 처방한다.

(2) Haley와 Madanes의 접근

Haley와 Madanes는 전략적·역설적 기법을 많이 사용하였지만, 가족의 위계를 확립하려는 구조적인 접근을 치료의 궁극적인 목표로 하였다.

① 시련기법

Haley는 치료자의 지시로서 시련기법(ordeal technique)을 사용하였는데, 이는 클라이언트에게 증상이 지닌 고통과 동일하거나 더 힘든 시련을 체험하도록 과제를 주어 그 증상을 포기하도록 하는 것이다(Haley, 1984). 치료자는 문제를 명확히 규정한 후 증상이 다시 나타날 때마다 고된 시련을 겪도록 과제를 준다. 예를 들어, 불면증이 있는 클라이언트에게 밤을 새워 책을 읽도록 하는 것이다. 시련기법이 효과적이기 위해서는 증상이 없어질 때까지 시련경험이 계속되어야 한다.

② 가장기법

Madanes의 가장기법(pretend technique)은 증상을 가장하도록 지시하는 것이다. 예를 들어, 증상을 보이는 자녀에게 마치 그 증상을 가지고 있는 것처럼 가장하고 부모는 자녀를 돕는 것처럼 가장하도록 지시한다. 자녀는 증상을 가장하는 것만으로도 가족의 기능이 유지되기 때문에 증상을 포기할 수 있다.

(3) 밀란모델

밀란학파는 M. S. Palazzoli, L. Boscolo, G. Cecchin, B. Prata로 대표되며, 주로 팀 접근방법을 사용하고, 치료횟수를 10회 이내로 엄격하게 제한한다.

각 치료과정은 다섯 부분으로 이루어진다. ① 사전회기(presession)는 치료팀이 가족을 만나기 전에 협의하는 과정으로 가족문제에 대한 초기 가설을 세운다. ② 회기(session)는 50~90분 정도로 진행되며, 가족과 면접을 통해 가설을 증명하거나 수정한다. 치료팀 가운데 한 치료자는 치료를 하고, 나머지 성원은 일방경 뒤에서 관찰한다. ③ 회기 후에는 휴식(intersession)을 갖는데, 이때 치료팀은 가설에 대해 토의하고 개입을 결정한다. 치료자는 다시 돌아가 5~15분 정도 개입한다. ④ 개입(intervention)은 주로 긍정적 의미부여(positive connotation), 의식(rituals) 등을 사용한 역설적 전략으로 이루어진다. ⑤ 사후회기(postsession)에서는 가족이 돌아간 후 가족의 반응을 분석하며 다음 회기를 계획한다.

긍정적 의미부여는 가족의 증상이나 행동을 긍정적으로 재해석하는 기법이고, 의식은 경직된 가족규칙이나 가정을 변화시키려는 목적으로 그와 반대되는 행동을 하거나 오히려 과장하는 행동을 하도록 처방하는 기법이다. 또한 순환적 질문은 가족 구성원이 가지고 있는 제한적이고 단선적인 시각에서 벗어나 문제의 순환성을 깨닫도록 돕기 위한 기법이다(조흥식, 2010).

5) 해결중심 가족치료모델

De Shazer와 Insoo Kim Berg는 1978년에 미국 위스콘신주 밀워키에 단기가족 치료센터를 설립하였으며 자신들이 개발한 치료모델을 1982년부터 해결중심 단기치료라고 부르기 시작했는데, 이는 내담자에게 '문제가 아닌 예외상황'이 있음을 발견하면서 붙인 이름이다.

일반적으로 전통적인 치료모델들은 내담자가 고통을 겪고 있음에도 불구하고 내담자의 문제의 원인을 분석하고 설명하는 데 많은 노력과 시간을 들였다. 이 점에 회의를 느낀 단기가족 치료센터의 치료팀은 문제란 항상 일어나는 것이 아니고 적게 일어나거나 일어나지 않을 때도 있음에 관심을 두기 시작하였고 내담자의 문제를 발견하기보다는 문제가 되지 않는 예외상황을 발견하는 데 더 주의를 기울였으며, 문제의 원인을 파악하고 이해하기보다는 문제에 대해 효과적으로 생각하는 방법과 그것을 다루는 실용적인 방법을 찾는 데 상담의 초점을 두었다.

De Shazer는 Erikson이 중시한 내담자의 자원 활용과 심리적 장애의 원인을 찾아내거나 교정하려 하지 않는 것을 해결중심단기치료에 사용하였고, 이것이 내담자의 강점과 자원을 인정하는 것과 과거는 변할 수 없으므로 현재와 미래에 초점을 맞춘다는 해결중심치료의 가정이 되었다(정문자 외, 2007).

해결중심치료의 기본적 치료기법은 경청, 치료자의 비언어적 행동, 내담자가 사용하는 핵심용어의 모방, 요약, 개방형 질문, 쉽고 간략한 설명, 침묵의 사용, 내담자의 비언어적 행동에 대한 주목, 자기노출, 칭찬, 내담자의 지각에 대한 확인, 감정이입, 초점을 내담자에게 되돌리기, 해결중심적 대화의 확대 등이다. 해결중심치료에서는 독특한 질문기법을 발전시켰는데, 예외질문, 기적질문, 척도질문 등이 대표적이다.

(1) 예외질문

예외질문(exception question)이란 가족이 현재 가지고 있지 않은 '예외'상황을 탐색하고, 이런 예외를 확장하기 위해 가족이 해야 할 것에 대한 단서를 찾으려는 질문이다. 예외질문은 '언제 문제가 발생하지 않았습니까?', '문제가 발생하는 상황과 발생하지 않는 상황에 어떤 차이점이 있습니까?' 등이다(송성자, 2001). 대부분의 클라이언트는 문제에 몰두하여 부정적인 사고를 하는 경향이 있기 때문에 예외질문을 통해 해결방안을 찾아가도록 도울 수 있다(조흥식, 2010).

(2) 기적질문

기적질문(miracle question)은 문제가 해결된 상태를 상상해 보고, 해결하기 원하는 것을 구체화하고 명료화하기 위한 질문이다. 기적질문은 다음과 같이 이루어진다(송성자, 2001).

- 밤에 자는 동안에 기적이 일어나 지금 치료 목표로 하는 문제가 해결되었다고 합시다. 그러나 잠자는 동안에 기적이 발생하여 무슨 일이 생겼는지 아무도 모릅니다. 아침에 눈을 떴을 때 무엇을 보면 지난 밤 동안에 기적이 일어났다고 생각하겠습니까?
- 당신은 처음에 무엇을 보면 기적이 일어났다고 생각하겠습니까?
- 당신에게 변화가 일어난 것을 다른 가족은 무엇을 보고 알 수 있겠습니까?
- 그런 행동이 최근에 언제 있었습니까?
- 그런 행동을 계속하려면 어떻게 해야 할까요?
- 기적이 일어난 것 같이 하려면 무엇부터 시작해야 할까요?
- 기적이 이미 일어나고 있는 것을 알 수 있는 아주 작은 신호는 무엇일까요?

가족은 기적질문을 통해 문제해결 마인드를 가질 수 있을 뿐 아니라 기적이 일어났을 때 달라질 수 있는 일을 실제로 수행함으로써 문제해결을 위한 노력을 기울이게 된다.

(3) 척도질문

척도질문(scaling question)은 문제해결, 관계, 자아존중감 등의 수준을 수치로 표현하여 다음 단계로 가기 위해 무엇을 해야 할지 구체적으로 탐색하기 위한 질문이다. 척도질문은 '1에서 10까지의 척도에서 10은 문제가 해결되었다고 확신하는 것을 말하고 1은 문제가 가장 심각할 때를 말합니다. 오늘은 몇 점에 해당합니까?' 등이다(송성자, 2001).

(4) 치료메시지

해결중심 치료자는 회기 중 휴식시간을 가지면서 치료팀과 함께 치료메시지를 작성하고 휴식시간 후 클라이언트에게 전달한다. 이는 칭찬, 연결, 과제의 세 부분으로 이루어진다. ① 클라이언트의 강점, 자원, 성공적으로 수행한 것 등을 칭찬한다. ② 칭찬과 과제를 연결한다. 클라이언트의 능력과 자원이 과제수행에 도움이 될 것이라는 메시지를 전달함으로써 과제수행의 동기를 제공한다. ③ 과제를 전달한다. 과제는 행동적인 과제뿐 아니라 관찰하거나 생각하는 과제를 포함한다(조흥식, 2010).

6) 인지행동 가족치료모델

학습이론과 인지이론을 가족문제에 적용하는 인지행동 가족치료는 성원의 인지 왜곡을 현실적으로 검토하고, 성원 간 보상교환 비율을 높이지만, 한편 혐오교환을 줄이며, 의사소통·문제해결기술 교육에 초점을 맞춘다. 다른 모델들보다 깊게 사정·평가하는 것이 특징이며, 그것은 치료 전 행동과정에 대한 사정, 진행 중인 치료에 대한 분석, 치료결과에 대한 평가에서 명확하게 드러난다. 인지행동 가족치료는 주로 부모훈련, 부부치료, 성기능장애 치료 등에 적용되었다(조흥식, 2010).

(1) 부모훈련

행동주의 이론에 따르면, 자녀의 문제행동은 부모의 비효과적인 강화 조건부(contingencies of reinforcement)에 의해 지속된다. 체계론적 관점을 적용한 행동주의 이론가는 더 나아가 상호강화(reciprocal reinforcement)유형을 제시한다. 다시 말해, 부모의 행동이 자녀의 행동을 유발·유지하는 데 기여하고, 동시에 자녀의 문제행동도 부모의 행동을 유발시킬 수 있다는 것이다.

치료자는 주로 교사의 역할을 수행한다. 부모에게 구체적인 문제행동과 관련된 부모와 자녀의 상호작용에 대해 기술하도록 돕는다. 문제가 구체화되면 자녀의 행동을 수정하기 위한 다양한 기법을 제공하며, 부모훈련에서 주로 사용하는 행동수정 기법으로는 조성(shaping), 토큰경제(token economies), 조건부 관리(contingency management), 타임아웃(time out), 프리맥 원리(Premack principle) 등이 있다. 치료자는 부모에게 이 기법들을 효과적으로 사용하는 방법과 목표달성 정도를 경험적 분석에 의해 모니터링・평가하는 방법을 가르치는 데 주력한다.

(2) 부부치료

행동주의 가족치료자들은 부부갈등을 일으키는 강화유형을 다음과 같이 기술하였다(Azrin, Nester, & Jones, 1973, Nichols & Schwartz, 2001 : 274).

- 결혼을 통해 너무 적은 강화를 받는다.
- 부부강화에 대한 욕구가 너무 적다.
- 부부강화가 더 이상 만족을 주지 않는다.
- 새로운 행동이 강화되지 않는다.
- 한쪽 배우자는 받는 것보다 더 많은 강화를 준다.
- 결혼이 결혼 외 만족과 대립한다.
- 만족을 주는 부분에 대한 의사소통이 적절하지 않다.
- 혐오통제가 정적 강화보다 많다.

부부불화의 결정적 요인은 혐오통제로서, 혐오행동으로 주로 반응하는 부부는 정적 대안을 조성하지 못하고 서로에게 점점 부정적으로 반응하게 된다. 치료자는 부부가 서로에 대한 혐오행동을 줄이고, 정적 행동을 늘림으로써 서로에 대한 만족을 증진시키는 데 초점을 맞춘다. 치료자는 지시,

모델링, 역할연습, 구조화된 연습, 행동시연, 피드백 등을 통해 부부가 배우자에게 서로 바라는 행동에 대해 구체적·긍정적인 용어로 요구하도록 교육한다. 또한 불평보다는 비판에 대해 직접적으로 반응하며, 서로의 말을 경청하는 방법 등의 의사소통기술, 문제해결기술을 습득하도록 교육한다(조흥식, 2010).

3 사례관리

1) 사례관리의 개념

사례관리는 다양한 학자와 조직들에 의해 정의되고 있는데, 그중 대표적인 정의는 <표 7-6>과 같다.

<표 7-6> 사례관리의 정의

학 자	정 의
Moxley(1989)	사례관리는 복합적인 욕구를 가진 사람들의 기능을 향상시키고 복지를 위해 공식적·비공식적 자원과 활동의 관계망을 조직, 조정, 유지하는 것이다.
Ballow & Mink (1996)	사례관리는 한번에 여러 원조자들로부터 원조(assistance)가 요구되는 많은 문제로 인해 그들의 생이 만족스럽거나 생산적이지 못한 사람들을 돕는 과정이다.
Kumar(2000)	사례관리는 사정, 계획, 조정, 전달과 모니터링을 통하여 적절하고 책임성 있는 서비스로의 접근을 용이하게 함으로써 클라이언트 중심의 서비스 통합을 달성하기 위한 과정과 전문적 서비스다.
미국사회복지사협회 (NASW, 1984; 1992)	사례관리는 서비스 전달체계 속의 요소들을 조정하고 연결하는 것으로, 개인의 욕구를 충족시키는 포괄적 프로그램이 확실히 이루어지게 하는 하나의 기제(mechanism)이며, 클라이언트와 서비스 전달체계 사이의 연결고리다.

미국정신지체인협회 (1994)	사례관리, 즉 서비스 조정은 클라이언트가 원하는 것과 욕구에 대한 사정, 계획, 지원할 수 있는 서비스를 찾는 활동과 확보하는 것을 모니터링하고 그것을 기반으로 활동하는 지속적인 과정이며, 이때 개인 혹은 가족과 서비스 조정과정이 사례관리의 전 과정을 결정하는 힘(defining force)이라고 주장하면서 클라이언트와 가족의 개입, 그리고 조정의 중요성을 강조하고 있다.

이상의 내용들을 살펴보면 사례관리는 두 가지 측면으로 구분할 수 있다.

첫째, 임상적 측면의 사례관리는 클라이언트와 함께 일한다는 것과 그들 스스로 사례관리의 과정을 결정하는 힘이 된다는 점이다.

둘째, 행정적 관리 측면의 사례관리는 자원을 찾고 연결하는 면을 강조하고 모니터링하는 등의 서비스로 그 과정이 지속될 수 있도록 한다는 점이다.

이 내용들을 요약하면, "사례관리란 생태체계적 관점을 기반으로 만성적이고 복합적인 문제를 가진 개인 및 가족과 함께 일하면서 그들과 자원제공자들의 기능을 향상시켜 환경 속에서 자신들에게 필요한 서비스와 자원을 스스로 획득하여 사회적 기능을 원활히 수행할 수 있도록 돕는 통합적 접근방법이다(권진숙, 2003)."라고 할 수 있다. 따라서 사례관리자는 클라이언트 개인이나 가족을 대신하여 필요한 임상적 서비스를 제공함은 물론 그들의 기능을 향상시키기 위해 필요한 자원을 획득하기 위한 탐색적 활동과 전문직들과의 팀 활동에도 종사하게 된다.

가족복지실천방법으로서 사례관리란 생태체계적 관점을 토대로 역기능적인 가족과 함께 일하면서 그 가족과 자원제공자들의 기능을 향상시켜 가족과 가족 구성원들의 욕구충족과 가족의 기능을 수행할 수 있도록 돕는 접근방법이라고 할 수 있다(송정애 외, 2007).

2) 사례관리의 목적과 원칙

(1) 목적

사례관리의 목적을 요약하면 <표 7-7>과 같다.

<표 7-7> 사례관리의 목적

학 자	목 적
Moxley(1989)	① 환경의 도전에 맞서기 위해서 개개인의 잠재력을 극대화 ② 가족 및 1차 집단의 보호능력을 극대화 ③ 공식적인 보호체계와 1차적인 보호자원 통합 ④ 개개인 및 1차 집단의 욕구를 충족시키기 위해 공식적 보호체계 내 능력을 극대화
Intalgliata(1982)	① 보호의 지속성을 강화하는 것 ② 포괄적이고, 조정되고, 계속적인 영역을 관통하는 서비스에 대한 접근성을 제공하는 것 ③ 행정적 장애를 극복하여 접근성을 높이는 것 ④ 체계의 전반적인 효과성을 보장하기 위해 한곳에서 책임을 질 수 있는 사람으로서 사례관리자를 위촉하여 책임성을 강화하는 것 ⑤ 클라이언트가 적시에 적절한 서비스를 받을 수 있는 확률을 높임으로써 효율성을 강화(Hall & Carswell, 2002 : 133)하는 것

위의 목적을 살펴보면, Pincus와 Minahan의 통합방법론에서 언급되고 있는 사회복지실천의 목표와 거의 유사하다는 사실을 발견하게 된다. 이 같은 점에서 가족을 대상으로 하는 가족복지의 목표를 달성하기 위하여 사례관리모델을 사용한다는 것은 중요하다는 것을 알 수 있다(송정애 외, 2007).

(2) 사례관리실천을 위한 원칙

사례관리실천에 대한 세 가지 원칙을 소개하면 다음과 같다.

첫째, Moxley의 실천원칙이다.

① 클라이언트 수준에서 일한다.
② 체계적 관점을 유지하고 클라이언트가 자신의 개인 자원을 이용할 기회를 보장해 준다. 이때 두 가지 자원체계는 공식적 체계와 비공식적 체계를 의미한다.
③ 사례관리자는 행정적 과정과 기술을 이용한다.
④ 사례관리자는 임상적 과정과 기술을 이용한다.
⑤ 사례관리자는 서비스 전달의 통합을 달성하기 위해 노력한다.

둘째, Stainberg(1983)는 사례관리 용어를 사용하는 모든 프로그램에 기본적으로 포함되어야 할 내용으로 다음 내용을 제시했다.

① 분명한 목표와 표적 집단은 서비스 제공자의 기술과 기관능력의 수준에 적절해야 한다.
② 사례발견과 클라이언트 스크리닝에 대한 체계적 과정이 있어야 한다.
③ 프로그램은 클라이언트가 필요로 하는 서비스와 다른 자원을 동원하는 데 있어서 노련함이 필요하다는 것을 인식해야 한다.
④ 프로그램은 클라이언트의 사회적·환경적·경제적 상태뿐만 아니라 신체적·정신적 건강에 대한 내용을 포함해야 한다.
⑤ 종합적 사정과정이 잘 정의되어 있어야 한다.
⑥ 보호계획은 클라이언트의 독특한 욕구, 조건, 참여로부터 나와야 한다.
⑦ 사례기록은 계획, 활동단계, 제공된 서비스가 잘 나타나야 한다.
⑧ 클라이언트와 환경에 대한 사후관리, 지지적 관계, 재평가가 제공되어야 한다.
⑨ 서비스 제공자들에 대한 조직 간 연계에 주의를 기울여야 한다.

⑩ 프로그램의 행정가와 사례관리자는 클라이언트 개인의 목표뿐 아니라 서비스 제공체계에 대한 향상 목표를 위해서도 노력해야 한다.

셋째, Livingston과 몇몇 학자들이 소개한 정신보건 영역에서 효과적인 사례관리 원칙은 다음과 같다.

① 사례관리자는 다른 많은 공식적 자원으로 의뢰하는 일보다 가능한 한 직접적인 서비스나 원조를 제공해야 한다.
② 지역사회 내의 자연적 자원이 가장 우선되어야 한다.
③ 개입활동은 주어진 조건 속에서, 그리고 사무실을 벗어난 활동영역에서 이루어진다.
④ 개인과 팀으로 이루어진 사례관리가 더 효과적이다.
⑤ 사례관리자가 서비스에 대해 우선적인 책임을 진다.
⑥ 사례관리자는 준전문가일 수 있다. 그러나 슈퍼바이저는 경험이 많고, 충분한 자격을 갖춘 사람이어야 한다.
⑦ 사례량은 비교적 잦은 접촉이 가능할 정도로 적게 주어져야 한다.
⑧ 사례관리서비스는(필요시) 시간-제한적이지 않아야 한다. 이는 클라이언트 대상이 만성정신질환자이거나 만성질환을 가진 노인의 경우에는 반드시 적용되어야 할 원칙이라 할 수 있다. 반면 가벼운 신체학대나 방임사례의 경우 시간-제한적인 서비스가 클라이언트와 가해자의 관계형성에 도움이 될 수 있는 경우가 많다. 따라서 이 원칙의 적용은 그 대상과 문제의 심각성에 따라 달라질 수 있으며, 일반적으로 종결 후 클라이언트가 필요시 언제든지 다시 찾을 수 있고, 다시 찾을 수 있는 관계를 형성하는 것이 시간-제한적 이슈보다 중요할 수 있다.
⑨ 클라이언트는 하루 24시간, 일주일에 7일 동안 언제나 자신과 친숙한 사람과 연결될 수 있어야 한다. Rife 등(1991)은 더 많은 접촉을 한 클라

이언트일수록 더 많이 서비스를 유지하고, 독립적인 생활을 유지하게 된다고 주장한다.

⑩ 사례관리자는 클라이언트의 선택권을 부양해야 한다. 클라이언트 자신의 선택과 서비스 결과에 대한 많은 연구들이 이 변수의 중요성을 확인해 주고 있다. 10여 곳에서 조사된 사전-사후평가에서 기초선 사정 당시 선택권이 주어졌을 때 주거에 대한 만족도와 안정성이 더 향상된 것을 발견하였다(Livingston, Gordon, King & Srebnil, 1991; Srebnik, 1992).

3) 사례관리의 기능 및 사례관찰자의 역할

(1) 사례관리의 기능

① 임상적 기능이다. 사회복지사에게 인간관계 형성과 사정, 문제해결 등의 기술은 사회복지사가 클라이언트와 함께 일할 때 기초가 된다.

② 자원 발견, 연결 및 관리 기능이다. 필요시에는 조정 및 옹호의 기능도 수행해야 성공적인 사례관리를 해낼 수 있을 것이다(송정애 외, 2007).

(2) 사례관찰자의 역할

① 직접적 개입

위기 시 심리적 지지를 제공하는 이행자 역할, 교육자 역할, 안내자·협조자의 역할, 클라이언트가 높은 수준의 자기지향을 행할 수 있을 때 가능한 진행자로서의 역할, 전문적인 정보를 많이 가지고 있어 클라이언트에게 전달해 주는 정보전달자의 역할, 클라이언트가 자기옹호를 할 수 있는 수준까지 도달한 경우 가능한 단순 지원자로서의 역할이 있다.

② 간접적 개입

중계자 역할, 연결자 역할, 조정자 역할, 옹호자 역할, 협동가 역할, 협의자 역할 등이 있다.

이상의 역할들은 클라이언트와 기관의 요청, 사례관리자의 전문적 수준과 문제상황 등에 따라 달라질 수 있고, 동시에 모든 것을 한 사람의 사례관리자가 알고, 수행하는 것도 불가능한 것이 사실이다. 따라서 사례관리자는 자신이 감당하기 힘든 대부분의 서비스와 자원 제공, 조정 및 옹호에 관한 최소한의 기본 교육과 훈련을 받는 것이 필수적이다. 이와 같은 내용을 종합해 보면 크게 세 가지로 정리할 수 있다(표 7-8; 송정애 외, 2007).

<표 7-8> 사례관리자의 역할

역 할	내 용
상담가/ 교육자 (counselor/ educator)	상담가로서 사례관리자의 역할은 클라이언트의 행동에서 역기능적인 패턴을 발견하게 해주고, 더 유용한 패턴을 개발하도록 클라이언트를 돕는 것이다. 먼저 클라이언트를 이해하고 신뢰를 형성하며 클라이언트가 자신을 위해 지원망을 개발하고 유지하기 위해서 알아야 할 것을 상담한다. 때로 그들은 새로운 지식과 기술뿐만 아니라 스스로에 대해 새로운 것을 배울 필요가 있다.
조정자 (coordinator)	조정자로서의 역할을 위해 사례관리자는 먼저 클라이언트의 문제와 타인으로부터 원조를 필요로 하는 욕구를 동시에 사정해야 한다. 또 계획을 세우고 원조자들과의 효과적인 만남을 갖도록 돕는다. 필요시 사례관리자는 또한 원조자들 사이의 갈등을 줄이기 위해 의사소통을 촉진하고, 자원망의 효율성을 증가시켜야 한다.
옹호자 (advocator)	때로 필요한 자원이 부재하거나 특정 클라이언트에게 서비스 제공이 거부되는 상황이 발생하기도 한다. 옹호자로서 사례관리자는 필요한 자원을 얻을 수 있도록 일한다. 또 다른 경우 사회가 클라이언트에게 지나치게 과한 것을 요구하는 상황도 발생한다. 이 경우 사례관리자는 그 요구를 중화시키거나 비용을 낮추어 요구를 충족시킬 수 있도록 옹호자로서의 역할을 한다.

4) 사례관리의 과정

사례관리의 개입단계는 크게 7단계로 나누어져 있고, 각 단계는 세부단계로 나누어져 있다. <표 7-9>에서 정리된 내용들을 살펴보면, 전통적인 사회복지실천과정과의 차이점을 발견하게 되는데, 첫째, 사정이 두 단계로 나누어져 있고, 둘째, 조정의 단계가 들어 있는 것이다(송정애 외, 2007).

<표 7-9> 사례관리의 과정

단 계	주내용
관 여 (engagement)	단계 및 주내용 ① 클라이언트 수락・거부　② 신뢰감 형성 ③ 역할명료화　④ 기대에 대한 협상
클라이언트 사정 (client assessment)	주내용 ① 개인적 사정 : 클라이언트 욕구 및 강점(strength) 사정 ② 자원이용의 장애물 찾기 : 외부장애, 선천적 무능력, 내부장애
자원 사정 (resource assessment	주내용 ① 가계도, 생태도, 사회망 그리드 사정 ② 일반적 정보, 접촉일시(클라이언트와 부수적 인물), 욕구사정, 자원사정, 욕구・자원의 균형 사정, 장애물 사정 등
계 획 (planning)	단계 ① 서비스 협상단계 : 사정에 대한 요약→변화목적 수립→우선순위 정하기→과제 및 책임소재 명시→결과적 변화의 구체화 ② 계획단계 : 목표의 명료화→목표의 구체화→행동계획 수립
개 입 (intervention)	단계 및 주내용 내부자원 개발, 클라이언트와 자원 연결, 장애물 극복, 타협과 옹호
조 정 (coordination)	주내용 ① 원조노력 조직화　② 공동목표에 대한 동의 획득 ③ 점검하기　④ 원조노력의 지지
분 리 (disengagement)	단계 및 주내용 ① 결과 평가　② 분리표시 확인 ③ 분리 연계　④ 지속되는 책임소재에 대한 동의

먼저 사정의 경우, 전통적인 사회복지실천과정에서 사정의 내용이 클라이언트의 욕구를 기반으로 자신과 가족의 변화욕구나 문제중심의 내용 확인이었다면, 사례관리에서는 자원 사정이 동시에 이루어져야 한다는 것이다.

둘째, 실제로 자원 연결 후 조정의 실패로 그동안의 원조가 일시적인 변화로만 종결되는 사례를 흔히 볼 수 있어 조정의 단계가 매우 중요하다. 현재 사회복지 및 가족복지실천에서 사례관리모델의 중요성은 어느 때보다 강조되고 있다. 그러나 현장적용에서 현실적인 한계에 부딪히게 된다. 중요한 것은 이론·지식을 그대로 클라이언트의 현실에 강요하듯 적용하는 것이 아니라 사회복지사와 사례관리팀이 이론·지식을 일관되게 유지하면서 클라이언트의 현실과 협력하여 책임성과 신뢰를 바탕으로 그들을 위한 최선의 선택을 위해 원조관계를 유지하는 것이다. 이를 위한 사례관리실천의 몇 가지 제언을 하면 다음과 같다(송정애 외, 2007).

① 사례관리모델의 유형에 대한 가족복지계 및 지역사회의 합의된 의견을 바탕으로 한 우리의 가족문화에 걸맞은 모델의 개발이 필요하다.
② 사례관리의 기반이 되는 클라이언트와 가족을 위한 보편적 사정 틀의 개발이 필요하다. 이는 여러 분야에서의 도전을 헤쳐나가야 하는 가족복지의 정체성 확보를 위해 필수적인 것이기 때문이다.
③ 사회복지 전문직 내에서의 가족복지전문 사례관리자의 교육과 자격에 관한 논의 및 합의 또한 이루어져야 한다.
④ 사례관리를 위한 기본 교육과 훈련을 위한 매뉴얼 개발을 통해 사례관리의 기능과 역할에 대한 통일성이 이루어져야 한다.
⑤ 기존 자원의 연계망 확충 및 자원 개발 등이 조속한 시일 내에 구체적으로 논의되고 실제로 적용될 수 있어야 한다.

CHAPTER 08

가족문제 예방을 위한 실천

학습목표

- 가족문제의 원인을 이해하고 예방교육을 할 수 있다.
- 부부교육의 필요성과 프로그램을 설명할 수 있다.
- 부모교육의 필요성과 훈련과정에서 배워야 할 기술을 설명할 수 있다.
- 은퇴 준비교육을 통해 가족축소시기를 대비할 수 있다.

이 장에서는 매우 복잡하며 빠르게 변화하고 있는 현대사회의 구조 속에서 가족이 갖는 다양한 문제들을 예방할 수 있는 사회복지실천의 방법으로 가족을 대상으로 하는 교육 프로그램을 설명하고자 한다.

가족은 고유의 성장과정을 가지는데, 각각의 과정마다 여러 가지 독특한 문제들이 나타날 수 있다. 가족마다 가족의 특성, 구성원의 성향, 외부적인 영향력 등이 다르기 때문에 어떤 문제들이 어떤 방식으로 나타날지 한마디로 설명하기는 힘들다. 하지만 가족의 전체적인 성장과정에서 일반적이며 공통적으로 발생할 수 있는 문제들을 어느 정도 예측할 수 있으며, 문제발생을 예방하고 나아가 대처할 수 있는 준비를 갖춘다면 가족의 삶이 좀 더 건강할 수 있을 것이다(송정애 외, 2007).

이에 박미석(2005)은 '가정생활교육 프로그램'을 제시하였는데, 이는 가정문제 예방에 초점을 둔 교육이며, 사회와 관련된 가족문제의 예방에 중점을 둔다고 하였다. 그뿐만 아니라 실천에 기반을 둔 프로그램으로서 가정의 건강성과 잠재력을 개발함으로써 건강한 가정을 육성하여 가족복지를 실현하는 수단임을 강조하였다.

1 부부교육

1) 의의와 역할

부부교육은 부부를 대상으로 하여 결혼생활의 고통이나 붕괴를 예방하기 위한 현실적인 새로운 접근법으로 성공적이며 안정된 결혼생활을 성립하고 유지하기 위한 방법을 배울 수 있게 한다(African American Healthy Marriage Initiative, 2003). 부부는 교육을 통해 결혼생활에서 비롯되는 고통이나 이혼을 줄이는 행동, 성공적인 결혼을 만드는 행동을 증가시키는 구체적인 방법들을 학습한다. 그렇게 함으로써 행복한 결혼생활을 이루고자 하는데, 김윤재 등(2007)은 우리나라 부부가 생각하고 있는 행복한 결혼이 가지는 주요 강점을 이렇게 구분한다.

- 의사소통 : 서로 터놓고 이야기하고, 감정을 나누며, 자주 이야기하고, 계속 관계를 가지는 것을 포함
- 서로 시간을 가짐 : 가족으로서 무엇인가를 함께하며 저녁식사를 함께하고 함께 생일과 명절을 축하하는 것
- 지지 : 서로 의지할 수 있고, 가족을 우선적으로 지키는 것
- 영적인 신념 : 가족원을 묶도록 도와주고, 스트레스를 이기도록 도와줌
- 신체적이고 정신적인 건강 : 건강한 가족의 가장 중요한 강점

결혼생활이 행복해야만 건강한 가족의 기능을 할 수 있으며, 행복한 결혼생활이 가지고 있는 이러한 강점들이 삶의 여러 가지 문제를 예방할 수 있는 잠재적인 힘이 되기 때문에 앞으로 부부교육은 건강한 가족의 기능을 강화할 수 있는 예방지향 서비스로서 그 역할이 중요해질 것이다.

부부교육 프로그램은 건강한 결혼생활이 자녀에게 미치는 영향을 강조한다. 다시 말해 건강한 결혼생활의 최대 수혜자가 아동이기 때문에 올바른 자녀양육을 위해서는 건강한 결혼생활이 매우 중요함을 일깨워 주고 교육 내용에서도 그 부분을 구체적으로 언급한다. 미국의 가족생활교육기관 중 하나인 Family Strengthen Policy Center(2005)에서 발표한 내용을 보면 건강한 부부에게서 양육된 아동들은 다음과 같은 특징을 지닌다.

- 학교생활을 더 성실히 하며 대학진학률이 더 높다.
- 신체적 · 정신적으로 더 건강하다.
- 약물이나 알코올에 접촉하는 비율이 낮다.
- 양쪽 부모 모두와 좋은 관계를 가진 경험이 더 많다.
- 1년 또는 그 이상 동안 빈곤상태에 놓인 경우가 더 적다.
- 신체적 또는 성적 학대를 겪은 일이 더 적다.
- 건강, 감정, 정신건강 및 문제행동 발생비율이 더 낮다.
- 자살 시도율이 더 낮다.
- 비행청소년 비율이 더 낮다.
- 십대 미혼부모가 되는 비율이 더 낮다.

2) 효과와 필요성

부부관계가 건강한 자녀양육에 영향을 미치기 때문에 부부교육은 가족의 기능을 강화하는 중요한 실천적 방법이다. 부부교육 프로그램의 효과는 많은 곳에서 입증되고 있다. 미국 African American Healthy Marriage Initiative (2003)가 발표한 보고서를 보면, "'Becoming a Family Program'은 부부관계의 변화를 통해 부모역할의 변화를 가져올 수 있음을 이해하게 하는 집단 프로그램으로서, 참가자들은 다른 부부들이 겪었던 경험들을 통해서 부부간의 갈등과 문제를 해결할 수 있는 도움을 받게 된다"고 하였다. 또한 '미국 연방정부의 아동 가족국(National Healthy Marriage Resource Center)'에서는 '가족교육가'를 양성하는 데 힘을 쓰고 있으며, 이들을 위한 정규교육과정 지침을 마련하여 각 주별로 시행하도록 안내하고 있다. 가족교육가들은 미국 가족문화의 새로운 경향을 파악하고, 다양한 교육 프로그램을 마련하여 부부를 대상으로 일대일 또는 집단교육 등을 실시한다.

부부교육은 모든 부부에게도 필요하지만 문제상황이나 위기에 처한 부부에게 더 도움이 되는 프로그램으로, 그중 하나가 경제적으로 어려운 상황에 있는 부부를 대상으로 하는 것이다. Family Strengthen Policy Center(2005)의 많은 공식적 차원에서 이루어지고 있는 부부교육의 주요 타깃 계층이 '저소득층 부부'인데, 이는 저소득층 부부가 일반 부부들에 비해 결혼위기를 더 많이 겪고 있기 때문이라고 말한다. 즉, 경제적 어려움으로 인해 스트레스가 커지며, 부부갈등이 깊어지고, 자녀양육의 문제 등이 더해져 부부관계에 위기가 찾아올 가능성이 커진다. 따라서 저소득층 부부에게 부부교육이 필요하며 보다 효과적일 가능성이 크지만, 현실적으로 참여할 수 있는 기회나 가능성은 크지 않을 것이다. 그래서 앞으로 부부교육 프로그램이 예방지향적 서비스의 역할을 할 수 있기 위해서 저소득층 부부나 다문화부부가 참여할 수 있는 현실성 있는 프로그램과 접근방법을 개발할 필요가 있다.

<표 8-1> 부부교육 프로그램의 예 – '부부마음 나누기'

회 기	프로그램 내용 : 결혼생활에서 나타날 수 있는 다양한 갈등상황에 대해 보다 건강한 문제해결방식을 모색할 수 있도록 돕는 집단상담 프로그램
1회기	부부 성격차이 이해하기(MBTI 성격검사)
2회기	부부의 다양한 욕구 탐색해 보기(욕구강도 프로파일)
3회기	원활한 의사소통하기
4회기	행복한 부부되기

출처 : 한국가정법률상담소(www.lawhome.or.kr).

<표 8-2> 부부교육 프로그램의 예 – '우리 부부 행복신호등'

회 기	프로그램 내용 : 관계개선을 희망하는 부부 10커플을 대상으로 하는 집단상담 프로그램
1회기	배우자 이해하기
2회기	나의 마음 전하기
3회기	사랑은 듣는 것
4회기	부부갈등 대처하기
5회기	아름다운 부부 성(性)
6회기	부부 미니 파티(party)

출처 : 인천남구건강가정지원센터(icnamgu.familynet.or.kr).

2 부모교육

1) 의 의

부모교육은 가정에서의 교육과 부모, 특히 어머니가 중심이 되는 교육환경 또는 교육기관과의 상호작용 및 연결을 의미하는 것으로 부모교육(parent education)이라는 용어 외에도 부모훈련(parent training), 부모참여

(parent participation), 부모개입(parent involvement), 부모역할하기(parenting) 등의 여러 개념이 구분 없이 혼합되어 사용되고 있다(이기숙, 1983). 이 프로그램에서 부모의 적극적 참여는 필수적이며, 부모의 역할 · 권한이 강하게 부각되는 교육 프로그램이다. 교육을 통해 부모의 기능 · 역할을 올바로 인식하고 구체적인 양육방식을 학습하여 자녀의 건강한 성장 · 발달을 도모하게 될 것이다.

2) 효과와 필요성

부모교육의 목적은 부모가 자녀양육에 필요한 지식 · 능력 · 태도 등을 알고 필요한 방법을 익히는 것을 돕는 데 있다. 부모교육을 통해 자녀의 사회, 정서, 인지, 언어, 신체발달과 관련된 정보 · 지식을 익히고, 자녀의 발달단계에 알맞은 역할을 부모가 인식하고 실천할 수 있게 된다. Hammer와 Turner(1985)는 부모교육의 필요성을 열 가지로 정리하였다(정갑순, 1996).

① 대부분의 사람들이 현재 부모이거나 미래에 부모가 되기 때문에 중요 역할인 부모기에 대한 훈련이 필요하다.

② 부모기에 대한 교육이 가정에서는 거의 제공되지 않을 뿐만 아니라 대부분의 교육체계에서도 등한시되고 있다.

③ 부모기를 성공적으로 수행하기 위한 지침이 충분하지 않아서 부모들을 혼란스럽게 하고 있다.

④ 효과적인 부모역할은, 특히 아동기 초기에 전반적인 발달에 걸쳐 중요하다. 가정은 한 사람의 생애에 있어서 최초로 가장 중요하며 가장 지속적인 영향을 준다.

⑤ 부모역할은 어렵다. 자녀양육에는 상당한 스트레스가 따르고 부모가 원하는 만큼 자녀에게 해줄 수 없을 경우에는 죄책감을 가질 수 있는

데, 부모는 이에 대처하기 위해 관련된 지식을 갖추고 있어야 한다.

⑥ 부모들은 도움받기를 원한다. 부모들은 그들의 역할을 수행하는 데 필요한 지식이나 정보를 부모모임에서 찾고 있다.

⑦ 부모들은 도움이 필요하다. 급속한 사회변화는 가족에게 스트레스를 주고 가정생활을 침해하고 있다.

⑧ 어머니가 취업을 하게 됨에 따라 부모가 자녀를 돌보는 시간이 줄어들고 있다. 그러므로 질 높은 부모–자녀의 상호작용에 대한 도움을 필요로 한다.

⑨ 자녀양육에 아버지가 좀 더 적극적으로 참여할 필요가 있다. 아버지도 부모역할을 효과적으로 할 수 있다는 연구결과가 많다.

⑩ 부모기에 대한 여러 허설들을 근절할 필요가 있다.

<표 8-3> 부모교육 프로그램의 예

회 기	프로그램 목표와 내용
1회기	• 목표 : 우리 아이 제대로 이해하기 • 내용 : 아이를 바라보는 관점과 아이와의 관계 점검하기
2회기	• 목표 : 우리 아이 제대로 이해하기 • 내용 : 우리 아이 새롭게 바라보기(관점 전환)
3회기	• 목표 : 우리 아이 제대로 이해하기 • 내용 : 우리 아이의 강점, 재능, 긍정적인 측면 찾기
4회기	• 목표 : 사랑으로 기억되는 부모되기 • 내용 : 아이와의 대화 점검하기
5회기	• 목표 : 사랑으로 기억되는 부모되기 • 내용 : 아이와의 관계 살리는 대화법 배우기
6회기	• 목표 : 사랑으로 기억되는 부모되기 • 내용 : 대화법 실습하기, 사랑 전달하기

출처 : 아주심리상담센터(apcc.ajou.ac.kr).

3) 부모효율성 훈련의 주요 내용과 목적

미국의 임상심리학자 Thomas Gordon(1960)에 의해 만들어진 부모효율성 훈련(PET : Parent Effectiveness Training)은 가장 널리 알려진 부모교육 프로그램으로 자녀들이 가진 정신적 · 정서적 문제를 병리적인 정신의학적 문제로 취급할 것이 아니라 부모-자녀 간의 인간관계에서 생긴 문제로 보아야 한다고 생각하여, 부모-자녀 간의 관계를 개선시킬 수 있는 방법을 부모들에게 교육하기 위해 만든 프로그램이다. 이 프로그램은 사실 Gordon이 내담자 치료에 쓰던 기술을 바탕으로 한 것이기 때문에 대부분의 내용이 의사소통기술훈련에 집중되어 있다. PET 프로그램은 자녀와의 의사소통, 문제해결 장면에서 갈등을 극적으로 대처할 수 있게 하는 것이 목적이기 때문에 가정생활에서 일어나는 많은 상황과 대화를 포함하여 부모역할훈련에서 기초가 되는 의사소통기술과 방법을 구체적으로 포함하고 있다.

PET는 일반적으로 의사소통기술, 대화기술을 습득하는 것만으로는 충분하지 않음을 지적하고, 그 근본 원리의 이해가 중요함을 먼저 설명하고 있으며, 문제를 가진 자녀를 돕기 위해 부모가 새로운 통찰을 하도록 돕는다. 대부분의 PET 프로그램들은 이론교육을 포함하여 실제 역할연습과 피드백 주고받기, 강사의 모델링을 관찰하고 문답하기 등의 형식으로 자유롭게 진행되는 형식을 갖추고 있다.

부모효율성 훈련의 목적은 다음과 같다.

① 부모는 신이 아니라 한 인간이기 때문에 완벽한 부모노릇을 할 수 없다는 것을 인식한다.

② 부모는 부모-자녀 간의 인간관계에서 자녀의 행동의 의미를 올바로 파악하고 부모 자신의 감정을 솔직히 표현할 수 있는 기술을 습득한다.

③ 부모는 부모-자녀 간에 발생하는 문제를 효과적으로 해결하기 위하여 의사소통기술을 터득한다.

<표 8-4> 부모효율성 훈련과정에서 배워야 하는 다섯 가지 기술

수용성의 수준 파악하기	• 수용성 부모는 정서적으로 안정되어 있고 개방적이며 허용수준이 높다. 그리고 자기 자신에 대한 만족감도 비교적 높은 편이고 스스로 감정통제를 잘하며, 주위의 영향에 따라 쉽게 감정의 영향을 받지 않는다. • 비수용형 부모는 정서적으로 안정되어 있지 않은 경향이 많고 성격이 까다롭기 때문에 옳고 그른 것에 대한 기준이 정확히 세워져 있고 융통성이 없다.
문제의 소지자 파악하기	Gordon에 의하면 자녀의 문제는 세 가지 유형으로 분류되었다. ① 부모가 문제의 소지자인 경우 : 자녀의 행동이 부모의 권리나 행동을 방해하는 경우 ② 유아가 문제의 소지자인 경우 : 자녀가 자신의 문제 때문에 화를 내거나 좌절감을 느끼고 불행하다고 생각하는 경우 ③ 문제의 소지자가 부모도 자녀도 아닌 경우 : 부모가 자녀로 인하여 어떠한 방해도 받지 않고, 자녀도 자신의 욕구를 충족시키는 데 별 어려움이 없는 경우
적극적 경청	적극적 경청이란 자녀가 문제를 소지하고 그 문제에 관하여 부모에게 이야기할 때 부모가 사용하는 기술이다. • 적극적 경청의 장점 - 문제가 되는 감정의 정화작용을 촉진한다. - 부정적인 감정을 두려워하지 않도록 해준다. - 부모와 자녀 사이의 온정적인 관계를 증진시킨다. - 자녀도 부모의 생각과 견해를 더 잘 경청하게 된다. - 자녀 스스로 자신의 문제를 분석하고 해결책을 찾도록 격려하여 독립심을 길러준다.
나-전달법	• 나 - 전달법은 부모에게 문제가 있는 경우 부모의 생각인 감정을 효과적으로 자녀에게 전달하기 위하여 사용하는 방법이다. • 나 - 전달법을 구성하는 데 있어서 과정을 거쳐서 사용하면 도움이 된다. - 네가 ~하면(행동서술) - 나는 ~라고 느낀다(느낌서술) - 왜냐하면~(결과서술) 예 네가 장난감을 가지고 놀고 정리하지 않아서 엄마는 너무 당황했어. 왜냐하면 바로 손님이 오신다고 했거든.
무승부법	적극적 경청이나 나-전달법을 활용하고도 문제가 해결되지 않고 자녀가 자신의 방식대로 행동하려고 할 때 활용할 수 있는 방법이다.

3 은퇴 준비교육

'은퇴'는 '노화'와 함께 종종 등장하는 용어이다. '노화'가 생물학적 의미를 많이 담고 있다면, '은퇴'는 사회적인 의미를 많이 담고 있다. Buillenmard와 Rein(1993)은 은퇴의 사회적 개념을 "은퇴란 일하는 것을 명백하게 그만두고 공식적인 노동시장에서 물러날 때 일어나는 일이다. 어떤 사람들은 일을 계속할 만한 건강이 되지 못하기 때문에, 혹은 나이와 관련된 장애로 인해, 혹은 일자리를 잃고 새로운 일자리를 찾을 수 없기 때문에 공식적인 노동시장에서 물러나게 된다. 따라서 은퇴는 일할 수 없는 무능력과 갈등, 그로 인해 살아남기 위해 가족과 자선단체, 공공복지에 의존하는 것과는 상당히 다르다. 은퇴는 사회제도적 관점에서 다루어야 하며, 개인의 수입이 연금으로 대체되며 성인기의 주된 노동에서 떠나는 것이다."라고 하였다(Hiller & Barrow 저, 김동기·김은미 공역, 2006). 이렇게 본다면 은퇴를 사회적 기능의 손실로 이해하고 사회적 관점에서 접근하는 것이 타당하다. 은퇴는 사회적 노화현상이며, 인생주기의 한 부분인 매우 자연스러운 단계로 받아들여야 한다.

1) 효과와 필요성

은퇴는 개인마다 그 의미와 영향이 다양하기 때문에 그것이 미치는 영향이나 은퇴에 적응하는 모습에 대해 한마디로 정의하기 어렵다. 그렇기 때문에 은퇴를 받아들이는 모습이나 적응양상, 은퇴 후의 생활모습은 매우 다양하며 일부의 경우 은퇴에 적응하지 못하여 사회적·심리적으로 힘든 노후생활을 보내기도 한다. 특히 본인이 전혀 예상하지 못한 시점에서 은퇴를 한 경우 갑작스러운 상황으로 인해 심한 압박을 느껴 삶의 의욕마저 상실한 채 불안한 노후생활을 하기도 한다. 김애순·윤진(1993)의 연구에 의하면, 타인에 의한 조기 은퇴의 경우 상실감이 매우 크며 삶의 만족도가 낮은 것으로 나타났다. 은퇴를 삶의 자연스러운 부분이나 발생 가능한 사건으로 보는 것이 아니라 일종의 '사고'로 인식하는 데서 비롯되기 때문이다. 은퇴에 대한 준비를 한 경우와 그렇지 않은 경우는 이후의 적응과정에서 차이가 나기 때문에 은퇴에 대한 준비는 행복한 노후생활을 위해 도움이 된다. Hiller와 Barrow(김동기·김은미 공역, 2006)에 의하면, 재정적인 면과 신체적인 면에서 준비가 잘된 사람일수록 은퇴 이후의 삶에 잘 적응할 뿐만 아니라 은퇴에 대한 의지·태도가 긍정적인 사람이 은퇴 이후의 삶에 대한 기대치가 높아 더 만족스러운 노후생활을 즐기는 것으로 나타났다. 즉, 은퇴 이후의 삶에 대해 긍정적으로 인식·대처하는 자세, 재정적·건강 측면을 미리 준비하는 것이야말로 은퇴 이후의 삶의 질을 높이기 위해 갖추어야 할 필수요건이라고 할 수 있다(전선영 외, 2011).

2) 주요 내용과 목적

은퇴 준비교육 프로그램은 원래 '재취업 회사들'이 해고된 사람들에게 도움을 주기 위한 목적으로 만들어졌기 때문에 상당수가 연금계획이나 은퇴 시기의 선택, 그 선택에 따른 혜택의 수준을 설명하는 정도로 제한된 경우가 많다. Hiller와 Barrow(김동기·김은미 공역, 2006)는 은퇴 준비교육 프로그램들의 내용이 재정적 측면을 강조하거나 신체적·정신적 건강, 주택, 여가 등과 같은 주제들을 다루거나 하는 식으로 어느 한쪽 면만을 강조하는데, 이 두 가지 모두를 포괄적으로 다루어야 한다고 하였다. 배문조·전귀연(2006)은 은퇴 준비교육 내용에 재취업교육, 창업교육, 여가 및 취미활동 관련교육, 건강관리교육, 재정관리 및 재테크 관련교육, 가족 및 인간관계 교육, 전원생활교육 등의 일곱 가지를 포함시켰는데, 경제적인 면뿐만 아니라 심리적인 면까지 고려하였다. 또한 은퇴 준비교육은 은퇴당사자뿐만 아니라 부부가 함께 참여해야 한다는 견해도 있는데, 양영순(2009)의 연구에서는 은퇴 준비도가 부부간의 친밀한 관계에 큰 영향력을 미치며, 특히 심리적 은퇴 준비가 결혼만족도에 가장 큰 영향력을 가지는 것으로 나타났다. 따라서 은퇴자 부부가 함께 참여하는 은퇴 준비교육 프로그램이 은퇴자 삶의 질을 높여줄 수 있음을 강조하고 있다.

이미 은퇴가 정해진 사람들을 대상으로, 장기간 직장생활을 했던 사람들이 은퇴 후에 성공적인 삶을 계획하는 것을 돕는 것으로 한정지어지는 경향이 있었던 은퇴 준비교육은 좀 더 구체적이고 다양하게 변화되고 있다.

미국의 노스다코타주 정부에서는 은퇴 준비교육 프로그램의 목적은 고용인 스스로가 은퇴계획을 하는 데 필요한 도구를 제공하는 것이라고 하며, 은퇴 준비교육의 효과를 이렇게 정리한다.

① 고용인은 은퇴 준비교육을 통해 더 많은 정보를 얻고 더 나은 결정을 하여 훨씬 더 성공적인 은퇴를 할 수 있다.
② 고용주는 노동시간을 줄일 수 있으며, 재정적 문제와 관련된 과도한 설명이나 상담으로 인해 발생하는 추가비용을 절감할 수 있다.
③ 고용주는 소중한 고용인들의 개별적인 목표들에 대한 관심을 표현하고 그것을 돕고자 하는 바람을 표현함으로써 고용인과의 관계개선과 생산성 증대를 경험할 수 있다.

홍숙자(2000)는 은퇴 준비교육을 실시하는 데 있어서 대상층을 구분할 것을 설명한다.

① 젊은 세대를 대상으로 하는 예방 차원의 교육과 중년층을 대상으로 하는 노후관리 및 대비, 간이세대 부양자로서의 노후준비

② 노인복지시설 및 상담기관에서 일하는 인력자원들을 대상으로 하는 교육

③ 이미 노인이 된 세대를 대상으로 하는 교육

즉, 효과적인 은퇴 준비교육을 위해서는 노인만을 대상으로 할 것이 아니라 젊은 세대들을 대상으로 하는 준비교육과 주인과 관련된 주변인들까지 모두 포함하여 진행하는 것이 효과적임을 의미한다. 이렇게 본다면 은퇴 준비교육은 고용인뿐만 아니라 그와 연관된 가족, 고용주까지 긍정적인 영향을 미치는 프로그램으로서 보다 질적으로 풍요로운 노후를 보낼 수 있게 만드는 중요한 프로그램이다.

<표 8-5> 포스코 Green Life Service

대상 및 의의	• 정년을 1년 앞둔 퇴직예정자를 대상으로 함 • 사회적응력 배양 • 장기간의 교육과정(1년의 기간) • 제2의 인생설계에 필요한 실용정보와 지식을 제공 • 퇴직이라는 급격한 인생변화에 따른 정신적 스트레스를 최소화
프로그램의 진행 구성 및 단계	• 워크숍 형태로 진행 • 전체 8개 프로그램으로 기획, 전문 컨설턴트와 일대일 개인별 컨설팅 • 크게 네 가지 프로그램으로 구성 – 1단계 : 프리라이프 디자인 세미나 현재 자신의 위치를 정확히 파악할 수 있도록 하는 단계 – 2단계 : 파워 스타트 워크숍 향후 진로를 설정할 수 있도록 개인별 카운슬링 – 3단계 : 현장체험을 위한 워크숍 4개월 동안은 격주로 1일 8일간의 현장체험을 위한 워크숍을 실시하고, 다음 2개월은 유망 아이템 선정 – 4단계 : 마스트 플랜 워크숍 지금까지 수강한 프로그램을 종합하여 개인별 재정계획, 능력 배양 계획

출처 : 포스코 인재개발원(e-campus.posco.co.kr).

PART

4 가족복지 실천분야

CHAPTER 09 빈곤가족

CHAPTER 10 이혼 및 재혼가족

CHAPTER 11 다문화가족

CHAPTER 12 폭력 및 학대가족

CHAPTER 13 중독가족

CHAPTER 14 장애인가족

CHAPTER 09

빈곤가족

학습목표

- 빈곤의 개념과 원인을 파악하여 빈곤가족의 문제를 분석할 수 있다.
- 빈곤가족에 대한 사회복지서비스와 정책의 실천방향을 설명할 수 있다.
- 빈곤가족의 현황과 문제점을 파악하고 대책을 설명할 수 있다.

1 빈곤가족의 개념 및 발생요인

1) 빈곤가족의 개념

산업사회 이후 급변하는 사회적 환경에 따라 빈곤가족은 다양한 형태로 발생되고 있으며, 이들이 겪는 문제도 경제적 궁핍을 넘어선 문제로 심화되고 있다. 우리나라의 경우 1997년 경제위기 상황으로 인하여 빈곤가족이 증가되었다.

빈곤은 경제적 측면에서의 결핍이나 부족뿐 아니라 사회문화적 측면에서의 결핍이나 부족, 박탈이나 불평등까지 포함하여 다양하게 정의내릴 수 있다. 빈곤은 생계를 유지하기 위한 최소한의 물질적 지원의 결핍상태를 의미하는 절대적 빈곤과 중위소득의 절반 이하를 기준으로 하는 상대적 빈곤으로 구분할 수 있지만, 일반적으로 빈곤이란 기본적 욕구를 충족시킬 수 있는 능력이 부족한 상태라 정의할 수 있다. 즉, 빈곤은 재화와 서비스를 사용할 수 있는 능력이 부족한 상태라 하겠다(김기원, 2000).

우리나라는 1961년부터 빈곤을 퇴치하기 위한 노력의 일환으로 영세민 생활보호정책을 실행해 왔다. 이러한 정책이 2000년부터는 국민기초생활보장제도의 시행으로 전환되면서 정부는 근로능력 여부를 불문하고 기초생활을 영위할 수 없는 대상자를 보호하고 있다. 따라서 우리나라 빈곤층의 기준설정은 최저생계기준을 요건으로 빈곤가구를 추정한다.

우리나라에서의 빈곤가족이란 가족의 경제적 지위와 소득을 기준으로 규정하여 영세민가족, 저소득층가족, 빈민가족, 기초생활보장 수급대상자가족 등으로 불리고 있다. 이런 맥락에서 보면, 우리나라의 빈곤가족은 절대적 빈곤의 개념기준으로 규정하고 있고, 공공부조대상자를 중심으로 규정하고 있다(김혜경 외, 2010).

또한 빈곤가족은 가구 전체 또는 가구원들이 인간으로 생활해 나가는 데 있어서 기본적으로 필요한 자원이 결핍된 상태로 심리·정서적, 정신적 손상과 박탈상태에 처한 가족이라고 정의할 수 있다(김수환, 2011).

국가나 사회단체로부터의 공적부조를 수혜하는 가족을 사회정책상의 빈곤가족으로 규정하는데, 사회정책상의 빈곤 개념 아래서 우리나라의 빈곤인구는 국민기초생활 보장법과 의료보호법에 규정된 공적부조 대상이 된다.

이처럼 빈곤가족은 한 가지의 단순한 결핍이 아닌 인간의 다양한 면을 포함하여 결핍된 가족의 개념으로 정의될 수 있다. 이러한 빈곤가족의 문제는 기본적 욕구를 충족시키기 위한 소득의 부족 등 표면상으로는 경제적 문제로 나타나지만, 이와 함께 풍족한 생활양식과는 동떨어진 차별적인 느낌을 갖게 되고 가족역기능 문제, 심리적 문제, 정서적 문제 등의 높은 발생 가능성을 지니게 된다. 그러므로 빈곤가족은 경제적인 지원뿐 아니라 자립지원, 심리·정서적 지원, 자녀양육을 위한 지원 등이 필요하게 된다.

2) 빈곤가족의 발생요인

가족이 빈곤에 처하게 되는 원인은 다양하며 각각의 원인들은 서로 복합적으로 작용한다. 빈곤의 원인으로 가족원 개인의 부적절한 생활태도나 도덕적 해이와 같은 개인적 원인과 자원부족, 경제제도 등의 사회구조적 원인이 밀접하게 관련되어 있다.

(1) 개인적 원인

① 자발적 요인

개인 원인은 개인의 동기부족, 낮은 열망수준, 무절제, 게으름, 의타심, 음주, 도박 등 개인의 부적절한 생활태도나 도덕적 해이 등과 같은 개인적 결함에 기초한 요인으로 이러한 개인적 차원에 의해 빈곤에 처하게 된다.

② 비자발적 요인

가구주의 사망, 질병, 장애, 노령, 가족해체나 실직, 가구주의 낮은 교육수준 등과 같은 가족기능의 손상으로 인한 사회구조적 요인들과 밀접히 연관되어 있으며, 이러한 요인들은 빈곤의 악순환을 초래하게 하는 원인으로 작용하고 있다.

특히 이혼이나 사별 등으로 인한 여성 한부모가구의 경우에는 미혼 근로자나 유배우자 가족에 비해 빈곤에 처할 위험성이 매우 높다(도미향, 2009).

이러한 빈곤가족의 원인으로 자주 거론되는 요인은 배우자의 실직이나 퇴직, 사고, 질병 및 이혼 등이다. 가장의 소득에만 의존해 생계를 유지하는 가족의 경우, 그 가장이 질병이나 사고로 노동력을 상실해 소득이 중단되거나 혹은 이혼으로 인해 소득원이 없어질 경우 급속히 빈곤화 과정을 밟게 된다(남춘호 외, 2006).

(2) 사회구조적 원인

빈곤을 발생시키는 사회적 요인으로는 자원부족, 정부의 정책적 특성, 경제제도, 자본과 기술의 부족, 기후와 시장구조 등이 있으며, 국가의 취업구조, 노동시장의 구조적 불평등과 고용 불안정성, 임금차별 등과 관련이 있다. 특히 최근 장기화된 경제불황과 산업구조의 재편에 따른 고용 불안정, 노인 단독가구의 증가, 이혼율의 증가, 여성의 취업기회 제한 및 임금차별, 임시직의 확대는 빈곤율이 높은 여성 가장가족과 여성 한부모가족을 증가시키는 요인이 된다(손병덕 외, 2014).

이러한 빈곤의 원인은 노동시장의 일자리 부족에서도 온다. 빈곤가구의 상당수가 노동시장에서 자신의 인적 자본 수준에 맞는 일자리를 찾는 데 어려움을 겪으면서 장기적인 실업과 빈곤상태에 빠지게 된다. 비교적 안정된 직업에 종사하던 가족의 경우에도 경기악화로 실직하게 되고, 재취업이 어려워지면서 실업이 장기화되고 결국 빈곤층으로 전락하게 된다(구인회, 2002). 또한 저기술 노동력으로 인한 고용기회의 제한, 중산층의 도심이탈, 직업 네트워크에서 배제됨으로써 일자리에 대한 정보약화, 성공적인 역할모델의 부재 등은 빈곤을 악순환시키는 사회구조로 작용하고 있다는 것이다(김진원, 2007). 이와 같은 원인이 사회구조적 고립과 소외로 경제사회의 기회구조에서 배제되기 때문에 빈곤가족이 초래되고 있는 것이다.

2 빈곤가족의 현황

현재 우리나라의 빈곤가족은 최저생계비 이하인 가족과 최저생계비 120%에 속하는 차상위계층 정도를 말한다. 최저생계비는 국민이 건강하고

문화적인 생활을 유지하기 위하여 소요되는 최소한의 비용으로서 기초생활 수급자 등 각종 복지대상자 선정 및 급여의 기준으로 활용하며 긴급복지지원사업(소득이 최저생계비 150% 이하), 장애수당 · 장애아동부양수당(최저생계비 20% 이하), 희귀난치성질환자 의료비 지원(최저생계비 300%) 등 저소득층 지원 정책 기초자료로 활용한다.

소득인정액(소득 + 재산의 소득환산액)이 최저생계비 이하인 자는 기초생활 보장 수급권자가 될 수 있으며, 매달 지급되는 생계 · 주거급여는 최저생계비와 개별가구의 소득인정액과의 차액만큼을 지급한다.

그간 수급자 선정 및 급여 기준으로 활용되어 온 "최저생계비"를 "국민 가구소득의 중위값"으로 개편하여 상대적 빈곤 개념을 도입했다.

2015년 7월 개정 국민기초생활 보장법의 시행 이후 보건복지부 내 중앙 생활보장위원회에서 매년 8월 1일까지 다음 해의 기준 중위소득을 결정하여 공표하며, 국민기초생활 보장제도에 의한 각 급여 수급자를 선정하는 데 사용되고 있다. 최저생계비가 기준일 때에는 단순히 소득인정액이 그에 미치지 못하는 경우에는 수급자가 되는 식이었으나, 기준 중위소득의 도입에 따라 생계급여 수급자는 '기준 중위소득의 100분의 30'을 기준으로 선정하고, 의료급여 수급자는 '기준 중위소득의 100분의 40'을 기준으로 선정하는 등 급여별 수급자 선정기준이 다층화되었다.

이러한 최저생계비의 변화추이를 보면, 4인 가구를 중심으로 2017년에는 2,680천 원, 2019년에는 2,768천 원, 2021년에는 2,925천 원, 2022년에는 3,072천 원, 2023년에는 3,240천 원으로 매년 인상되고 있으나, 이와 같은 기준은 도시근로자 기준 중위소득과 비교하여 약 60%에 불과하여 우리나라 빈곤가구의 경제적 결핍 정도를 보여주고 있다.

<표 9-1> 연도별 기준 중위소득

(단위 : 천 원)

가구 \ 년	2017	2018	2019	2020	2021	2022	2023
1인 가구	1,652	1,672	1,707	1,757	1,827	1,944	2,077
2인 가구	2,814	2,847	2,906	2,991	3,088	3,260	3,456
3인 가구	3,640	3,683	3,760	3,870	3,983	4,194	4,434
4인 가구	4,467	4,519	4,613	4,749	4,876	5,121	5,400
5인 가구	5,293	5,355	5,467	5,627	5,757	6,024	6,330
6인 가구	6,120	6,191	6,320	6,506	6,628	6,907	7,227

출처 : 보건복지부(2023). 국민생활실태조사.

<표 9-2> 연도별 최저생계비

(단위 : 천 원)

가구 \ 년	2017	2018	2019	2020	2021	2022	2023
1인 가구	991	1,003	1,024	1,054	1,096	1,166	1,246
2인 가구	1,688	1,708	1,743	1,795	1,852	1,956	2,073
3인 가구	2,184	2,209	2,256	2,322	2,390	2,516	2,660
4인 가구	2,680	2,711	2,768	2,849	2,925	3,072	3,240
5인 가구	3,176	3,213	3,280	3,376	3,454	3,614	3,798
6인 가구	3,672	3,714	3,792	3,903	3,977	4,144	4,336

출처 : 보건복지부(2023). 국민생활실태조사.

최저생계비 인상 추이(4인 기준)를 살펴보면, 2018년 1.1%, 2019년 2.08%, 2020년 2.93%, 2021년 2.7%, 2022년 5.02%, 2023년 5.46%로 증가되고 있으며, 매 3년마다의 계측조사에서는 물가수준뿐 아니라 필수품목 사용량의 변화 등 생활실태를 반영하여 결정하고, 비계측 연도에는 물가상승률 등을 감안하여 추정한다. 계측 연도의 최저생계비 인상률이 비계측 연도에 비해 높게 나타난다.

2017년 결정된 최저생계비는 2018년 1월부터 9월까지만 적용되고, 2018년 10월부터는 개별급여로 전환된다. 이는 상대적 생활수준 변화를 급여기준에 반영할 수 있도록 중위소득을 기준으로 한 상대적 방식을 새롭게 도입했기 때문이다(중위소득은 우리나라 전체 국민을 일렬로 세웠을 때 1등부터 꼴찌까지의 열 중에 중간에 위치한 사람의 소득을 말한다).

절대빈곤율은 전체 사회의 소득분포와 관계없이 전체 인구 중 최저생계비 수준에 미달하는 비율을 말하므로, 최저생계비에 따라 절대빈곤율이 달라지게 된다. 상대적 빈곤율은 중위소득의 일정 비율을 빈곤선으로 하여 측정하며 중위소득 50% 기준(OECD)으로 한다.

외국의 상대빈곤율을 살펴보면 <그림 9-1>과 같다.

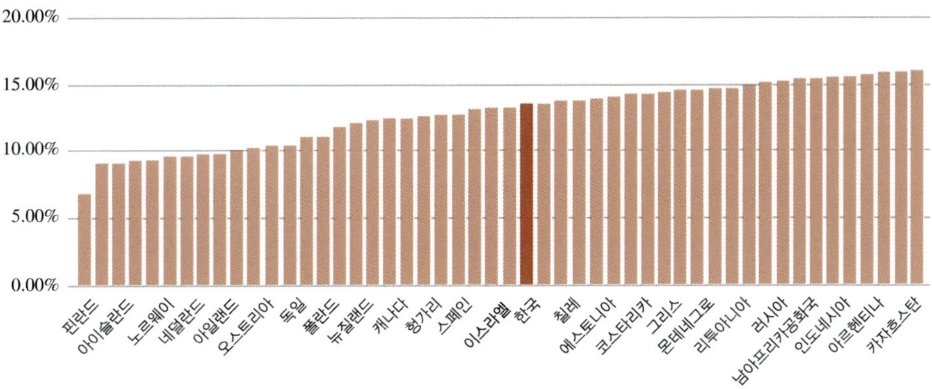

<그림 9-1> 2022년 OECD 상대빈곤율

출처 : OECD(2022년 사회지표, 중위소득의 50% 미만비).

외국의 공공부조제도와 수급대상은 보건복지부, 서울대 사회복지연구소(2004)에서의 '외국의 빈곤정책 동향 및 비교분석'에서 보면, 미국의 SSI(Supplemental Security Income) 대상이 679만 명(2002년), TANF(Temporary

Assistance for Needy Families)가 206만 가구(2002년)이며, 영국의 IS(Income Support) 대상자는 398만 명(2003년) 수준이라고 나타났다. 일본의 후생노동성에서 또한, 일본의 생활보호대상자는 104만 세대(2005년)라고 밝힌 바 있다.

우리나라는 소득이 최저생계비에 미치지 못하여 정부의 공공부조를 받게 되는 수급대상자를 통해 절대빈곤층의 규모를 파악할 수 있다. 절대빈곤층의 규모는 정부의 공공부조 수급자 규모를 통해 비교적 정확하게 파악할 수 있으며, 2022년 소득별 빈곤율을 살펴보면, 시장소득 기준 빈곤율은 전년대비 소폭 증가하였으며 경상소득, 가처분소득 기준 빈곤율은 전년 대비 감소한 모습을 보였다. 2023년 빈곤 통계 연보를 살펴보면 절대적 빈곤율은 2016년 4.8%에서 2023년 3.6%로 감소하였고, 상대적 빈곤율은 2016년 15.4%에서 2023년 11.8%로 감소하였다. 2020년 이후 코로나19 팬데믹 영향으로 다소 증가 추세였으나, 2023년 다시 감소세로 전환하였다.

2016년대 이후 경제 성장은 빈곤 감소의 가장 기본적인 요인으로 경제 성장으로 인해 소득 수준이 증가하면 빈곤층의 소득도 증가하여 빈곤율이 감소 추세였으나 2020년 이후 코로나19 팬데믹 영향과 물가 상승으로 다시 증가 추세를 보이고 있다.

현재 우리나라의 국민기초생활보장 수급자 현황(보건복지부, 2023)을 보면, 2016년에는 1,630천 명(3.2%), 2019년에는 1,881천 명(3.6%), 2022년에는 12월 기준으로는 2,451천 명(4.8%)으로 약 1,792천 가구로 이 중 일반수급자가 96.2%이다.

<표 9-3> 기초생활보장 수급 현황 (단위 : 천 명, %)

구 분	2016	2017	2018	2019	2020	2021	2022
수급자 수	1,630	1,581	1,743	1,881	2,134	2,359	2,451
수급률	3.2	3.1	3.4	3.6	4.1	4.6	4.8

출처 : 보건복지부(2023). 국민기초생활보장 수급자 현황.

<그림 9-2> 기초생활보장 수급자 현황

출처 : 보건복지부(2023). 국민기초생활보장 수급자 현황.

이와 같은 현황을 보면, 2000년 제도 도입 이후 가정해체, 빈곤, 실직 등으로 수급자 수가 증가 추세였으나 2016년부터 감소 추세를 보이고 있으며, 수급가구 수는 전반적으로 수급자 수와 유사한 추이를 보이고 있다.

이는 저소득층의 생활안전 지원 강화를 위해 수급자 선정기준 완화, 건강보험 소액납부 및 체납가구, 단전·단수 가구에 대한 실태조사를 통한 선정 등 적극적인 제도 확대 시행에 따라 수급자 수가 지속적인 증가 추세였으나, 2016년부터 사회복지통합관리망을 통한 각종 소득·재산정보 연계 관리가 본격화됨에 따라 수급자 수가 감소 추세인 것으로 분석된다.

한편 가구유형별 수급자 현황을 보면, 소년소녀가정세대는 2016년 이후 감소하고 있고, 장애인세대는 지속적으로 증가하는 추세를 보이고 있다.

<표 9-4> 가구유형별 수급가구 수 (단위 : 가구)

구 분	2016	2017	2018	2019	2020	2021	2022
합 계	1,035,435	1,032,996	1,165,175	1,281,759	1,459,059	1,637,569	1,699,497
노인세대	261,680	263,475	337,788	391,096	439,135	518,799	546,697
일반세대	328,282	322,918	340,597	359,017	407,012	442,202	446,158
장애인세대	193,585	197,081	211,010	219,889	229,395	236,581	233,683
모자세대	132,277	130,506	135,862	143,810	163,950	176,319	179,653
부자세대	37,753	36,675	38,095	40,368	45,097	48,824	48,525
소년소녀 가정세대	4,324	3,544	2,972	2,467	2,214	1,892	1,517
미혼부모세대	641	555	550	479	478	3,491	3,536

출처 : 보건복지부(2023). 국민기초생활보장 수급자 현황.

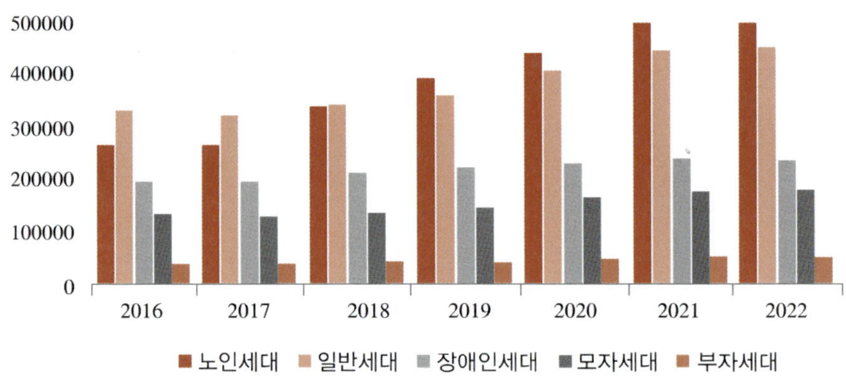

<그림 9-3> 가구유형별 수급가구 수

출처 : 보건복지부(2023).

이상과 같은 우리나라의 빈곤가족은 실제로 경제적인 어려움에 처해 있는 공식적인 기초생활수급자 수보다 훨씬 더 많은 것으로 간주된다. 따라서 국가는 빈곤에 빠질 수 있는 취약한 가구들을 점검하여 빈곤에 빠지지 않도록 효과적인 대책을 마련할 필요가 있다.

3 빈곤가족의 문제

1) 복합적인 가족문제

빈곤가족에게서 발생하는 가족문제의 특성은 다양할 뿐 아니라 복합적이다. 즉, 불충분한 소득으로 인해 가족들은 늘 긴장상태이며 취업부부가족의 경우 취업과 가사, 자녀양육 등의 역할과중으로 육체적·정신적 피로가 누적될 뿐 아니라 가족해체의 원인이 되기도 한다. 이 외에도 빈곤가족은 부부갈등, 가족 구성원에 대한 심리적 스트레스, 우울, 자아존중감 상실, 가족과 친구에게서 멀어지는 등 부정적 경험을 하게 되고, 가족의 역동에 큰 변화를 겪는 등 복합적인 가족문제가 나타난다.

2) 경제적 결핍

가구주의 경제적 능력은 곧 가족의 사회경제적 수준과 전 가족의 사회적 지위를 가늠하는 주요한 척도가 된다. 대체로 빈곤가족은 무직이 많으며 직업을 갖고 있다 하더라도 단순 노동, 행상, 노점, 영세자영업 등 소득이 낮고 비영속적이어서 생계안정이 어렵다. 또한 상여금, 퇴직금, 산재보험 등이 제대로 적용되지 않아 생계가 불안한 상태로 경제적 심각성이 나타난다.

3) 자녀양육 및 교육문제

빈곤이 아동들에게 미치는 영향은 영양결핍 및 성장불균형으로 인한 신체적 문제뿐 아니라 부모의 맞벌이와 적절한 보호의 부재로 인한 방임, 유기 등의 문제 등이 발생할 수 있다.

따라서 빈곤가족 아동들은 일반가족의 아동들에 비해 교육환경이 상대적으로 열악한 상태에 놓여 있으며 아동기부터 교육기회에서 제한되어 있다. 각종 교육자료에 접할 수 있는 기회가 제한되어 아동은 문화실조 내지 학습부진을 경험하기 쉬우며, 부모의 낮은 교육수준은 자녀양육방식의 질을 저하시키고 자녀들과의 부정적인 의사소통문제를 유발시킬 수 있다. 또한 이와 같은 미비한 양육 및 교육적 여건은 빈곤의 악순환을 유발시키며 생활의 불만, 낮은 자아정체감 등으로 아동은 가출을 하거나 비행을 저지른다. 대부분이 맞벌이인 빈곤자녀들은 부모로부터 충분한 정서적 욕구를 충족하지 못하는 경우가 많으며, 제도교육으로부터 소외되고 방과 후에도 혼자 남겨져 가족 안전사고의 위험에 노출되어 있다.

4) 만성적인 건강질환

일반가족에 비하여 빈곤가족은 만성적 질병률이 높게 나타난다.

빈곤은 건강과 직접적인 관련이 있는 여러 가지 물질적인 조건의 악화를 가져오기 때문이다. 부적절한 주택, 영양 부족, 비위생적인 식수관리 등은 질병을 초래하며, 만성질병은 현실적으로 높은 의료비 부담을 초래하고, 결국 가족을 더욱 빈곤하게 만든다. 따라서 가구원이 건강상의 문제가 발생하면, 적절한 치료와 서비스를 받아야 하나 빈곤가족은 의료에 대한 접근성이 떨어지기 때문에 건강악화가 가속화되고, 가구주가 질병을 앓고 있어 노동능력을 상실하면 가족의 경제적 어려움은 가중된다.

5) 가족관계

빈곤가족은 가족 구성원 간의 관계에서도 적지 않은 문제가 발생한다.

불충분한 소득으로 인해 가족들은 늘 긴장상태이며, 맞벌이의 경우 취업과 가사, 자녀양육 등의 역할과중으로 육체적·정신적 피로가 누적될 뿐 아니라 정서적 및 심리적 문제로 인해 가족해체의 위기까지 올 수 있다. 특히 빈곤가구주의 경우 불안정한 취업문제로 인해 생계유지자라는 부담으로 경제적 무능력자로 낙인될 수 있다. 이들은 경제적 압박 속에서 현실적인 문제를 잊을 수 있는 도피처를 찾거나 가족을 폭력으로 누르려고 하는 행위를 보이게 된다.

특히 알코올중독이나 아내와 자녀에 대한 폭력행사의 경우 빈곤가족에서 빈번하게 일어난다. 따라서 배우자의 경우 남편의 폭력행사는 취업과 가사, 자녀양육 등 3중 역할의 수행에 따르는 어려움과 합쳐져서 남편과 이혼 또는 별거하거나 가출로 이어지기도 한다.

6) 열악한 주거문제

빈곤층의 약 80%가 무주택 상태로 임차나 위탁거주 중이며, 빈곤층의 주거비 부담은 부채에서 큰 비중을 차지한다.

보건복지부의 국민기초생활보장 수급자 현황(2022년 기준)을 보면, 전세로 생활하는 가구는 74,823가구(9.2%), 월세는 132,145가구(16.2%), 보증부 월세는 128,379가구(15.8%), 영구임대주택은 162,411가구(20.0%)로 나타나고 있으며, 움막비닐하우스에 0.5%, 무허가주택에 0.8%가 살고 있다. 쪽방거주자도 IMF 경제위기 이후 계속 증가하였는데, 이들의 주거환경은 화장실, 상수도보급률 저조, 쓰레기수거문제(열악한 거주지로 인해 비탈이 심한 주변 여건은 쓰레기수거조차 어려움) 등으로 인해 위생상의 문제가 심각한 상태이며, 불충분한 난방시설, 소방도로의 미비로 화재발생 시 조기진화가 어렵다는 문제 등도 심각하다. 또한 지하 셋방에 사는 빈곤가구의 경우 햇볕이 들지 않아 한낮에도 전등을 켜야 하고, 습기가 많아 건강에 나쁜 영향을 주어 질병의 원인이 된다.

4 빈곤가족에 대한 서비스 현황

빈곤가족에 대한 복지욕구는 국민기초생활 보장법에 의해 제도적으로 실현되고 있으며, 각종 서비스를 제공하고 있다.

1) 국민기초생활 보장제도

국민기초생활 보장제도는 IMF 경제위기를 거치며 다양한 사회적 위협으로부터 국민을 효과적으로 보호하고자 1999년 9월 7일 제정한 사회안전망으로, 경제위기 이후의 실업증가와 이로 인한 가정해체, 자살 증가 및 공동체적 와해를 방지하기 위해 기존 생활보호법의 한계를 극복하는 기초생활보장법을 제정하였다. 그리고 2015년 7월 1일부터 그간 최저생계비 이하의 가구에 대해 모든 급여를 통합하여 지원하던 방식에서 상대 빈곤선을 도입하고, 급여별 선정기준을 다층화하여 욕구별 지원을 강화하기 위한 「맞춤형 기초생활보장제도」로 개편하였고, 2017년에는 부양의무자 기준 단계적 폐지 등을 골자로 한 「제1차 기초생활보장 종합계획」을 발표, 비수급빈곤층 등 복지사각지대를 최소화하기 위한 다양한 제도개선을 시행하였으며, 2022년까지 생계급여 부양의무자 기준 전면 폐지 등을 포함한 「제2차 기초생활보장 종합계획」(2021~2023)을 수립하고 제도의 보장수준을 지속적으로 확대하였다.

(1) 급여의 종류

기초생활보장법에서 규정하는 급여의 종류와 내용은 생계급여를 기준으로 하여 주거급여, 의료급여, 교육급여, 해산급여, 장제급여, 자활급여가 있으며 다음 7종의 급여를 보장한다.

<표 9-5> 국민기초생활 보장법의 급여종류와 내용

급여종류	급여내용
생계급여	• 의복, 음식물, 연료비, 기타 일상생활에 기본적으로 필요한 금품 지급 • 근로능력이 있는 수급자에게는 자활에 필요한 사업에 참가할 것을 조건으로 생계급여 지급 • 모든 수급자에게 생계급여는 기본적으로 지급 • 긴급급여 : 기초생활보장제도의 급여 여부 결정 전이라도 갑자기 생계유지가 어려워져 생계급여가 필요한 경우를 위하여 긴급급여 지급
의료급여	• 수급자에게 건강한 생활을 유지하는 데 필요한 각종 검사 및 치료 등을 지급
주거급여	• 주거 안정에 필요한 임차료, 유지수선비, 기타 대통령령이 정하는 수급품 지급
교육급여	• 입학금, 수업료, 학용품비, 기타 수급품 지원
해산급여	• 조산, 분만 전과 분만 후의 필요한 조치와 보호 제공
장제급여	• 수급자가 사망한 경우, 사체의 검안, 운반, 화장 또는 매장, 기타 장제조치를 행하는 데 필요한 비용 지급
자활급여	• 자활에 필요한 금품의 지급, 대여, 자활에 필요한 기능 습득의 지원, 취업알선 등 정보의 제공, 공공근로 등 자활을 위한 근로기회 제공, 자활에 필요한 시설 및 장비의 대여, 기타 대통령령이 정하는 자활조성을 위한 각종 지원 제공 • 자활후견기관 지정 • 자활공동체 설립 운영

출처 : 국민기초생활 보장법(2021).

① 생계급여

가. 일반수급자에 대한 생계급여(일반생계급여)

급여대상자로는 가구의 소득인정액이 생계급여 선정기준 이하로서 의료급여특례자, 교육급여특례자, 자활급여특례자, 이행급여특례자(희망키움통장

가입자), 에이즈쉼터(대한에이즈예방협회 등 운영시설 포함) 거주자, 노숙인쉼터 또는 한국법무보호공단시설 거주자 등 국가 또는 지방자치단체로부터 생계를 보장받는 자를 제외한 모든 수급자로, 수급자의 소득인정액과 가구별 최저생계비의 차액을 각종 급여로 지원하는 보충급여제를 실시한다.

급여액 산정기준은 생계급여 선정기준에서 가구의 소득인정액을 차감하여 산정한 금액을 지급한다. 노숙인 자활시설 및 청소년쉼터 또는 한국법무보호공단시설 거주자, 하나원에 재원 중인 북한이탈주민 등 타 법령에 따라 국가 또는 지방자치단체 등으로부터 생계를 보장받는 자로서 소득인정액에 따라 생계급여 선정기준(급여기준)과의 차액을 보충급여로 지급하는 것을 원칙으로 한다.

가구별 생계급여액 = 생계급여 선정기준액 − 가구의 소득인정액

<표 9-6> 생계급여 최저보장수준 및 선정기준

(단위 : 원)

구 분	1인 가구	2인 가구	3인 가구	4인 가구	5인 가구	6인 가구	7인 가구
기준 중위소득 (A)	1,944,812	3,260,085	4,194,701	5,121,080	6,024,515	6,907,004	7,780,592
생계급여 선정 및 급여기준 (A의 30%)	583,444	978,026	1,258,410	1,536,324	1,807,355	2,072,101	2,334,178

주 : 8인 이상 가구는 7인 가구 선정기준에서 6인 가구 선정기준의 차액을 7인 가구 선정기준에 더하여 산정
8인가구 선정기준 = 7인 가구 선정기준 + (7인 가구 선정기준 − 6인 가구 선정기준)
출처 : 보건복지부(2022). 국민기초생활보장 수급자 현황.

나. 긴급생계급여

급여실시 여부 결정 전에 긴급히 생계급여를 하여야 할 필요가 있는 경우 시장 · 군수 · 구청장의 직권에 의해 생계급여를 실시하며, 급여액은 기준 중위소득의 15%에 해당하는 금액을 지급한다(표 9−7).

급여대상자

- 주 소득원의 사망, 질병, 부상, 사고, 사업부도·파산 등으로 갑자기 생계유지가 어려운 경우
- 부 또는 모의 가출, 행방불명 등으로 갑자기 생계유지가 어려운 경우
- 천재지변이나 화재 등으로 재산·소득상의 손실이 발생하여 갑자기 생계유지가 어려운 경우
- 노숙, 공원, 종교기관 등 주거지로 볼 수 없는 곳을 포함하여 거주지 외의 지역에서 거주하고 있으나 소득이 없어 생계유지가 어려운 경우
- 기타 시장·군수·구청장이 긴급생계급여가 필요하다고 인정하는 경우

<표 9-7> 긴급생계급여액 기준

(단위 : 원)

가구규모	1인 가구	2인 가구	3인 가구	4인 가구	5인 가구	6인 가구	7인 가구
지급액 (원)	291,722	489,013	629,205	768,162	903,677	1,036,051	1,167,089

주 : 8인 이상 가구는 가구원 1인 추가 시 131,038원 추가지급
출처 : 보건복지부(2022). 국민기초생활보장 수급자 현황.

다. 조건부 생계급여

조건부수급자로 결정된 자에게는 자활지원계획에 따라 자활에 필요한 사업에 참가할 것을 조건으로 생계급여를 실시하고, 조건부수급자가 자활사업에 참가한 달의 다음 달부터 매 3개월마다 조건이행 여부를 정기적으로 확인하여 생계급여 지급 여부를 결정한다.

② 주거급여

주거급여의 일반원칙으로 수급자에게 주거안정에 필요한 임차료, 유지수선비 등을 포함하여 주거급여를 실시하고 최저생계비 중 최저주거비를 분리하여 주거급여로 지급한다.

주거급여 제외대상자

주거급여가 불필요하거나 타 법령 등에 의하여 주거를 제공받고 있는 다음의 수급자에 대해서는 주거급여(주거급여 한도액)를 제공하지 않는다.

- 의료・교육・자활급여 특례수급자
- 시설생계비를 받는 수급자
- 의료기관에 3개월 이상 입원한 1인 가구로서 무료임차 또는 주거가 없는 자
- 국가, 지방자치단체 및 공공기관이 주거(운영비 포함)를 제공하는 '공동생활가정, 노숙인쉼터, 한국법무보호공단시설 및 에이즈쉼터' 등에 거주하는 수급자

주거급여 제외대상자를 제외한 모든 수급자는 다음의 기준에 의한 현금급여를 제공한다.

<표 9-8> 기준 중위소득 및 주거급여 선정기준

(단위 : 원)

구 분	1인 가구	2인 가구	3인 가구	4인 가구	5인 가구	6인 가구	7인 가구
2022년 기준 중위소득	1,944,812	3,260,085	4,194,701	5,121,080	6,024,515	6,907,004	7,780,592
주거급여 선정기준 (기준 중위소득 43% 이하)	894,614	1,499,639	1,929,562	2,355,697	2,771,277	3,177,222	3,579,072

주 : 8인 이상 가구는 7인 가구 선정기준에서 6인 가구 선정기준의 차액을 7인 가구 선정기준에 더하여 산정
8인 가구 선정기준 = 7인 가구 선정기준 + (7인 가구 선정기준 - 6인 가구 선정기준)
출처 : 보건복지부(2022). 국민기초생활보장 수급자 현황.

또한 저렴한 비용으로 자가가구 등의 주거환경을 개선하고 수급자가 참여하는 '집수리도우미사업'을 활성화하기 위하여 주거현물급여를 제공한다("자가가구 등"에 해당하는 수급자에게 지급하는 것이 원칙. 단, "자가가구 등"에 해당하지 아니하는 가구이지만 수선 및 점검서비스가 필요한 가구에 대해서도 지급 가능).

③ 교육급여

수급자 중 중·고등학교 및 동등학력이 인정되는 각종 학교, 평생교육법에 의한 평생교육시설에 입학 또는 재학하는 자에게 입학금·수업료·교과서대(부교재비)·학용품비를 지원하며 학비신청은 고등학교 입학금 및 수업료는 학교장이 시장·군수·구청장에게 직접 신청한다.

④ 해산급여

조산 및 분만 전과 분만 후의 필요한 조치와 보호를 위해 수급자에게 필요한 금품과 수급자가 출산(출산예정 포함)한 경우 지급한다.

주 : 출산, 사산 또는 유산한 경우도 포함(단, 임신 후 만 4개월 이상 경과한 경우만 해당)
2022년 기준으로 1인당 700천 원을 현금으로 지급; 추가 출생영아 1인당 700천 원 지급, 쌍둥이 출산 시 1,400천 원 지급

⑤ 장제급여

수급자가 사망한 경우, 사체의 검안·운반·화장 또는 매장, 기타 장제조치를 행하는 데 필요한 금품과 장제를 실제 행하는 자에게 지급하는 것을 원칙으로 하며, 근로능력 유무와 관계없이 1구당 800천 원을 지급한다(2022년 기준). 다만, 금전지급이 적당하지 아니하다고 인정되는 경우에는 물품을 지급하며, 교육급여만 받는 수급자는 장제급여 대상에 포함되지 않는다.

⑥ 자활급여

자활에 필요한 금품의 지급 및 대여, 자활에 필요한 기능습득 지원, 취업알선 등 정보의 제공과 공공근로 등 자활을 위한 근로기회를 제공하며 기타 자활조성을 위한 각종 지원을 제공한다.

⑦ 의료급여

의료급여수급권자의 질병・부상・출산 등에 대한 의료급여를 지원한다.

– 의료급여수급권자가 의료급여를 받을 수 있는 일수(상한일수)

- 보건복지부 장관이 고시하는 107개 희귀난치성 질환 각 질환별 연간 365일
- 11개 만성고시 질환 각 질환별 연간 365일
- 107개 희귀난치성 질환 및 11개 만성 질환에 해당하지 않은 질환에 대해서는 모두 합산하여 연간 365일

– 의료급여 연장승인

- **대상** : 의료급여 상한일수 365일을 초과하여 의료급여를 받고자 하는 자
- 보장기관은 위원회의 심의결과를 토대로 희귀난치성 질환, 11개 고시 질환 및 기타 질환 등으로 구분하여 90일 이내의 범위에서 급여일 수 연장승인

– 의료급여 조건부 연장승인(선택 병・의원 적용대상자)

- **개념** : 연장승인신청자 중 여러 의료급여기관 이용에 따른 병용금기 및 중복투약으로 위해 발생 가능성이 높은 자를 대상으로 본인이 선택한 1~2개의 의료급여기관을 이용할 것을 조건으로 차기 연도 말까지 급여일 수의 연장을 승인해 주는 제도

- 대상 : 107개 희귀난치성 질환 및 11개 만성고시 질환 중 하나의 질환으로 각자 급여일 수 455일(상한일수 365일 + 1차 연장승인 90일)을 초과하여 의료급여를 받고자 하는 자
- 희귀난치성 질환 또는 11개 고시 질환 이외의 질환[이하 "기타 질환(들)"이라 한다]으로 급여일 수 545일[상한일수 365 + 90일(1차) + 90일(2차) 연장승인]을 초과하여 의료급여를 받고자 하는 자

(2) 수급자조건

① 선정기준

수급자로 선정되기 위해서는 소득인정액 기준과 부양의무자 기준을 동시에 충족시켜야 한다.

소득인정액제도 도입에 따라 종전의 수급자 선정기준이 소득평가액 기준과 재산기준, 그리고 부양의무자에서 소득인정액 기준과 부양의무자 기준으로 통합하여 선정한다.

가. 소득인정액 기준

소득인정액(2022)은 소득인정액이 다음 기준 이하인 가구를 기준으로 한다.

<표 9-9> 소득인정액 기준 (단위 : 원)

구 분	1인 가구	2인 가구	3인 가구	4인 가구	5인 가구	6인 가구	7인 가구
2022년 기준 중위소득	1,944,812	3,260,085	4,194,701	5,121,080	6,024,515	6,907,004	7,780,592

출처 : 보건복지부(2022). 국민기초생활보장 수급자 현황.

나. 부양의무자 기준

ㄱ. 기준

- 부양의무자가 없는 경우
- 부양의무자가 있어도 부양능력이 없는 경우
- 부양의무자가 부양능력이 미약한 경우로서 수급권자에 대한 부양비 지원을 전제로 부양능력이 없는 것으로 인정하는 경우
- 부양능력이 있는 부양의무자가 있어도 부양을 받을 수 없는 경우

ㄴ. 부양의무자의 범위

- 수급권자의 1촌의 직계혈족(부모, 아들·딸 등)
- 수급권자의 1촌의 직계혈족의 배우자(며느리, 사위, 계부, 계모 등)
- 수급권자의 사망한 1촌의 직계혈족의 배우자(사위, 며느리)는 부양의무자가 아님

② 수급권자 범위의 특례

가. 수급권자 재산범위의 특례

- 노인, 중증장애인 등 근로능력이 없는 자로만 구성된 가구는 소득환산대상에서 제외(단, 재산가액이 대도시는 10,000만 원, 중소도시 7,300만 원, 농어촌 6,600만 원 이내로, 금융재산이 지역별 기본 재산액 이하이고, 소득환산율이 100% 적용되는 승용차가 없는 가구에 한함)
- 재산처분의 곤란으로 재산의 소득환산이 어려운 경우에 해당되는 가구에 대해서는 해당 재산을 소득환산대상에서 제외(다만, 재산가액이 대도시는 10,000만 원, 중소도시 7,300만 원, 농어촌 6,600만 원 이내이면서 금융재산은 지역별 기본재산액 이하이며, 소득환산율이 100% 적용되는 자동차가 없는 가구에 한함)

- 기타 가구 특성이나 생활실태 등으로 보아 생계유지가 어려운 경우로 보장기관이 소득환산의 대상으로 하기가 곤란하다고 판단한 가구의 재산에 대해서는 시·군·구 생활보장위원회의 심의·의결을 거쳐 해당 재산을 소득환산대상에서 제외할 수 있음

나. 개인 단위 보장에 따른 수급권자 범위의 특례

ㄱ. 의료급여 특례

- 실제 소득에서 6개월 이상 지속적으로 지출되는 의료비를 공제하면 수급자 선정요건에 해당하나, 수급자 선정 이후에는 공제대상 지출이 발생하지 않아 소득인정액이 최저생계비를 초과하는 가구
  ※ 의료급여, 해산급여, 장제급여 지급

ㄴ. 교육급여 특례

- 실제 소득에서 고등학생 학비, 입학금, 수업료로 지출되는 비용을 공제하면 수급자 선정요건에 해당하나, 수급자 선정 이후에는 공제대상 지출이 발생하지 않아 소득인정액이 최저생계비를 초과하는 가구
  ※ 교육급여, 해산급여, 장제급여 지급

ㄷ. 자활급여 특례

- 수급자가 자활근로, 자활공동체, 자활인턴 성과관리형 자활시범사업 등 자활사업 및 취업성공 패키지(고용노동부)의 디딤돌 일자리에 참가하여 발생한 소득으로 인하여 소득인정액이 의료급여 선정기준인 기준 중위소득 40%를 초과하는 경우
  - 기준초과의 판정시점은 자활사업에 참가하여 발생한 소득으로 인하여 3개월 평균 소득인정액이 선정기준을 초과하는 사람이

므로 그 다음 달부터 자활급여특례자로 선정. 다만, 보장기관이 자활사업을 실시하지 못하는 달은 평균 산정기간에서 제외

다. 부양의무자 재산기준 특례

ㄱ. 부양의무자 재산기준 특례

– 부양의무자가 다음의 기준에 모두 해당하는 경우 부양능력이 없는 것으로 인정(국민기초생활 보장법 제8조의2 제1항 제3호)

- **소득기준** : 부양의무자의 부양능력 판정소득액이 부양의무자 가구 기준 중위소득 50% 미만
- **재산기준** : 부양의무자의 재산의 소득환산액이 '수급권자 및 부양의무자 가구 각각의 기준 중위소득 합' 기준 중위소득을 합한 금액의 18% 이상 40% 미만
- **가구 특성** : 국민기초생활 보장법 시행령 제7조의 규정에 의한 근로능력이 있는 가구원이 없거나 또는 재산이 주택(전세 포함)에 한정되어 있는 경우(부양의무자뿐 아니라 함께 거주하는 개별가구원 포함)

라. 타 법률 등에 의한 수급권자 범위 특례

ㄱ. 북한이탈주민

– 「북한이탈주민의 보호 및 정착지원에 관한 법률」(제26조)에 의해 "생활이 어려운 북한이탈주민"에 대해서는 최초 거주지 전입 후 5년의 범위(연속개념임) 내에서 급여실시

- 근로무능력자로만 구성된 가구 : 5년
- 근로능력자가 있는 가구 : 3년

ㄴ. 일본군위안부

- 「일제하 일본군위안부 피해자에 대한 보호·지원 및 기념사업 등에 관한 법률」(제4조)에 의해 급여실시
  - 소득을 조사하여 소득평가액 산정 후 급여결정
    ※ 생활안정지원금 및 그 이자소득은 소득으로 산정하지 않음
  - 재산은 소득으로 환산하지 않으며 부양의무자 기준은 미적용
- 일본군위안부와 주거 및 생계를 같이하는 가구원은 별도가구로 처리

ㄷ. 인간면역결핍바이러스 감염자(에이즈 감염자)

- 본인가구의 소득인정액만으로 수급 여부 판단
- 재산의 소득환산 시 특례 적용(1,600cc 이하의 승용차에 대하여 재산의 소득환산 시 일반재산으로 간주)

ㄹ. 농어민가구

- 농어촌주민의 보건복지 증진을 위한 특별법 제19조(수급권자 선정기준의 특례) 및 동법 시행규칙 제7조의 규정에 의하여 선정
  - 농어민가구의 소득평가액 산정 시 농어민가구의 특성을 반영한 지출요인을 추가 인정
  - 농어민가구의 재산의 소득환산액을 산정하는 경우, 경작농지 등 농어업과 직접 관련되는 재산에 대하여 소득환산기준의 일부를 완화하여 적용

마. 기타 수급권자 범위의 특례

- 영주귀국 사할린 한인, 한센인 정착촌 거주자 및 국립소록도병원 입원자, 보장시설생활자에 대한 수급권자, 사회취약계층에 대한 특별보호대책

2) 가족유형별 저소득가정에 대한 지원

(1) 소년소녀가정세대를 위한 지원

소년소녀가정세대 지원은 실질적으로 가정을 이끌어 가는 소년소녀가정의 아동에 대하여 생활보호를 해줌으로써 건전한 사회인으로 육성 도모를 목적으로 생활보호와 다양한 복지서비스를 제공한다. 지원대상은 18세 미만의 아동으로만 구성된 세대이거나 18세 미만의 아동이 부양능력이 없는 부모와 동거하는 세대이다.

18세 미만의 아동이 국민기초생활 보장법상 부양의무자(부모 제외)와 동거하는 경우에는 아동복지법 제15조 제1항 제2호의 대리양육가정으로 선정하고, 부양의무자가 아닌 친인척과 동거하는 경우에는 아동복지법 제15조 제1항 제3호의 가정위탁으로 선정하여 지원하고 있다.

15세 미만의 아동으로만 세대를 구성할 경우 소년소녀가정 지정을 제한하고 가정위탁이나 시설 입소를 권장하며, 아동이 만 15세 이상으로 아동복지법 제19조에 의해 후견인을 선임하는 경우에 한해 추가지정이 가능하다. 또한 지원아동이 만 18세 이상이나 중·고등학교에 재학 중인 경우에는 졸업 시(졸업하는 날이 속하는 달)까지 지원해 준다. 서비스 내용은 1인당 월 20만 원을 지원하고 추가지원으로 참고서구입비, 수학여행비, 학원수강비, 학교급식비, 제수비 등을 지원한다. 또한 국토교통부에서 전세자금을 지원해 준다. 대출대상 주택은 85㎡ 이하이며 일반주택 전세자금, 공공임대주택 임대보증금을 지원한다. 지원대상은 가구당 월평균 소득이 전년도 도시근로자 가구당 월평균 이하이며 무주택인 소년소녀가정으로 시장·군수·구청장이 지원대상자의 신청을 받아 대한주택공사에 전세자금지원대상을 추천한다.

(2) 기초노령연금과 노인가족 지원

기초노령연금제도는 생활이 어려운 노인에게 기초노령연금을 지급함으로써 노인의 생활안정을 지원하고 노후 소득보장 사각지대를 해소하는 것을 목적으로 하여 만 65세 이상의 소득·재산수준(소득인정액)이 선정기준액 이하인 노인에게 지급하는 제도이다.

2017년 단독가구는 최대 20만 원, 부부가구는 최대 30만 원을 매달 지급받았으며, 2022년부터는 단독가구는 최대 25만 원, 부부가구는 최대 375,000원이 지급되고 있다. 또한 만 65세 이상의 노인 중 가구소득, 건강상태 등을 고려하여 돌봄서비스가 필요한 대상자를 선정하여 가사·활동지원 등의 방문서비스 또는 주간보호서비스를 제공한다.

방문서비스는 식사, 세면도움, 옷 갈아입히기, 체위변경, 신체기능의 유지·증진, 화장실이용 도움, 외출동행, 생필품구매, 청소, 세탁 등의 서비스를 제공하며, 주간보호서비스는 심신기능 회복서비스(여가, 물리치료, 작업치료, 언어치료 등의 기능훈련), 급식 및 목욕, 노인가족에 대한 교육 및 상담 등의 서비스를 제공한다. 서비스대상자에게는 카드식 바우처를 발급하여 등록된 기관에서 서비스를 이용할 수 있도록 하고 소득수준(기초생활수급자, 차상위계층 초과 여부) 및 서비스 시간량(방문서비스 월 27시간 또는 월 36시간, 주간보호서비스 월 9회 또는 월 12회)에 따라 차등화하여 이용하도록 하였다.

이러한 노인돌봄서비스 대상자 선정은 만 65세 이상의 노인장기요양등급 외 판정자로, 건강기준은 노인장기요양등급 외 A, B, 소득기준은 가구소득이 전국가구 평균소득의 150% 이하인 경우이다. 장기요양등급 1~3급을 받았을 경우나 의료기관 입원 중인 경우, 시설입호, 국고사업에 의하여 동일한 또는 유사한 재가서비스를 받고 있는 경우는 불인정하며, 대상자 선정

시 건강상태, 동거가족 유무, 고령가구 순으로 우선순위를 부여하여 서비스를 실시한다.

(3) 한부모가족을 위한 지원

한부모가족에 대한 지원은 1955년 모자보호시설을 설치하여 전쟁미망인을 보호・지원하기 시작하여 1989년 모자복지법 제정으로 체계를 갖추기 시작하였다. 그 후 2002년 모자복지법을 모・부자복지법으로 개정하여 남성이 세대주인 부자가정에 대하여 지원하고, 2007년 모・부자복지법을 한부모가족지원법으로 개정하여 모・부자가정을 한부모가족으로 변경하였으며 조손가족을 보호대상으로 포함하였다. 또한 2009년도에는 취약가족 역량강화 지원대상을 확대하고, 2010년에는 정부조직개편에 따라 보건복지가족부에서 여성가족부로 이관하여 청소년한부모 자립지원사업을 시행하고, 가족보듬사업(가족충격완충망) 시행, 취약가족역량강화사업 확대(5개소 → 17개소), 한부모가족 복지시설 입소자 상담・치료지원을 시행하였다. 또한 2011년도에는 청소년한부모 자립지원사업과 저소득 한부모가족 복지자금 대여를 확대하고 한부모가족지원법을 개정하였다. 2012년에는 한부모가족 역량강화지원으로 내역사업 예산통합 및 내역을 이동하고, 조손가족 통합지원서비스 확대와 법원연계 이혼위기가족 회복지원사업을 실시하였다. 2014년에는 복지급여 압류방지 통장개설, 청소년한부모 자산형성계좌 지원 근거를 신설하는 등 한부모가족지원법을 개정하였고, 2016년에는 국민기초생활보장사업 맞춤형 급여개편에 따른 기준 중위소득을 도입하였다. 2018년에는 지원 가구별 소득인정액 기준이 한부모가족 및 조손가족의 경우 "모" 또는 "부"의 연령이 만 25세 이상으로 선정기준은 중위소득 60% 이하이며, 복지급여 지급 기준은 중위소득 52% 이하로 지원하고(한부모가족 지원센터, 2018), 청소년한부모가족은 "모" 또는 "부"의 연령이 만 24세 이하로서 선정기준은 중위소득 72% 이하로, 복지급여 지급 기준은 중위소득 60% 이하로 개정되었다. 2021년에는 만 18세 미만 자녀를 둔 생계급여를 받는 저소득 한부모가족에게 자녀 1인당 월 10만 원의 아동양육비를 지원하고, 2022년에는 신청인 연령이 만 24세 이하로 확인될 경우 청소년학부모 신청이 누락되지 않도록 반드시 안내하도록 하였고, 생계급여 지원 한부모 대상 아동양육비를 월 10만 원에서 20만 원으로 인상해서 지급하는 것으로 개정되었다.

<표 9-10> 2022년 한부모가족 지원사업

사업명 및 개요	사업대상	수행기관
〈한부모가족 자녀양육비 등 지원〉 • 아동양육비 : 만 18세 미만 자녀, 월 20만 원 • 추가아동양육비 – 조손 및 만 35세 이상 미혼 한부모가족 5세 이하 자녀, 월 5만 원 – 만 25~34세 한부모가족 자녀, 월 5~10만 원 지원 • 학용품비 : 중·고등학생 자녀, 연 8.3만 원 • 생활보조금 : 시설 입소가구, 월 5만 원	소득인정액 기준 중위소득 52% 이하 한부모 및 조손가족	지방자치단체
〈청소년한부모 자립지원〉 • 아동양육비 : 월 35만 원 • 검정고시 등 학습지원(연 154만 원 이내), 고교생 교육비(연 500만 원 이내), 자립촉진수당(월 10만 원) 등	소득인정액 기준 중위소득 60% 이하 만 24세 이하 한부모가족	자치단체
• 권역별 미혼모·부자 지원기관 운영 미혼모·부의 임신·출산·자녀양육을 위한 초기 양육지원, 상담 및 정보제공 등	미혼모·부자 가족	지방자치단체 17개 지원기관

〈한부모가족 복지시설 지원〉 • 시설기능보강 : 시설신축, 증개축, 개보수, 장비 보강지원 • 한부모가족 복지단체지원 : 시설종사자 역량강화 등 • 한부모가족 복지시설 입소자 상담・치료지원 • 시설배치 사회복무요원 인력경비 지원 • 공동생활가정형(매입임대) 주거 지원	각 시설 시설종사자 시설입소자 사회복무요원 등	자치단체 민간단체 한부모시설/단체
〈한부모가족 무료법률구조〉 • 한부모가족 대상 법률상담, 소송대리, 기타 법률사무 등 무료법률구조 지원	「한부모가족지원법」 제5조, 제5조의2 제2항 한부모가족	대한법률구조공단

출처 : 여성가족부(2022). 한부모가족 지원사업 안내.

(4) 장애인가족을 위한 지원

1999년 장애인복지법이 개정되면서 소득보장서비스로 장애아동을 보호・양육하는 보호자를 경제적으로 지원하기 위한 장애아동부양수당이 있다. 장애아동부양수당은 장애인의 경제적 생활수준을 고려한 장애로 인한 추가비용 보전에 대한 부분으로 지급대상으로는 국민기초생활 보장법에 의한 수급자와 차상위계층의 18세 미만 아동들의 보호자이다. 또한 장애인가족 지원서비스 형태로 2016년부터 재가장애인의 원활한 일상생활과 사회활동을 위하여 장애인에게 활동보조서비스를 제공하고 있다.

① 지원대상

만 6세 이상~만 65세 미만의 장애인복지법상 등록 1급 또는 2급 장애인으로 장애인활동지원서비스를 받는 도중에 만 65세가 도래하여 장기요양인정 신청을 하였으나, 등급 외 판정을 받아 장기요양수급자에서 제외된 장애인(이하 65세 도래자라 칭함)을 지원한다.

② 서비스내용

신변처리지원, 가사지원, 일상생활지원, 외출/ 이동/ 보조 등 활동 지원 및 방문목욕, 방문간호서비스를 실시하고 서비스대상자에게는 인정등급에 해당되는 만큼의 매월 일정액의 바우처를 지원한다.

③ 의료비 지원

일정한 범위의 장애인은 국민건강보험법과 의료급여법에 따라 제공되는 의료에 드는 비용 중 해당 장애인이 부담한 의료비를 지급받을 수 있다.

또한 장애인이 생활기능을 익히거나 되찾을 수 있도록 필요한 기능치료와 심리치료 등 재활의료를 제공하고, 장애인의 장애를 보완할 수 있는 장애인보조기구를 제공하는 등 의료재활치료서비스를 제공하며 의료비 지급 내용은 다음과 같다.

※ 의료비 수급대상자인 장애인은 국민건강보험법과 의료급여법에 따라 제공되는 의료에 드는 비용 중 해당 장애인인 본인이 부담해야 할 비용에 대해 의료비를 지급받게 된다(장애인복지법 제26조 제2항 및 장애인복지법 시행규칙 제20조 제1항 및 제2항).

※ 장애인이 실제로 부담하게 되는 금액은 본인부담금 중 장애인의료비 지원금액을 공제한 나머지 금액이다.

구체적인 지원내용은「장애인 건강권 및 의료접근성 보장에 관한 법률」 제17조 및 '2022년 장애인복지지원사업 안내'(1권)를 참조한다.

<표 9-11> 장애인 의료비 지원

<table>
<tr><th>구 분</th><th colspan="2">의료급여기관</th><th>구 분</th><th>본인부담금</th><th>장애인의료비
지원내용</th></tr>
<tr><td rowspan="7">외 래</td><td colspan="2" rowspan="2">제1차 의료급여기관
(의원, 보건의료원)</td><td>원내 직접조제</td><td>1,500원</td><td>750원</td></tr>
<tr><td>그 이외의 경우</td><td>1,000원</td><td>750원</td></tr>
<tr><td rowspan="4">제2차
의료
급여
기관</td><td rowspan="3">만성질환자</td><td>원내 직접조제</td><td>1,500원</td><td>전액</td></tr>
<tr><td>그 이외의 경우</td><td>1,000원</td><td>전액</td></tr>
<tr><td>특수장비촬영
(CT, MRI, PET)</td><td>특수장비 총액의 15%
(차상위 14%)</td><td>전액</td></tr>
<tr><td>만성질환자 외</td><td colspan="2">의료급여비용 총액의 15%(차상위 14%)</td><td>전액</td></tr>
<tr><td colspan="2">제3차 의료급여기관</td><td colspan="2">의료급여비용 총액의 15%(차상위 14%)</td><td>전액</td></tr>
<tr><td rowspan="2">입 원</td><td colspan="2" rowspan="2">제3차 의료급여기관</td><td colspan="2">의료급여비용 총액의 10%(차상위 14%)</td><td>전액</td></tr>
<tr><td colspan="2">본인부담식대</td><td>없음</td></tr>
<tr><td rowspan="2">약 국</td><td colspan="2" rowspan="2">약국에서 의약품을
조제하는 경우</td><td>처방조제</td><td>500원</td><td rowspan="2">없음</td></tr>
<tr><td>직접조제</td><td>900원</td></tr>
</table>

출처 : 여성가족부(2022). 장애인복지지원사업 안내.

5 빈곤가족에 대한 대책

1) 빈곤동태와 원인에 대한 정확한 파악

빈곤가족의 원인이 개인적 요인뿐 아니라 사회구조적인 요인의 영향을 많이 받는다는 사실은 현대 빈곤가족의 특성이라고 할 수 있다. 우리나라의 경우, 빈곤에 진입한 사람들의 3/4 정도가 2년 안에 빈곤을 탈피하는 정도로 매우 활발한 빈곤탈출양상을 보이고 있으나, 어느 시점에서의 빈곤층을 보면, 장기빈곤층의 비중이 매우 높음을 알 수 있다. 이러한 장기빈곤층의 대표적인 집단인 노인가구와 여성가구주의 정확한 동태파악을 하여, 이에 근거한 대책을 수립해야 할 것이다.

2) 국민기초생활 보장제도의 개선

최저생계비 이하의 소득을 가진 절대빈곤층이 되어야만 수급자가 될 수 있는 현행제도를 개선하여 수급자를 확대하고 수급수준을 개선할 필요가 있다. 수급기준보다는 상회하는 소득을 가지고 있어 수급대상이 되지 못하고 심한 경제적 어려움을 겪고 있는 차상위계층을 포함할 수 있도록 수급자를 확대할 필요가 있다. 또한 현행법이 부양의무자 판별기준이 너무 엄격하고 가구원 수와 관계없는 단일한 재산을 기준으로 하고 있으며, 규모의 경제를 무시한 소득기준설정상의 비합리성과 중소도시를 기준으로 한 전국 단일기준 등으로 인해 많은 가구들이 보호대상에서 제외되어 있으므로, 수급권자를 선정할 때 탄력적으로 선정기준을 적용할 필요가 있으며 급여수준도 강화되어야 한다.

3) 건강지원서비스(의료지원 확대)

빈곤가족 내에는 만성질환자, 장애인, 암 환자 등이 많이 있음에도 불구하고 현재 이들에 대한 의료급여는 기초생활수급자에 거의 한정되어 있어 급여대상의 확대와 수급자와 취약계층에 대한 암 치료 등의 부족한 치료비의 지원수준을 위한 의료급여의 확대가 요망된다.

또한 빈곤가족을 위한 건강지원서비스로 의료서비스의 접근성을 높이기 위해 기초생활보장 수급자의 경우 의료보호를 받도록 하고 있는데, 의료보호의 1, 2종 구분을 없애고, 의료보호자라는 낙인이나 차별을 의료기관에서 받지 않도록 정부의 적극적인 의료비 지원이 이루어져야 할 것이다.

사후적인 치료 못지않게 중요한 것이 사전예방서비스이다. 빈곤가족의 질병이 만성화되지 않도록 건강진단서비스, 예방접종 등이 적절하게 제공

된다면 사후 질병을 예방할 수 있으므로 국가는 보건소와 같은 공공의료체계를 강화시키고 안정적인 사전건강보호서비스를 제공하도록 해야 한다.

4) 자립지원의 강화

빈곤가족근로자의 자활의지 고취는 생계보호서비스에 안주하는 것을 방지하므로, 자활의지가 있는 수급자를 적극적으로 지원하여 빈곤으로부터 벗어날 수 있도록 자립지원의 강화가 필요하다.

또한 자활기관에서 활용 가능한 효과적인 미취업 대상자 빈곤가족을 위한 고용지원서비스, 취업대상자 빈곤가족을 위한 고용지원서비스 등 안정적 생계유지를 위한 사회보장정책과 고용정책을 적극적으로 연계함으로써 빈곤에서 탈피할 수 있는 다차원적인 방안이 모색되어야 한다.

5) 빈곤아동을 위한 지원 강화

빈곤아동에 대한 지원은 현재 가족이 당면하고 있는 빈곤문제를 해결하기 위한 방안이기도 하지만 장기적으로는 빈곤에 대한 예방책이기도 하다. 따라서 빈곤아동을 지원하는 다양한 서비스에 대한 지속적 · 집중적 투자가 요구된다.

① 급식지원사업의 개설

'결식'에서 벗어나 적극적 급식지원사업으로 전환, 빈곤아동 급식지원 조사의 연중 실시 및 발굴 강화, 민간 아동급식단체와 협력체제 구축, 급식장소 확대, 자활근로사업에서 결식아동 급식사업 추진, 공휴일 · 조식 등 급식지원 강화 등 현실적인 급식지원 개선이 필요하다.

② 빈곤가족 영유아를 위한 다양한 보육서비스 개발

빈곤가족이 필요로 하는 다양한 보육서비스 형태를 도입하여 여성 가장들이 자녀양육에 걱정 없는 포괄적 보육을 실시하여, 빈곤가족 아동들이 사례관리를 포함한 다양한 지원을 받을 수 있도록 지원해야 한다.

③ 방과 후 보호 및 학습, 문화 지원

지역아동센터에 전문가를 배치하여 지역사회 기존 복지인프라와 연계한 종합적인 아동의 보호·육성체계를 구축할 수 있도록 그 지원을 현실화해야 한다. 현재 진행 중인 교육복지투자 우선지역 지원사업이나, 사회복지사를 활용한 연구학교 사업이 제도화되어 학교현장에서 종합적인 교육·복지·문화서비스가 제공될 수 있도록 해야 한다.

④ 심리사회적 지지

빈곤가족 아동들은 자주 아동학대, 학교부적응, 부모의 이혼이나 별거, 학업부진 등의 문제를 복합적으로 경험하며, 생활스트레스로 인해 우울이나 불안, 공격성, 비행 가능성이 높고 자아존중감도 낮다. 따라서 이들에 대한 심리적 상담, 사회기술훈련, 문제해결능력 배양 등을 통해 학교와 가정에 잘 적응하도록 돕는 것이 매우 중요하다.

6) 가족관계 향상 서비스 지원

빈곤가족은 경제적 문제와 함께 가족들 간의 정서적·심리적 문제가 복합적으로 나타난다. 특히 상대적 박탈감과 생활만족도가 낮아 긴장과 갈등이 내재해 있는 경우가 많기 때문에 이러한 욕구를 해결할 수 있는 대인서비스를 제공하는 것이 매우 중요하다.

가족관계 향상 서비스는 가구주와 가족원 개개인의 적응능력 향상과 잠재력을 개발하여 가족이 스스로 빈곤으로부터 벗어날 수 있도록 지지하기 위한 것이다.

7) 자녀양육관련 복지서비스 제공

빈곤가족의 아동은 빈곤으로 인해 신체·인지·정서 발달이 지체되므로, 빈곤아동이 건강하게 성장·발달할 수 있도록 다양한 복지 프로그램이 개발되어야 하며, 학비면제 위주의 경제적 지원뿐만 아니라 아동복지관이나 종합사회복지관을 중심으로 빈곤아동의 정상적인 발달을 도모할 수 있는 프로그램 실시도 필요하다.

8) 주택 지원 서비스 확대

주거가 인간의 기본 생활 중 하나인 만큼 빈곤가족의 주거문제는 가족 구성원의 건강문제, 불안정한 가족관계 형성, 경제활동 제약 등 직간접적 영향을 준다.

현재 전·월세 상승과 빈곤가족의 주거불안은 단순히 물량 위주의 주택공급이나 민간자본 동원으로 해결될 수 없으므로 보다 장기적이고 종합적인 대책 수립이 요청된다.

첫째, 빈곤층의 욕구와 능력을 고려하여 임대주택의 공급과 동시에 임대료 보조, 전세금 융자와 같은 혼합된 주거보호정책을 채택하는 것이 효율적이다.

둘째, 불량주거지 재개발 시 강제 철거를 금하고 순환식 재개발을 실시하며 주민의 의견을 존중하여 그들의 참여를 합법적으로 보장한다.

셋째, 빈곤가족을 대상으로 한 장기 저리 주택자금 융자제도도 적극 검토할 필요가 있다.

CHAPTER 10

이혼 및 재혼가족

학습목표

- 이혼가족의 문제점과 발생요인을 파악하고 예방을 위한 사회복지서비스를 설명할 수 있다.
- 재혼가족의 문제점과 발생요인을 파악하고 예방을 위한 사회복지서비스를 설명할 수 있다.

1 이혼가족의 개념 및 발생요인

1) 이혼가족의 개념

이혼은 법률상으로 유효하게 성립된 혼인관계를 결혼당사자들이 모두 살아 있는 동안에 협의 또는 재판상의 절차를 거쳐서 그 부부관계를 해소시키는 것을 의미한다. 이는 인위적으로 혼인관계를 해소시킨다는 점에서 부부 중 어느 일방의 사망에 의한 혼인관계 해소와 달리, 부부관계에서 일어나는 여러 가지 문제에서 탈피하기 위한 하나의 방법이며 동시에 부부관계를 해소시킬 방법을 법률상으로 인정하는 제도이다.

그러나 법적인 이혼으로 인하여 결혼에 관한 모든 것이 끝나는 것이 아니다. 전 배우자와의 사이에 도덕적이고 정서적인 계약을 남겨두고 결혼에 토대를 둔 한 세대는 파괴되었지만 자녀들로 인한 인간관계는 완전히 깨뜨려질 수 없는 것이다. 따라서 이혼가족이란 이러한 이혼으로 인하여 형성된 가족을 의미하는 것으로 이혼 전의 가족에 비해 축소된 형태의 가족을 말한다.

2) 이혼가족의 발생요인

(1) 개인적 원인

이혼의 개인적 이유는 예전에 비해 매우 다양하다. 우리나라는 아직 배우자 중 한 사람에게 이혼의 주된 원인을 제공한 책임이 있는 경우 이혼을 허용하는 유책주의를 따르고 있다. 민법 제840조에 규정된 이혼사유는 다음과 같다.

① 배우자에 부정한 행위가 있었을 때
② 배우자가 악의로 다른 일방을 유기한 때
③ 배우자 또는 그 직계존속으로부터 심히 부당한 대우를 받았을 때
④ 자기의 직계존속의 배우자로부터 심히 부당한 대우를 받았을 때
⑤ 배우자의 생사가 3년 이상 분명하지 아니한 때
⑥ 기타 혼인을 계속하기 어려운 중대한 사유가 있을 때

이혼의 사유를 살펴보면 1990년대는 주로 부부불화가 강조되었지만, 2000년 이후에는 그 사유가 달라지고 다양해졌음을 알 수 있다. 가장 심각한 이혼사유로는 배우자의 부정이 35만 6천 건으로 가장 많고, 기타사유(29.4천 건), 정신적 · 육체적 학대(27.2천 건), 가족 간 불화(24.8천 건), 경제문제(22.5천 건) 등의 순서로 나타나고 있다.

<표 10-1> 주요 이혼사유 (단위 : 천 건)

구 분	2017	2018	2019	2020	2021	2022
배우자 부정	30.5	31.1	32	33.2	34.4	35.6
정신적·육체적 학대	24.2	24.8	25.4	26	26.6	27.2
가족 간 불화	21.8	22.4	23	23.6	24.2	24.8
경제문제	19.5	20.1	20.7	21.3	21.9	22.5
성격차이	15.3	15.9	16.5	17.1	17.7	18.3
건강문제	10.2	10.8	11.4	12	12.6	13.2
기 타	25.6	26.2	27	27.8	28.6	29.4

출처 : 통계청(2022). 연령별 결혼 및 이혼 통계.

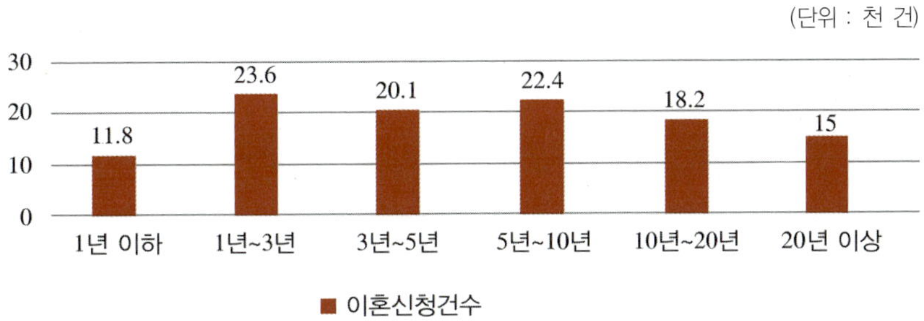

<그림 10-1> 혼인기간별 이혼신청건수(2022년 기준)

출처 : 사법연감(2023); 통계청(2022).

(2) 사회적 원인

① 제도적 요인 – 개정 가족법의 영향

이혼에 가장 큰 영향을 미치는 법은 1990년 개정되고 1991년부터 시행된 가족법이다. 이 개정 가족법에는 그동안 변화해 온 가족의 개념과 이념이 반영되어 있고, 오랫동안 억압되어 온 양성평등의 욕구가 분출되어 가족관계에도 변화를 가져다 주었다. 가족법 개정 이후, 재산분할권이나 자녀양육권 등의 법적 변화는 이혼 후 여성들이 독립적인 삶을 사는 데 많은 가능성을 열어주었다. 자녀를 맡을 경우에도 양육비를 받게 되어 경제적인 불이익을 최소화할 수 있게 되었다.

② 여성의 사회·경제적 지위 향상

여성의 사회·경제적 지위 상승은 가족 내에서의 여성의 지위도 향상시켰다. 아내의 사회·경제적 지위가 높을수록 가사노동이나 자녀양육의 역할에서 남편과 동등하게 분담하도록 보다 강하게 요구하고 있다. 이러한 여성의 경제적 능력 신장은 남편은 돈을 벌어오고 아내는 집안살림을 한다는 전통적 성역할에 대한 가치관도 변화시키고 있다. 이러한 가치관의 변화는 평등한 부부관계에 대한 인식을 증가시키고, 이에 따라 남편의 부당한 대우를 참고 견디던 여성의 목소리가 커지게 되면서 이혼율의 지속적 증가에 상당한 영향을 미치고 있다.

③ 이혼에 대한 인식의 변화

그동안 우리 사회에서 이혼은 부정적으로 인식되어 왔다. 그러나 여성의 지위 향상 및 남녀평등사상에 대한 인식이 변화하면서 최근에는 부정적으로만 받아들여졌던 이혼이 더 이상 불행한 가족해체의 의미가 아니라 자신의 삶을 위한 또 하나의 선택으로 받아들여지고 있고, 아울러 그 선택에 대한 책임이 강조되면서 이혼을 보다 긍정적으로 바라보고 있다. 이러한 이혼에 대한 인식의 변화는 이혼을 증가시키는 원인이 되고 있다. 이혼을 수용하거나 허용하는 분위기가 조성되면서 이혼이 불행한 결혼생활의 끝이 아니라 오히려 자유로운 삶과 자신의 발전을 위한 새로운 기회가 될 수 있다는 인식으로 변화하고 있는 것이다. 심각한 갈등이나 해결하기 힘든 문제를 떠안고 불행한 결혼생활을 지속하기보다는 결혼관계를 해소하고 새로운 삶을 찾고자 이혼을 선택하는 경향이 증가하고 있다.

2 이혼가족의 현황 및 문제

1) 이혼가족의 현황

가족의 형태가 급속히 다양화되고 있는 가운데 이혼가족은 빠르게 증가하는 추세를 보이고 있다. 통계청(2022) 보도자료에 의하면, 우리나라의 이혼건수는 1970년부터 2003년 기간 동안 계속 증가했으나, 2003~2012년 기간은 3.4건에서 2.3건, 2012~2022년 기간은 1.8건으로 감소 추세를 보이고 있다. 2022년에는 조이혼율이 1.8건으로 1997년의 2.0건 이후 최저 수준을 보이고 있다.

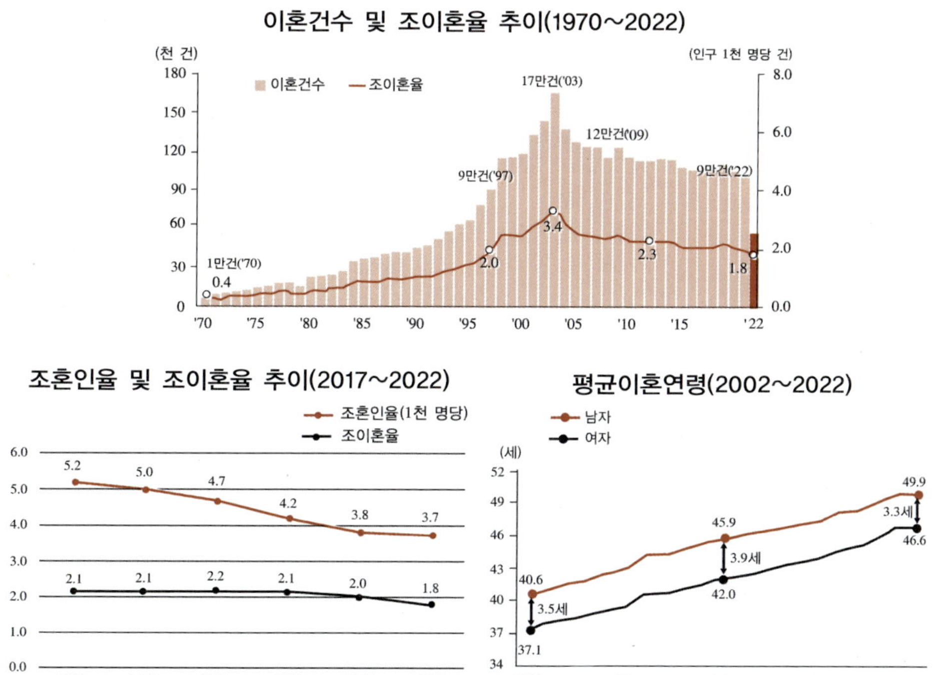

<그림 10-2> 기간별 이혼 건수 및 조이혼율

주 : 조이혼율은 인구 1천 명당 건
출처 : 통계청(2022).

이와 같이 결혼 자체가 줄었고 경제상황, 그리고 앞으로 시행될 이혼자에게 유리하게 적용되는 민법, 또한 이혼 전에 다시 생각하는 숙려기간을 갖도록 의무화하고 이혼 전 상담을 거치게 하는 등 관련제도 변화 등이 이혼율을 낮추게 된 요인으로 보인다.

부부가 이혼 당시 미성년 자녀가 없는 부부의 이혼구성비는 2017년 54.4%에서 2022년 51.2%로 감소하고 있으며, 미성년 자녀가 있는 부부의 이혼구성비는 2017년 50.1%에서 2022년 38.9%로 감소하는 추세를 보이고 있다.

<표 10-2> 미성년 자녀 수별 이혼건수 및 구성비(2012~2022) (단위 : 천 건, 건)

구 분	2012	2013	2014	2015	2016	2017	2018	2019	2020	2021	2022	구성비	전년 대비 증감률
계*	114.3	115.3	115.5	109.2	107.3	106.0	108.7	110.8	106.5	101.7	93.2	100.0	-8.3
미성년 자녀 있음	60.3	59.0	57.2	52.8	51.0	50.1	49.4	49.0	45.0	41.2	38.9	41.7	-5.5
1명	29.9	30.1	30.0	27.8	27.3	26.7	27.0	26.2	23.9	22.0	20.6	22.1	-6.4
2명	26.2	24.7	23.3	21.2	20.0	19.7	18.7	19.0	17.5	15.9	15.2	16.3	-4.8
3명 이상	4.1	4.2	3.9	3.8	3.7	3.7	3.7	3.8	3.5	3.2	3.1	3.3	-3.0
미성년 자녀 없음	53.7	56.1	58.1	55.6	55.4	54.4	57.6	59.4	58.7	57.9	51.2	54.9	-11.6

*미상 포함
출처 : 통계청(2022).

이와 같이 미성년 자녀가 있는 부부의 이혼감소는 최근 저출산 현상과 관련이 있으며 미성년 자녀가 없는 부부의 이혼 증가 추세는 재혼의 증가에 일정한 영향을 준다.

2) 이혼가족의 문제

(1) 정서적 문제

이혼에 대한 사회적 인식의 변화로 이혼이 증가하고 있는 추세이나 이혼가족은 심리적·정서적으로 후유증을 겪게 된다. 이혼을 하면 자유로워지고 모든 고민이 사라질 줄 알았지만 막상 이혼을 하게 되면 홀로 지내는 시간이 길어지면서 우울증 등 정신적 고통에 시달리기 쉬우며 극도의 정서적 불안, 분노, 우울 등으로 신체적 건강 약화 및 심리적 장애를 경험하게 된다. 이러한 장애를 극복하지 못하는 경우 알코올중독, 약물중독, 정신적 문제 등으로 이어지기도 한다.

남편과 자녀에게 지나치게 의존적인 삶을 살던 여성의 경우에는 이혼을 결혼의 실패로 여기며, 이런 실패의식은 낮은 자아존중감을 야기하고 자아상실감에 커다란 영향을 미친다. 반대로 매우 독립적인 성역할 태도를 가진 여성은 자아상실에 대해서 덜 어려움을 느껴 이혼 후 자신을 위한 잠재력을 개발함으로써 사회적으로 자신감을 되찾을 수 있다.

남성의 경우는 자녀양육의 어려움을 겪게 된다. 특히 우리 사회는 남자 혼자서 아이를 키우기 위한 여건이 조성되지 않았기 때문에 매우 힘들다. 가사문제 또한 남성 스스로 해결해야 할 현실에서 대부분의 남성들은 혼란에 빠지게 된다. 가사로 인한 불편이 누적되면 정서적으로나 심리적으로 불안정해진다.

한편 이혼 후 가장 큰 상처를 받는 대상은 자녀이다. 가족관계의 측면에서 이혼 후 편부모가 양부모의 역할을 다하기에는 이해와 능력이 부족하고 결과적으로 의사소통의 어려움이 따르며, 부모의 이혼에 의해서 가족연대감이 파괴되었을 때 자녀들은 감정적·정서적 타격을 받게 된다. 따라서 이혼가정의 자녀들은 가정, 학교, 사회, 이성 문제에 부적응 현상을 초래할 경향이 높다. 그리고 부모의 양육이 부적절하면 아동들에게 상당한 불안감을 줄 수 있다. 부모의 애정을 상실한 아동이 대인관계에서 불안정성을 보이는 것은 불안감이나 낮은 자아존중감 때문이다. 어린 시기에는 정서적으로 상처받기 쉽고, 확고하지 못하며 부모로부터 버림받았다는 공포감이 극단적으로 부모에 대한 적대감으로 나타날 수 있다. 따라서 이혼한 부모가 정서적으로 안정되도록 돕는 것은 그들의 자녀뿐 아니라 이혼자들이 이혼으로 인한 상처에서 회복되고 변화된 생활에 잘 적응하도록 하는 데 매우 중요하다 할 수 있다.

(2) 경제적 문제

이혼가족이 현실적으로 가장 먼저 부딪히는 문제는 경제적 문제이다.

이혼남성은 자신의 집을 분할하는 경우, 혹은 위자료를 지불하거나 자녀의 양육비를 지불해야 하는 경우 경제적으로 어려움을 겪게 된다. 특히 저소득층의 남성들은 이혼 후, 자녀양육의 경제적 어려움은 더욱 심하게 된다. 반면 자립능력이 부족한 여성은 이혼 후 주거 및 생계의 문제에 따라 경제적 어려움을 겪게 된다.

전업주부로 생활하던 여성들이 이혼한 후에는 구직활동과 자녀양육을 함께해야 하고, 혹 직장을 다닌다고 해도 임금수준이 낮은 미숙련 일에 종사하는 경우가 많아 이혼여성들의 생활수준은 낮을 수밖에 없다. 이러한 경제적 어려움이 예상되어 이혼을 하지 못하는 여성들도 상당수 있다.

또한 남성보다 여성들이 자녀를 양육하는 경우가 많다. 그런데 전남편으로부터 아동양육비를 제대로 받지 못하는 경우에는 경제적 어려움이 더 가중되기도 한다. 더욱이 법적으로 양육비에 대한 판결이 난다 해도 전남편의 지급의사 여부에 따라 지급이행 여부가 좌우되기 때문에 남편이 양육비 지급을 이행하지 않는다면, 곤란한 지경에 처할 수밖에 없다. 이런 이유로 이혼여성 중 상당수가 재혼을 선택하게 되며, 이러한 추세는 재혼가족의 비율을 지속적으로 증가시키는 요인이 되기도 한다.

(3) 역할변화에 따른 문제

이혼으로 인해 가족구조가 재편성되면서 가족원 간의 역할에도 새로운 변화가 나타난다. 결혼생활에서 상호 보완적 역할에 익숙해 있던 부부들은 이혼 후 혼자서 여러 가지 문제를 처리해야 하는 어려움을 겪게 되고 역할에서의 과한 부담을 경험한다. 이혼여성은 자신과 아이들의 생존을 보장해야 하는 가장의 역할을 수행해야 하고 자녀훈육에도 혼자 책임을 져야 한다. 따라서 가정주부의 역할만을 해왔던 여성들은 이혼 후의 역할변화에 적절히 대처하지 못하거나 역할에 대한 부담으로 두려움을 갖는다. 이혼 후 가족원들이 경험하는 새로운 역할을 효율적으로 수행하는 데 어려움과 스트레스를 갖기 때문에 이로 인한 스트레스를 어떻게 관리하는가는 이혼 후 가족원들의 적응과 밀접한 관련이 있다.

(4) 대인관계문제

우리 사회에서 이혼은 그동안 부정적으로 인식되어 왔다. 최근 이혼에 대한 인식과 태도가 점차 수용적으로 변화하고는 있지만 아직도 이혼자들 중에는 이혼으로 인한 위축으로 부모나 형제, 친구들과 점점 소원해지는 경우가 많다. 심지어 가장 가까운 사람들로부터 이혼에 대해 이해를 받지 못하거나, 고통스러운 결정에 대해 지지를 받지 못하고 있다. 이렇듯 가족이나 가까운 사람들이 보여주는 차가운 시선과 불신은 이들로 하여금 타인에 대한 방어적 태도를 형성하거나 부정적인 감정을 갖게 한다. 이는 이혼 후 사회적 활동을 위축시키거나 대인관계를 어렵게 하는 주요 요인으로 작용하게 된다. 심지어는 대인관계를 두려워하여 사회적 모임까지 회피하게 되고,

점차 사회적 접촉망의 축소와 사회적 고립으로 이어질 수 있다. 따라서 이혼자들은 기존의 친구나 이웃의 모임, 사회모임, 종교활동을 지속하여 친밀한 사회관계를 유지하는 것이 필요하다.

3 이혼가족에 대한 서비스 현황 및 대책

1) 이혼가족에 대한 서비스 현황

우리나라의 이혼가족을 지원하는 정책은 거의 없는 편이다. 다만, 최저생계비 이하의 극빈층을 위한 국민기초생활 보장제도에 의한 생계급여, 주거급여, 의료급여, 교육급여, 해산급여, 장제급여, 자활급여와 저소득층 모·부자가정을 대상으로 하는 자녀양육, 교육 및 주거 지원에서 이혼가족을 위한 지원정책을 부분적으로 접할 수 있다. 법제도적 차원에서는 민법의 가족법 중 관련조항과 호주제 폐지 등이 있다. 이 밖에 민간단체들이 운영하는 심리·정서적 지원, 빈곤가정 아동을 위한 학습지원(공부방), 이혼자의 재혼 등을 위한 프로그램이 있는 정도이다.

(1) 경제적 지원

이혼가족의 경제생활 지원은 공공부조 차원에서의 지원에서 찾아볼 수 있다. 우리나라의 공공부조에는 국민기초생활 보장제도와 의료급여제도, 국가보훈사업, 재해구호사업 등이 있고, 취약계층을 위한 사회복지서비스의 일부 프로그램인 모·부자복지사업이 공공부조의 성격을 갖고 있다(모지환, 2003). 이 중 국민기초생활 보장제도와 모·부자복지사업으로부터의 이혼가족을 위한 경제적 지원유형에는 생계지원, 자활지원, 교육지원, 자녀양육비 및 학비지원 등이 있다.

① 생계지원

이혼가족을 포함한 극빈층에게 생계비를 지원하는 제도에 해당하는 것은 국민기초생활 보장제도이다. 국민기초생활 보장제도 수급권자는 최저생계비 이하를 버는 자로서 부양의무자가 없거나 있어도 부양능력이 없거나 또는 부양을 받을 수 없는 자이다(보건복지부, 2022). 수급권자가 받을 수 있는 급여에는 생계급여, 주거급여, 교육급여, 의료급여, 장제급여, 자활지원, 해산급여가 있다.

생계급여는 기준 중위소득 30%에 해당하는 금액과 가구의 소득인정액과의 차액을 보충하여 지원하는 보충급여의 방식을 띠고 있는데, 이는 수급자에게 의복·음식물 및 연료비, 기타 일상생활에 기본적으로 필요한 금품을 지급하는 것이다.

② 자활 및 고용 지원

이혼가족을 위한 자활 및 고용관련 사업에는 국민기초생활 보장법에 근거한 자활사업과 한부모가족지원법에 근거한 직업훈련 및 취업알선 사업을 들 수 있다. 2000년 국민기초생활 보장제도의 실시와 함께 강화된 자활사업은 IMF 이후 대량 양산된 저소득층을 대상으로 취업과 창업을 통해 생활기반을 마련할 수 있도록 지원하는 차원에서 빠른 속도로 증가하였다. 이는 근로능력이 있는 저소득 빈곤계층에게 자활사업에 참여하는 조건으로 생계급여를 지급하고 근로능력 정도에 따라 취업대상자와 비취업대상자로 분류하여 자활사업에 참여하도록 규정하고 있다(노대명 외, 2004).

자활사업의 다른 축은 저소득 모·부자가정의 자활 및 경제적 안정을 도모하기 위하여 한부모가족지원법에 근거하여 직업훈련 및 취업알선을 지원하는 것이다. 대상은 재가 저소득 모·부와 모자보호시설 거주자로 직업훈련을 받고자 하는 사람이다. 직업훈련기간 중에는 가계보조수당을 노동부로부터 지급받는다. 그러나 모・부자에게 제공되고 있는 직업훈련은 훈련 기간 동안의 낮은 생계비 지원으로 참여자가 적은 문제점을 안고 있다. 한편 취업알선은 직업훈련 이수자에게 제공되고 있는데 공공시설의 각종 매점 및 시설운영권을 우선적으로 허가하는 지원책이다.

자활사업의 일환으로 생업자금 및 복지자금융자 프로그램이 있다. 생업자금은 국민기초생활 보장제도 중 자활사업의 일환으로 제공되는데, 그 대상은 비취업대상자로 공동체 및 개인창업을 희망하는 자에게 제공된다.

(2) 자녀지원

① 자녀양육비 및 학비 지원

우리나라에서 이혼가족 자녀를 위한 경제적 지원으로는 국민기초생활 보장제도에 의한 교육급여와 한부모가족지원법에 의한 자녀학비(입학금, 수업료) 및 양육비 지원이 있다. 국민기초생활 보장대상자 자녀는 중・고등학교 학비를 전액 면제받는다. 교육급여의 목적은 기초생활보장 수급자에 대하여 적정한 교육기회를 제공함으로써 자립능력을 배양함과 동시에 빈곤의 세대전승을 차단하는 데 있다.

모・부자복지대상 가족자녀에 대한 학비 지원은 저소득 모자가정에게 경제적 부담이 큰 학비를 지원하여 자활을 도모하기 위한 사업으로 고지된 학비와 학용품비를 지원하고 있다.

아동양육비는 저소득 모・부자가정의 만 18세 미만 아동에 대하여 양육비를 지원함으로써 자활을 도모하기 위한 사업으로 지원하고 있으며, 생계급여를 받는 한부모가족 대상 1인당 아동양육비를 2021년 월 10만 원에서 2022년 월 20만 원으로 단가를 인상하여 지원하고 있다.

② 자녀교육 및 학습 지원

학령기 자녀들에게는 민간을 중심으로 공부방 사업이 진행되고 있다. 빈곤지역 공부방은 1960년대 급속한 경제 성장과정에서 소외된 도시빈곤층의 청소년들이 경제적·교육적·사회심리적·문화적 지원의 열악함으로 인해 신체발달의 불균형, 학습능력의 저하, 정서적 불안과 자신감 부족, 사회성 부족 등의 문제와 이로 인한 일탈 및 비행이 사회적 문제로 부각되면서 이러한 문제에 대응하기 위해 종교단체나 민간단체가 빈민지역 안에 들어가 그들과 함께 생활하면서 빈민지역의 문제를 공유함과 동시에 그 지역 청소년들의 지원을 위해 시작되었다(이용교, 2000).

최근의 공부방은 '방과후 아동보육서비스'의 한 형태로, 실직가정 및 저소득가정, 가정해체로 정상적 아동보육이 행해지지 않는 가정의 아동, 결식아동, 방임아동 등을 대상으로 지역사회 내 공식적인 사회복지시설이 아닌 곳에서 방과후 교육서비스를 제공하고 있다. 기초 학습지도를 비롯하여 음악·미술·공동체놀이 등의 문화활동, 다양한 심성훈련과 상담 및 권익보호활동, 학부모교육 등을 통해 빈민지역 청소년들의 인성적·지적 성장에 기여해 왔다(장혜경 외, 2002).

이러한 공부방은 지역적 제한, 접근성 등의 문제로 지역사회의 사회복지시설을 이용하지 못하는 한부모가족의 자녀들을 위한 가용자원이 될 수 있다. 최근 아동보육조례 제정을 통한 공부방의 제도화가 추진되고 있어 한부모가족지원법상의 모·부자가족의 아동도 지원의 우선순위에 적용이 되며, 더욱 체계화된 아동교육 프로그램이 제공될 수 있을 것으로 보인다.

(3) 주거지원

이혼가족을 위한 주거지원으로는 국민기초생활 보장제도에 의거한 주거급여와 모·부자가정을 대상으로 한 영구임대주택 제공 및 시설보호가 있다. 이전의 생활보호법에서는 주거비를 생계급여에 포함하여 지급하여 왔으나, 국민기초생활 보장법에서는 수급자의 주거실태에 따른 적정한 급여를 지급함으로써 수급자가 보다 나은 주거환경에서 거주할 수 있도록 유도하기 위하여 '주거급여'를 분리·신설하였다.

이에 따라 수급자에게 주거안정에 필요한 임차료, 유지수선비 등을 주거급여로 지급하고 있다. 주거급여는 가구규모별로 정액급여를 하는 형태를 띠고 있으나, 실제로는 생계급여와 합하여 현금급여로 지급되고 있다(이태진, 2005).

2) 이혼가족에 대한 대책

(1) 이혼예방 대책

① 가족생활교육 프로그램

결혼 초기부부의 이혼은 결혼에 대한 준비교육이 충분히 이루어지지 않은 상태에서 결혼을 서둘렀다가 이혼으로 이어지는 경향이 있다. 따라서 결혼 초기의 이혼을 예방하기 위해서는 가정의 건강성을 유지하고 지원하는 교육 프로그램으로 성역할과 이성교제, 배우자 선택과 결혼, 가족관계에 대한 교육 프로그램을 실시하고 혼인적령기 성인과 결혼예비부부를 대상으로 하는 결혼준비교육 프로그램 등 가족생활교육 프로그램을 통하여 급변하는 사회에 알맞은 결혼관과 새로운 부부의 역할 및 윤리관 등 결혼 전 교육 프로그램뿐 아니라 부부관계를 보다 강화시킬 수 있는 방안이 요구된다. 이러한 교육 프로그램의 실시는 일부 민간기관, 종교기관에서 이미 실시되고 있으나 앞으로 이혼율의 증가, 특히 젊은이의 높은 이혼율의 방지 혹은 원만한 해결을 위해서 결혼준비교육을 좀 더 적극적으로 실시하는 것이 필요하다.

또한 부부관계나 가족생활을 원만하게 유지하고 있는 부부를 대상으로 부부관계의 질적 향상을 위한 의사소통방법, 갈등해결방법 등 다양한 내용을 포함한 프로그램의 실시가 요구된다. 현재 실시되고 있는 기관의 부부대화교육 프로그램은 각 기관에서 상당한 효과를 거두고 있으나, 일반에게 보급하기에는 아직도 많이 부족하므로 사회단체, 지역사회, 교육기관, 직장, 그리고 현재의 각 지역마다 설립되어 있는 사회복지관·상담소에서 부부대화교육 프로그램의 확대 실시가 요구된다.

② 치료 프로그램 실시 및 가정상담소의 활성화

결혼을 한 부부의 갈등이나 위기상태로 문제가 있는 경우 위기의 원인이나 상태에 따라 이혼예방과 이혼위기 극복을 위한 부부상담, 가족상담 및 치료 프로그램의 실시와 이혼 후의 생활에 통찰력을 길러주기 위한 교육 프로그램을 실시하기 위한 가정상담소의 활성화가 필요하다.

(2) 이혼과정상의 대책

① 조정 및 중재

이혼을 고려하고 있거나 결심한 부부에게는 보다 신중을 기하도록 권고하거나 부부관계가 다시 회복되도록 기회를 제공하는 조정 및 중재를 시도할 필요가 있다. 그래도 이혼을 해야 할 때는 당사자와 자녀 모두가 상처를 덜 받고 상호 협조적인 이혼협상이 이루어지도록 이혼과 관련된 법률상담의 기회를 제공해야 한다(최경석 외, 2006).

가정법의 조정제도에는 부부의 이혼을 방지하거나 분쟁이 있을 때 원만한 해결을 하도록 지원하는 절차가 있으나 실제로는 대부분의 부부가 파탄에 이르러서야 조정을 하기 때문에 조정이 원만하게 성립되는 경우가 그리 많지 않다. 한편 조정을 거치지 않아도 이혼이 성립되는 협의이혼의 경우에도 보다 신중을 기할 수 있도록 화해, 조정, 중재 과정을 거치게 하여 부부가 다시 원만한 관계로 화해를 하거나 바람직한 조정이 이루어지도록 해야 한다.

② 법률적 재판

이혼 시 화해, 조정, 중재가 잘 안되면 법률적 재판을 하게 되는데, 재판과정에서는 재산분할, 위자료, 자녀에 대한 양육권 및 양육비, 면접교섭권 등에 대해서도 남녀가 공평하게 이루어지도록 하고, 이혼 후 불리해지는 배우자를 고려하여야 한다. 아이가 있는 경우 가장 문제되는 것이 양육비와 면접교섭권이다.

실제 상황에서 부부의 면접교섭권은 잘 지켜지지 않고 있는 실정이다. 그리고 양육비 또한 이혼과정에서 양육비를 합의하는 경우도 드물고, 합의를 했어도 양육비를 제대로 지급하는 경우가 드물다는 것이 여러 실태조사에서 나타나 있다.

그동안 우리나라에는 법적으로 양육비 지급과정에 있어서 강제할 법적 장치가 없었는데, 2009년 11월 양육비 이행확보를 위한 제도가 신설됨으로써 부모 이혼 시 자녀양육에 관한 협의 의무와 부모의 양육비 지급의무를 명문화하였고, 2020년 양육비 지급 확보 및 양육부모의 생활안정을 위한 법 개정을 시행하였으며, 양육비 산정기준을 명확화하고 산정표를 마련하였다. 이로써 적절한 양육비의 지급과 당사자들이 합의한 양육비나 법원의 심판에 의하여 결정된 양육비의 지급을 강제로 징수하는 방안 등 제도적인 뒷받침이 마련되었다(김혜경 외, 2010).

③ 자녀에 대한 배려

부모의 이혼은 자녀들에게 심리적이나 정서적으로 어려움을 주기 때문에 자녀들을 위해서 부모의 세심한 배려가 있어야 한다. 자녀에게는 부모의 이혼 그 자체만으로도 충격인데, 아무 준비 없이 갑작스럽게 이혼을 받아들여야 할 때는 더 큰 충격이 될 수 있다. 따라서 자녀가 부모의 이혼을 이해할 수 있고 마음의 준비를 하도록 자녀와의 대화를 통해 자녀 나름대로 대처할 수 있는 기회를 주어야 한다.

④ 이혼숙려제도

이혼이 급증하는 제도적 원인 중에는 간소해진 현행 이혼절차도 지적된다. 전체 이혼 중 대다수를 차지하는 협의이혼의 이혼절차과정은 단지 10여분 걸리고, 이 절차과정에서 부부의 이혼의사 합치 여부만을 확인하는 것으로 이혼이 성립된다. 이렇게 간단하고 쉽게 이루어지는 이혼절차는 준비 없이 충분히 생각하지 않고 충동적이고 경솔하게 이루어지는 이혼으로 이끌 수 있다. 따라서 준비 없이 이혼을 결행할 경우 이혼에 따른 피해를 막기 위한 제도적 장치로 일정 기간 상담 등을 통해 이혼에 대한 충분한 정보를 제공하는 '이혼숙려제도'가 법제화되었다.

그러나 이러한 이혼숙려제도의 도입에 따라 그 효용성에 대한 논란도 일어나고 있다. 부부가 1주일의 이혼숙려기간이나 상담을 받는 것을 쉽게 택할 수 있으므로, 상담을 받게 되면 이혼숙려기간을 피하기 위한 수단으로 이혼상담을 악용할 소지가 있다는 것이다. 또 이혼하기 직전에 받게 되는 1회의 상담은 이미 이혼을 결심하고 법원에 온 부부들의 마음을 되돌리기에는 너무 부족하다는 점이 우리나라 이혼숙려기간제도 도입의 맹점으로 지적되고 있으며, 이에 따른 제도개선이 필요하다.

⑤ 상담의무화 제도

이혼숙려기간제도와 더불어 협의이혼 시 이혼에 대한 여러 정보와 지식을 얻고, 이혼을 좀 더 신중하게 고려하고 부부간에 화해할 수 있는 기회를 마련하기 위해 상담을 받도록 하는 것도 이혼을 감소시킬 수 있는 하나의 제도이다. 전문가의 상담을 통해 다시 부부가 화합할 수 있게 하거나 이혼 시 재산이나 양육권, 이혼 후의 생활에 대해 공정한 합의점을 찾도록 하는 상담을 의무화하는 제도는 다음과 같은 장점이 있다.

첫째, 이혼당사자들의 합의를 위해서는 몇 차례의 조정시도가 필요한데, 이것은 법원보다는 전문적인 상담기관에서 하는 것이 적합하다. 전문상담기관에서는 법적인 내용뿐만 아니라 이혼에 대한 전반적인 문제를 보다 편하고 자유로운 분위기에서 이야기할 수 있으므로, 이혼하려는 부부가 자신의 문제를 진솔하게 돌아볼 수 있는 계기가 된다.

둘째, 현재의 간소화된 협의이혼제도를 보완할 수 있다. 현재 법원 내의 조정제도는 다소 미흡한 점이 있어서 부부문제를 치유하는 것에는 도움을 주지 못하고 있다. 따라서 상담을 통해 전문가가 개입하여 부부가 경험하는 병리적인 문제를 해결할 수 있도록 도와줌과 동시에 법적인 해결책도 함께 제공하여 부부관계를 회복시킬 수 있는 기회를 제공한다.

셋째, 다른 선진국에 비해 아직은 부진한 우리나라의 부부문제상담소의 증가를 촉진할 수 있다. 우리나라는 높은 이혼율을 보임에 따라 부부문제에 대한 상담을 필요로 하는 부부도 많다. 그럼에도 불구하고 사회적으로 이런 문제를 해결할 상담소는 그 수가 충분하지 못하고, 문제를 가진 부부들이 상담소를 자발적으로 찾아가려는 의지도 약한 편이다. 따라서 이혼 전 상담을 의무화한다면 이혼위기에 놓이게 되었을 때 상담소를 찾는 경우가 증가하게 될 것이고, 부부문제의 치유나 합의점을 찾는 역할을 외부에서 전담하게 되어 법원은 판결과 법원 내 조정역할에만 집중하여 부담을 줄이고 역할 수행의 질을 높일 수 있다.

(3) 이혼 후의 대책

이혼을 사전에 예방하기 위한 가족상담 시 가족치료 등의 복지서비스뿐 아니라 이혼한 가족을 지원하는 복지서비스도 중요하다. 이혼 후에 아내와 남편은 일시적 혹은 지속적으로 한부모가족이 되기 때문에 이들을 위한 대책이 필요하며, 특히 여성 가장의 경우에는 그들이 겪는 어려움에 대한 복지서비스가 적극 마련되어야 한다.

우리나라에는 저소득 한부모가족을 위한 사회보장제도가 마련되어 있어 일부 이혼가족에 대한 경제적 지원책이 될 수 있다. 이혼가족을 위한 주요 복지대책에는 다음에서 보는 바와 같이 이혼가족에 대한 경제적 지원제도, 자녀양육 및 교육 프로그램, 그리고 심리적·사회적 지지를 위한 상담 및 치료 프로그램 등을 들 수 있다. 현재 이혼부부 및 이혼자녀를 대상으로 하는 제도나 프로그램이 정부와 사회단체를 통해 실시되고 있지만, 향후에는 이혼가족이 처한 여건과 형편에 따라 실질적인 지원을 받을 수 있는 다양한 기회들이 제공되어야 한다(김혜경 외, 2010).

① 경제적 지원제도

- 자녀양육비 및 교육비 보조
- 의료비 보조
- 한부모수당 지급
- 직업훈련기회 제공 및 취업알선
- 주택문제를 해결할 수 있는 비용 지원
- 영구임대주택 입주 지원

② 자녀양육 및 교육 프로그램

- 다양한 형태의 보육 프로그램 실시

- 방과후 자녀 생활지도 프로그램 제공
- 부모역할 교육 프로그램 실시
- 이혼자녀 대상의 교육 및 상담기구 운영
  - 정부지원, 상담단체에서 운영
  - 전화상담, 대면상담 등 다양한 방법 개발
- 자녀가 유기되는 경우의 방안 모색 – 가정위탁보호

③ 심리적 · 사회적 지지

- 독립의식 고취를 위한 교육 프로그램 실시
- 이혼 후의 심리적 적응 및 성장을 위한 상담 및 치료 프로그램 실시
- 정서적 지지를 위한 이혼자 모임 주선
- 재혼기회 마련
- 이혼에 대한 사회적 편견 해소방안 마련

위와 같이 이혼부부 및 이혼부부의 자녀를 대상으로 하는 제도나 프로그램은 정부와 사회단체에서 협동적으로 실시하며, 이혼한 사람들이 자신의 형편에 따라 선택하여 지원받을 수 있도록 그 기회를 제공한다.

4 재혼가족의 개념 및 발생요인

1) 재혼가족의 개념

재혼이나 재혼가족에 대한 용어나 개념정의는 학자마다 다르다.

재혼가족(remarried family)은 자녀의 유무에 관계없이 최소한 한쪽 배우자가 재혼인 경우에 형성되는 가족을 말한다. 그리고 이와 유사한 용어로서

계부모가족(step family)은 부모의 한쪽이 친부모이며, 그 친부모가 재혼하기 전 배우자 사이에서 출생한 18세 이하의 자녀가 있는 재혼가족을 말한다(Glick, 1989).

또한 재혼은 '이미 한 번 또는 그 이상 결혼하여 가정을 이룬 남성이나 여성이 다른 배우자의 사별 또는 이혼을 통하여 새롭게 가정을 재구성하는 것'이라 정의할 수 있다(조옥라, 1996).

재혼가족에 대한 용어나 개념은 비슷한 의미의 '의붓가족', '계부모가족', '재결합가족', '혼합가족' 등의 용어로 혼용되어 사용되기도 한다. 재혼가족이 한 명 이상의 초혼이 아닌 성인남녀의 재결합이라는 의미에서 부부에게 중점을 둔 반면, 후자의 두 용어는 아동이 있을 경우 아동의 입장에서 생모, 생부가 아닌 부모와 아동으로 이루어진 가족형태를 표현한 용어로 사용된다. 현재는 재혼가족은 무자녀 이혼, 사별자의 재혼 및 미혼자, 이혼자 결합의 경우까지 모두 포괄할 수 있는 개념으로 사용되고 있다.

최근 우리 사회에 이혼이 증가하면서 재혼가족도 함께 증가하고 있다. 재혼가족은 가족의 재구성을 통하여 손상된 가족기능을 회복하고 가족의 건강과 행복을 새롭게 도모하고자 하는 인간의 긍정적인 욕구의 표현이라고 할 수 있다.

이제는 재혼가족도 다양화된 가족유형 중의 한 형태로 자리 잡아야 한다.

재혼가족의 문제를 개인의 문제가 아닌 사회적인 문제로 받아들이는 재혼가족에 대한 부정적인 인식의 전환이 필요하고 그들이 겪을 수 있는 어려움과 그에 따른 대처 등에 대한 준비교육을 통하여 또 하나의 새로운 '가족'의 시작에 관심을 가져야 한다.

2) 재혼가족의 유형

재혼가족의 유형은 재혼부부의 결혼상태(미혼, 이혼, 사별), 자녀 유무, 자녀 양육 유무 및 재혼자의 연령에 따라 매우 다양하다.

Clingempeel(1987)은 재혼부부 각각의 전혼 자녀 유무와 양육권 유무를 기준으로 재혼가족을 분류했는데, 이는 재혼가족 내 부모－자녀관계를 파악하는 데 매우 유용하다.

계부모가족의 아홉 가지 구조적 유형

① **무자녀 계부모가족** : 둘 다 자녀 없음. 초혼가족과 유사하여 계부모가족에서 제외됨

② **비동거 계부가족** : 재혼한 여성이 아이가 있으나 함께 살지 않음

③ **비동거 계모가족** : 재혼한 남성이 아이가 있으나 함께 살지 않음

④ **동거 계부가족** : 재혼한 여성이 아이가 있고 함께 살고 있음

⑤ **동거 계모가족** : 재혼한 남성이 아이가 있고 함께 살고 있음

⑥ **비동거 계부모가족** : 부부 둘 다 재혼 이전에 아이가 있고 함께 살지 않음

⑦ **동거 계부모가족** : 부부 둘 다 재혼 이전에 아이가 있고 함께 살고 있음

⑧ **혼합 계부형 계부모가족** : 부부 둘 다 재혼 이전에 아이가 있으나 여성의 아이하고 함께 살고 있음

⑨ **혼합 계모형 계부모가족** : 부부 둘다 재혼 이전에 아이가 있으나 남성의 아이하고 함께 살고 있음

우리나라에서는 아직도 관행상 이혼 후의 자녀양육은 남성이 맡는 경향이 있어서 거의 대부분이 계모가족이고, 사정이 불가피한 경우에도 남성의 친가에서 전처 자녀를 맡아 키우는 경우가 허다하다. 자녀의 양육권을 대부분 여성이 가지기 때문에 거의 대부분이 계부가족인 미국의 경우와는 대조적이다.

<표 10-3> 재혼가족의 아홉 가지 구조적 유형

<table>
<tr><th colspan="3" rowspan="3">아내의 전혼자녀 유무와 양육권
남편의 전혼자녀 유무와 양육권</th><th colspan="3">아내의 전혼자녀 유무</th></tr>
<tr><th rowspan="2">전혼자녀 없음</th><th colspan="2">전혼자녀 있음</th></tr>
<tr><th>양육권 없음</th><th>양육권 있음</th></tr>
<tr><td rowspan="3">남편의 전혼 자녀 유무</td><td colspan="2">전혼자녀 없음</td><td>무자녀 재혼가족</td><td>비동거 계부가족 (nonresidential stepfather family)</td><td>동거 계부가족 (residential stepfather family)</td></tr>
<tr><td rowspan="2">전혼자녀 있음</td><td>양육권 없음</td><td>비동거 계모가족 (nonresidential stepmother family)</td><td>비동거 계부모가족 (nonresidential stepparent family)</td><td>혼합 계부형 계부모가족 (mixed stepparent family)</td></tr>
<tr><td>양육권 있음</td><td>동거 계모가족 (residential stepmother family)</td><td>혼합 계모형 계부모가족 (mixed stepparent family)</td><td>동거 계부모가족 (residential stepparent family)</td></tr>
</table>

출처 : Clingempeel, Brand, & Segal(1987), 임춘희 · 정옥분(1997) 재인용.

이러한 재혼가족의 유형별 특성을 정리하면 <표 10-4>와 같다.

<표 10-4> 재혼가족의 유형별 특징

재혼가족유형	특 징
① 무자녀 재혼가족	두 사람 모두 전혼자녀가 없는 경우로서 무자녀 재혼가족에 해당한다. 이들은 대부분 전혼의 기간이 짧고 또 재혼가족에서 갈등의 핵심요소인 자녀가 부재한 상황이기 때문에 갈등의 소지가 매우 적은 편이다.
② 비동거 계부가족	부인에게만 전혼자녀가 있지만 양육권이 없는 경우이므로 재혼 이후에도 자녀와 동거하지 않는다. 따라서 계부로서의 책임과 역할이 상대적으로 덜 부담스러운 상태이지만 때로는 재혼부인의 전혼자녀에 대한 면접교섭권문제나 양육비문제가 갈등의 소지가 될 수 있다.

③ 동거 계부가족	재혼남편에게는 전혼자녀가 없고 재혼부인에게만 전혼자녀가 있으면서 동시에 양육권을 가지고 있는 재혼가족유형이다. 이 재혼가족은 전혼자녀가 없는 계부와 자녀 간의 적응이 중요한 관건이라 할 수 있다.
④ 비동거 계모가족	재혼부인에게는 전혼자녀가 없고 재혼남편에게만 전혼자녀가 있는 경우이지만, 양육권이 없고 동거하지도 않으므로 갈등소지는 적다 할 수 있다.
⑤ 혼합 계부형 계부모가족	재혼부부 모두 전혼자녀가 있지만, 부인에게만 양육권이 있는 경우이다. 따라서 거주형태는 계부가족의 형태를 띠지만, 외적으로는 남편의 양육비와 면접교섭의 문제에 대한 조정이 필요한 가족이라고 할 수 있다.
⑥ 비동거 계부모가족	재혼부부 모두 전혼자녀가 있지만, 모두 양육권을 가지고 있지 않은 경우이다. 재혼생활이 안정기에 접어들 때까지 부부관계를 위협하는 요소는 적은 편이지만, 양측 모두 양육비와 면접교섭권의 문제가 있을 수 있다.
⑦ 동거 계모가족	재혼남편에게 전혼자녀가 있으면서 양육권이 있는 반면 재혼부인에게는 전혼자녀가 없는 전형적인 계모가족이다. 계모에게 전혼자녀가 없기 때문에 재혼 초기에 자녀들이 생물학적 부모의 재결합에 대한 환상을 현실화시키려는 시도를 지속할 수 있다는 점에서 계모의 어려움은 배가 될 수 있다. 또한 재혼가족을 둘러싼 여러 가지 통념으로 어려움을 겪기도 한다.
⑧ 혼합 계모형 계부모가족	재혼부부 모두 전혼자녀가 있지만, 남편에게만 양육권이 있는 경우로, 주거모습은 유형 ⑦과 유사한 계모가족형태로 보이지만, 전혼자녀가 있기 때문에 전혼자녀의 양육비와 면접교섭의 문제가 있다는 점에 차이가 있다.
⑨ 동거 계부모가족	재혼부부 모두에게 전혼자녀가 있을 뿐 아니라 양육권도 가지고 있어 가장 복잡한 형태의 재혼가족이다. 부부가 상대배우자의 자녀에게 적응하는 문제 이외에도 재혼부모의 자녀들과 의붓형제의 관계를 형성하고, 한 공간에서 동거하는 상황에 있기 때문에 구성원의 역할과 기대, 경계, 가족규칙 등과 같은 다양하고 복잡한 문제들에 봉착할 수 있다. 그러므로 혼합 계모형 계부모가족을 형성하는 재혼가족은 재혼 초기에 가족 구성원이 경험할 수 있는 다양한 변화와 스트레스에 준비할 필요가 있다.

출처 : 성정현 외(2009).

3) 재혼가족의 발생요인

결혼경험이 있는 사람들로서 재혼하는 사람들은 보다 실제적인 동기에서 재혼하려 한다. 즉, 재정적인 안정성, 자녀 양육 문제, 사회적 압력, 자녀 양육권 문제, 외로움, 정규적인 성 파트너, 애정을 주고받고 싶은 욕구, 그리고 편리함 등의 현실적인 이유로 재혼을 원한다(Ganong & Coleman, 1989). 이 외에도 사랑, 동료애에 대한 욕구, 관심사 공유, 그리고 상대방에 대한 호감 등이 재혼의 이유가 된다.

한국에서의 재혼이유는 외로움을 달래기 위해서가 연령에 구분 없이 대부분이고, 그 다음이 재정적인 안정성으로 나타났다(정현숙, 2000).

얼마 전만 해도 이혼여성은 사별한 경우보다 재혼하는 경우가 현실적으로 어려웠고, 젊은 과부의 경우에도 주위의 끈질긴 권고 없이는 성사될 수 없는 일이었다.

자녀들이 있는 청상과부들은 자녀를 양육하는 데 경제적인 어려움으로 인해 마지못해 재혼하게 되는 정도였다고 할 수 있다(이동원 외, 2005).

(1) 여성의 정절이데올로기 붕괴

여성의 재혼이 증가하고 있음은 가부장제하의 순결이데올로기 내지 정절이데올로기 문제(일부종사)가 빛이 바래고 있는 것이 아닌가 한다.

이러한 측면은 재혼유형에서 남재여초(남자재혼 여자초혼) 유형은 거의 증가하고 있지 않고, 남초여재(남자초혼 여자재혼) 유형과 남녀재혼(남녀 모두 재혼) 유형이 두 배 이상 증가하고 있다는 데서 나타난다.

(2) 개인주의적 성윤리와 가족관

재혼자의 재혼이유는 '외로움을 달래기 위해서'가 연령과 상관없이 대부분이고, 그 다음이 재정적인 안정성이다. 특히 남성노인의 경우 자녀로부터 독립하기 위한 수단이기 때문에, 또는 앞으로의 건강을 돌봐줄 사람이 필요해서 등의 이유로 재혼하는 경향이 증가하고 있는 것은 재혼의 이유가 개인적인 성격이 되어 간다고 할 수 있다.

한편 부모가 모두 재혼인 경우가 한쪽만 재혼인 경우보다 재혼가족에서 야기되는 부정적 감정을 더 잘 다루고, 가족 내의 경계성도 보다 명료한 것으로 나타났다. 이는 남성의 경우 재혼이라고 할지라도 처녀장가를 들고 싶어 하는 추세가 쇠퇴하고 있는 현상으로, 가부장제적 성윤리와 결혼에 대한 의식이 성숙한 개인주의적 성윤리와 가족관으로 대체되고 있음을 의미한다.

(3) 여성의 지위 향상

재혼율의 증가에서 남성보다 여성의 재혼율이 높게 나타나고 있음은 여성이 재혼시장에서 불리하지 않음이 입증된 것이라고 볼 수 있다.

즉, 여성재혼에 대한 편견, 전혼자녀문제, 경제적 지위 및 외적 조건에 있어서 이제 여성들은 자신보다 나은 남성을 찾아야 하는 불리한 조건에 있지 않다.

(4) 재정적 이유

재혼을 위한 재정적 동기는 남성들보다 여성들이 더 크며, 여성들의 수입은 이혼 후 충분히 줄어들고 재혼 후 늘어나는 경향이 있다. 사실 이혼한 여성들이 빈곤을 탈출할 가장 확실한 방법은 재혼하는 것이다. 특히 재정적 사유는 자녀의 양육비와 보다 밀접하게 관련되어 있다고 볼 수 있다.

5 재혼가족의 현황 및 문제

1) 재혼가족의 현황

최근 재혼가족이 증가하는 추세를 보이고 있는데 통계청(2022)의 자료에 의하면, 재혼율은 여성이 남성보다 높게 나타났고, 남녀 모두의 재혼이 지속적으로 감소하고 있는 현상을 보이고 있다.

<표 10-5> 재혼건수 (단위 : 천 건, %)

구 분	성별	2012	2013	2014	2015	2016	2017	2018	2019	2020	2021	2022		전년대비 증감률
													구성비	
재혼건수	남자	51.1	48.9	47.5	46.4	43.3	41.7	41.1	39.4	33.3	31.1	31.2	16.3	0.5
	여자	56.5	54.3	53.9	52.7	48.9	47.4	46.7	44.5	38.1	35.6	35.0	18.3	−1.7

출처 : 통계청(2022). 혼인 종류별 혼인건수

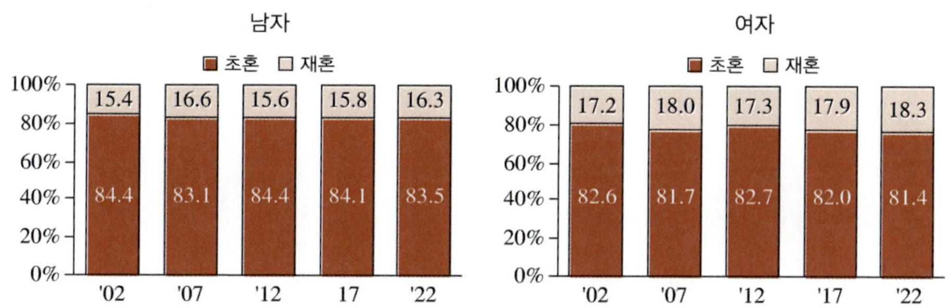

<그림 10-3> 혼인 종류별 구성비(2002~2022)

출처 : 통계청(2022). 혼인 · 이혼 · 재혼현황.

한편 여자 평균 재혼연령은 2012년 42.3세에서 2022년 46.8세로 지난 10년간 4.5세 이상 증가하였다. 여자재혼의 연령별 구성비는 2013년에는 30, 40대가 34.5%로 같은 비율로 나타났으나 2022년은 40대가 29.3%로 높은 비중을 차지하였다. 이는 여자재혼의 주된 연령대가 30, 40대에서 50대로 이동하였음을 알 수 있다.

남자 평균 재혼연령은 2012년 46.6세에서 2022년에 51.0세로 지난 10년간 3.4세 이상 증가했다. 남자재혼의 연령별 구성비는 2013년에는 40대가 35.9%, 2022년은 50대가 31.5%로 가장 높은 비중을 보였다. 이는 남자재혼의 주된 연령대가 40대에서 50대로 이동하였음을 알 수 있다.

<표 10-6> 평균 재혼연령(2012~2022) (단위 : 세)

구분	2012	2013	2014	2015	2016	2017	2018	2019	2020	2021	2022	증감	
												전년 대비	10년전 대비
남자	46.6	46.8	47.1	47.6	48.2	48.7	48.9	49.6	50.0	50.7	51.0	0.4	4.4
여자	42.3	42.5	43.0	43.5	44.0	44.4	44.6	45.2	45.7	46.5	46.8	0.3	4.5
차이(남-여)	4.3	4.2	4.1	4.2	4.2	4.3	4.3	4.5	4.3	4.2	4.2	0.1	-0.1

출처 : 통계청(2022). 혼인・이혼・재혼현황.

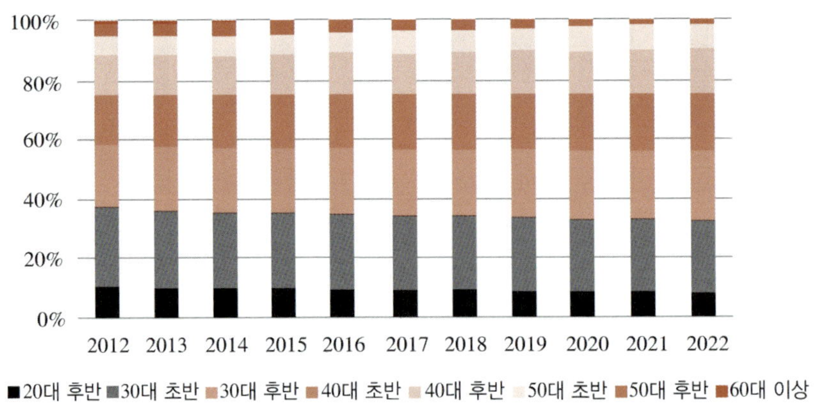

<그림 10-4> 남자 연령대별 재혼구성비

출처 : 통계청(2022). 혼인・이혼・재혼현황.

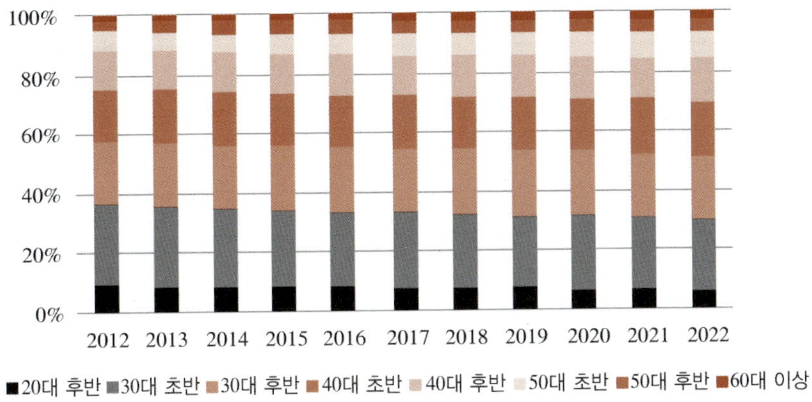

<그림 10-5> 여자 연령대별 재혼구성비

출처 : 통계청(2022). 혼인 · 이혼 · 재혼현황.

배우자 혼인 종류별 재혼은 전체 재혼 중 '남자초혼과 여자재혼' 부부의 재혼구성비가 2012년 17.3%에서 2022년에는 3.7%로 10년간 13.6%p 감소하였으며, '남자재혼과 여자초혼'의 구성비는 2012년 5.1%에서 2022년에는 5.7%로 10년간 0.6%p로 증가하였다. 이는 여성의 사회경제적 지위 향상과 여성의 결혼 및 출산연령 상승, 재혼에 대한 사회적 인식이 변했기 때문이다.

2022년 통계자료에는 전체 혼인 중 '남자초혼과 여자재혼'이 11.3천 건, '남자재혼과 여자초혼'이 7.4천 건, '남자재혼과 여자재혼'은 23.5천 건으로 나타났다.

또한 남자의 '이혼 후 재혼' 구성비는 2012년 전체 재혼 중 14.4%에서 2022년 20.3%로, 여자는 2012년 7.0%에서 2022년 10.2%로 각각 증가하였으며, 남자의 '사별 후 재혼' 구성비는 2012년 3.2%에서 2022년 1.5%로, 여자는 2012년 1.2%에서 2022년 0.6%로 각각 감소하였다.

<표 10-7> 배우자 혼인 종류별 재혼건수

(단위 : 천 건)

구분	남편 혼인	아내 혼인	2012	2013	2014	2015	2016	2017	2018	2019	2020	2021	2022
재혼건수	초혼	초혼	257.0	255.6	239.4	238.3	221.1	206.1	200.0	184.0	167.0	149.2	148.3
		재혼	18.9	18.2	18.4	18.0	16.7	16.2	15.9	15.0	12.8	11.7	11.3
	재혼	초혼	13.5	12.8	12.0	11.7	11.1	10.5	10.2	9.8	7.9	7.1	7.4
		재혼	37.6	36.1	35.5	34.7	32.1	31.1	30.7	29.4	25.2	23.8	23.5

출처 : 통계청(2022). 혼인 · 이혼 · 재혼현황.

<표 10-8> 이혼 · 사별 후 구분별 재혼건수

(단위 : 천 건)

구분	성별	재혼 종류	2012	2013	2014	2015	2016	2017	2018	2019	2020	2021	2022
재혼건수	남자	사별 후 재혼	3.3	3.5	3.2	2.8	2.5	2.3	2.2	2.0	1.7	1.4	1.4
		이혼 후 재혼	47.8	45.4	44.2	43.5	40.7	39.4	38.9	37.4	31.5	29.6	29.7
	여자	사별 후 재혼	4.2	4.2	4.1	3.6	3.2	3.0	2.9	2.6	2.4	2.1	1.9
		이혼 후 재혼	52.3	50.1	49.8	49.2	45.7	44.4	43.9	41.9	35.7	33.5	33.14

출처 : 통계청(2022). 혼인 · 이혼 · 재혼현황.

(단위 : 천 건)

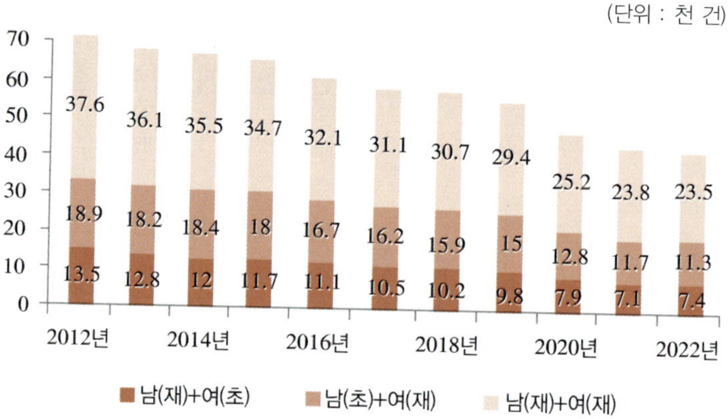

<그림 10-6> 배우자 혼인 종류별 재혼건수

출처 : 통계청(2022). 혼인 · 이혼 · 재혼현황.

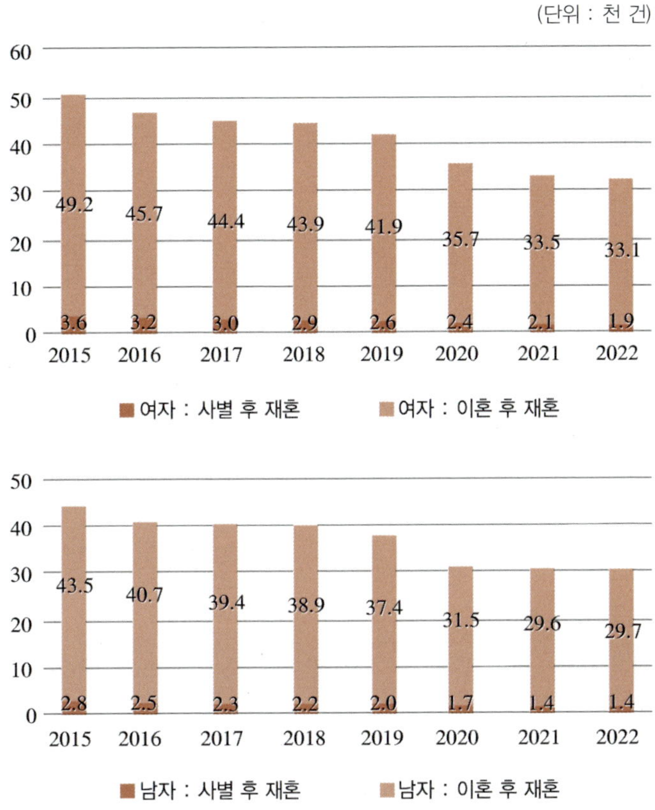

<그림 10-7> 이혼 · 사별 후 구분별 재혼건수

출처 : 통계청(2022). 혼인 · 이혼 · 재혼현황.

이와 같이 재혼의 비율이 증가하고 있는데 재혼 후 결혼생활을 유지하는 것은 결코 쉽지 않다. 따라서 새롭게 형성된 재혼가족의 구성원들이 건강하고 안정된 삶을 살 수 있도록 사회적 편견과 선입견을 버리고 새로운 가족형태의 하나로서 제 기능을 다할 수 있는 실질적인 지원방안 모색이 필요하다.

2) 재혼가족의 문제

(1) 적응의 문제

① 이혼 후의 재혼적응문제

이혼은 남녀 모두 정서적으로 불안정하며, 분노, 불안, 우울함으로 인해 심리적 외로움과 정신적 어려움을 겪으며 이상 심리에 빠지기 쉽다. 이러한 상황은 이혼 후 재혼적응에 영향을 미치게 된다. 따라서 이혼 후 재혼은 여자의 경우 경제적 어려움, 사회활동, 이혼녀에 대한 사회의 인식, 재혼의 기회 등에 있어서 어려움을 경험하며, 결혼에 대한 필요는 남자가 더 크고 남자의 의존성을 인정하고 표현하는 것이 어렵도록 사회화되어 결혼의 와해가 미치는 부정적 영향이 남자에게 더 크다. 초기에는 남자가 더 힘들고 여자에게는 그 영향이 더 지속적이다(Albrecht, 1980).

또한 전 배우자와 결혼생활기간이 짧을수록, 다양한 대응전략을 활용할수록(취업, 상담, 학습활동 등), 또 경제형편이 좋고 전 배우자에 대한 애착이 약할수록 이혼 후 생활에 잘 적응하였으며, 이혼 제안을 자신이 한 경우와 재혼을 한 경우 적응도가 높았다(한경혜, 1993).

② 사별 후의 재혼적응문제

결혼생활이 중심이 되어 있는 가족관계에서 배우자를 잃었을 경우, 이혼보다 급작스럽게 준비 없이 당하게 되므로 적응하는 데 곤란을 느끼게 된다. 특히 여성의 경우 경제적 · 사회적 지장을 가져오고, 핵가족화되는 현대사회에서 혼자된 노인은 고립감과 역할상실 등의 정서적 불안정으로 인해 수명단축 및 자살률의 증가, 행동의 장애(기억장애) 등을 나타내기도 한다. 그러나 다른 한편으로는 주위 사람들의 동정이나 가능한 면의 원조를 받을 수 있고, 사별 초기에는 자신의 불행한 운명에 대한 정신적 타격이 크게 작용하겠으나 시일이 경과하면 체념상태에 이르고, 다른 한편으로는 새로운 각오와 가족 간의 단결이 강화될 수도 있다(특히 모자가족의 경우).

재혼의 가능성으로 보아서는 남성이 유리하나 기혼 자녀와 동거를 할 경우 기존 역할을 그대로 유지할 수 없는 문제를 갖게 되는 반면, 여성은 재혼 가능성이 적으나 역할의 계속이 가능하므로 적응에 도움을 받기도 한다.

(2) 부부관계의 문제

① 전혼배우자 요인

부부관계에 있어서 전혼배우자로 인한 갈등의 형태는 아직 싱글인 전혼배우자가 현재의 재혼생활을 방해하는 경우, 사별한 전혼배우자의 제사를 지내주는 것을 둘러싼 갈등, 현재 배우자를 속이고 이전 배우자를 계속 만나는 경우, 이전 배우자와의 결혼생활이 현재 재혼생활의 평가기준이 되는 경우 갈등을 겪게 된다. 특히 이혼으로 인한 재혼일 경우 이혼자 중 한 사람은 재혼하고 나머지 배우자는 싱글인 경우나 현재 부부관계와 이전 배우자와의 관계에 대해 재혼 전에 어떠한 논의나 규칙 등이 설정되지 않았을 경우 전혼배우자는 갈등의 요인이 된다. 따라서 재혼가족 내에는 초혼가족과는 달리 전처, 전혼자녀, 전혼친척관계 등 다양한 가족 내 하위 시스템이 존재하므로, 이 관계들의 경계를 어떻게 조율하는가에 따라 재혼가족의 적응에 중요한 영향을 미친다고 할 수 있다.

② 자녀요인

전혼자녀의 존재는 재혼부부에게 새로 결합한 부부의 관계보다 더 강력하고 친밀한 각각의 부모-자녀관계가 선행된다는 것이다. 즉, 재혼부부는 초혼과 같이 자녀의 출생 전까지의 서로의 친밀감과 적응에 필요한 기간, 즉 신혼기간이 없다. 이러한 불안전한 부부관계에서 부부는 자신의 자녀와

계자녀의 훈육이나 부모역할을 담당해야 하기 때문에 갈등을 겪을 수 있다. 우리나라 재혼가족들은 부모, 자녀와의 관계보다는 부부관계가 가족생활 전체에 좀 더 중요한 요인으로 작용하고 있다고 보고 있지만, 부부관계는 독립적으로 기능한다기보다는 자녀와의 관계에 크게 좌우되고 있다.

③ 의사소통요인

재혼부부관계에 있어서 의사소통기술이 어떠한가에 따라 부부관계의 질이 달라질 수 있다. 물론 부부간의 의사소통기술은 부부관계의 질을 결정하는 데 중요한 요인이 되지만, 초혼과는 다른 맥락에서 재혼생활의 의사소통기술은 중요하다고 볼 수 있다. 이는 계모나 계부 등 재혼에 대한 사회적 편견이 존재하는 사회에서 자신이 계모 또는 계부라는 사실이 노출되는 것에 민감하게 반응하고 스트레스로 받아들이거나 재혼가족 내에서의 자신의 위치 및 처지에 대한 불안감 등을 문제점으로 볼 때 부부간의 동등한 관계형성을 위한 서로 간의 의사소통기술 개발에 대한 노력의 중요함을 시사한다.

(3) 자녀관계의 문제

① 친부모-친자녀관계

재혼가족의 시작단계에서 함께 살게 되는 친부모와 친자녀의 관계는 가장 가까운 관계이고, 이 관계는 재혼부부보다 더 친밀할 가능성이 높다. 이러한 친부모와 친자녀의 친밀감은 재혼부부의 적응과 계부모 관계의 적응에 어려움을 야기할 수 있다. 또한 재혼가족은 '아이들의 친부모가 어딘가에 있다'는 생각으로 함께 살지 않는 친부모에 대한 그들의 영향력을 배제할 수 없다. 자녀들은 친부모 이외에 계부모를 사랑하는 것과 관련된 충성심의 갈등을 겪게 된다. 그러나 성인들은 이러한 자녀들의 감정을 이해하지 못하고 오히려 더 많은 갈등을 야기하며 모든 부모와의 관계를 즐기지 못하게 하고 자녀들의 정신건강에도 나쁜 영향을 미친다. 또한 친부모와의 애매한 감정적 관계는 계부모관계를 위협하는 요인이 되고 있는데, 친부모의 지나친 개입이 자녀의 스트레스나 갈등을 야기시킨다. 대부분 동거하지 않는 친부모와의 관계는 어머니가 아버지보다 친자녀와 더 접촉하는 경향이 있으나 시간이 지나면서 감소하게 되고, 이러한 감소현상이 자녀에게 유해하지 않다는 연구결과들이 대부분이다. 그러나 동거하지 않는 친모와의 접촉이 자녀의 행동문제를 감소시킨다는 결과도 있다.

② 계부모－계자녀관계

과거에는 재혼 후의 계부모와 계자녀관계를 문제중심적으로 접근하였으나, 최근에는 수용적이고 긍정적으로 이해하려는 경향이 증가하고 있다. 계부모－계자녀관계에서는 서로 간의 긍정적인 접촉의 정도가 매우 중요한데 계부모들을 단순한 양육자로 인식하는 경향이 높으나 실제로 양육결정에 참여하는 비율은 그다지 높지 않은 것으로 나타나고 있다. 재혼한 여성의 경우 계자녀 중 특히 남아의 수에 따라 자아존중감에 반비례적 영향을 미친다는 연구결과도 있다.

계부모－계자녀관계는 친부모－자녀관계가 소원하며 갈등이 크고 스트레스의 원천이 될 가능성이 큰 편인데, 한편 부모 모두가 자녀를 동반했을 때보다 더 소원해질 가능성이 있다. 특히 사춘기 자녀가 있는 경우 재혼은 자녀들과 새 부모와의 갈등을 항상 내포하고 있다. 새엄마라 하면 '팥쥐엄마'를 연상할 만큼 우리 사회에서 새엄마에 대한 인식은 대단히 나쁘다. 이러한 재혼의 어려움으로 아예 독신으로 새로운 삶을 개척해 나가는 경우도 상당히 많다. 특히 전남편과의 힘들었던 경험으로 다시는 어려움을 되풀이하지 않겠다는 다짐으로 독신생활을 선호하는 여성들이 남성보다 많았다고 한다. 여성이 자녀양육을 맡는 경우에는 자녀를 위해 재혼을 포기하고 모자가정을 이루는 경우도 많다(변화순, 1995).

③ 형제자매관계

재혼가족이 형성되면 자녀들에게는 계형제자매가 생긴다. 재혼가족의 형제자매관계에 대한 몇몇 연구에 따르면, 다른 가족유형에서의 형제자매관계보다 재혼가족의 형제자매관계가 덜 가까운 것으로 보고되고 있다.

(4) 친족관계의 문제

친족관계는 혈연중심의 한국가족생활에 영향을 미치는 중요한 영향요인 중의 하나로, 재혼가족 적응의 중요한 영향을 미치는 요인으로 작용하고 있다. 계모의 경우, 친족관계망으로부터의 지지가 적응을 순조롭게 하는 것으로 나타났다(임춘희 외, 1997). 즉, 친족들이 자신에게 지지집단으로 작용하는 경우는 본인이 초혼이거나 배우자만 전혼자녀를 데려옴으로써, 재혼 당시 친족들에 대한 미안한 마음을 안고 있을 때 친족들의 지지는 재혼생활에 대한 지지자로서 기능하고 있다. 그러나 친족이 또한 적응 저해요인으로 작용하기도 하여 계자녀와의 관계의 걸림돌, 이전 배우자와 비교, 가족 구성원으로서의 수용거부에 미치는 영향이 크기도 하다.

(5) 경제적인 문제

새 배우자와 그들의 자녀들이 이전에 혹은 결혼 초에 있었던 두드러진 가치와 표준의 차이를 극복하지 못하면, 매일의 생활은 어려울 수 있다. 두 가족의 지원과 자녀양육비 지불로 인하여 재혼가족의 자원기반은 흔들리고 생활수준은 낮아진다. 아버지들은 대개 생활비 부담과 친밀감을 관련지어 생각하는 경향이 있어서 아버지가 생활비를 잘 대주지 못하면 자녀와 친밀해지기 어렵다고 느끼기 때문에 이렇게 한 번 멀어지면 생활비 부담에 대한 의무감을 덜 느끼게 된다. 양육하지 않는 부모가 자녀양육비를 보내지 않는 것을 묵인하는 어머니들도 많다.

(6) 재혼 후의 이혼문제

전 배우자와의 힘들었던 경험, 결혼생활의 어려움을 되풀이하지 않겠다는 다짐으로 힘들게 재혼을 결심하지만 재혼 후의 생활의 불만족, 자녀와의 원활하지 못한 관계, 경제적 문제 등 여러 가지 문제들로 인해 재혼 후에 다시 이혼을 하는 경우가 있다. 요즘 들어 재혼이혼율이 보여주는 복합가족의 해체가 심각해져 사회적 이슈로 새롭게 등장하고 있는 실정이다. 미국에서는 초혼가정의 이혼율이 40%인 것에 비해, 재혼가족의 이혼율이 70%에 이른다는 연구보고도 있다. 이는 재혼가족 구성원들이 겪게 되는 가족 구성원들 간의 관계, 역할기대, 가족정체성 등에서의 변화에서 오는 희망의 상실, 관계에서의 상실 등으로 인한 요인이 큰 것으로 보인다.

6 재혼가족에 대한 서비스 현황 및 대책

1) 재혼가족에 대한 서비스 현황

이혼의 증가와 함께 재혼가정이 증가하고 있다. 이러한 재혼가정은 이전 결혼에서의 관계문제와 새로운 가정의 적응문제 등 여러 가지 도전과 어려움을 안고 출발하게 된다. 이를 위해 현재 시행되고 있는 재혼가족을 위한 서비스로는 건강가정지원센터에서의 프로그램과 관련 법, 제도, 정책들이 있다.

(1) 건강가정지원센터 프로그램

① 재혼가정 교육사업

다양한 가족의 생애주기별로 가족의 형성과 확대, 축소에 따라 예측가능한 문제들을 미리 준비하고, 그 단계에서 해내야 할 과업들에 대한 교육이 각 단계별로 제공되고 있다.

② 재혼가정 상담

재혼가정의 가족관계와 가족기능을 강화하고 갈등을 예방하고 해결하며, 새로이 구성된 가족의 적응을 도울 수 있도록 재혼가정을 위한 상담을 진행한다.

③ 가족친화 문화 조성사업

가족이 함께 많은 시간을 보냄으로써 서로를 이해할 수 있는 폭을 넓히고 가족기능을 강화할 수 있도록 가족 단위로 참여할 수 있는 프로그램을 제공한다.

④ 다양한 가족지원사업

시대적 흐름과 맞물린 사회・경제・문화환경의 변화에 따라 등장하게 된 다양한 형태의 가족이 가족 내 역량을 강화함으로써 가족의 기능을 발휘하고, 사회에 적응할 수 있도록 지원하기 위한 사업으로 다양한 가족유형 중 지역적 특성에 맞는 대상을 선정하여 상담・교육・문화가 포함된 통합 맞춤형 서비스를 제공한다.

2) 한국가정법률상담소

현재 재혼여성의 전혼자녀는 사회생활을 시작하는 유치원이나 학교에서 아버지의 성과 다르다는 이유로 불이익을 받을 수 있어, 어린 자녀의 마음에 상처로 남을 수 있다. 이에 한국가정법률상담소(2011)에서는 2005년부터 재혼가족에서 나타날 수 있는 여러 가지 갈등양상을 최소화하려는 목적으로 '재혼을 희망하는 사람들을 위한 교육'으로 재혼가족의 자녀의 성, 호적 문제 등 법률, 가족관계등록법, 재혼가족의 이해와 갈등 해결방법, 재혼가족 부부의 의미와 역할, 재혼가족의 자녀 이해와 양육 등의 교육을 진행하고 있다.

① **성본제도**(민법 제781조)

아버지의 성과 본을 따르는 것을 원칙으로 하되, 혼인신고 시 어머니의 성과 본을 따를 수 있다. 혼인신고 시 아버지 성 또는 어머니 성을 쓰기로 결정하면 그 부모에게 출생한 자녀들은 결정된 하나의 성을 쓰게 된다. 자녀의 복리를 위해 필요하다고 인정되는 경우 법원의 심판을 통해 자녀의 성을 변경할 수 있다. 아버지가 혼인 외의 자를 인지하여도 자녀는 아버지의 성을 따르지 않고 어머니의 성을 따를 수 있으며, 재혼가정의 자녀는 친양자 입양이 되면 양부의 성과 본을 따를 수 있다.

② **친양자제도**(민법 제908조의2 ~ 908조의8)

양친과 양자를 친생부모와 자녀관계로 인정하며 양친의 성과 본을 따를 수 있도록 하는 제도이다.

– 친양자 입양은 3년 이상 혼인 중인 부부로서 공동으로 입양해야 한다.
– 재혼가정의 경우 혼인지속기간이 1년 이상이면 부부의 일방이 배우자의 친생자로 입양할 수 있다.

③ **제4차 가족법 개정내용**

• 친자

– 새어머니·새아버지와 전처·전부 자녀의 법적 관계는 친척관계로 상속이 발생하지 않으며, 요건이 해당되고 당사자들이 원하면 입양신고

를 통해 모(부)자로 사이가 될 수 있다. 이 경우 서로 부양관계, 상속관계가 생긴다.

④ 기타

– 재혼금지기간의 폐지

여자가 이혼 전에 임신하고 곧바로 재혼을 하면 재혼 후에 출생한 자식이 전남편의 자식인지 알 수 없기 때문에, 후에 이를 두고 분쟁이 발생하는 것을 방지하기 위해 이혼한 후 6개월이 지나기 전에 재혼할 수 없도록 법으로 금지하고 있었다. 그러나 과거와는 달리 유전자 감식기능이 발전한 최근에는 누구의 자식인지 쉽게 알 수 있으므로 이러한 재혼금지규정을 둘 필요가 없고, 유전자 감식을 통해 누구의 자식인지가 분명하게 가려질 수 있는데도 여자만 결혼을 금지시키는 것은 남녀평등의 원칙에 반하여, 재혼금지기간은 폐지되었다.

– '새 가족 제도'법 시행(호적 대신 '가족관계등록부' 도입)

호주중심의 호적제도가 폐지되고 개인을 중심으로 하는 가족관계등록제도가 신설되었다. 과거 호적제도는 호주를 중심으로 가족관계를 나타냈다. 반면 가족부는 가족 구성원 개인을 기준으로 가족관계를 표시한다. 모든 국민이 1인 1적을 갖게 되는 셈이다. 또 어머니 성과 본을 자녀가 따를 수 있고 법률상 양자를 직접 낳은 친생자로 인정하는 친양자제도가 시행된다. 이 법은 2005년 헌법재판소의 호적법 헌법불합치 결정에 따라 폐지된 호주제도를 대신해 가족제도를 규정하는 대체법으로 부성주의 원칙 수정, 성(성) 변경 허용, 친양자제도 실시 등을 핵심내용으로 담고 있다.

3) 재혼가족에 대한 대책

(1) 재혼가족을 위한 전문상담시스템 구축

대부분의 재혼가족들은 자신의 재혼사실을 알리고 싶어 하지 않는 특성이 있다. 따라서 재혼가족을 상대로 하는 교육 프로그램에 참여하고자 하는 욕구는 있으면서도 공개적으로 실시되는 프로그램에의 참여는 다소 주저하는 태도를 보여준다. 따라서 이들의 익명성과 접근의 용이성을 고려한 온라인 상담시스템 구축이 필요하다. 기존의 가족상담사이트 등을 활용하여 재혼가족에 대한 별도의 상담코너를 개설하고 홍보해야 한다.

(2) 가족생활교육 실시

재혼생활을 시작하려는 사람과 재혼가족을 대상으로 하는 가족생활교육이 각 대상에 맞게 실시되어야 하며, 대상별 교육내용은 다음과 같다(김혜경 외, 2010).

첫째, 재혼생활을 시작하는 사람들을 대상으로 하는 재혼준비교육이 필요하다. 현재 시행되고 있는 결혼준비 예비교육들은 주로 초혼을 위한 예비교육에 초점이 맞춰져 있다. 그러나 초혼가족과는 달리 재혼가족은 유형이 다양하고 재혼생활에서 겪는 문제들 또한 초혼생활과는 다른 문제들이기 때문에 다양한 재혼가족의 유형에 따른 가족들을 대상으로 하는 재혼준비 예비교육 및 재혼가족에 대한 준비교육이 필요하다.

둘째, 재혼가족을 대상으로 하는 가족관계 증진을 위한 전문화된 프로그램, 안내책자 및 지침서 등을 개발해야 하고, 방송이나 인터넷 등을 활용해서 건강한 재혼가족의 모델을 제시해 주고 정보도 지원해 주는 활동이 필요하다.

셋째, 재혼부부를 위한 교육에는 재혼부부의 관계를 강화시키는 내용뿐 아니라 부모역할 및 계부모의 역할과 관련된 내용이 포함돼야 한다.

넷째, 재혼가족은 다양하다. 따라서 재혼가족생활을 다룬 교육내용에는 다양한 가족유형의 장단점과 갈등양상 및 효과적인 대처방안, 그리고 건강한 가족생활을 위해 노력해야 하는 내용이 고루 포함되어야 한다.

(3) 가족상담

재혼부부나 재혼가족을 대상으로 가족상담 및 치료가 필요하다. 재혼가족을 상담하는 기술은 일반가족에 적용되는 것과 동일한 경우도 있지만, 재혼가족을 대상으로 상담할 때 유의해야 하는 몇 가지 지침을 참조할 필요가 있다(Elion, 1990; Visher & Visher, 1990).

첫째, 초혼가족과 같은 정서적 유대를 기대하기는 어렵지만 재혼가족에 있어서도 가족 간의 정서적 유대를 강화하는 것은 매우 중요하다.

둘째, 재혼가족은 초혼가족과 다르게 평가하는 것이 유용하다.

셋째, 재혼가족의 문제를 해결함에 있어 가장 중요한 치료적 개입은 자신들의 경험에 대한 지지와 정당성, 무력감의 감소 및 부부관계의 강화이다.

넷째, 자녀의 문제를 상담할 때는 때로 재혼부부뿐 아니라 전 배우자, 조부모 혹은 다른 중요한 사람을 치료과정에 포함시키는 것이 중요하다.

다섯째, 치료과정 중 발생할 수 있는 치료자의 긍정적이고 부정적인 역전현상이 재혼가족상담 시 강하게 나타날 수 있기 때문에 공동상담이나 공동치료자의 활용이 매우 유용하다.

(4) 재혼가족 기능향상을 위한 프로그램 마련

재혼은 초혼보다 더 많은 준비계획이 필요하다. 재혼가족은 초혼가족에서 볼 수 없는 계자녀의 존재, 계부모의 불명확한 역할, 생활패턴과 규칙,

의사소통방법 등 다양한 적응문제를 경험하고 있기 때문이다. 그러나 실제로 많은 재혼자들은 재혼준비를 충분히 하지 않고 있다. 재혼가족이 증가하는 현 시점에서 재혼과 재혼가족의 특성을 고려한 재혼가족 기능향상 프로그램이 절실히 필요하다.

(5) 다양한 가족형태에 대한 사회적 관심과 인식의 전환을 위한 홍보

혈연관계로 이루어진 핵가족이 정상화되어 있는 사회에서 재혼가족은 재혼을 했다는 이유만으로 평범하지 않은 사람들, 문제가 있는 사람들, 비행의 가능성이 있는 아이들이라는 주위의 선입견을 받게 된다. 이는 단 하나의 가족형태만을 정상적인 가족으로 인정하는 사회적 인식에 기인하기 때문이다. 따라서 사회적으로 다양한 가족형태가 존재하고 그것은 정상가족이 되지 못하는 일탈된 가족형태가 아닌, 있는 그대로 인정되어야 하는 하나의 가족이라는 사회적 수용을 끌어내기 위한 방안이 마련되어야 하며, 교사들에 대한 교육과정 안에 가족의 다양성에 대한 인식고양 부분이 포함되어야 할 것이다.

재혼가족에 도움이 되는 열 가지

1. 재혼에 대한 비현실적 기대를 버리고 재혼으로 인하여 나타나는 변화를 인정한다
   재혼을 통하여 전혼을 보상받으려 한다거나 재혼 후 빠른 시기에 가족들이 적응하리라는 헛된 기대는 모든 가족원들에게 심리적 부담이 된다. 재혼 전에 두 사람이 서로가 기대하는 바와 한계에 대해서 충분히 대화를 나눔으로써 현실을 이해하는 것이 필요하다.

2. 전혼에 대한 상실감을 이해하고 긍정적으로 수용한다
   상처를 하였든 이혼을 하였든 이러한 경험은 개인에게 여러 가지 종류의 부정적 정서를 불러일으킨다. 이러한 부정적인 감정은 새로운 독립된 개인으로서

누군가를 다시 신뢰하고 친밀감을 형성하는 데 장애가 될 수 있다. 그러나 이를 어떻게 극복하느냐에 따라 부정적 영향의 정도가 달라지며 오히려 긍정적 영향을 미칠 수도 있다. 결국 가장 중요한 것은 언제 어디서든 자신을 가장 소중히 여기는 것이다.

3. 재혼가족에서 부부관계가 모든 관계의 주인임을 가족 모두가 인식한다

성공적인 재혼생활을 위해서는 부부가 중심에 있어야 하고, 그러기 위해서는 재혼 전부터 튼튼한 팀워크를 형성해야 한다. 재혼생활에서 우려되는 문제들에 대해 결혼 전 파트너와 솔직하게 충분한 대화를 나누고, 재혼 후 부부간의 대화와 공동 의사결정 및 함께 보내는 시간을 많이 갖는 것이 필요하다.

4. 재혼대상으로는 초혼자보다 자신과 비슷한 경험을 가진 재혼자가 더 나을 수 있다

재혼은 초혼과 성격이 다르기 때문에 부부 중 한쪽만 재혼인 경우보다는 둘 다 재혼인 경우가 경험적 공유나 동병상련의 측면에서 유리할 수 있다. 또한 성격이나 배경의 유사성도 매우 중요한 요인이다.

5. 계부모 역할에 대해서 부부가 서로 합의하고 일관성 있게 양육하는 것이 필요하다

계부모 역할을 잘하려면 아이의 친부모인 배우자로부터 부모로서의 권리를 인정받아야 한다. 새로운 자녀의 특성과 과거 및 현재의 상황, 성장배경에 대해 사전에 충분한 정보를 수집하고 친부모인 새 배우자와 결혼 전에 새 부모역할의 구체적인 내용과 기대하는 역할에 대해 합의한다.

6. 결혼은 끝나도 부모역할은 남는다는 점을 명심한다

자녀의 관점에서 부모의 재혼은 친부모를 빼앗겼다는 상실감과 친부모 간의 재결합에 대한 꿈이 상실되었다는 감정을 야기할 수 있다. 따라서 전혼이 종결됐더라도 전혼자녀에게 친부모로서의 역할은 지속해야 하며, 새 배우자는 친부모-자녀 간의 혈연적인 유대를 존중하여야 한다.

7. 재혼 후 자녀를 출산하는 문제는 신중히 결정한다

새 아이는 가족원들을 가깝게 하는 견인차가 될 수도 있고 또 스트레스의 원인이 될 수도 있다. 재혼해서 아이를 갖는 문제는 가족의 상황을 충분히 고려하면서 부부가 사전에 이에 대한 분명한 의견의 일치를 보는 것이 필요하다. 그리고 자녀출산의 문제보다도 재혼부부로서 정체감과 유대감을 확립하고 부부간에 정신적·심리적·신체적인 친밀감을 공유하는 것이 급선무라고 할 수 있다.

8. 주위의 도움을 적극적으로 이용한다
재혼에 대한 편견 때문에 가족이나 친지와 소원한 관계를 유지하는 것은 더욱 고립된 생활을 초래할 뿐이다. 부모나 가족은 가장 좋은 지원자이다. 어려울 때 도움도 청하고 자주 왕래하고 고민이나 혼자서 해결하기 어려운 문제는 전문상담기관을 찾는 것도 좋다.

9. 자녀에게 같이 살지 않는 친부모는 현실 또는 기억 속 어디에든 있다는 사실을 인정해 준다
자녀는 친부모와 계부모 사이에서 '충성심의 갈등'을 경험하기 쉽다. 자녀의 친부모와 경쟁하여 완벽한 부모가 되려는 환상은 포기한다.

10. 성공적인 재혼생활은 모든 가족원들의 노력으로 이루어진다는 점을 명심한다
건강한 재혼가족이 되기 위해서는 가족원들이 서로 솔직하고 배려해 주며 끊임없이 대화를 나누는 자세를 가져야 한다.

출처 : 유계숙 · 임춘희 · 전춘애 · 천혜정(1998). 또 하나의 우리, 재혼가족. 한국가족상담교육연구.

CHAPTER 11

다문화가족

학습목표

- 다문화가족의 개념과 발생요인을 설명할 수 있다.
- 다문화가족의 현황과 문제점을 파악하고 사회복지서비스를 설명할 수 있다.
- 다문화가족에 대한 지원현황과 향후 대책을 설명할 수 있다.

1 다문화가족의 개념 및 발생요인

1) 다문화가족의 개념

'다문화' 또는 '다문화주의'라는 말이 우리 사회에 등장한 것은 그렇게 오래되지 않았다. 이 용어는 스위스 사회를 표현하는 용어로 1950년대 말에 처음 사용되었는데 이후 캐나다에서 대중화되었으며, 1970년대에 영어권 국가에서 빠르게 확산되었고, 한국사회에서는 1980년대 말 이후에 등장하였다.

다문화주의에 대한 정부의 관심은 2005년 5월 외국인 문제의 위상이 '대통령 지시 과제'로 격상되면서 본격화되기 시작하였으며, 2006년 4월 국정회의에서 "다인종 · 다문화사회로의 진전은 거스를 수 없는 대세"라는 대통령의 발언이 있은 후 정부의 각 부처는 '이주자를 통합하려는 다문화주의 정책' 개발과 입안을 위한 경쟁에 적극 나서게 되었고, 2000년대에 들어서 한국에서의 다문화주의에 대한 논의가 본격화되었다.

이에 따라 국제결혼, 이중문화가정 등으로 불리던 국제가족결혼은 '다문화가족'으로 불리게 되었다. 다문화가족에 대한 일반적 개념은 언어, 인종 등이 서로 다른 민족·문화적 배경을 가진 사람들로 구성된 가족으로, 그동안 우리 사회는 두 가지 이상의 인종 사이에서 결합된 가족의 형태를 혼혈가정이라고 불러왔다. 그러나 혼혈가정의 자녀들, 즉 2세대에게는 그 '혼혈'이라는 단어 자체가 가지고 있는 상징적 차별성과 특수성으로 인해 오히려 거부반응을 일으킬 수 있어 다문화가족이라는 용어의 사용이 더 보편적이다(김범수 외, 2010).

다문화가족지원법의 정의에 의하면 한국에서 다문화가족은 다음과 같다.

※ 다문화가족지원법 개정(개정 2011. 4. 4., 시행 2015. 12. 1.)으로 인해 2012년부터는 혼인귀화자 외에 기타 사유 국적취득자(인지·귀화)도 다문화가족에 포함된다.

※ 다문화가족지원법 제2조(정의)

<표 11-1> 다문화가족의 유형

다문화가족지원법
1. "다문화가족"이란 다음 각 목의 어느 하나에 해당하는 가족을 말한다. 가. 재한외국인 처우 기본법 제2조 제3호의 결혼이민자와 국적법 제2조부터 제4조까지의 규정에 따라 대한민국 국적을 취득한 자로 이루어진 가족 나. 국적법 제3조 및 제4조에 따라 대한민국 국적을 취득한 자와 같은 법 제2조부터 제4조까지의 규정에 따라 대한민국 국적을 취득한 자로 이루어진 가족 2. "결혼이민자등"이란 다문화가족의 구성원으로 다음 각 목의 어느 하나에 해당하는 자를 말한다. 가. 「재한외국인 처우 기본법」 제2조 제3호의 결혼이민자 나. 「국적법」 제4조에 따라 귀화허가를 받은 자 3. "아동·청소년"이란 24세 이하인 사람을 말한다.

출처 : 여성가족부(2021). 전국 다문화 실태조사.

이 외 북한에서 태어나 탈북하거나 한국에 입국하여 한국인 또는 외국인을 만나 결혼하여 가족을 이룬 북한이탈주민(새터민) 가족을 포함하여 분류해 볼 수 있다(정하성 외, 2007).

2) 다문화가족의 발생요인

다문화가족 발생의 시작은 급변하는 현대사회와 관련이 있으며 이를 정리하면 다음과 같다.

① 해방 이후 혼란에 따른 미군과 우리나라 여성과의 다문화가족이 발생하였다. 해방 이후 미군의 한반도 진주로 미군 통치기를 거치면서 6·25동란에 이르는 기간 동안, 그리고 미군이 우리나라에 상주하면서 소위 미군 상주지역을 중심으로 미군들과 우리나라의 여성들 사이에 가정을 꾸리는 과정에서 발생한 다문화가정이 그 시초라 할 수 있다.

② 1990년대 이후 농촌총각 장가보내기 운동이 펼쳐지면서 결혼이민여성들이 급증하였다. 국내적으로는 농촌의 젊은 여성들이 양질의 교육기회 및 취업기회를 찾아 도시지역으로 이주함에 따라 농촌의 노총각들이 배우자를 찾는 데 어려움을 겪게 되었으며, 이러한 국내 사정과 아울러 한국과 비교하여 상대적으로 빈곤한 국가의 여성들이 경제상황 및 생활환경 등이 여유로운 국가로 이동하여 더 나은 취업의 기회 및 생활환경을 개척하고자 하는 것도 국제결혼 증가의 원인이 되고 있다. 이러한 상황이 지속되면서 타국의 여성을 배우자로 맞아 가정을 이루는 경우가 빈번해지기 시작하였다.

또한 이러한 결혼이주현상으로 인해 영리를 추구하려는 국제결혼중개업체들이 발생하게 되었으며, 1990년 허가제에서 신고제로 바뀌게 되고 이후 자유업으로 전환되면서 사설 중개업체들이 증가하게 되어 국제결혼 증가의 요인으로 크게 작용하였다.

③ 산업화 이후 경제가 성장하면서 소위 3D업종에서의 인력난으로 인해 노동이주자들이 대량 유입되었다.

1980년대 후반 이전까지 국제사회에서 한국은 국제이주 송출국으로 1960~1970년대 독일에 광부 및 간호사 등을 파견하였으며, 1970~1980년대에는 중동에 건설기술 및 노동인력을 파송해 왔다. 그러나 1988년 올림픽개최를 계기로 한국은 아시아의 주요한 이주노동력 유입 국가의 위상을 갖게 되었으며, 단기간에 이뤄진 이민송출국에서 이민유입국으로의 위상의 변화는 국내외적 차원에서 여러 가지 긍정적인 효과들을 가져다주었다. 이러한 국제사회에서 한국의 국가이미지 제고로 인해 한국은 아시아출신 노동자들이 선망하는 '코리안드림'의 목적지가 되었다. 이렇게 1980년대 후반부터 외국인노동자들이 국내에 유입되면서 한국사람과의 혼인을 통한 다문화가정을 꾸리게 되었다. 이들 외국인노동자들을 통해 형성된 다문화가정은 대부분 가정형편의 어려움을 겪고 있다. 대부분이 저임금 생산직의 3D업종이다 보니 경제적으로 어려움에 처해 있는 가정이 대다수이다.

④ 북한탈북자 가족의 유입도 다문화가족 발생원인의 하나라 할 수 있다. 북한이탈주민(새터민)은 북한 체계와 사회를 떠나 휴전 이후 다양한 동기에서 한국사회에 정착하여 공식적으로 한국에서 주민등록을 취득한 북한지역출신 탈북주민들을 가리키는 용어이다. 북한이탈주민(새터민) 가족의 첫 번째 유형은 1994년 이후 북한체제가 심각한 경제난에 부딪혀 북한주민의 주거지 이동에 대한 사회적 통제력을 상실하기 시작하면서 증가하였다. 최근에는 중국인이나 조선족과 결혼한 사람이 배우자와 함께 입국한 후 북한이탈주민으로 신고하고 한국사회에 정착하는 경우도 늘어나고 있다. 두 번째 유형은 탈북자출신의 남성 또는 여

성이탈주민의 수가 증가하면서 한국인과 결혼이 늘어나고 있다. 세 번째 유형은 북한이탈주민(새터민)으로서 우리 사회에서 결혼하지 않고 단독으로 동료와 함께 생활하는 가족이다(황범주, 2007, 윤동화, 2009 재인용). 언어와 얼굴이 같다는 이유로 다문화가정으로 인정하지 않는 경우도 있지만, 한편으로 서로 다른 문화적 배경으로 인해 학계에서는 북한이탈주민가정도 다문화가정에 포함하여 논의하고 있다. 그러나 북한이탈주민의 특수성이 있으므로 정부에서는 이들을 다문화가정에 포함하지 않고 별도의 지원방안을 마련하여 추진하고 있다.

이와 같이 국내의 다문화가족의 발생원인은 세계화에 따른 시장개방, 상대적으로 높은 소득수준 및 노동시장환경, 그리고 출산율 저하 및 농촌지역의 여성인구 수 감소 등 국내의 인구학적 변화 등으로 볼 수 있다.

2 다문화가족의 현황

2023년 통계청 자료에 따르면 외국인과의 혼인은 2022년 16,666건으로 2021년 13,102건보다 27.2% 증가하였다. 한국보건사회연구원의 보건・복지 Issue & Focus 제205호(2013−35) 자료에 의하면, 국제결혼은 1990년 4,710건에서 2000년 11,605건으로 2.5배 증가하였고, 2005년에는 42,356건에 이르다가 2006년부터 감소하기 시작하여 2012년에는 28,325건에 달하였다. 이와 같이 1990년대 이후 2005년에 이르기까지 국제결혼이 증가한 배경은 세계화에 따른 시장개방, 노동시장환경의 변화, 그리고 혼인시장의 불균형과 출산율 저하 및 농촌지역의 여성인구 수 감소 등의 인구학적 변화가 작용했기 때문이다.

또한 2005년 이후 국제결혼이 다소 감소한 것은 정부가 국제결혼중개업체에 대한 관리를 강화한 데 따른 것이다.

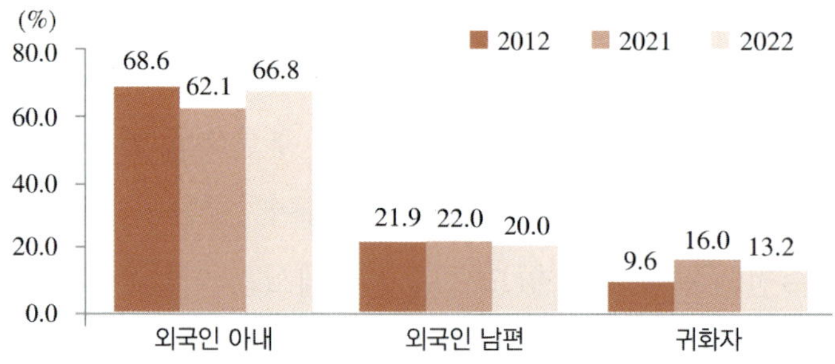

<그림 11-1> 다문화 혼인 유형별 비중(2012, 2021, 2022년)

출처 : 통계청(2022). 인구동태통계 연보.

다문화가족지원법에 근거한 다문화가족 규모는 2012년 1,234,882명에서 2022년 3,403,645명으로 11년간 276% 증가, 전체 가구 대비 다문화가구 비율은 2022년 8.7%로 100명 중 8명이 다문화인구임을 의미한다. 또한 다문화가족 자녀 규모는 2007년 44,258명에서 2021년 289,529명으로 동 기간 654.2% 증가하였다.

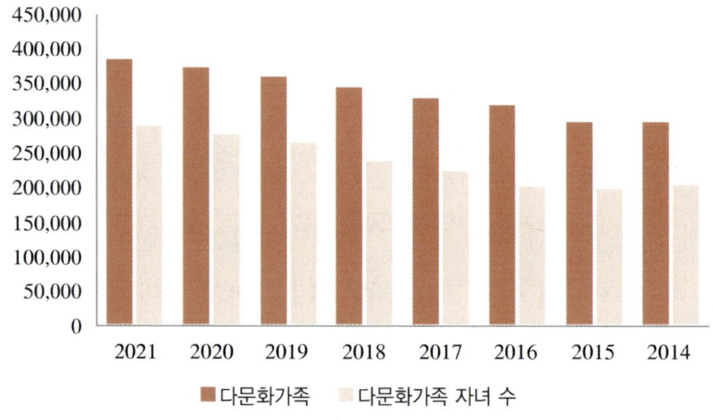

<그림 11-2> 다문화가족 및 다문화가족 자녀 규모의 변화추이(2014~2021년)

출처 : 행정안전부(2022). 외국인주민현황조사.

<표 11-2> 국적별 결혼이민자 및 귀화자 현황

(단위 : 명)

연도	합계	결혼이민자 국적취득자	중국(한국계)	베트남	중국	필리핀	일본	캄보디아	태국	몽골	기타
2022	399,190	175,365	30,560	36,362	34,662	11,234	13,509	4,440	6,780	2,335	35,483
		223,825	98,477	50,660	41,413	10,295	923	4,946	1,203	1,938	13,970
2021	385,512	174,632	28,695	40,697	34,523	11,472	13,537	4,481	6,238	2,317	32,672
		210,880	95518	46,608	38,721	9,715	633	4,682	1,078	1,848	12,077
2020	372,884	173,756	30,223	42,686	34,097	11,085	12,941	4,494	5,502	2,332	30,396
		199,128	3,952	9,388	37,048	966	1,720	4,409	4,409	42,597	94,639
2019	359,610	173,882	37,990	42,304	32,865	10,913	11,648	4,463	4,424	2,309	26,966
		185,728	85,977	38,469	35,199	8,921	599	4,112	888	1,596	9,967
2018	343,797	166,882	36,642	39,880	32,210	10,670	11,468	4,327	3,718	2,227	25,740
		176,915	83,347	32,257	36,094	8,529	834	3,631	808	1,436	9,979
2017	330,188	160,653	34,116	39,500	32,036	10,512	11,278	4,253	3,056	2,141	23,761
		169,535	79,985	30,274	35,221	8,183	839	3,368	747	1,382	9,536

출처 : 행정안전부(2022). 외국인주민현황조사.

다문화부부와 한국인부부의 결혼형태는 초혼은 한국인부부가 2022년 결혼건수 중 79.7%이고 다문화부부가 57.3%로 한국인부부가 다문화부부보다 22.4%p로 높고, 재혼은 다문화부부가 42.7%, 한국인부부가 20.2%로 다문화부부의 재혼율이 22.5%p 높게 나타나 다문화부부의 재혼이 빠른 속도로 증가하고 있음을 나타냈다.

(단위 : %)

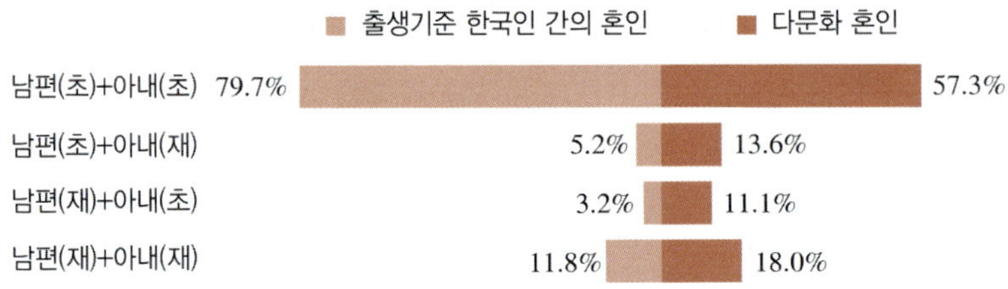

<그림 11-3> 다문화부부와 한국인부부의 혼인유형별 비중(2022년)

출처 : 통계청(2023). 2022년 다문화 인구동태통계.

여성가족부의 2015년 전국다문화가족실태조사 분석결과에서 다문화가구의 가구구성을 살펴보면, 전체 가구 중에서 가장 큰 비중을 차지하는 것은 부부와 자녀로 이루어진 가구로 전체의 47.2%가 여기에 속한다. 다음으로 비중이 높은 유형은 부부만으로 이루어진 가구로 전체의 38.5%에 달한다. 그 다음으로는 부부+자녀+배우자의 부모형제로 이루어진 대가족의 비중이 4.0%에 달하는 것으로 나타났다.

(단위 : 가구)

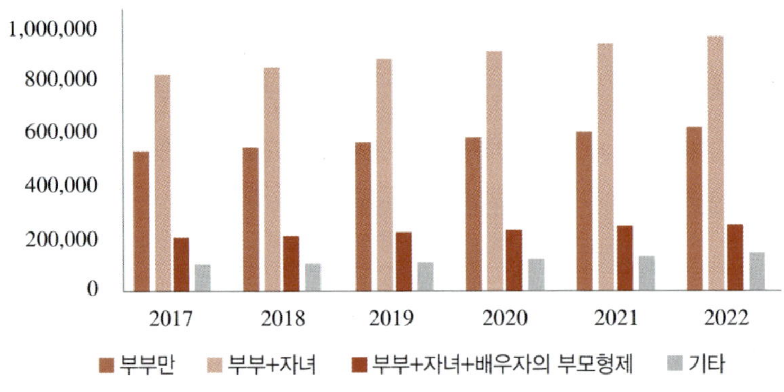

<그림 11-4> 다문화가족 구성형태 변화추이(2017~2022년)

출처 : 통계청(2023). 2022년 다문화 가족통계.

또한 다문화부부의 평균 결혼생활기간은 2017년 7.8년, 2020년 8.9년, 2022년 10년으로 결혼생활기간이 증가하고 있으나 2022년 한국인부부의 결혼생활기간인 17.7년보다 7.7년이나 짧은 결혼생활을 경험하여 다문화가족의 해체속도가 빠르며, 이는 해체가족으로 오랜 기간 유지되고 있음을 의미한다.

(단위 : 년)

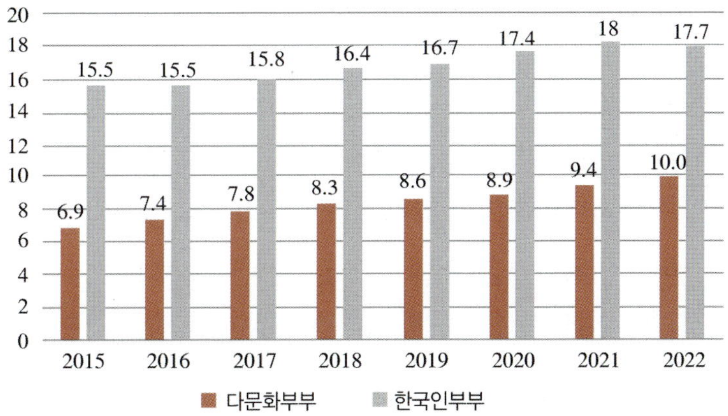

<그림 11-5> 다문화부부와 한국인부부의 평균 결혼생활기간 비교(2015~2022년)

출처 : 통계청(2023). 2022년 다문화 인구동태통계.

2022년 다문화부부의 이혼은 7,853건으로 2017년 10,307건보다 23.8% 감소하여 한국인 간의 이혼 감소율보다 12.1%p 높았으며, 전체 이혼에서 다문화 이혼이 차지하는 비중은 2022년도에 8.4%로 2021년 8.3%보다 0.1%p 증가하였다.

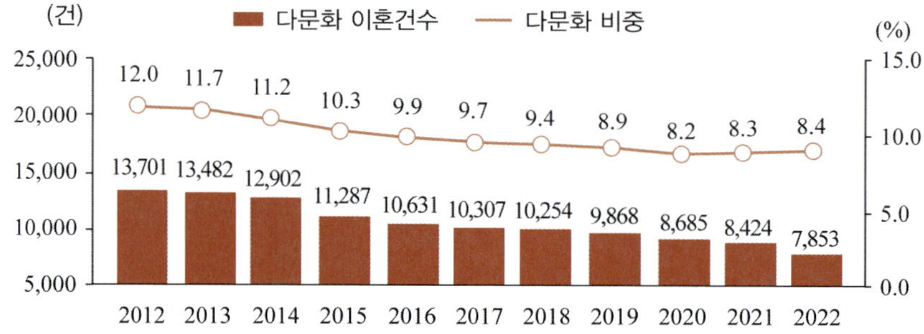

<그림 11-6> 다문화 이혼건수 및 전체 이혼 중 다문화 비중 추이(2017~2022년)

출처 : 통계청(2023). 2022년 다문화 인구동태통계.

이러한 다문화부부의 이혼은 국제결혼 후 외국인 배우자가 한국국적을 취득하고 이혼을 하더라도 한국인가정의 이혼건수로 집계되기 때문에 실제 국제결혼 커플이 이혼하는 비중은 통계 수치보다 높게 나타나는 것이다. 이렇듯 국제결혼의 이혼이 증가하는 데에는 지방자치단체의 국제결혼장려로 인해서 문화적 이해와 상호 이해가 부족한 채 결혼을 서두른 점과 더불어서 중국여성동포의 한국국적 취득을 위한 위장결혼이 늘어난 것도 한몫했다.

3 다문화가족의 문제

보건 · 복지 Issue & Focus 제205호(2013-35)에서는 지속적인 세계화에 따른 시장개방, 결혼이주산업의 활성화와 인적 · 사회적 네트워크의 국제화, 결혼이민자를 위한 복지정책 강화 등으로 다문화사회가 확대되고, 다문화가족의 평균 거주기간이 늘어남에 따라 해체 및 재혼 다문화가족이 증가하고 있어 다문화가족의 유형별 문제점에 대해 다음과 같이 진단하였다.

■ **다문화가족의 경제적 어려움의 비율은 38.4%로, 일반가족의 17.2%에 비해 2.2배 높다. 다문화가족의 경우, 낮은 임금 수준, 취업 불안정, 한국어 능력 부족, 차별 등으로 인해 경제적 어려움을 겪고 있으며, 결혼이민여성의 경우, 배우자의 실업, 가사노동 및 육아 부담으로 인해 경제활동 참여가 제한되어 경제적 어려움에 더욱 취약하다.**

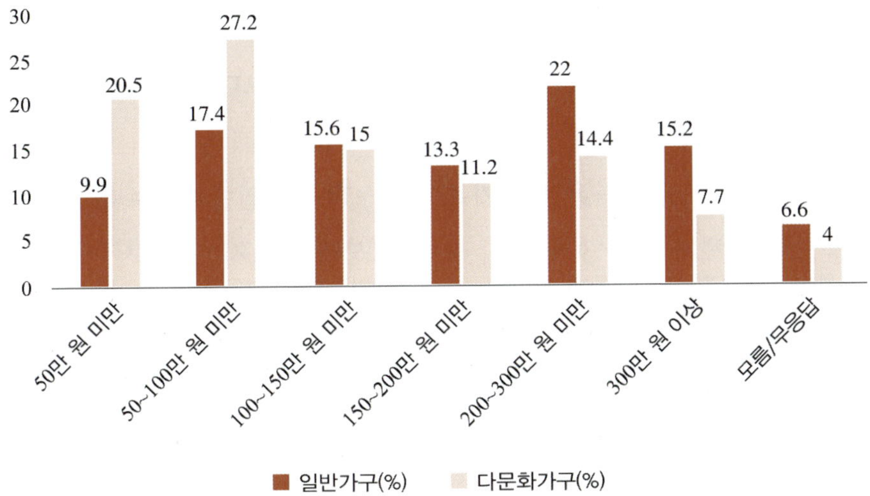

<그림 11-7> 2021년 다문화가족과 일반가구의 월평균 임금 비교

출처 : 통계청(2022). 가계동향조사.

- 다문화가족유형별 자녀양육상의 어려움은 만 5세 이하는 32.8%가 없다고 응답했으며, 자녀양육의 어려움으로 자녀양육에 대하여 가족과 의견차이 22.6%, 내가 바쁘거나 아플 때 자녀를 돌봐줄 사람을 찾기 어려움 21.0%, 자녀에게 한국어를 직접 가르치기 어려움 8.0%, 어린이집, 유치원, 학교 등에 대해 잘 모름 5.8% 순으로 나타났다.
- 만 6~24세 자녀양육의 어려움을 겪고 있는지 질문한 결과 어려움이 없다는 응답은 12.3%이며, 87.7%는 어려움이 있는 것으로 나타났다. 자녀양육에서 느끼는 어려움 내용으로는 자녀의 학습지도・학업 관리의 어

려움 44.1%, 자녀의 학업, 진학, 진로 등에 관한 정보 부족 34.7%, 교육비, 용돈 등 자녀에게 드는 경제적 비용부담 31.8% 등의 순으로 높게 나타났다. 이어서 게임, 스마트폰 · 인터넷 사용 등에 대한 자녀와의 갈등 19.9%, 자녀와의 대화 부족 16.6%, 학부모 활동 어려움 7.0% 등의 순으로 나타났다.

■ **다문화가족유형별 취업률은 해체가족이 일반가족보다 2배 높고, 고용상태도 임시 · 일용근로자의 비율이 상용근로자보다 3배까지 높아 고용환경이 불안정하다.**

- 다문화가족의 취업률은 해체가족이 48~71%로 일반가족보다 2배 정도 높으나 해체가족 중 30~50%는 미취업상태로 복지혜택에서 배제될 경우 빈곤가구로 전락할 가능성이 높다.
- 일반가족은 임시 · 일용근로자의 비율이 상용근로자보다 1.7배 높은 데 비해, 해체가족은 2~3배 높아서 해체가족의 취업환경이 상당히 열악하다.

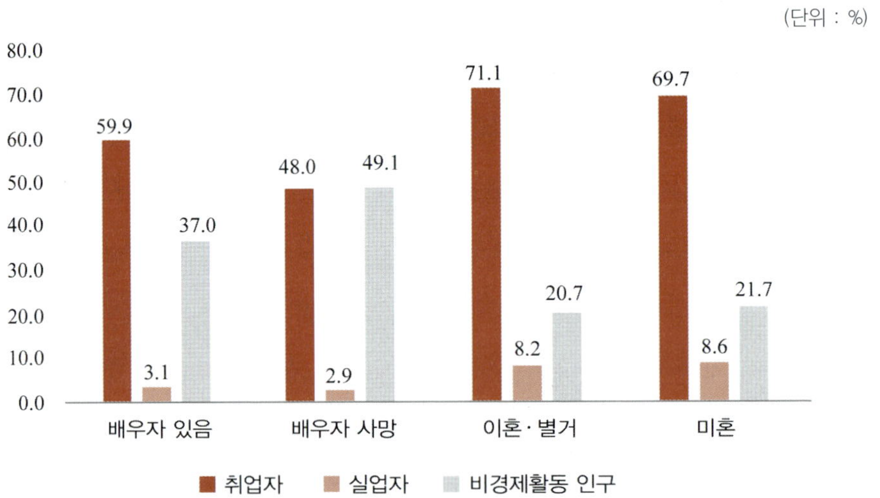

<그림 11-8> 다문화가족유형별 취업률

출처 : 여성가족부(2021). 전국 다문화가족실태조사.

<표 11-3> 다문화가족유형별 취업사항 (단위 : %, 명)

구 분	배우자 있음	이혼·별거	배우자 사망	미 혼
취업 여부 (305,064)				
취업	81.7	96.8	91.2	95.2
비취업	18.3	3.2	8.8	4.8
계	100.0	100.0	100.0	100.0
직종 (185,235)				
관리자	0.9	0.2	0.7	0.6
전문가 및 관련종사자	12.5	3.4	4.9	18.3
사무종사자	4.7	2.2	2.9	13.7
서비스 종사자	16.5	28.4	29.6	13.0
판매 종사자	7.3	4.3	3.8	12.3
농림어업 숙련 종사자	4.1	0.1	1.7	0.0
기능원 및 관련기능 종사자	9.4	8.9	4.7	11.4
장치·기계조작 및 조립종사자	13.0	12.4	14.7	7.0
단순노무 종사자	31.7	40.1	36.9	23.7
계	100.0	100.0	100.0	100.0
종사상 지위 (185,512)				
상용근로자	47.4	42.0	48.5	69.0
임시 근로자	19.6	20.8	24.6	7.5
일용근로자	15.3	27.6	17.3	14.9
고용원이 있는 자영업자	3.3	3.0	0.8	2.9
고용원이 없는 자영업자	8.5	6.7	8.7	5.1
무급가족종사자	6.0	0.0	0.0	0.6
계	100.0	100.0	100.0	100.0

출처 : 여성가족부(2021). 전국 다문화가족실태조사.

- **다문화가족의 주택 소유 형태는 자기 소유의 주택에 거주하는 비율이 54.0%로 과반을 상회하고, 보증금이 있는 월세가 23.8%, 전세가 18.3%, 무상 2.5%, 보증금 없는 월세가 1.3% 순이다. 2015년의 43.2%와 비교하면 약 10% 정도 증가한 반면, 보증금이 있는 월세나 무상, 보증금이 없는 월세 비율은 줄어들었다.**

• 결혼이민자 가구의 과반 이상(55.2%)이 자가에 거주하는 것에 비해 기타 귀화자 가구의 자가 비율은 48.6%로 다소 낮은 대신 전세(19.8%)나 보증금 있는 월세(27.9%)의 비율은 상대적으로 높다. 가구소득 100만 원 미만 가구의 자가비율은 38.7%에 불과하나, 600만 원 이상은 2/3인 67.8%가 자가에 거주한다. 보증금이 있는 월세와 보증금이 없는 월세의 경우는 가구소득이 낮을수록 비율이 커져서 100만 원 미만 가구의 경우 1/3(34.5%) 이상이 보증금이 있는 월세 형태로 거주하고 있다.

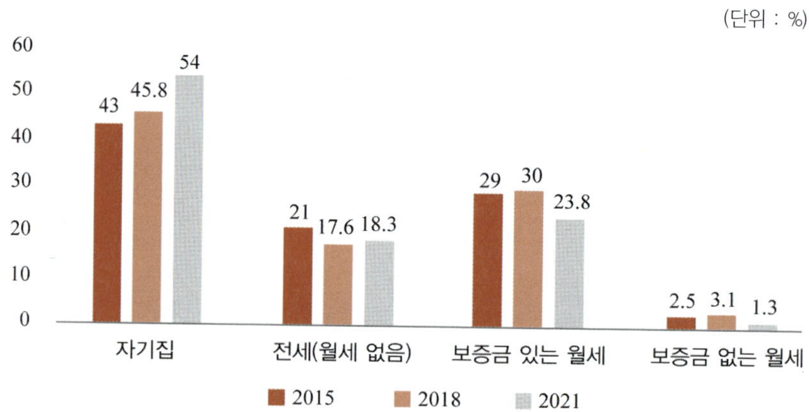

<그림 11-9> 다문화가족유형별 전·월세비율

출처 : 여성가족부(2021). 전국 다문화가족실태조사.

■ **다문화가족유형별 주관적 건강수준이 나쁘다는 인식과 유병경험률은 해체가족이 4배까지 높으며, 병원 미이용 및 치료포기 경험률도 2배 높아 건강유해 가능성이 높다.**

• 주관적 건강수준이 매우 좋다는 인식은 해체가족이 9~11%로 일반가족보다 2배, 미혼보다 4배 낮고, 우울감 경험은 2018년 대비 3.4% 감소했다.

• 의료시설 이용 장애요인으로 결혼이민자·귀화자 중 병원에 가고 싶을 때 가지 못한 적이 있었던 이들은 6.6%로 2018년 11.5%보다 크게 줄어들었다. 의료시설을 가지 못한 이유는 치료비 부담 문제가 29.9%로 가장 컸고, 직장 일이 바빠서 병원을 가지 못한 경우도 21.7%로 나타났다.

(단위 : %)

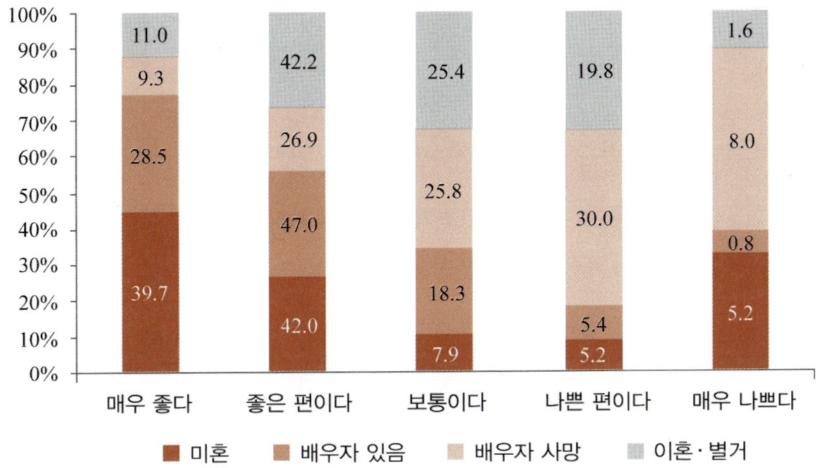

<그림 11-10> 다문화가족유형별 건강수준 및 의료생활

출처 : 여성가족부(2021). 전국 다문화가족실태조사.

■ **다문화가족유형별 차별경험은 해체가족이 높은 편이고, 그중 차별받은 장소는 직장·일터와 거리·동네 그리고 공공기관이 높다.**

• 다문화가족의 차별경험은 해체가족과 재혼가족이 각각 62%와 50%로 일반가족보다 12~24% 높고, 차별받은 장소는 일반가족은 상점·음식점·은행, 해체가족과 재혼가족은 직장·일터와 공공기관이 높게 나타났다.

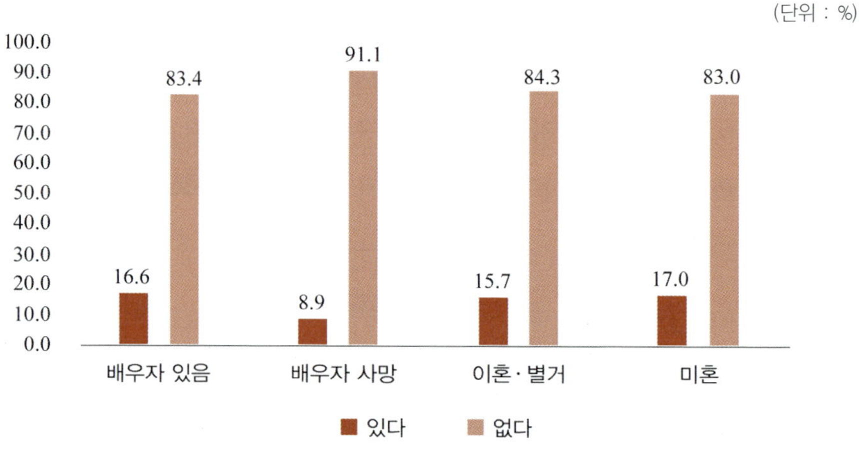

<그림 11-11> 다문화가족유형별 차별경험률

출처 : 여성가족부(2021). 전국 다문화가족실태조사.

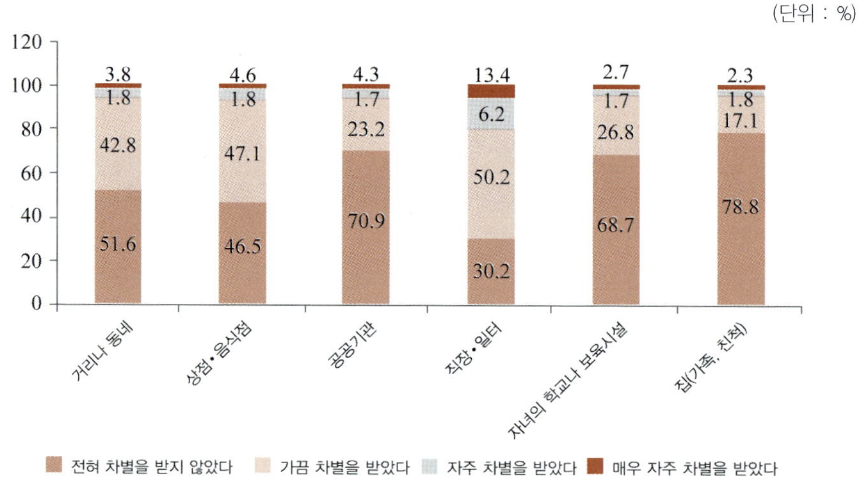

<그림 11-12> 다문화가족 차별받은 장소

출처 : 여성가족부(2021). 전국 다문화가족실태조사.

이와 같이 다문화가족은 경제적인 어려움, 자녀양육문제, 취업률, 주거형태, 건강수준 차별경험 등의 문제가 따르고 있음을 알 수 있다. 그러나 사실상 이러한 문제들 외에도 가정폭력문제, 언론의 편견, 결혼이주여성의 문화적 부적응, 아동의 사회부적응, 농어촌지역 자녀들의 교육문제 등 다양한 문제점들이 도출되어 있다.

(1) 다문화가정 외국인 아내에 대한 남편의 부정적인 관념과 갈등으로 인해 가정폭력의 문제가 있다

외국인 여성이 결혼이라는 연결고리를 통해 한국에 오는 것은 국내에서 결혼이 여의치 않은 한국남성의 사정과 외국인 여성들의 경제적 욕구가 타협된 결과물이라는 인식이 우리 사회에 지배적이다. 이러한 그릇된 인식으로 인해 외국인 아내와 결혼한 한국인 남편들이 의처증을 갖는 경우가 많아지고 있다. 의처증이 있는 남편들은 대부분 '자기 부인이 돈을 목적으로 한국에 왔고 자기와 위장결혼을 했으니까 언젠가는 도망갈 것'이라는 그릇된 생각을 가지고 있다. 생활기반이 약한 한국인 남편들이 나이 차이가 많이 나는 젊은 아내들에게 위기감을 느끼는 것이다. 그리고 외국인 아내를 돈을 주고 사온 신부라는 남편들의 잘못된 사고도 가정폭력의 한 원인으로 지적된다. 결국 이러한 편견으로 인해 외국인 아내들은 가정폭력의 희생양이 되고 있다(전경숙, 2008).

(2) 언론의 다문화가정에 대한 부정적 사례 보도로 다문화가정이 문제가정으로 인식되고 있다

최근 다문화가정에 대한 사회적 관심이 확대되면서 다문화가정에 대한 언론보도도 늘어나고 있다. 하지만 언론보도가 다문화가정에 대한 부정적 측면에 집중되면서 다문화가정에 대한 부정적인 인식도 확산되고 있다.

특히 이주여성들에 대한 가정폭력문제는 이제 언론의 단골 메뉴가 되었다. 그런데 이러한 언론보도 내용은 자칫 대다수의 다문화가정의 남성들이 이주여성들에 대한 비인권적 폭력을 행사하고 있는 것처럼 오해될 공산이 크다. 그리하여 다문화가정이 일반적으로 문제가정의 범주로 규정될 소지도 있다.

(3) 결혼이주여성의 문화적 부적응으로 부부간 갈등의 문제를 겪고 있다

결혼이주여성들이 한국생활에서 가장 큰 어려움을 호소하는 것이 문화적 부적응 문제이다. 특히 한국인 남편들이 외국인 아내의 문화를 이해하려는 노력이 부족한 경우가 많아서 부부간 문화적 갈등을 자주 겪는다. 남편뿐 아니라 가족과 사회 역시 외국인 아내의 문화를 이해하려는 노력이 부족하기는 마찬가지다. 대부분의 경우, 신부에게 일방적으로 한국문화를 강요하면서 정작 그들의 문화를 이해하려는 노력은 부족한 경우가 많다. 이러한 문화적 이질감에서 오는 외국인 신부의 소외감은 더욱 크기 마련이다.

그리고 외국인 신부들의 언어문제로 인해서 의사소통이 원활하지 못한 경우 갈등의 골이 깊어지기도 한다. 원활한 의사소통이 불가능하면 서로에 대한 이해가 부족하게 되고 외국인 신부들이 적응하는 데 큰 어려움을 겪게 된다.

(4) 다문화가정 아동의 사회부적응 문제가 심각하게 대두되고 있다

다문화가정의 아동은 다른 외모와 언어습득 지체, 학습부적응, 또래 아이들 무리에서의 이탈 등으로, 교육적·정신적으로 매우 심각한 상황에 처해 있다.

이들은 친구들과 어울리지 못하면서 흔히 말하는 왕따를 당하고 학교와 학업에서 낙오되며 심한 경우 정신질환으로까지 이어지는 사례도 있다. 또한 이혼 등으로 정상적인 가정의 상태를 벗어난 다문화가정 자녀들은 상황이 더더욱 열악하다. 이는 한국어가 미숙한 외국인 어머니와의 생활로 언어 습득의 기회를 갖지 못하기 때문이다.

(5) 농어촌지역 다문화아동들의 교육문제 또한 심각하다

다문화가정의 80% 이상이 농어촌지역에 거주하기 때문에 도시의 일반가정에 비해 교육수준이 떨어진다. 또한 부모가 맞벌이인 경우가 많아 방과 후에 자녀의 학습지도를 해줄 사람이 없고 학원을 보내거나 과외를 하는 건 엄두도 못내는 경우가 대부분이다. 일반아동에 비해 학습진도를 따라가지 못하는 데 반해, 학교에서 다문화가정의 자녀들을 따로 지도해 주거나 방과 후 학습의 기회가 적어 다문화가정 자녀의 교육문제가 심각한 상황이다.

4 다문화가족에 대한 서비스 현황

1) 정부의 다문화정책

정부부처별 여성 결혼이민자 정책 및 서비스 현황은 다음과 같다.

<표 11-4> 정부부처별 여성 결혼이민자 정책 및 서비스

구 분	정책 및 서비스 내용	주관부서
건전한 국제결혼 정착지원	결혼이민자 현지 사전정보 제공	여성가족부
	국제결혼중개업 등록제	여성가족부
	결혼중개업자 전문지식 및 윤리의식 향상교육	여성가족부
	입국 전 사전교육 프로그램 시행 및 콜센터 설치	여성가족부
	한국인 예비 배우자 결혼 준비교육	여성가족부
	위장결혼 예방 및 단속 강화	법무부
	국제결혼예정자에 대한 사전 소양교육	법무부

<table>
<tr><td rowspan="20">결혼이주여성
초기적응 및
정착지원</td><td>한국어교육</td><td>여성가족부</td></tr>
<tr><td>다문화가족지원센터 운영</td><td>여성가족부</td></tr>
<tr><td>상담 및 가족통합교육</td><td>여성가족부</td></tr>
<tr><td>다문화매거진, 가이드북, 다문화가족 포털사이트 운영</td><td>여성가족부</td></tr>
<tr><td>결혼이민자 통번역서비스</td><td>여성가족부</td></tr>
<tr><td>국가별 자조모임지원</td><td>여성가족부</td></tr>
<tr><td>결혼이민자 등에 대한 거주 및 영주를 포함한 사증·체류 관리</td><td>법무부</td></tr>
<tr><td>사회통합 프로그램 이수제 운영</td><td>법무부</td></tr>
<tr><td>결혼이민자와 가족에 대한 고충상담 활성화</td><td>법무부</td></tr>
<tr><td>초기정착 결혼이민자 및 가족 교육</td><td>법무부</td></tr>
<tr><td>자조모임지원</td><td>법무부</td></tr>
<tr><td>이주민 문화적응 및 교류지원</td><td>문화체육관광부</td></tr>
<tr><td>다문화사회의 한국어교육진흥</td><td>문화체육관광부</td></tr>
<tr><td>가정방문 및 문화탐방</td><td>안전행정부</td></tr>
<tr><td>한국어·한국문화교육과정 개설</td><td></td></tr>
<tr><td>EBS 한국어 교육방송 프로그램 제작</td><td></td></tr>
<tr><td>농업인 교육훈련</td><td>농림축산식품부</td></tr>
<tr><td>양육지도사 및 한국어 교사 파견</td><td>농림축산식품부</td></tr>
<tr><td>교육도우미를 통한 교육 및 상담</td><td>농림축산식품부</td></tr>
<tr><td>출산농가 도우미 파견</td><td>농림축산식품부</td></tr>
<tr><td>가정폭력
피해자
보호·예방</td><td>가정폭력 피해이주여성 긴급전화 및 쉼터 운영</td><td>여성가족부</td></tr>
<tr><td rowspan="2">결혼이주여성
건강지원</td><td>보건소 건강증진사업 다문화가정 우선순위 선정</td><td>보건복지부</td></tr>
<tr><td>정신보건상담 위기가족 선정</td><td>보건복지부</td></tr>
<tr><td rowspan="4">결혼이주여성
자녀교육</td><td>이중언어교육 환경조정</td><td>보건복지부</td></tr>
<tr><td>다문화가족 자녀 보육·교육비 전액지원</td><td>보건복지부</td></tr>
<tr><td>다문화가족 자녀 언어발달 지원 및 이중언어 개발교육</td><td>여성가족부</td></tr>
<tr><td>결혼이민자 등에 대한 거주 및 업무를 포함한 사증·체류 관리 및 정책</td><td>법무부</td></tr>
</table>

	다문화가정을 위한 독서진흥 콘텐츠 개발	문화체육관광부
	다문화가정 자녀대상 한국어방문학습교재 개발	문화체육관광부
	한국어 교재개발	문화체육관광부
	한국어 교재개발 및 요리·유아관련 생활정보제공	문화체육관광부
	다문화가정 자녀 교육지원	교육과학기술부
	다문화가정 자녀 상담교사 지정	교육과학기술부
	불법체류 자녀 교육권 보장	교육과학기술부
	다문화가정 근로장학금 지원	교육과학기술부
	다문화가정 방과후 프로그램	교육과학기술부
결혼이주여성 역량강화	결혼이민자 직업교육·훈련 실시	여성가족부
	결혼이민자 적합직종 개발	여성가족부
	여성결혼이민자에 대한 취업지원 프로그램	고용노동부
일반인+업무 담당자 대상 인식개선 및 홍보	다문화가족 인식개선 콘텐츠 개발 및 보급	여성가족부
	다문화관련 포럼·세미나 등 개최	법무부
	세계인의 날 관련 행사 및 다문화 이해증진 행사	법무부
	다문화가정 자녀 어울림 생활체육 활성화 지원	문화체육관광부
	중앙박물관 다문화교육 프로그램 운영	문화체육관광부
	내국인 다문화인식 개선사업	문화체육관광부
	다문화·다인종 교육요소가 반영된 교육과정 개발	교육과학기술부
	유아를 위한 다문화 이해 자료개발보급	교육과학기술부
	교원연수	교육과학기술부
추진체계 및 네트워크 마련	다문화가족 실태조사 실시	여성가족부
	결혼이민자와 가족에 대한 실태조사 및 연구	법무부
	다문화사회 전문가 양성	법무부
	다문화 사회통합 거점대학 관리 및 운영	법무부
	간담회 및 워크숍, 포럼 개최	행정안전부

출처 : 한국보건사회연구원 연구보고서(2012-41). 김유경 외. 다문화가족의 변화와 사회적 대응방안 연구.

(1) 이민자 사회통합프로그램(KIIP)

법무부는 한국의 다문화사회 진입에 따른 인종·민족·문화·국적 다양성에 대한 관용의 중요성을 강조하여 이민자 및 국민 등 사회 구성원이 주인의식을 함양하도록 하고, 다문화사회에서 일시적 또는 영구적 사회 구성원이 갖추어야 하는 소양을 갖추도록 이민자 사회통합프로그램을 실시하고 있다. '이민자 사회통합프로그램 및 그 운영 등에 관한 규정'에 의한 이민자 사회통합프로그램은 재한외국인 처우 기본법의 목적을 구현하기 위하여 재한외국인 및 귀화자와 그 자녀, 대한민국 국민 등에 대한 사회통합프로그램을 표준화하여 시행하고, 그 운영기관을 지정·관리하기 위한 기본적인 사항을 정함을 목적으로 한다(이민자 사회통합프로그램 및 그 운영 등에 관한 규정 제1조).

'사회통합프로그램'이란 재한외국인, 귀화자와 그 자녀 및 국민 등이 서로를 이해하고 존중하는 다문화사회 환경을 만들어 이민자의 대한민국 사회 적응을 지원하고 개인의 능력을 최대한 발휘하도록 하기 위한 한국어, 한국사회 이해 등에 대한 교육 및 정보제공 등의 제반 활동을 말하며, '이민자'란 대한민국의 일시적 또는 영구적 사회 구성원 자격을 부여받고 대한민국으로 이주한 자 또는 대한민국 국적을 가지지 않는 자로서 대한민국으로 이주하기 위한 일정한 절차가 진행 중인 자를 말한다(이민자 사회통합프로그램 및 그 운영 등에 관한 규정 제2조).

특히 결혼이민자는 한국인과 결혼하여 2년 후 귀화필기시험을 면제받고 국적을 취득하므로 한국어 능력이 초급수준에 그치고 있으며, 일반귀화 신청자의 경우도 5년 이상 한국사회에 거주하였음에도 한국사회 및 다양성 이해 등 기본 소양 함양이 부족하고 국민의 다문화사회에 대한 이해가 부족한 것으로 간주하고 있어 사회통합프로그램 이수제를 실행하게 되었다.

2012년 3월 동 규정의 일부 개정에 따라 사회통합프로그램의 거점운영기관 명칭을 기존 '이민자 지원센터'에서 '외국인사회통합센터'로 변경하여 운영 중이다. 사회통합프로그램 희망자가 출입국사무소에 신청하면 언어능력과 다문화사회 이해 정도 등 기본 소양에 관하여 사전평가를 실시하고 교육을 받는데, 사회통합프로그램에 참여 중인 신청자에 대하여 학습성과측정 등을 위하여 각 과정 중 또는 매 과정 종료시점에 중간평가를 실시할 수 있고, 사회통합프로그램 수료 후 최종 종합평가를 실시한다.

(2) 다문화가족지원 정책

보건복지부는 2011년부터 다문화가족 보육료 지원을 확대하고, 시·군·구 보건소는 다문화가족을 우선 관리대상으로 생애주기별 건강관리와 영양플러스사업, 맞춤형 서비스를 우선적으로 제공받을 수 있도록 하고, 정신보건사업에서도 다문화가족 및 북한이주민을 포함하였다. 다문화가족 아동·청소년은 교육기관이나 정신건강문제가 발견될 경우, 지역의 보건소와 연계하여 상담 및 치료가 이루어지며 치료비를 지원받을 수 있다.

(3) '다문화가족지원센터' 설치

여성가족부는 '다문화가족지원센터'를 지역마다 설립하여 다문화가족을 위해 통합지원서비스를 실시하고 있다. 다문화가족지원센터의 주요 사업으로는 방문교육사업, 통번역사업, 자녀교육 및 이중언어교실과 가족교육, 상담, 취·창업 등이 지원된다. 마지막으로 한국사회의 다문화 인식증진을 위한 노력이 제도적으로 마련되어 있다. 다문화가족 포털사이트를 운영하여 다문화에 대해 쉽게 접근할 수 있는 노력이 이루어지고 있으며, 각종 매체를 통해 다문화를 접할 수 있도록 콘텐츠를 개발하여 보급하고 있다.

(4) 다문화가정학생 교육지원

교육부의 학생복지정책과에서 다문화가정학생 교육지원을 담당하고 있다. 교육복지 마스터플랜과 연계하여 다문화가정학생의 특성을 고려한 맞춤형 교육과 이중언어 개발을 위한 정책이 마련되어 있다. 또한 유·초·중등 교사의 다문화교육 역량강화를 위해 교원연수를 실시하고 있으며, 교육과정에 다문화·다인종의 내용을 포함하여 학교교육에서 다문화에 대한 인식이 개선될 수 있도록 하고 있다.

(5) 다문화가족 대상 지방공무원 특별 임용제도

안전행정부는 공무원법상 '특별 임용건'에 다문화가족 지방공무원을 포함하면서 계약직으로 채용된 다문화가족 대상의 지방공무원을 일반직으로 임용하는 제도를 마련하였다. 이는 다문화가족 인력의 전문성을 확보하는 것으로 그에 따른 업무도 전문화될 수 있는 기반이 된다. 안전행정부는 결혼이민자가 고국과 지속적으로 연결될 수 있도록 하는 정책을 시행하였다. 결혼이민자의 친정부모를 초청하여 한국문화를 체험하고 자녀(여성 결혼이민자)의 가정을 방문하는 사업과 전국 정보화마을 홈페이지를 통해 다문화가족이 상시적으로 화상상봉을 할 수 있는 방안을 마련하면서 여성 결혼이민자와 그의 모국 가족을 이어준다.

또한 안전행정부에서는 결혼이민자를 멘토로 활용하는 지도자양성교육을 실시하여 이들이 한국생활에서 느끼는 어려움을 해결하고자 하였다. 상대적으로 컴퓨터 활용능력이 취약한 여성 결혼이민자에게 지역사회복지관 등을 활용하여 정보화교육을 제공한다. 다문화가족의 정착체험수기를 공모하고 수기집을 발간하면서 다문화가족에 대한 이해를 높이고 소통할 수 있는 장을 마련하였다. 안전행정부는 시·군·구 거주외국인과 지원기관, 단체 등을 조사하며 다문화가족과 그 외에 외국인들의 현황을 파악하고 있다.

(6) 다문화가족을 위한 각종 문화행사 개최

문화체육관광부에서는 다문화가족을 위한 각종 문화·행사를 개최하고 있다. 공연과 전시회를 통해서 문화체험을 하기 어려운 다문화가족이 쉽게 문화를 누릴 수 있도록 하였으며, 다문화 전시회 및 각종 매체를 통해 내국인에 대한 다문화인식 개선을 꾀하고 있다. 또한 다문화가정과 일반가정이 함께 어울려 활동할 수 있는 생활체육교실을 운영하고 있다. 다문화가족이 밀집해 있는 지역에는 다문화자료실, 도서관을 조성하여 다문화가족을 위한 도서관서비스를 활발하게 운영하고 있다. 다문화가정의 자녀를 대상으로 한 방문학습 자료를 개발 보급하고 있으며, 외국어로서의 한국어 교원을 양성하여 이주민에게 한국어서비스를 확대 제공할 수 있도록 하였다.

(7) 농촌여성 결혼이민자를 위한 정책

농림축산식품부는 농촌의 여성 결혼이민자를 대상으로 한 정책을 내세우고 있다. 전문여성농업인을 활용하여 농업에 종사하고 있는 여성 결혼이민자와 연결하여 멘토링사업을 실시하고 있다. 또한 여성 결혼이민자에게 농업기초지식, 농기계사용법, 소양교육 등을 실시하여 농촌생활에 적응할 수 있도록 하였다.

(8) 여성 결혼이민자를 위한 취업지원

고용노동부의 여성 결혼이민자를 위한 정책으로는 '취업지원'이 있다.

이들을 위한 취업지원 프로그램은 여성 결혼이민자가 한국사회에서 자립할 수 있도록 하는 데 목적이 있다. 고용노동부는 '대통령 지시사항 추진계획'에 의거하여 여성 결혼이민자가 자립할 수 있는 기반을 마련하고 있다. 추진계획에는 여성가족부와 연계 및 전국 고용지원센터와 관련부처의 인프라를 통한 기술교육을 실시하는 것과 사회적 일자리 사업에 우선적으로 여성 결혼이민자가 참여하도록 하는 내용이 포함되어 있다. 이에 따라 여성가족부의 다문화가족지원센터와 여성인력개발센터를 연계하여 여성 결혼이민자를 위한 기술교육을 실시하고 있으며, 취업지원서비스 안내문을 발송하여 여성 결혼이민자의 참여를 도모하고 있다.

(9) 이주여성 긴급지원센터 1577-1366 운영

여성가족부는 피해이주여성에 대한 구제를 강화하기 위해 '이주여성 긴급지원센터 1577-1366'을 설치해 가정폭력 등 피해이주여성에게 다국어 상담을 제공하며 '이주여성지원센터'를 설치·운영하여 이주여성 및 동반아동의 거주 및 자활 지원을 하고 있다. '외국인 인권보호 및 권익증진협의회' 등 정부 내 민관 합동 인권침해 구제기구 운영을 활성화할 계획이다.

이처럼 정부의 각 부처마다 정책의 내용은 차이가 있으나 정책별로 유사한 목적을 갖고 있다. 그 목적은 크게 '건전한 국제결혼 정착지원', '결혼이주여성 초기적응 및 정착지원', '가정폭력피해자 보호·예방', '결혼이주여성 건강지원', '결혼이주여성 자녀교육', '결혼이주여성 역량강화', '일반인·업무담당자 대상 인식개선 및 홍보', '추진체계 및 네트워크 마련'으로 나눌 수 있다. 하지만 그 내용이 다문화가족을 있는 그대로 '수용'하기보다는 '동화'시키는 성격에서 벗어나지 못하고 있다. 또한 아직까지도 다문화가족정책은 중복적이며 연계성이 부족하여 서비스를 받게 되는 다문화가족들이 여러 부처를 돌아다녀야 하는 번거로움이 있다. 각 부처별 정책의 중복성과 사각지대에 대한 문제는 여성가족부를 중심으로 '다문화가족정책위원회'를 설치하면서 극복해 가는 노력이 보이고 있다. 다문화가족정책위원회는 산발적인 정책을 통합, 연계하여 부처별 역할분담을 통해 중복서비스 문제와 다문화가족이 서비스 이용상의 어려움을 해소시키는 역할을 해야 할 것이다.

2) 다문화가족 관련법률

(1) 다문화가족지원법

다문화가족에게 필요한 생활정보제공과 교육지원, 아동의 보육 및 교육지원, 다국어에 의한 서비스 제공 등 결혼이민자와 가족 구성원의 사회적응을 지원하기 위한 다문화가족지원법이 2008년 3월 21일에 제정되어 2008년 9월 22일부터 시행되고 있다. 이에 따라 현재 전국적으로 80개가 운영 중인 '결혼이민자가족지원센터'의 명칭이 '다문화가족지원센터'로 변경되었다.

다문화가족지원법은 다문화가족 구성원이 안정적인 가족생활을 영위할 수 있도록 함으로써 이들의 삶의 질 향상과 사회통합에 이바지함을 목적으로 한다. 다문화가족지원법의 주요 내용은 ① 결혼이민자 등이 한국사회에서 생활하는 데 필요한 생활정보제공 및 한국어·사회적응·직업·가족교육 등 교육지원, ② 가족상담, 부부교육, 부모교육, 가족생활교육실시 및 문화의 차이 등을 고려한 언어통역, 법률상담, 행정지원 등의 전문적인 서비스 제공, ③ 가정폭력피해자 보호·지원, 산전·산후 건강관리, 아동의 보육 및 교육 지원 등 언어와 문화적 차이를 고려한 서비스 지원, ④ 다문화가족지원센터지정 등 현행 결혼이민자가족지원센터의 법적 근거 마련, ⑤ 다문화가족 현황 파악 및 다문화가족지원정책 수립을 위한 실태조사 실시 등이다.

(2) 건강가정기본법

2008년 다문화가족지원법이 제정되면서 다문화가정의 지원에 대한 법적 기준을 마련하였지만, 사회문화적으로 내재화된 여성·남성 간, 세대 간, 문화 간, 사회경제적으로 불평등을 해소할 수 있는 체계적인 방안을 제시하지 못하고 있는 실정에서 가장 근접한 기준은 건강가정기본법이라고 할 수 있다. 건강가정기본법은 양성평등한 가족관계를 강조할 뿐만 아니라 세대간의 민주적인 관계를 강조하고 일상생활 및 문화의 중요성을 명시하는 통합적인 가정정책을 지향하고 있다.

5 다문화가족에 대한 대책

보건・복지 Issue & Focus 제205호의 다문화가족유형별 문제진단에 따라 제시한 정책적 함의는 다음과 같다.

(1) 다문화가족의 지속적 증가와 함께 결혼이민자의 평균 거주기간 연장에 따라 해체 및 재혼가족의 증가로 급변하는 다문화시대에 대비해 다양한 다문화가족을 포괄하는 법적 근거를 확보하고 가족유형별로 차별적인 정책마련이 요구된다

- 현재 '다문화가족지원법'에 근거한 다문화가족 범위는 부부중심의 결혼이민자가족에 한정되어 해체 및 재혼으로 인한 다양한 가족유형을 포괄하지 못하여 정책적 사각지대 발생이 예상된다.

(2) 해체가족은 경제생활과 주거가 불안정하고 주 부양자의 상실로 취업의 요구도가 높은 데 비해, 취업률은 저조하고 고용상태가 불안정하여 타 가족에 비해 빈곤가족으로 전락할 가능성이 높으므로 해체가족의 기본생활 안정화를 위해 소득보장정책이 강화되어야 할 것이다

- 해체가족의 빈곤을 예방하고 가족기능 강화를 위해 안정적인 일자리 확보와 함께 주거권 보장을 위한 정책마련이 모색되어야 한다.

(3) 다문화자녀 양육상의 어려움은 해체가족이 타 가족보다 높은 편으로 언어소통과 경제문제, 양육방식 등에서 어려움을 경험하는 편이며, 방과 후 방치율도 높아서 미래세대의 건전한 육성을 위해 양육지원을 강화하고 방과 후 보호체계를 강화해야 할 것이다

• 원활한 언어소통 및 양육비 부담완화 등 맞춤형 자녀양육지원과 함께 돌봄 공백을 해소할 수 있는 제도적 장치가 마련되어야 할 것이다.

(4) 주관적으로 건강이 나쁘다는 인식과 유병경험률은 해체가족이 타 가족에 비해 높은 데 비해, 치료포기율도 높아서 국민건강의 위해가능성이 높으므로 기본 의료보장 및 보건의료서비스 강화를 통해 건강권이 보장되어야 한다

• 결혼이민자는 해체 후에 주관적 건강인식이 나빠지고 유병수준도 높으며 치료를 포기하는 경향이 증가하므로, 사회경제적으로 취약한 계층을 중심으로 표적화(targeting)하여 건강권이 보장될 필요가 있다.

(5) 한국에서 생활하면서 외국인이라는 이유로 차별대우를 받은 경험은 38~62%로 해체 및 재혼가족이 높은 편이고, 차별받은 장소는 상점·음식점·은행과 직장·일터 그리고 공공기관 순으로 사회통합차원에서 차별해소를 위한 법적·제도적 장치마련이 모색되어야 한다

• 다양한 다문화가족을 비정상적이고 문제가족으로 보는 관점에서 탈피하여 다양성을 존중하고 인정하는 시각을 갖도록 사회적 인식개선이 요구되며, 법적·제도적 차원에서 차별을 금지하는 방안마련과 함께 직장과 공공기관을 중심으로 적극적인 실천이 요구된다.

이 외에 다문화가족에 대한 대책을 제시하면 다음과 같다.

■ 결혼이주여성에 대한 언어교육

현재 한국어 방문교사 프로그램은 5개월 과정과 여성가족부에서 시행하는 1년 과정이 있는데, 이것으로는 부족하며 또한 한 번 교육받고 난 후는 기회가 없기 때문에 큰 실효성이 없는 실정이다. 한국어 방문교사 프로그램 외에도 결혼이민자를 위한 단계별·언어별 한국어교재 발간 및 보급을 통해서 지속적인 언어습득 교육과정을 구축해야 한다.

대만의 경우 결혼이주여성에 대한 교육지원은 7단계로 나눠서 체계적으로 이루어지고 있다. 그리고 한 달에 20~24시간씩 본인이 원하면 평생토록 공립학교에서 운영하는 평생교육시설을 통해 교육받을 수 있도록 하고 있다. 이를 위해 대만 교육부는 '외국인 배우자 기본 교육교재'와 '평생학습교재', '신 이민 배우자 새국민 교육교재' 등 수십여 종의 학습교재와 지도사를 위한 수업지침서를 만들어 배포했다(황일송·윤여흔, 2007).

여기에 비하면 우리나라는 아직 교육체제가 너무나 미비하다. 각종 지원책은 많이 제시되고 있지만 좀 더 체계적인 방안이 필요하다. 그리고 여성가족부, 법무부 등에 비하여 교육부의 다문화가정에 대한 관여는 부족하였던 것이 사실이다. 앞으로 다문화가정은 더욱 늘어나고 그 가정의 자녀들은 계속 자라나고 태어날 것이다. 선진 사례들을 받아들여서 좀 더 체계적인 교육체제를 만들어나가야 한다.

■ 다문화가정 아동의 언어교육 지원

다문화가정 자녀 중에는 언어습득지체를 겪고 있는 아동이 많다. 언어습득지체는 아이들이 사회성을 기르는 데 장애요소가 될 수 있기 때문에 이에 대한 지원이 절실하다. 문제해결을 위해 민, 관, 학 공동으로 언어발달지체 예방 프로그램을 만들어 아이들의 언어습득을 도와야 한다. 생계 때문에 일거리를 찾아 밖으로 도는 아버지나 한국어 구사능력이 떨어지는 어머니에게 맡길 수 없는 처지에서 민, 관, 학 프로그램은 이런 공백을 메워주는 중요한 방안이 될 것이다(서종남, 2008).

국제결혼이 일반화된 한국사회에서 다문화가정 자녀에 대한 적절하고도 체계적인 학습 및 언어발달 지원은 더 이상 미룰 수 없는 과제가 됐다. 가정과 학교에서도 다문화사회에 대한 아이들의 인식을 새롭게 할 수 있는 교육에 관심을 기울여야 한다. 앞으로 사회의 중추적 역할을 해나갈 이들의 이탈을 막지 못한다면 가정의 불행을 떠나 국가적으로도 큰 손실일 수밖에 없다.

■ 사회적 편견 개선

일반국민의 의식제고를 위한 홍보를 통해 국민들이 가지고 있는 편견을 바로잡아야 한다. 다문화가정이 겪고 있는 문제 중에서 무엇보다 심각한 것은 사람들이 그들을 바라보는 싸늘한 시선이다. 물론 모든 사람이 그렇다고 할 수는 없겠지만 일반적으로 다문화가정을 일반가정과 다른 시각으로 바라보는 경우가 대부분이다.

이러한 편견을 해소하기 위해서 다문화 관련 공익광고 및 다문화 공생이해 강좌 등을 하고, 지역민들이 함께할 수 있는 행사를 마련하여 그들과 일반국민의 벽을 허물 수 있도록 노력해야 한다. 지금 세계는 인종과 민족의 경계가 허물어지고 있다. 우리나라도 이러한 추세에 맞추어 나와 다른 피부색, 다른 문화를 가진 사람들을 바라보는 인식을 개선해야 한다.

■ 다문화축제를 통한 문화적 교류증진

다문화구성원을 포함한 지역을 대상으로 다문화축제를 개최하여 결혼이주여성들의 문화를 이해하려는 노력이 필요하다. 문화는 자연스럽고 편안하게 즐기면서 체험하는 것이 가장 효과적이라는 관점에서 다문화축제는 일반인이 다문화를 이해하고 다문화구성원들이 모국문화에 대한 자긍심을 강화시키는 데 상당한 효과가 있다. 그리고 축제를 통한 도시 이벤트 프로그램은 다문화구성원과의 사회적 통합과 함께 아시아문화중심도시 조성을 위한 다양성 증진에 도움이 될 것이다. 다문화 축제의 성공을 위해서는 구성원들의 단순 관람이나 참여에서 벗어나야 하며, 다문화구성원의 본국문화 활용 등을 통한 자발적인 참여가 중요하다.

■ **다문화시민사회 네트워크 조성**

사회적 자본이라는 관점에서 다문화가정, 이주외국인, 일반시민, 국제사회가 상호 신뢰를 바탕으로 네트워크(연계망)를 구축하고 상호교류할 수 있는 재정적·제도적 지원체계 구축 프로그램을 만들어야 한다. 온라인상의 경진대회 및 협력연대의 협력시스템을 구축함으로써 문화이해에 대한 교류와 문화교육의 파급효과를 극대화할 수 있다. 신뢰와 네트워크, 공통의 문화적 규범을 지도하고 선도할 수 있는 주체로서 자신을 인식하도록 교육하고 자신이 변화하는 다문화사회의 혁신선도자라는 인식을 갖게 하는 교육을 통해서 지역사회의 전반적인 다문화수용성을 증대시킬 수 있다.

■ **해외 다문화사회 단체와 협력네트워크 구축**

외국의 경우, 우리나라에 앞서 다문화사회로 인한 혼란과 갈등을 겪었지만 그것을 극복한 사례가 있다. 이처럼 다문화사회를 성공적으로 이끌고 있는 해외단체 및 정부기관과 협력네트워크를 구축하고 국제회의 및 정기적인 교류 프로그램을 마련하여 아시아의 문화네트워크를 구축해야 한다. 일본의 가와사키시의 후레이아이칸은 1970년대부터 외국인들에게 혁신시정을 실시해 왔는데 언어교육, 자녀교육, 문화적 이해와 조화에 관한 다양한 프로그램으로 일본의 다문화정책의 모범이 되는 기관이다. 벤치마킹을 위해, 후레이아이칸과 같은 해외 우수사례 탐방을 통해서 우리나라 다문화가정 지원제도의 문제점을 개선할 수 있을 것이다.

■ **다문화가정의 인적 자원 개발**

다문화적 배경을 가진 사회 구성원들 또는 문화적 다양성에 관심이 있는 차세대 인재들을 발굴하여 지역경제와 아시아 경제를 연계하는 인적 자원으로 발굴, 육성해야 한다. 이를 위해서는 대학과 연계한 다문화 콘텐츠를 활용한 지식산업 창업 프로그램 개발이 필요하다. 우리나라의 다문화구성원 중 절반 가까이가 본국문화와 한국문화를 활용한 취업 및 창업에 의지가 있는 것으로 나타났다. 다문화가정의 인적 자원을 본국문화와 한국문화를 활용한 취업 및 창업에 활용함으로써 그들의 취업난을 해결함과 동시에 사회 구성원으로서의 가치를 고취시킬 수 있는 기회가 될 것이다.

■ **결혼이민여성들의 귀화제도 개선**

결혼이민여성들에게 절실한 것 가운데 하나가 귀화문제다. 한국인으로 법적인 등록이 이루어져야 의료보험 등 각종 혜택이 주어진다. 이러한 귀화수속에는 모국의 결혼증명서가 필요하지만 베트남 등 일부 국가에서는 결혼증명서 없이 한국남성과 결혼하는 사례가 많아 문제가 발생한다. 따라서 결혼증명서가 없어도 일정 기간 가정을 잘 유지하는 경우 귀화를 허용해야 한다.

CHAPTER 12

폭력 및 학대가족

학습목표

- 폭력 및 학대가족의 정의와 원인을 설명할 수 있다.
- 폭력 및 학대가족의 현황과 문제점을 파악하고 관련 사회복지서비스를 설명할 수 있다.
- 폭력 및 학대가족의 지원현황과 향후 대책을 설명할 수 있다.

1 폭력 및 학대가족의 개념 및 발생요인

1) 폭력 및 학대가족의 개념

학대가족과 가정폭력은 유사한 용어로 사용되는데, 아동의 신체적 학대, 심리적 학대, 아동방임, 아동 성학대, 가정폭력 및 노인학대를 포함하며, 1997년 제정된 「가정폭력범죄의 처벌 등에 관한 특례법」에 따르면, '가정폭력은 가족 구성원 사이의 신체적, 정신적 또는 재산상 피해를 수반하는 행위'로 정의된다.

여기서 신체적 폭력(신체학대), 성폭력(성학대), 정서적 학대, 유기(태만, 의무불이행), 방임 등이 포함되며, 가족 구성원이란 배우자, 전 배우자, 사실혼 관계에 있는 자, 사실혼 관계에 있었던 자, 부모, 자녀, 형제자매와 기타 동거하는 친족관계에 있는 자를 모두 포함한다. 이 중에서도 남편과 부모에 비해 취약한 위치에 있는 아내와 아동에 대한 가정 내 폭력이 사회적인 문제로 대두되면서 가정폭력이라는 개념이 정립되었다.

또한 가정폭력을 가정 내에서 발생하는 모든 종류의 폭력을 지칭하는 개념으로 가족 구성원 중의 한 사람이 다른 가족원에게 의도적으로 물리적인 힘을 사용하거나 정서적으로 고통을 주는 행위라고 정의할 수 있으며(Straus, 1990), 사회 내에서 남성다운 강함을 보이거나 가족이 다른 가족원을 때릴 수 있다는 생각에서 이루어지는 폭력행위라고 하였다(장혜순, 1995). 다른 한편으로 가정폭력이란 가정 내에서 다른 사람에게 잠정적으로 또는 의도적으로 힘을 가하여 신체적으로 상해를 야기하는 것이라고 하였다(김재엽, 1999).

가정폭력(domestic violence)은 부모, 배우자, 자식, 형제자매, 친척, 사실혼 관계에 있는 사람 등을 대상으로 행해지는 폭력과 가족 구성원이나 근친자에게 행하는 폭력적인 행위 또는 폭력에 의해 지배하는 행위 전반을 일컫는다. 가정폭력은 범죄로서, 폭행죄 중의 하나이다.

(1) 종류

① 신체적 학대

주먹으로 얼굴 또는 머리를 때림, 발로 참, 밀침, 머리를 잡아당김, 짓누름, 목을 조름, 물건으로 때림, 물건을 부숨, 끓는 물이나 찬물 뿌림, 담뱃불 들이댐, 침을 뱉음, 방에 가둠, 다쳤는데도 병원에 보내지 않음, 그 밖의 일방적인 폭력행위

② 언어적 학대

욕설, 폄훼하는 발언, 비방하고 다니는 행위, 허위사실을 유포하는 행위, 협박하는 행위

③ 정신적 학대

무시함, 일거수일투족 감시, 애완동물을 학대하는 등 스트레스가 되는 행위를 되풀이함

④ 성적 학대

성교의 강요, 피임을 하지 않음, 특별한 행위를 강요함, 이상한 질투를 함, 강간, 낙태 찬성자들은 낙태를 시키지 않는 것도 이에 포함된다고 함. 대한민국에서는 2011년 11월에 '부부강간죄'를 인정한 세 번째 판결이 있었음

⑤ 경제적 학대

직업을 갖지 못하게 함, 생활비를 주지 않음, 지출한 내용을 세세히 체크함, 집안의 돈을 동의 없이 가지고 나감, 무계획한 빚을 되풀이해서 냄

⑥ 사회적 격리

가족이나 친구들로부터 격리시킴, 전화나 편지의 발신자 및 내용을 집요하게 캐물음, 외출을 방해함

(2) 아동에 대한 영향

아동학대도 가정폭력의 일종이며 가정폭력의 현장에는 아이들이 있는 경우가 있는데, 아이들에게 폭력을 보여주는 것도 가정폭력 피해자와 목격자인 아이 양쪽에 대한 학대이다. 아이들이 있는 가정에서 폭력행위가 발생하는 경우에 약 70%의 가정에서 학대를 받는 어머니를 아이들이 목격하고, 그 중 30%의 아이들이 실제로 아버지 등으로부터 폭력행위를 당하고 있다는 보고가 있었다.

가정폭력범죄의 처벌 등에 관한 특례법 제2조 제1호에 따르면 가정폭력이란 부모, 배우자, 자식, 형제자매, 친척, 사실혼 관계에 있는 사람 등 가족구성원을 대상으로 행해지는 신체적, 정신적, 또는 재산상의 피해를 수반하

는 행위를 말한다. 가정폭력범죄에는 상해, 폭행, 유기, 학대, 아동혹사, 체포, 감금, 협박, 명예훼손, 주거수색, 신체수색, 강요, 공갈, 재물손괴 및 아동구걸 강요 등이 있다.

많은 사람들이 가정폭력의 당사자를 가볍게 가족으로만 알고 있는 경우가 많다. 하지만 가정폭력의 당사자는 전 배우자, 사실혼 관계인 사람, 입양 후 파양한 자녀, 이혼한 배우자의 부모, 배우자의 형제자매, 배우자의 양부모, 배우자의 혼인 외 자녀 등 그 범위가 넓다. 간단하게 말하자면 가족의 가족, 가족이었던 사람 역시 가정폭력 당사자에 포함된다는 뜻이다.

가정폭력은 다른 형사법규 위반보다 폭력에 대한 법적 죄의식과 사회적 인식이 낮다. 그러나 가정폭력은 가출, 가정파탄 및 폭력성의 세습 등을 가져오는 근절되어야 할 것이며 대부분의 나라에서 금지하고 있는 범죄로, 모든 나라에서 금지되어야 할 범죄이다. 또한 보통 폭력죄보다 더더욱 심각한 범죄이다. 가정폭력은 가해자가 자기만족만을 위해 저지르는 불법 행위이기 때문이다.

2) 폭력 및 학대가족의 유형별 개념

가정폭력은 폭력을 행사하는 가족 구성원 간의 관계에 따라 흔히 배우자에 대한 폭력과 자녀에 대한 폭력, 노부모에 대한 폭력으로 구분된다(여성가족부, 2010).

(1) 배우자폭력 및 학대

배우자폭력 및 학대는 배우자에 상해를 일으키는 의도적·반복적 행동으로 신체적·정신적·성적 측면을 모두 포함한다(Wallace et al., 2009). 엄밀히 말하면, 배우자에 대한 폭력은 남편의 아내에 대한 폭력과 아내의 남편에 대한 폭력으로 구분된다. 남편과 아내의 관계는 공식적인 결혼관계뿐 아니라 사실혼 관계이면서 결혼하지 않은 남녀관계, 이혼한 전 배우자 관계를 포함한다.

(2) 자녀폭력 및 학대

자녀폭력은 부모나 주요 양육자가 자녀에 대한 적절한 양육과 보호의무를 수행하지 못하거나 신체적・정신적 상해를 가하는 행위로 볼 수 있다. 대부분의 자녀폭력은 자녀의 아동기에 발생한다고 볼 수 있으므로 아동학대의 개념을 통해 자녀폭력을 설명할 수 있다.

우리나라 아동복지법 제3조에는 아동학대를 '보호자를 포함한 성인에 의하여 아동의 건강・복지를 해치거나 정상적 발달을 저해할 수 있는 신체적・정신적・성적 폭력 또는 가혹행위 및 아동의 보호자에 의하여 이루어지는 유기와 방임'으로 정의하고 있다.

(3) 노부모에 대한 폭력 및 학대

노인복지법 제1조2에서는 노인학대를 '노인에 대하여 신체적・정신적・정서적・성적 폭력 및 경제적 착취 또는 가혹행위를 하거나 유기 또는 방임을 하는 것'으로 정의하고 있다.

이를 바탕으로 노부모에 대한 폭력을 살펴보면, 일반적으로 노인의 부양이나 수발을 담당하고 있는 부양자가 의도적 또는 비의도적으로 노인에게 언어적・정서적・신체적・경제적 손상을 가하는 학대(abuse)와 보호가 필요한 노인에게 의식주 및 의료 제공을 기피하거나 방치함으로써 부양의무를 소홀히 하는 방임(neglect), 노인 스스로 생존을 위한 기본적인 노력을 하지 않거나 자기를 돌보지 않아 심신의 건강 악화 또는 기본생활을 위협하는 자기방임 등을 포함하는 개념으로 폭넓게 정의할 수 있다.

3) 폭력 및 학대가족의 발생요인

폭력 및 학대가족의 발생요인에 대한 선행연구들을 살펴보면 다음과 같다.

(1) 음주 및 폭음

경찰에 접수된 가정폭력사건을 분석한 Maffli과 Zumbrunn(2003)은 사건 발생 당시에 가정폭력 행위자의 33%가 음주상태였다고 보고하여 상당수의 행위자가 술을 마신 상태에서 폭력을 행사하였음을 알 수 있다. 여러 연구에서 가정폭력의 발생원인으로 가정폭력 행위자들의 잦은 음주와 폭음의 습관을 지적했다(김재엽 외, 2010).

(2) 성역할 태도

가정폭력 행위자들은 남성과 여성에 대한 성역할 태도에 있어서 매우 가부장적이며 남성우월적인 태도를 가지고 있는 것으로 보고되었다. Ahmad(2004)의 연구에서 가부장적 신념과 아내에 대한 학대행위는 정적인 상관관계로 나타났으며, 우리나라의 김경신과 김정란(2002)의 연구에서는 가정폭력으로 신고되어 보호관찰수강명령을 받은 가정폭력 행위자들 중 절반 정도(43.3%)가 가부장적 사고를 뚜렷이 보인 것으로 나타났다.

(3) 폭력에 대한 허용적인 태도

Dibble과 Straus(1980)와 김재엽(1998)의 조사에서 폭력에 대한 허용적인 태도와 폭력행동과의 강한 관련성을 제시하였다.

(4) 부부간의 의사소통

부부간의 대화가 원만히 진행되지 못하는 경우에는 의사소통의 한 수단으로 폭력이 사용될 가능성이 높다. 김재엽(2007)의 연구에서 부부간의 의사소통유형 중 남편이 공격형이거나 산만형일 때 아내에게 폭력을 행사하는 경향이 높다고 제시하였다.

(5) 성장기 학대경험

16개의 가정폭력 문헌을 고찰한 Hotaling과 Sugarman(1986)은 14개의 연구에서 성장기 학대경험과 아내폭력과의 유의미한 관련성을 발견하고, 가정폭력 가해행동에 미치는 성장기 학대경험의 영향력은 인종과 민족을 막론하여 지지된다고 보고하였다.

2 폭력 및 학대가족의 현황

1) 부부폭력

여성가족부는 가정폭력방지 및 피해자보호 등에 관한 법률에 근거하여 3년마다 가정폭력 실태조사를 시행하고 있다. 여성가족부가 2022년 8월부터 11월까지 9,062명(여성 5,975명, 남성 3,087명)을 대상으로 시행한 2022년 가정폭력 실태조사 연구에 따르면 부부폭력률은 2019년에 비해 성별, 유형별, 폭력 피해와 가해 모두에서 감소했으며, 특히 정서적 폭력이 현저하게 감소한 것으로 나타났다.

※ '부부폭력'은 신체적 폭력, 정서적 폭력, 경제적 폭력, 성적 폭력을 포함함. 만 19세 이상 유배우자(사실혼 포함)를 대상으로 조사한 결과이며, 폭력률은 지난 1년간 유형별 폭력행위 중 하나라도 경험했다고 응답한 비율임

여성이 응답한 지난 1년간 배우자로부터의 폭력 피해율은 9.4%(2019년 10.9%)로, 폭력유형별로는 정서적 폭력 6.6%(2013년 28.6%), 신체적 폭력 1.3%(2013년 4.9%), 경제적 폭력 0.7%(2013년 3.5%) 순이었다.

남성이 응답한 지난 1년간 배우자로부터의 폭력 피해율은 5.8%(2019년 6.6%)로, 폭력유형별로는 정서적 폭력 4.7%(2013년 26.7%), 신체적 폭력 1.0%(2013년 2.8%), 성적 폭력 0.8%(2013년 0.9%), 경제적 폭력 0.2%(2013년 2.1%) 순이었다.

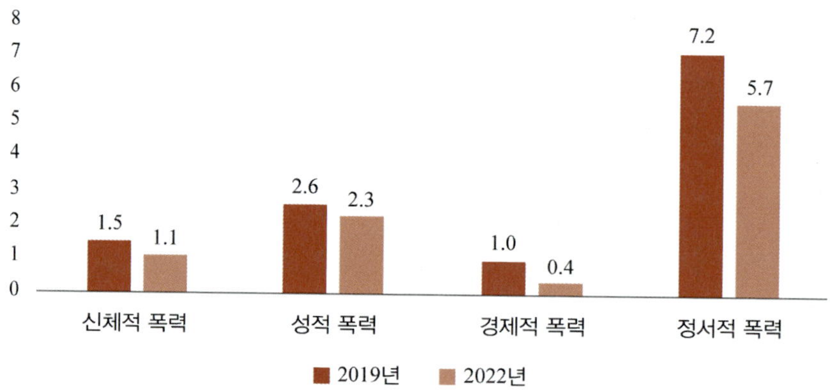

<그림 12-1> 지난 1년간 배우자에 의한 폭력 피해 경험 추이

부부폭력을 경험한 응답자는 폭력으로 인해 '신체적, 정신적 고통을 경험'한 것으로 나타났으며, 여성이 남성에 비해 더 심각한 수준의 신체적, 정신적 고통 및 위협·공포심을 겪는 것으로 조사됐다. 부부폭력 피해를 경험한 여성의 20.0%, 남성의 6.3%가 배우자의 폭력으로 인해 '신체적 상처가 있었다'라고 응답했으며, 여성의 43.4%, 남성의 18.9%가 배우자의 폭력으로 인해 '정신적 고통이 있었다'라고 응답했다. 배우자의 폭력행동 시 여성의 45.1%, 남성의 17.2%가 '위협이나 공포심을 느꼈다'라고 응답했다.

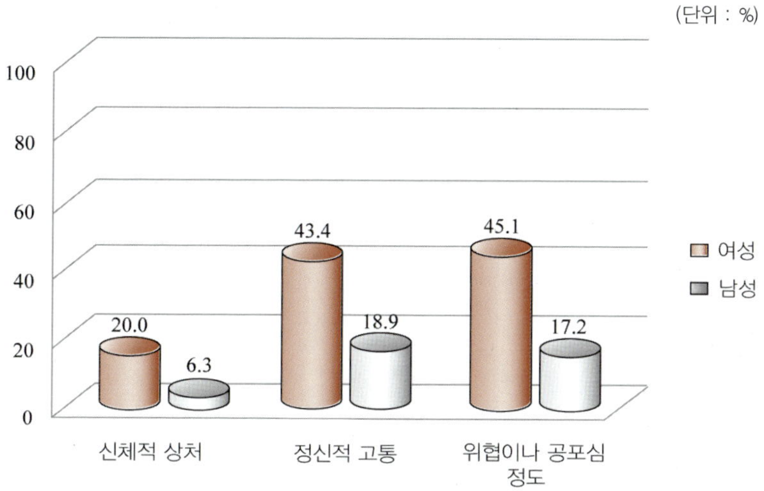

<그림 12-2> 부부폭력으로 인한 신체적 상처, 정신적 고통, 위협이나 공포심 경험 여부

부부폭력은 여성과 남성 모두 '결혼 후 5년 미만'이라고 응답한 비율이 50%를 상회했다. 여성이 배우자로부터 폭력을 처음 경험한 시기는 '결혼 후 1년 미만'이 18.1%, '결혼 후 1년 이상 5년 미만'이 44.2%로, 여성의 62.3%가 결혼 후 5년 내에 처음 폭력을 경험했고, '결혼 전 교제기간'에 처음 폭력을 경험했다는 여성도 2.0%였다.

부부폭력이 일어나게 된 이유는 여성과 남성 모두 '성격차이'와 '경제적 문제'라는 응답이 가장 많았다. 여성피해자는 성격차이(45.3%), 경제적인 문제(25.7%), 배우자의 음주문제(9.6%), 시가・처가 문제(9.3%) 순으로 꼽았다. 남성피해자는 성격차이(47.5%), 경제적인 문제(22.4%), 본인의 음주문제(7.5%), 이유를 모르겠다(6.3%) 순이었다.

부부폭력을 경험한 응답자 중 여성은 55.4%가, 남성은 49.8%가 폭력이 발생한 상황에서 '그냥 있었다'라고 응답하였고, '자리를 피하거나 집밖으로 도망'은 여성이 12.1%, 남성이 19.5%, '함께 폭력행사'는 여성이 34.0%, 남성이 33.1%, '주위에 도움 요청'은 여성이 0.5%, 남성이 1.0% 순으로 나타났다.

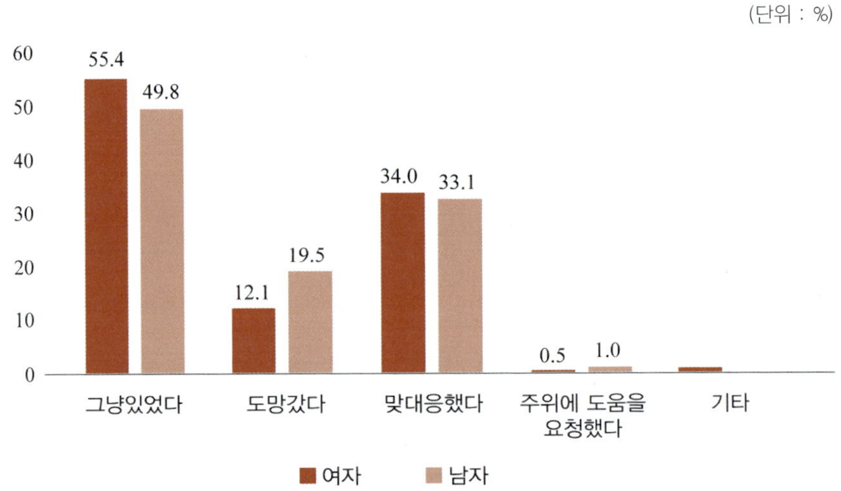

<그림 12-3> 부부폭력에 대한 대응

2) 자녀학대

만 18세 미만 자녀를 둔 응답자 가운데 지난 1년간 자녀를 학대한 경험이 있다고 응답한 비율은 11.7%로, 2019년 조사 결과(27.6%)보다 감소한 것으로 조사됐다. 유형별로는 정서적 학대 38%, 신체적 학대 17.6%, 방임 7.3%, 성학대 2.1%, 중복학대 34.9% 순으로 정서적 학대의 비율이 가장 높게 나타났다.

※ 자녀학대율은 지난 1년간 신체적 학대, 정서적 학대, 방임 행위 중 하나라도 자녀에게 행사했다고 응답한 비율임. 여성의 자녀학대율이 남성보다 높은 것은 주로 여성이 자녀양육과 교육을 담당한다는 점을 고려할 필요가 있음. 본 조사에서 자녀양육과 교육을 주로 결정하는 사람을 묻는 질문에서, 여성이 주로 혹은 전적으로 결정한다는 응답이 61.7%, 남성이 결정한다는 응답은 12.5%, 함께 결정한다는 응답은 25.9%였음

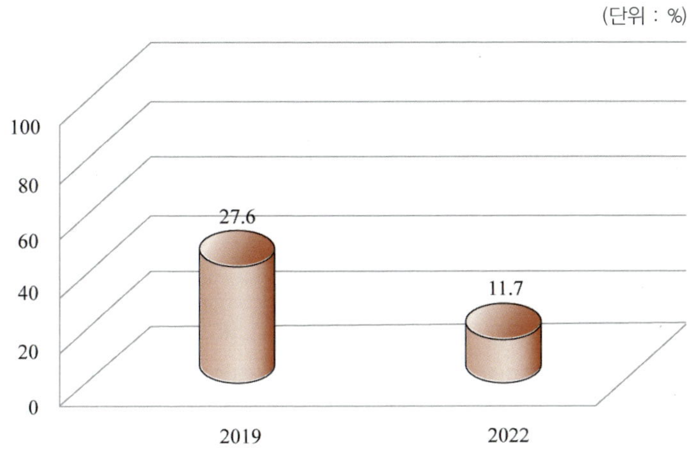

<그림 12-4> 지난 1년간 자녀학대율 - 2019년, 2022년 비교

3) 가족원폭력

만 65세 미만 응답자가 2022년 1년간 배우자를 제외하고 부모나 형제자매, 배우자의 부모, 친척 등 가족원으로부터 폭력을 경험한 피해율은 3.3%로 2019년 조사결과(4.7%)보다 감소했다. 유형별로 피해율은 정서적 폭력 1.9%, 신체적 폭력 0.7%, 경제적 폭력 0.5%, 가해율은 정서적 폭력 3.1%, 신체적 폭력 1.1%, 경제적 폭력 0.4%로, 정서적 폭력 비율이 대체로 높게 나타났다.

만 65세 이상 응답자가 2022년 1년간 가족원으로부터 학대를 경험한 비율인 노인학대율은 4.1%(2019년 3.8%)였다. 유형별로는 정서적 학대 3.3%, 방임 0.5%, 경제적 학대 0.4%, 신체적 학대 0.4% 순이었다. 가해자는 아들・딸인 경우가 68.7%로 가장 많고, 사위・며느리가 31.3%였다. 응답 피해자가 가해자와 동거하는 비율은 12.0%였다.

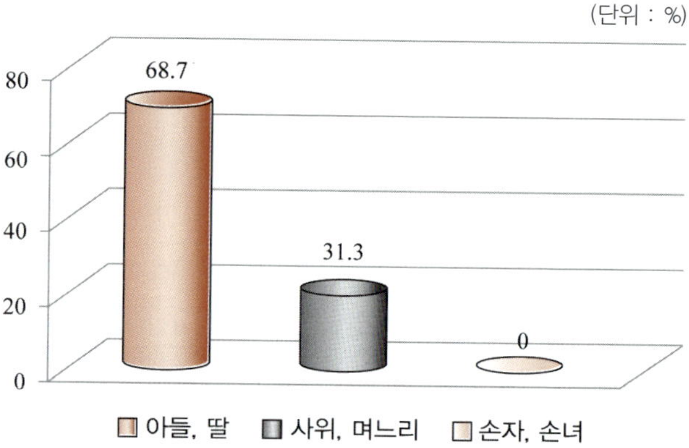

<그림 12-5> 노인학대의 주 가해 가족원

응답자가 생각하는 가족원의 학대이유는 '나에 대한 부양부담으로'라는 응답이 37.6%로 가장 높았고, 이어 '해당 가족원의 스트레스로' 33.8%, '이유를 모르겠다' 17.2%, '해당 가족원이 내가 좋은 부모가 아니었다고 생각해서' 8.4% 순이었다. 노인학대 발생 시 주위에 도움을 요청한 응답자는 없었으며, 이유는 '가족이라서' 52.4%, '창피하고 자존심이 상해서' 29.9%, '그 순간만 넘기면 되어서' 17.7%라고 응답했다.

4) 가정폭력에 대한 인식

가정폭력 발생 시 경찰에 신고하겠다는 응답률이 2019년보다 높아져 가정폭력에 대한 국민인식이 크게 개선되었음을 시사했다(2022년 가정폭력 신고의사 본인가정 67.4%, 이웃가정 10.2%, 기타 22.4%).

부부폭력이 본인의 가정에서 발생할 경우 61.4%가, 이웃가정에서 발생할 경우 65.0%가 신고하겠다는 의사를 밝혔다. 자녀학대가 본인의 가정에서 발생할 경우 72.9%가, 이웃가정에서 발생할 경우 77.1%가 신고하겠다고 응답했다. 신고하지 않는 이유에 대해서는 본인가정인 경우 '가족이므로', 이웃가정인 경우 '남의 일이므로'라는 응답이 가장 많았다.

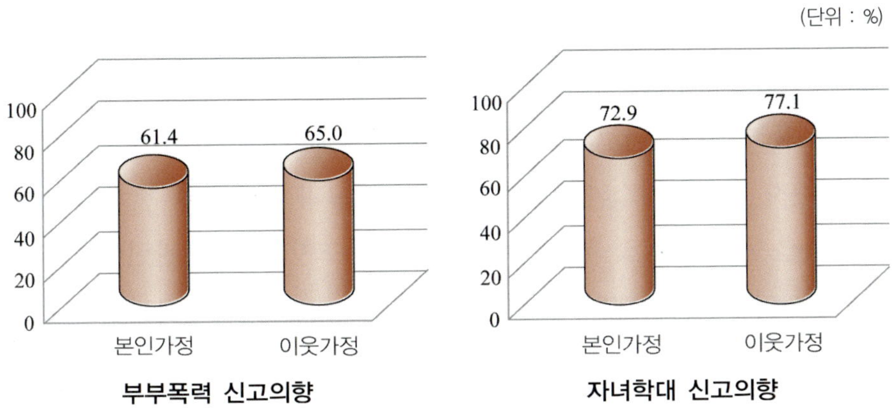

<그림 12-6> 가정폭력 신고의사

가정폭력 감소를 위해 요구되는 정책 1순위는 '가해자에 대한 합당한 처벌'이었으며, 다음으로 '가해자에 대한 경찰의 초기대응 강화', '학교에서 아동기부터 폭력 예방교육 실시' 순으로 나타났다.

5) 시사점

2022년 실태조사 결과를 보면 2019년에 비해 신체적, 정서적, 경제적, 성적 폭력의 모든 유형에서 부부폭력이 감소하는 추세를 보였고, 부부폭력 발생 시 10명 중 6명이 경찰에 신고의사를 보여준 점에서 전반적으로 가정폭력에 대한 감수성이 향상된 것으로 볼 수 있다.

하지만 실제 폭력 발생 시 '내 가족의 일' 또는 '남의 일'이라는 이유로 경찰신고 등 주위에 도움요청 비율이 여전히 낮은 부분에 대해서는, 가정폭력이 가족 내 문제가 아닌 사회적 문제이며 범죄라는 인식의 확대가 필요하다.

결혼 초기(결혼 후 5년 미만 내) 부부폭력 발생 비율이 높고, 폭력으로 인해 '신체적, 정신적 고통 및 위협·공포심'을 겪지만 주변에 도움을 요청하는 적극적 대응이 낮은 점에서 첫 폭력 발생 시 피해자들이 보다 적극적으로 대응할 수 있도록 가정폭력에 대한 대처방법과 가정폭력피해 지원서비스 등에 대한 홍보를 강화하고, 가정폭력 현장에 출동하는 경찰의 적극적인 조치 및 피해자 지원서비스와 연계를 강화할 필요가 있다.

'경찰의 신속한 수사' 및 '가해자에 대한 법적 조치 강화'와 관련하여 생명·신체적 폭력 위협 시 행위자 체포, 유치 등을 통해 보다 적극적으로 행위자를 피해자로부터 분리하고, '상담조건부 기소유예' 제도가 상습범이나 재범이 우려되는 경우에 적용되지 않도록 하며, 감호위탁의 실효성을 높이는 등 제도를 개선할 필요성도 있다. 아울러, 가정폭력 피해자 보호지원 강화를 위해 가정폭력상담소 등에 대한 지원 및 서비스를 확대하고, 폭력 발생 시 초기 대응 강화를 위한 경찰 및 상담인력의 확충, 사건대응 역량 제고를 위한 교육을 확대하여야 할 것으로 보인다.

가정폭력 감소를 위한 정책 수요에서 '폭력 허용적 사회문화의 개선'에 대한 요구도가 가장 높았는데, '가정폭력은 범죄'라는 인식확대를 위해 가족 안에서, 사회에서 약자를 대상으로 하는 모든 폭력행위를 허용하지 않고 단호하게 대처하는 반폭력 감수성 제고를 위한 통합적인 예방교육을 확대하고 홍보캠페인을 지속적으로 시행할 필요가 있다.

3 폭력 및 학대가족의 문제

1) 불안정한 경제상태문제

여성을 학대하는 남성들은 대부분 아내에게 경제적 자율권을 주지 않으며, 경제활동을 하는 아내의 경우도 남편에 의해 자신의 소득을 통제당한다.

또한 여성이 가족의 소득에 대해 알게 하지도 않고 관여도 못하게 하는 경향이 있다.

가정폭력방지 법안이 공포된 후에도 폭력으로 인한 고소를 할 경우 가해자를 구속하지 않고 벌금형으로 처리하여 피해자를 경제적으로 더 어렵게 만들고 있는 실정이다.

구타당한 여성들이 남성과의 폭력관계를 종결하지 못하는 가장 큰 이유는 바로 경제적 자립의 문제에 있다.

구타당한 여성들은 개인적·심리적 상황에서 노동시장의 성차별이라는 요인과 상호작용하여 더욱더 자신에 대한 무기력을 경험한다.

그 결과, 구타당한 여성들은 남성의 폭력을 종결하고 새로운 생활을 시작하겠다는 적극적인 태도를 보이지 못하게 된다.

2) 피해치료의 미흡문제

가정폭력문제의 심각성에 비해 폭력에 대한 대책 및 예방책은 그 수가 적고 프로그램이 빈약하다. 따라서 가정폭력으로 긴급한 보호 및 전문적 서비스가 필요한 피해여성들은 가정폭력 발생 시 즉각적이고, 충분한 도움을 줄 수 있는 서비스기관에 의뢰하기 어려워 폭력의 예방 시 치료 차원에서 가해자에 대해 속수무책인 상황에 처할 수 있다.

3) 가정폭력의 은폐문제

대부분의 폭력가족은 가정 내에서 폭력이 발생하여도 가정이라는 제한된 공간 속에서 가해자와 피해자가 함께 생활하므로 외부의 제재가 어려우며 감추어진 범죄로 은폐되기 쉽다.

통계청(KOSIS) 자료에 의하면, 가정폭력 현황이 증가한 것과 달리 외부에 도움을 요청하거나 경찰에 신고하는 건수는 오히려 줄어들고 있다. 이러한 통계는 가정폭력범죄에 대한 실질적인 처벌이 가해지지 않고 가정 내에 은폐되고 있다는 것을 보여준다. 여성가족부(2023) 조사결과에 의하면, 부부폭력 피해를 경험한 사람 중 92.3%는 외부에 도움을 요청하지 않은 것으로 나타났으며, 도움요청을 하더라도 공적 지원체계를 이용하지 않고 '가족이나 친척(3.9%)', '이웃이나 친구(3.3%)'에게 주로 요청하는 것으로 나타났다.

<그림 12-7> 가정폭력 피해여성의 도움요청 대상과 미신고 이유

출처 : 여성가족부(2022).

경찰에 도움을 요청하지 않은 이유는 '폭력이 심각하지 않다고 생각해서' 47.3%, '그 순간만 넘기면 되어서' 17.5% 순이었으며, 여성긴급전화 1366이나 상담소 및 보호시설 등 지원기관에 도움을 요청하지 않은 이유는 '폭력이 심각하지 않다고 생각해서(36.9%)', '그 순간만 넘기면 되어서(21.0%)', '부부간에/ 파트너와 알아서 해결할 일인 것 같아서(20.5%)'라고 나타나 아직도 가정폭력을 가정 내 사건으로 치부하는 경향이 높았다.

이렇듯 되풀이되는 폭력의 과정 속에 생활하면서 가해자나 피해자 모두 폭력에 길들여져 의례적으로 고착되는 경향을 보이게 된다.

4) 폭력 재생산의 문제

가정폭력은 학습성이 강하다. 일단 한 번 행해진 폭력은 반복될 확률이 높아 자녀들에게 부정적 영향을 미치게 된다. 가정에서 폭력을 경험한 아동은 그렇지 않은 아동에 비해 더 공격적이다. 이는 학습이나 모방에 의해 자신의 분노를 적절히 표출하는 모델이 없고, 폭력적인 행위로 분노를 표출하는 모델의 영향을 받아 폭력행위를 학습하거나 따라 하게 되는 것이다. 따라서 폭력가정에서 자란 자녀들은 사회에 나아가 폭력과 가깝게 되거나 폭력의 행위가 무감각해져 성장 후 가정폭력의 사회화 현상을 빚게 되며, 가정폭력은 가정이라는 공동체의 조건 속에서 친밀성, 반복성, 재생산성의 악순환의 고리로 연결될 가능성이 높다.

4 폭력 및 학대가족에 대한 서비스 현황

1) 가정폭력 관련 서비스체계

가정폭력에 대한 서비스는 아래와 같은 체계로 운영되고 있다.

여성가족부	계획수립 지침시달 및 예산지원 – 국고보조 비율 : 시설(서울–50% 지방–70%)/ 상담소, 1366–50% 지도, 감독
시·도	보조금 배정(지방비 지원) 지도, 감독
시·군·구	피해자 보호시설 설치 인가 지도, 감독 시설근무자 직무능력 향상
상담소, 보호시설 여성긴급전화(1366) 해바라기 아동센터 해바라기 여성아동센터 원스톱지원센터	연간실적 매년 1월 31일까지 여성가족부에 보고 실적 관리

<그림 12-8> 가정폭력방지 및 피해자 보호사업 추진체계

출처 : 여성가족부(2022).

관계법령

- 가정폭력방지 및 피해자보호 등에 관한 법률
- 가정폭력방지 및 피해자보호 등에 관한 법률 시행령
- 가정폭력방지 및 피해자보호 등에 관한 법률 시행규칙
- 가정폭력범죄의 처벌 등에 관한 특례법

<표 12-1> 가정폭력 서비스기관의 역할

시설 및 기관명	역할 및 활동내용
여성긴급전화 1366	• 365일 24시간 위기개입 상담(초기지원) • 긴급피난처 운영 : 7일 이내 긴급보호 • 지역 관련 기관 연계(쉼터, 법률, 의료 등)
가정폭력 피해자 보호시설	• 자녀와 함께 생활(의식주 무료 제공) • 지속적인 상담, 법률 지원 • 학습지원(비밀 전학 등), 의료지원서비스 • 자립지원(취업연계, 직업훈련 등)
가정폭력 상담소	• 가정폭력 상담(평일 오전 9시~오후 6시 운영) • 피해자 치료 프로그램 운영 • 부부 및 집단상담 • 가정폭력전문상담원 양성교육 • 관련 기관 연계(쉼터, 법률, 의료 등)
경찰 112	• 가정폭력 현장 출동 • 응급조치 및 긴급임시조치 • 사건 접수 및 상담

출처 : 여성가족부(2022).

2) 가정폭력 관련 서비스

가정폭력 관련 서비스는 폭력 및 학대가족의 위기개입을 위한 긴급전화 상담소, 피해자보호시설, 상담 프로그램 등을 중심으로 제공되고 있다.

(1) 가정폭력상담

「가정폭력방지 및 피해자보호 등에 관한 법률」 제4조와 제13조에 근거하여 국가 또는 지방자치단체는 가정폭력상담소와 가정폭력 피해자보호시설을 설치·운영할 수 있으며, 경비를 보조하는 등 육성·지원하는 책무를 가진다.

여성가족부(2017)의 가정폭력상담소 상담건수의 연도별 추이를 보면 전체 건수에 있어서는 감소하여 왔으나, 이는 상담소의 개수가 줄어들었기 때문이라고 할 수 있으며, 실제로 개소당 평균 상담실적은 여성긴급전화 1366 상담건수를 살펴보면, 2019년 2~6월 84,972건으로 월평균 16,994건과 2020년 2~6월 76,375건으로 월평균 15,275건이다.

<표 12-2> 가정폭력상담소 상담실적 (단위 : 개소, 건, 명)

연 도	개소 수	종사자 수			상담실적(건)			개소당 평균 상담실적
		계	상근직	비상근 자원 봉사자	계	가정 폭력	기 타	
2017년	208	1,418	662	756	317,936	171,975	145,961	1,528.5
2018년	203	1,805	687	1,118	394,192	219,459	174,733	1,942
2019년	208	2,020	871	1,149	421,916	238,601	183,315	2,028
2020년	215	1,902	904	998	396,951	230,578	166,373	1,846
2021년	214	1,886	957	929	428,911	263,556	161,382	2,004
2022년	213	1,975	945	1,030	454,704	287,802	163,158	2,135
2023년	197	1,924	981	943	230,714	153,396	75,816	1,171

출처 : 여성가족부(2023).

<표 12-3> 가정폭력상담소 피해자 조처 결과

(단위 : 건, %)

연 도	피해자					
	계	심리·정서적 지원	수사·법적 지원	의료지원	시설입소 연계	기 타
2017	181,290	123,646	21,427	4,655	2,362	29,200
	100.0	68.2	11.8	2.6	1.3	16.1
2018	196,166	138,014	17,518	3,230	2,486	34,918
	100.0	70.4	8.9	1.6	1.3	17.8
2019	234,688	165,567	20,924	4,174	2,149	41,874
	100.0	70.5	8.9	1.8	0.9	17.9
2020	231,078	167,627	15,288	1,448	1,685	45,030
	100.0	72.5	6.6	0.6	0.7	19.5
2021	235,684	168,730	13,800	2,080	1,353	49,721
	100.0	71.6	5.9	0.9	0.6	21.1
2022	243,067	175,649	14,536	2,094	1,303	49,485
	100.0	72.3	6.0	0.9	0.5	20.4
2023	127,980	91,663	7,831	1,071	776	26,639
	100.0	71.6	6.1	0.8	0.6	20.8

출처 : 여성가족부(2023).

가정폭력 피해자에 대한 조처는 심리·정서적 지원, 수사·법적 지원, 의료지원, 시설입소 연계 등이 이루어지는데, 심리·정서적 지원이 가장 큰 부분을 차지하고 있다(표 12-3). 가해자에 대한 지원내용 역시 일반상담이 가장 큰 비중을 차지하며 교육 프로그램 운영 등이 그 뒤를 따르고 있다.

<표 12-4> 가정폭력상담소 가해자 지원내용 (단위 : 건, %)

연 도	계	일반상담	교육 프로그램 운영	타 기관 의뢰	기 타
2017	80,052	45,842	27,548	1,590	5,072
	100.0	57.3	34.4	2.0	6.3
2018	81,134	38,119	35,436	1,209	6,370
	100.0	47.0	43.7	1.5	7.9
2019	89,898	50,061	33,903	524	5,410
	100.0	55.7	37.7	0.6	6.0
2020	79,824	47,823	21,058	719	10,224
	100.0	59.9	26.4	0.9	12.8
2021	98,287	56,764	32,483	411	8,629
	100.0	57.8	33.0	0.4	8.8
2022	111,613	68,629	35,691	881	6,412
	100.0	61.5	32.0	0.8	5.7
2023	63,273	38,357	19,309	572	5,035
	100.0	60.6	30.5	0.9	8.0

출처 : 여성가족부(2023).

(2) 가정폭력피해자보호시설

가정폭력 보호시설은 남편으로부터 구타당한 아내, 학대당한 노인, 학대당한 아동이 폭력상황을 피하여 일시적으로 보호받을 수 있는 장소이다. 상습적으로 구타와 학대를 받으면서 신체적 상처뿐만 아니라 정신적·경제적·성적으로도 손상을 당하여 불안, 좌절 및 긴장 등으로 불안정한 피해자의 상처를 회복할 수 있는 쉼터로 활용된다.

국가 및 지방자치단체, 사회복지법인 및 기타 비영리법인에서 운영할 수 있는데, 사회복지법인 및 기타 비영리법인은 시·도지사의 인가를 받아 보호시설을 설치·운영할 수 있다(가정폭력방지 및 피해자보호 등에 관한 법률).

여성가족부(2013)의 집계에 의하면, 피해자보호시설의 입소인원은 약간의 변동은 있으나 매년 비슷한 수준을 유지하고 있는데, 이는 입소정원에 기인한 것으로 본다. 피해자보호시설에서의 서비스 내용은 상담소와 유사하나, 시설의 특성상 자립지원이나 동반아동지원이 따르게 된다(표 12-6). 서비스 내용은 구체적으로 살펴보면 심리·정서적 지원은 개인상담, 심신단련 프로그램, 권리찾기교육, 인간관계훈련 등이 포함되며, 수사·법적 지원은 수사의뢰, 수사동행, 법률상담, 소송지원 등이 포함된다. 그리고 동반아동지원은 학교문제지원(전학문제, 지도교사 면담 등), 학습·놀이지도, 아동상담 등이 해당된다. 기타 서비스로 장애인 등록이나 국가기초생활 보장법 수급자 신청 등을 지원해 준다.

<표 12-5> 피해자보호시설 운영 현황

(단위 : 개소, 명)

연 도	개소 수	입소정원	상근종사자 수		
			계	상담원	비상근 자원봉사자
2017년	66	1,108	308	272	36
2018년	66	1,078	332	292	40
2019년	66	1,063	414	362	52
2020년	65	1,078	397	360	37
2021년	65	1,086	493	418	75
2022년	65	1,089	483	422	61
2023년	66	1,093	470	430	40

출처 : 여성가족부(2023).

<표 12-6> 피해자 보호시설 지원활동 내용 (단위 : 건, %)

연 도	계	심리·정서적 지원	수사·법적 지원	의료지원	시설입소 연계	기 타
2017년	123,223	55,739	3,530	19,162	7,629	25,022
	100.0	45.2	2.9	15.6	6.2	20.3
2018년	169,682	89,796	5,151	21,188	9,564	31,328
	100.0	52.9	3.0	12.5	5.6	18.5
2019년	168,203	78,499	4,496	18,364	11,832	39,814
	100.0	46.7	2.7	10.9	7.0	23.7
2020년	164,087	75,208	4,383	17,296	12,199	35,146
	100.0	45.8	2.7	10.5	7.4	21.4
2021년	172,385	68,822	4,247	18,690	10,716	43,926
	100.0	39.9	2.5	10.8	6.2	25.5
2022년	192,341	74,961	4,323	16,707	33,959	45,435
	100.0	39.0	2.2	8.7	17.7	23.6
2023년	81,915	34,179	2,255	8,376	8,058	19,547
	100.0	41.7	2.8	10.2	9.8	23.9

출처 : 여성가족부(2023). 2022년도 가정폭력 피해자 지원시설 운영 실적.

지원내용의 세부사항

- 심리·정서적 지원 : 개인상담, 심신단련 프로그램, 권리찾기교육, 인간관계훈련 등
- 수사·법적 지원 : 수사의뢰, 수사동행, 법률상담, 소송지원 등
- 의료적 지원 : 치료동행, 치료비 지원, 의료기관 연계 등
- 자립지원 : 취업알선, 직업훈련 연계, 퇴소 후 거주지 알선 등
- 동반아동지원 : 학교문제지원(전학문제, 지도교사 면담 등), 학습·놀이지도, 아동상담 등
- 기타 : 장애인 등록, 국가기초생활보장법 수급자 신청 등
- 가해자 지원 : 개인면담, 교육 프로그램 운영, 타 기관 의뢰 등

(3) 여성긴급전화 1366과 민간상담센터

노인, 여성, 아동에 대해 가해지는 학대발생과 관련된 긴급전화로서 1366(가정폭력, 성폭력), 1391(아동학대), 1388(청소년보호), 1922(노인학대) 등이 있다. 이 외에 민간단체에 의해 운영되는 노인의 전화, 여성의 전화, 아동학대예방 전화 등이 있다. 이들 상담센터의 전화서비스는 전화상담, 내방상담, 쉼터 알선, 추후지도 등의 구체적 서비스를 제공하면서 지역사회의 다양한 서비스와 복지자원을 연계, 알선해 주기도 한다(그림 12-9 참조).

특히 여성긴급전화 1366은 「가정폭력방지 및 피해자보호 등에 관한 법률」 제4조에 근거하여 1998년 1월부터 운영되었다. 365일 24시간 운영되며 전국적으로 단일화된 번호로 운영되고 있다. 2010년 상반기 여성가족부의 집계에 의하면, 광역자치단체(시 · 도) 단위로 1개소씩 전국 16개 시 · 도에 설치, 운영되고 있다.

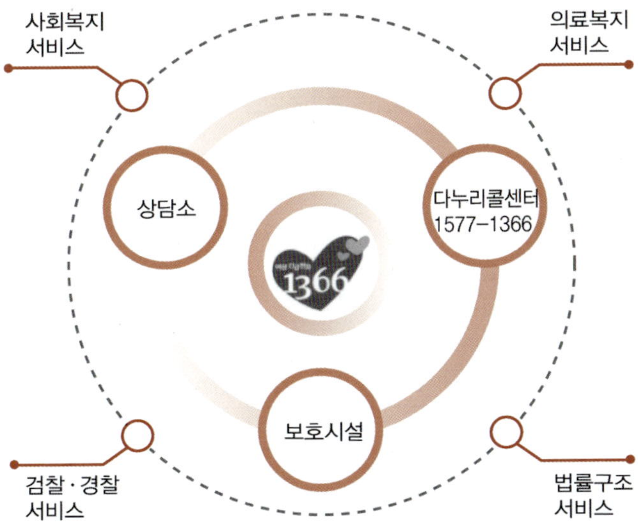

<그림 12-9> 가정폭력 피해자에 대한 서비스 지원체계

출처 : 여성가족부(2024).

여성긴급전화 1366 이용 현황을 보면, 이용건수는 매년 증가하고 있으며 이 중 가정폭력이 절대적으로 높은 비중을 차지한다. 상담조치 결과를 보면, 1366의 기본 목적대로 관련기관 연계가 가장 많으며, 이 중에서도 전문상담기관에 연계하는 경우가 가장 많다.

<표 12-7> 여성긴급전화 1366센터 이용 현황 (단위 : 건, %)

연도	계 / 비율	가정폭력 관련 상담						가정폭력 외 상담					
		소 계	가정폭력 상담	가정폭력, 스토킹	이 혼	부부 갈등	가족 문제	소 계	성폭력	성 매매	성 상담	중 독	기 타
2017	317,936	242,481	171,975	–	21,005	24,865	24,636	75,455	26,112	339	3,428	2,831	42,745
	100.0	76.3	54.1	–	6.6	7.8	7.7	23.7	8.2	0.1	1.1	0.9	13.4
2018	394,192	297,461	219,459	–	21,299	28,968	27,735	96,731	41,885	739	3,829	3,241	47,037
	100.0	75.5	55.7	–	5.4	7.3	7.0	24.5	10.6	0.2	1.0	0.8	11.9
2019	421,916	309,793	238,601	–	16,880	24,775	29,537	112,123	44,471	694	4,271	2,315	60,37
	100.0	73.4	56.6	–	4.0	5.9	7.0	26.6	10.5	0.2	1.0	0.5	14.3
2020	396,951	294,365	230,578	–	15,408	22,631	25,748	102,586	47,893	471	4,247	1,744	48,231
	100.0	74.2	58.1	–	3.9	5.7	6.5	25.8	12.1	0.1	1.1	0.4	12.2
2021	428,911	319,337	263,556	2,973	12,420	16,538	23,850	109,574	51,173	669	3,882	1,297	52,553
	100.0	74.5	61.4	0.7	2.9	3.9	5.6	25.5	11.9	0.2	0.9	0.3	12.2
남성	120,959	98,915	84,471	335	3,614	4,880	5,615	22,044	3,744	70	2,154	598	14,908
여성	307,952	220,422	179,085	2,638	8,806	11,658	18,235	87,530	47,429	599	1,728	699	37,075
2022	454,704	343,844	287,802	3,744	11,396	16,606	24,296	110,860	52,643	418	3,933	922	52,944
	100.0	75.6	63.3	0.8	2.5	3.7	5.3	24.4	11.6	0.1	0.9	0.2	11.7
남성	132,270	109,169	94,761	617	3,378	5,255	5,158	23,101	4,997	92	2,374	416	15,222
여성	322,434	234,675	193,041	3,127	8,018	11,351	19,138	87,759	47,646	326	1,559	506	35,790
2023	230,713	176,340	153,396	1,501	4,321	6,853	10,269	54,373	25,950	279	1,941	580	25,353
	100.0	76.4	66.5	0.7	1.9	3.0	4.5	23.6	11.2	0.1	0.8	0.3	9.4
남성	71,411	59,879	54,097	235	1,013	2,073	2,461	11,532	3,128	81	1,083	198	7,042
여성	159,302	116,461	99,299	1,266	3,308	4,780	7,808	42,841	22,822	198	858	382	18,581

출처 : 여성가족부(2024). 2023년도 가정폭력 피해자 지원시설 운영 실적.

2023년에 1366센터(여성긴급전화)를 통하여 이루어진 상담건수는 총 23만 건에 이르고 이 가운데 66.5%인 15만여 건이 가정폭력에 대한 상담이었다. 이는 여성들이 여전히 가정에서 심각한 폭력과 위협에 노출되어 있다는 것을 보여준다.

<표 12-8> 1366 상담조치 결과 (단위 : 건, %)

연도	계	관련기관 연계						현장 상담 지원	긴급 피난처 피신	기 타
		보호 시설	전문 상담 기관	의료 기관	법률 기관	수사 기관	기타 관련 기관			
2017	80,181	11,232	23,456	8,901	10,323	7,890	5,678	12,345	6,789	4,567
2018	86,789	12,456	25,890	9,876	11,234	8,765	6,543	13,456	7,890	5,678
2019	93,456	13,678	28,324	10,851	12,145	9,640	7,408	14,567	8,901	6,789
2020	100,123	14,890	30,758	11,826	13,056	10,515	8,273	15,678	9,912	7,890
2021	106,799	16,102	33,192	12,799	13,967	11,390	9,138	16,789	10,923	8,901
2022	113,487	17,314	35,626	13,772	14,878	12,265	10,003	17,890	11,934	9,912
2023	120,181	18,526	38,060	14,745	15,789	13,140	10,868	18,901	12,945	10,923

출처 : 여성가족부(2023). 2022년도 여성긴급전화 1366센터 통계.

(4) 폭력피해여성 주거지원사업

이 밖에 정부에서는 폭력피해여성 주거지원사업을 추진하고 있는데, 이 사업은 주거문제로 어려움을 겪고 있는 보호시설 입소자나 남아를 동반하여 보호시설 입소가 어려운 가정폭력·성폭력 피해자를 위한 주거 및 자립 지원책이 필요하다는 문제의 인식에서 출발하였다. 2007년 12월에 '폭력피해여성 주거지원사업' 지침을 마련하였고, 2008년부터 시범사업으로 그룹홈 형태의 임대주택 제공 및 '자립도우미'를 배치하기로 하여 서울, 부산에 임대주택 23호를 시범 운영하였다. 또한 2009년에는 인천, 강원, 충북에 31

호를 추가 공급하였고, 2011년에는 28호를 추가 공급하여 그 총수는 82호에 이르렀으며 2012년에는 118호로 증가하였다. 이후 지속적으로 임대주택을 확보하여 2023년에 총 350호의 임대주택을 운영하고 있다.

<표 12-9> 지역별 주거지원시설 공급 현황(2023. 12. 31. 기준)

구 분	계	서울	부산	대구	인천	광주	대전	울산	경기
임대주택 (호)	350	30	32	30	18	20	20	28	24
		강원	충북	충남	전북	전남	경북	경남	제주
		17	11	19	10	20	20	42	9

출처 : 여성가족부(2024).

5 폭력 및 학대가족에 대한 대책

1) 가정폭력에 대한 의식 전환

가정폭력을 방지하기 위해서는 무엇보다도 의식의 전환이 필요하다.

오늘날 우리 사회는 지나친 경쟁주의, 상업주의로 인해 가족이라는 공동체 의식이 부족하다. 또한 변화하는 시대에 따라 가족의 의미와 기능에 대한 의식과 부부관계에 대한 재해석이 필요하며, 가부장적 권력구조에 대한 의식의 전환과 대처가 필요하다.

(1) 공동체 의식의 강화

오늘날 우리 사회는 이러한 자아와 사회를 견제하고 함께 묶는 공동체 의식이 부족하다. 지나친 경쟁주의, 상업주의가 가장 큰 위협요인이다.

또한 현대사회는 가족이 사회에 기여하여야 할 규범과 의무를 규정하지 않고 구성원 개인만을 규제함으로써 가족이기주의가 발생하게 된다. 사회구성원은 가족 구성원으로서 살아감에도 불구하고 타 가족에게 무관심하며 심지어 경쟁하게 된다. 현대사회의 이러한 경쟁성은 건강한 공동체 의식의 상실로 인한 구성원 간 갈등과 불안을 가중시킴으로써 궁극적으로 사회발전을 저해한다. 이러한 가족이기주의는 부메랑처럼 가족 간의 갈등이 발생했을 때 개인이기주의로 변질되게 된다.

특히 부부관계는 본질적으로 혈연이 매개되지 않은 매우 허약한 관계로서 아무 노력 없이도 부부관계나 가족관계가 유지될 것이라고 생각하는 것은 가족에 대한 신화이며 허상이다. 따라서 어느 누구의 부당한 희생이 없는 건강한 가족공동체 의식을 유지하기 위해서는 개인의 노력도 필요하지만 사회적 의식과 틀의 전환이 필요하다.

(2) 가족의 재정의 및 부부관계에 대한 재해석

이제는 우리 사회에서 주도하여 왔던 결혼과 남녀결합에 대한 기존의 패러다임 속에서 가족의 의미와 기능을 재발견하려는 노력이 필요하다. 가족의 미래를 조망해 볼 때, 결혼행위에 대한 개인 귀책 개념, 결혼을 사회적 행위로서보다는 정서적 행위로 보고 현실적인 요소와 분리하려는 행위, 가족구성을 연속적인 과정으로 보는 총체적인 의무의식 부여 등이 변화되어야 할 것이다. 보다 냉철하게 현실을 직시하고 가족에게 부여되는 지나친 의무와 책임의식을 사회적 책임으로 전환시켜야 한다.

또한 부부관계에 있어서도 과거에 암묵적으로 수용해 왔던 부부의 의무 및 윤리 등이 거래관계에서 애정적 관계, 신뢰관계로의 의식을 전환해야 할 것이다. 폭력은 과거의 의무적 관계에서는 용서되고 용인될 수 있는 것이었다면, 현재의 계약적 관계에서는 즉각적인 계약의 해지를 의미하기 때문이다.

(3) 가부장적 권력구조에 대한 인식

부부간폭력은 가부장제 사회에서 남성에 대한 여성의 종속성 때문에 오랫동안 사회문제로 가시화되지 않았고, 그에 대한 대책도 공개적으로 논의되지 않았다.

현재 우리나라는 다른 국가에 비하여 가정폭력 발생률이 현저하게 높은 형편이다. 이것은 가부장적 의식구조에 의한 것으로 남성이 가족의 수장으로 그들의 지위를 통해 가정을 지배해 왔기 때문이다.

이처럼 가부장제의 위계질서를 유지하거나 지속시키는 것이 가능한 것은 이것이 어느 정도 다수에 의해 '수용'되기 때문이라고 할 수 있다. 가부장적 이데올로기는 평등주의적 이데올로기에 반대되는 것으로, 현재의 권력위계와 위계적 질서의 원칙을 지지하며, 여성들에게 종속을 수용하게 하여 불평등을 합리화시킨다. 따라서 이러한 가부장제는 대부분의 종속자들의 불만을 내적으로 통제한다. 우리나라의 '북어와 여자는 두들겨야 맛이 난다'는 속담도 남성이 여성을 통제하기 위해서는 폭력적인 수단을 사용해도 되며, 아내구타가 폭행으로 이해되기보다는 훈육의 한 방법으로 이해되는 가부장적 규범을 나타내는 것이라 할 수 있다.

따라서 아내학대를 근절하기 위해서는 가부장적 가족규범에 대한 인식을 변화시켜야 한다.

2) 가정폭력 관련 서비스 개선

(1) 지역 간의 연계서비스 실시

원스톱서비스(one-stop service)는 내담자에 대한 초기상담과 사정을 통하여 적절한 추후 서비스가 가능하도록 조처함으로써 내담자가 빠른 시간 안에 가장 적합한 서비스를 받도록 돕는 체제이다. 그러나 상담소 등 이미 기존의 서비스체제가 가동 중인 상태에서 여성긴급전화라 하여 원스톱서비스인 1366이 개설되었고, 또 다시 성폭력과 통합관리체제인 원스톱지원센터가 발족하였다. 1366은 야간에 상담이 불가능한 피해자들에 대한 효과적인 대응체제이긴 하나, 말 그대로 연계를 위한 응급시설로서의 기능만을 하다 보니 결국 내담자는 상담소나 보호시설에 안내된 이후에 다시 일부 상담의 과정을 되풀이해야 하는 상황이 발생하고 있다. 성폭력과 통합관리체제인 원스톱지원센터는 의료, 경찰, 법률 지원에 초점을 두고 있어 상담치료나 보호치료에 취약하다. 결국 과거보다는 서비스가 다양해지고 있으나, 진정한 원스톱센터로서의 기능은 달성되지 못한 채 과거의 분절된 기관 단위의 서비스가 지속되고 있는 셈이다. 진정한 연계와 통합관리가 가능하도록 보완 혹은 새로운 시스템의 개발이 필요하다.

(2) 서비스기관의 적정 규모와 지원

정부정책은 기존 문제를 극복하고 새로운 것을 창출하면서 실질적으로 발전하는 측면이 있다. 그러나 때로는 기존 서비스에 대한 지원이나 보완 이외에 새로운 정책을 만들어 내어야 예산을 확보할 수 있는 문제점도 동시에 발생한다. 따라서 실제적으로 새로운 서비스체제를 지속적으로 발굴하고 지원하고 있다. 가족보호시설 역시 최근에 확대된 서비스 형태로서, 다수의 기존 시설들도 이에 대한 전환을 시도하고 있다. 새로운 시설 등은 새로운 규정에 적용되면서 종사자 보수나 지원 규모가 차등화된다. 이러한 움직임은 현실적인 측면을 고려하지 않을 수 없다 하여도 기존 서비스 체계의 동요와 불안을 야기할 가능성이 있다. 그러한 의미에서 기존 체계와의 균형을 고려하고 기존 체계와 통합해 나가는 노력이 필요하다.

또한 정부에서 지원하지 않는 상담소의 경우 실제적인 관리나 통제가 어려운 것이 사실이다. 그렇지만 이러한 상담소의 전체 규모는 상담의 효율성과 가정폭력방지사업 평가에 영향을 줄 수 있다. 우리 사회 전반적으로 필요한 서비스기관의 수와 규모는 어떠한지에 대한 분석에 기초하여 관련 기관에 대한 관리체제를 새롭게 수립해 나갈 필요가 있다.

(3) 상담기관의 질적 수준 유지

가정폭력에 대한 사회적 인식이 확산되면서 최근 들어 이와 관련된 상담사업이 활성화되고 있다. 특히 1998년 7월 가정폭력방지법이 시행되면서 가정폭력상담의 양적인 증가와 더불어 상담기관 역시 꾸준히 증가하고 있다. 그러나 최근 들어 근접지역 내에서 가정폭력상담에 관련된 교육 및 상담원 양성, 중복 상담사례 등이 증가하고 있어 인적·물적 자원의 활성화를 저해하는 요인이 되고 있고, 상담요원의 확보나 재원 확충이 부족한 경우가 많아 상담의 체계성이나 전문성이 확보되지 못하고 있는 형편이다. 그리고 상담의 내용이나 방법에 있어서도 각 상담소의 인적 구성에 따라 비일관적인 상담이 이루어지고 있어, 가정폭력의 특성에 맞는 보다 전문성이 보장된 초기 상담체계의 정비가 시급하다. 또한 사회적 지원체계 역시 지역적 특성에 맞는 효율적인 지원이 아니라, 일회적이고 단기적인 사업지원에 머무르고 있는 형편이므로, 전반적으로 근접지역 내에서의 가정폭력 상담사업의 상호교류, 전문적 유형화, 정보네트워크 구성, 내담자 특성 공유, 효율적 지원체계 등 다각도의 개선노력이 필요하다.

(4) 치료 프로그램의 개선

현재 피해자, 가해자 치료 프로그램은 여성가족부의 지침과 매뉴얼이 마련되어 있고 강사자격 등이 명시되어 있으나, 그 운영의 내용적 측면에서는 개선이 필요하다. 첫째, 우리나라의 가정폭력 가해남성들은 외국인에게 익숙한 통제, 분노, 스트레스 등을 낯선 개념으로 받아들이는 경향이 있다. 또한 우리나라의 문화적 특성상 개인의 행동을 분석하고 평가하며 과제물을 처리하고 토론을 통해 합리적인 대안을 모색하는 방식에 아직 익숙하지 못하다. 따라서 표준화된 내용도 참가자의 상황에 맞게 융통성 있는 조정의 노력이 필요하다. 둘째, 가해자 프로그램의 경우 개인에 대한 직접적인 사회적 서비스를 병행해야 한다. 프로그램 참가를 통하여 폭력에 대한 근절의지가 있다 하여도 환경적인 자극이 발생할 경우 그 효과가 유지되기 어렵다. 따라서 개개인의 특성에 맞는 상담이나 교육이 이루어지고 그들이 겪는 사회적 어려움을 도와줄 수 있는 사회서비스 지원이 필요하다. 셋째, 프로그램 진행자의 자격조건이 제시되어 있지만, 이에 대한 평가는 자체적으로 이루어지고 있기 때문에 보다 엄격한 평가체제가 필요하다. 특히 미국의 대다수 주에서 적용하고 있는 윤리적인 요건, 즉 진행자가 폭력이나 약물에 노출되어 있는지, 인간관계기술, 진단역동성을 다루는 충분한 능력이 있는지 세부적인 규정을 적용하고 슈퍼비전을 활성화해야 한다.

(5) 지역협의체로서의 경찰의 대응 개선

2010년 여성가족부 실태조사에 의하면, 경찰신고 시 집안일이라 출동하지 않거나 그냥 돌아간 경우가 68.2%에 달한다고 하였다. 신고 후의 법적 조치에서도 '조치 없음'이 59.3%로 가장 높았고 그 다음이 '접근행위제한(10.1%)', '벌금(7.4%)', '상담조건불기소유예(6.0%)' 순이었다. 이는 결국 '오원춘 사건'처럼 피해자가 살해당하는 결과를 초래하기도 한다(한국여성의전화, 2013). 지난 6월 정부가 가정폭력방지 종합대책을 발표하면서 경찰관의 '현장 출입 및 조사' 및 '긴급임시조치' 거부 시 가해자에게 과태료 부과, 가정폭력 신고 시 경찰관 출동 의무화와 함께 전문상담가 동행을 통한 초기지원 강화를 제시하였으나, 경찰의 인식이 바뀌지 않는 한 과거의 문제는 계속될 수 있을 것이다.

(6) 가정폭력 피해자에 대한 적극적인 지원

구타당하는 여성들은 처음에는 당황과 분노로 대들고 싸워보지만 반복적인 구타가 계속되면 두려움에 빠지게 되고 공포의 상황에서 벗어나기 위해 무조건 잘못을 빌거나 기절한 척 하기도 한다. 남편의 귀가시간이 가까워 오면 긴장, 불안, 초조, 혼란 등이 계속되고 도망가고 싶은 충동과 공포 속에서 지낸다. 더욱이 주변에서 부부싸움이라고 생각하여 적극적으로 도와주지 않는 경우가 많아 무기력해져 죽음을 생각하게 된다.

따라서 매 맞는 여성들의 전형적인 증후군은 우울증, 정신지체, 적응장애, 만성적 분열증 등이다. 특히 인지능력장애로 사고가 혼란되고 무기력증이 오게 된다. 또한 남편을 상징하는 어떤 대상이든 이들을 공포에 떨게 하며 불면증, 열등감, 정서불안 등에 시달린다. 따라서 이들 여성들은 적절한 심리상담치료를 통하여 손상된 자존감을 회복시켜 주어야 하며, 사회적인 고립을 해소해 주어야 한다. 이때 남편의 구타가 종식될 수 있는 경우라면, 남편의 행위원인, 치료나 예방, 가정간호에 대한 지식도 가르쳐 주어야 한다. 만약 종식이 불가능하다면 이혼할 수 있는 용기를 갖도록 해야 한다. 이러한 경우 경제적·직업적 기능을 회복하기 위한 훈련이 필요하다.

(7) 가정폭력 가해자에 대한 조치 강화

가정폭력은 가족의 재결합 후 재발되지 않도록 해야 한다. 따라서 피해자 구제 못지않게 가해자의 교정을 위한 프로그램들이 더욱 활성화되어야 한다. 특히 추후관리 프로그램 등 근원적 사후 서비스가 필요하다. 무조건적인 구금, 보호 또는 단순한 교육보다는 심리적인 원인분석과 행동치료를 통하여 재활할 수 있도록 사회적 제도가 수립되고 지원되어야 한다.

구타하는 남편의 경우에도 정신 내적 문제가 심각한 경우가 많은데, 이들에 대한 적절한 심리치료가 이루어져야 한다. 이들은 일반적으로 충동조절능력이 약하고 좌절감을 견디어 내는 능력이 부족하며, 버림받을까 두려워하고 질투심이 많으며 남성우월의식이 지나치게 높거나 자존감이 낮고 정서적으로 의존적인 경우가 많다. 이들의 전형적인 유형은 지배자형, 방어자형, 자책반복형, 중독자형 등이며, 어린 시절의 폭력피해 경험이 세대를 거쳐 전수되는 경향이 매우 강하다. 구타남편들의 성장배경을 보면 53%가 부의 모 구타경험이 있음을 응답하고 있다. 또한 아내구타가 자녀들에게도 전수됨은 널리 알려진 사실인데, 상담사례에 의하면 자녀가 시집 식구 등 타인 앞에서 구타당하는 경우가 73%에 이른다.

(8) 정보매체의 통제

폭력은 사회적 분위기에 의해 영향을 받는다. 따라서 무분별한 폭력물, 폭력을 용인하는 경쟁적 사회분위기 등이 개선되어야 할 것이다. 특히 이러한 폭력에 의한 노출을 어려서부터 경험한 젊은 세대들이 결혼연령이 되었을 때 가정폭력의 빈도 증가에 대비하여야 한다. 따라서 이러한 정보매체의 통제를 위하여 개인과 가족, 국가가 함께 힘을 합하여야 하고, 무엇보다 부모세대의 응집된 노력이 필요하다.

CHAPTER 13

중독가족

학습목표

- 중독의 종류와 중독가족 발생요인을 설명할 수 있다.
- 중독가족의 문제점을 파악하고 피해가족에 대한 대책 및 사회복지서비스를 설명할 수 있다.

1 중독가족의 개념 및 발생요인

최근 우리 사회에서 마약중독, 인터넷중독, 게임중독, TV중독, 섹스중독, 일중독, 쇼핑중독 등 다양한 유형의 특정한 활동에 지나치게 빠져서 일상적인 생활을 영위해 나가는 데 어려움을 겪는 사람들이 많다.

중독가족이란 가족 구성원 모두가 중독일 경우도 포함되지만 주로 가족 중 한 사람이 이러한 유형의 중독에 빠졌을 경우를 의미한다.

중독이란 단순한 물질사용의 범위를 벗어나 광범위한 문제행동까지 적용되는 개념으로, 한 가지 일만을 반복적으로 하는 행동과 그렇게 하도록 하는 충동을 가리키며, 단순한 충동상태뿐 아니라 이로 인해 정상적인 생활을 어렵게 한다는 조건이 전제된다. 사실상 '중독(addiction)'이라는 용어는 엄밀히 말하면 정식 의학용어라기보다 사회적 용어이다. 1964년 세계보건기구(WHO : World Health Organization)에서 '중독'을 과학적 의미를 지닌 용어로 보기 어렵다며 '의존(dependence)'이라는 용어를 사용하도록 권고하였다. 흔히 접하는 '알코올중독' 역시 정식 의학명칭은 '알코올의존(alcohol dependence)'이다. 그러나 의학적 용어규정과는 별도로 언론을 비롯한 사회 각계에서 여전히 중독이라는 표현을 많이 사용하고 있기에 본 교재에서는 중독으로 표현한다.

1) 인터넷중독의 개념 및 발생요인

(1) 인터넷중독의 개념

현대사회에서 초고속 유・무선 인터넷, 스마트폰, 태블릿, 넷북 등 첨단기술의 발달로 이제 더 이상 인터넷은 가상의 공간이 아닌 일상생활의 영역으로 정보검색과 시간적・공간적 제한 없이 자유로운 소통을 할 수 있는 새로운 문화의 장으로 자리 잡고 있다. 인터넷의 사용은 다양한 편의를 제공하지만 그만큼 부작용도 크다. 최근 인터넷 게임의 중독과 익명성을 악용한 사이버 폭력 등은 다양한 사회적 문제를 야기하고 있다.

인터넷중독(internet addiction)이란 임상적으로 심각한 손상이나 고통을 일으키는 부적응적인 패턴의 인터넷 사용(Goldberg, 1996)으로 인터넷 사용자가 약물, 알코올 또는 도박에 중독되는 것과 유사한 방식으로 인터넷에 중독되는 심리적 장애를 의미한다(Young, 1996).

인터넷중독에 대한 정의는 학자마다 조금씩 차이가 있지만, 인터넷중독의 개념은 인터넷을 과다하게 사용하여 인터넷 사용에 대한 금단과 내성을 지니고 있으며, 이로 인해 일상생활의 장애가 유발되는 상태로 정의할 수 있다. 가족 구성원 중에 인터넷중독자가 있을 경우 인터넷중독자 가족이라고 할 수 있다.

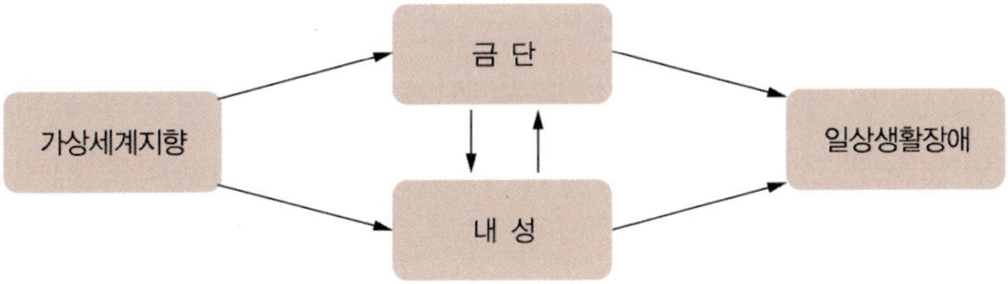

<그림 13-1> 인터넷중독 및 스마트폰중독 구조모형

출처 : 한국정보화진흥원(2012).

(2) 인터넷중독의 발생요인

① 인터넷 자체의 속성이 인터넷중독을 야기한다

마약이나 도박이 제공하는 쾌락으로 인해 중독되듯이 인터넷 역시 요구를 충족시켜 주는 보상능력이 있어 중독상태에 이르게 한다.

② 다양한 의사소통을 경험할 수 있다

게임, 채팅, 블로그 등의 SNS(Social Network Service) 등으로 전화나 편지와는 달리 새로운 사람과의 접촉을 쉽게 할 수 있고, 비언어적인 반응은 보여지지 않기 때문에 제한 없이 자유롭게 자신을 표현할 수 있게 된다. 또한 인터넷상에서 다양한 사람들을 만날 수 있기 때문에 이를 통해 의사소통을 경험하게 되면서 즐거움을 느끼고 이를 추구함으로써 인터넷중독에 이를 수 있게 된다.

③ 대리만족을 얻을 수 있다

현실에서 표현하거나 경험할 수 없었던 말이나 행동 등의 성격을 익명성이 있는 인터넷을 통해 대신 표현할 수 있게 되어 자신이 직접 하지 않으면서 대리만족을 느낄 수 있게 된다. 현실에서는 수줍고 부끄러운 성격의 청소년이 가상공간에서 적극적이 되고, 게임 안에서 강한 힘을 가지게 되고 마음껏 공격성을 표현할 수 있게 되는 것이 그 예라고 할 수 있다.

④ 인정받고 힘을 가질 수 있다

인터넷을 통해 심리적인 유대감을 느낄 수 있게 되고 같은 그룹의 사람들로부터 인정을 받고 영향력을 행사할 수 있기 때문에 더욱더 인터넷에 빠져들게 된다.

⑤ 성적인 만족을 얻을 수 있다

온라인상에서의 성은 안전한 것으로 인식되는 경향이 있다. 따라서 신체 접촉의 위험부담 없이 자유스럽게 성을 표현할 수 있다.

⑥ 숨은 성격이 발현될 수 있다

현실에서 수줍음을 타는 사람들은 가상공간에서 적극적이 될 수 있으며, 공격적이지 않았던 개인은 온라인 게임을 통하여 강력한 힘을 얻어 마음껏 공격성을 발휘할 수도 있다(노출적 요소의 표현).

⑦ 인정받고 영향력을 행사할 수 있다

인터넷을 통해 심리적으로 깊은 유대감을 느낄 수 있을 뿐만 아니라 같은 그룹의 사람들로부터 인정과 영향력을 얻어 이를 행사할 수 있다.

어떤 사람들이 인터넷중독에 빠질 수 있나?

- 정서적으로 불안한 사람
- 자존감이 낮은 사람
- 자신의 정체감에 불만이 있는 사람
- 사회생활에서 자신감이 결핍된 사람
- 자기실현의 좌절을 겪는 사람
- 환상적 사고에 취약한 사람

인터넷중독으로 의심해 볼 수 있는 현상

- 밥을 먹지 않고 밤새 게임에만 몰두한다.
- 밤새도록 게임을 하느라고 학교에서는 잠만 잔다.

- 게임을 하지 않을 때에도 늘 게임에 관한 생각들뿐이다.
- 과도한 게임 사용으로 성적이 떨어졌거나, 직장동료들의 불만이 쌓인다.
- 가족과 매일 다투거나 부모님으로부터 꾸중을 듣는다.
- 게임으로 인해 건강이 나빠졌다.
- 가끔 현실과 게임공간이 구분이 안 될 때가 있다.
- 꿈에서도 게임에 관한 꿈을 꾼다. 기타 여러 증상들을 나타낸다.

2) 알코올중독의 개념 및 발생요인

(1) 알코올중독의 개념

알코올중독의 정의는 국가나 사회의 문화에 따라 다르지만 세계보건기구(WHO : World Health Organization, 1954)는 "알코올중독이란 전통적 습관음주의 영역을 넘거나 지역사회 전체의 사회적 음주습관의 범위를 넘어 음주하는 경우를 말하며, 그에 부수한 병적 인자나 그 병적 인자가 얼마만큼 유전, 체질 또는 신체병리적·대사적 영향을 받고 있는가에 관계없는 것이다"라고 정의함으로써 문화적·사회적 요인의 중요성을 강조하고 있다(이영실 외, 2010).

일반적으로 알코올중독의 정의는 그 사회의 음주관례를 초과하여 반복적이고 만성적으로 음주함으로써 신체적·정신적·사회적·직업적 기능에 장애를 초래하는 상태로 정의할 수 있으며, 대개는 알코올남용과 알코올의존으로 구분한다.

알코올남용이란 사회적 또는 직업상의 기능장애를 초래하는 알코올의 병적 사용, 즉 사회적 음주와는 상관없이 알코올을 지속적으로 빈번히 마시는 것을 말하고, 알코올의존은 내성, 금단증상, 강박적 음주 등으로 사회적·직업적 문제가 발생하는 것으로 설명한다(이영실 외, 2010).

미국의학협회에 따르면, 알코올중독이란 음주에 편향된 특징을 가진 질환으로서 음주가 시작되면 대개 중독상태가 되어야 끝나며, 만성적·진행적으로 재발되는 경향을 가지고 있고 또한 지속적인 과도한 음주 때문에 신체장애, 정동장애, 직업장애, 사회부적응 등이 수반되는 특징을 지닌다(이정균, 2000). 반면 세계보건기구(WHO)에서는 알코올 사용이 그 사회에서 수용하는 범주를 초월하거나 부적절할 때 과도한 음주로 인하여 개인의 건강과 사회활동이 손상된 때를 알코올중독이라고 정의하며, 문화적·사회적 요인의 중요성을 강조하고 있다. 가족 구성원 중에 이러한 알코올중독 환자가 있을 경우 알코올중독자 가족(alcoholic family)이라고 설명할 수 있다.

(2) 알코올중독의 발생요인

① 생물학적 요인

생물학적 관점에서는 알코올중독을 일종의 질환으로 보며, 비정상적인 신체적 현상으로 인한 신진대사상의 문제라고 본다. 술은 물, 에틸알코올, 그리고 맛과 향을 내는 소량의 아미노산과 미네랄 등으로 구성되어 있는데, 체내에 흡수된 에틸알코올의 약 10%는 신장과 폐를 통해 그대로 배설된다. 나머지 90%는 간에서 산화되는데, 흡수된 알코올은 간에 있는 효소(ADH)에 의해 아세트알데히드(acetaldehyde)로 산화된다. 독성물질 아세트알데히드로 인해 생성되는 신경전달물질(THIQ)이 알코올중독의 원인이 된다(이영실 외, 2010 재인용). 또한 중독과 관계 깊은 신경전달물질로 도파민과 세로토닌 등이 있으며, 이들 신경전달물질의 작용으로 긍정적 기분을 느끼거나 자신감을 나타내는 등 긍정적 강화효과가 나타남으로써 음주를 더욱 증가시키는 경우가 많다.

② 유전적 요인

일반적으로 알코올중독이 되는 데는 성장환경이 더 크게 작용한다고 생각하기 쉬우나 여러 연구에서는 알코올 환경보다 유전적 소양이 더 중요함을 보여준다(유호인, 2000). 또한 평균적으로 알코올중독자의 3분의 1이 알코올중독 부모를 두고 있으며, 부모가 알코올중독인 자녀는 비알코올중독 부모의 자녀보다 알코올중독자가 될 확률이 4배나 더 된다고 한다(한국알코올과학회 학술부, 2000). 특히 이들의 경우 중독자로 진전될 위험이 더 큰 것으로 나타났다(Goodwin, 1985). 이와 같이 대부분의 학자들과 임상가들은 유전이 알코올중독의 주요 요인이라는 데 동의한다. 그러나 알코올중독이 어떤 양상으로 유전되는지, 또 어느 정도 영향을 미치는지에 대해서는 아직 확실하지 않으나, 가족 내 빈도에 있어 알코올중독 환자의 일란성쌍생아는 이란성쌍생아보다 2배 이상 중독 가능성이 높으며, 일반인에 비해 알코올중독 환자의 자녀들은 4배 이상 중독에 빠지기 쉽다.

음주에 의해 얼굴이 붉어지고 심계항진과 불쾌한 현상이 나타나는 것은 타고난 알코올 분해효소의 부족으로 생기는 것으로, 대개 이런 경향은 가족의 내력이 되는 경우가 많다.

③ 심리적 요인

알코올중독의 원인은 개인의 성격·인지·정서적 특성 등 심리적인 면에서 찾을 수 있으며, 정신분석이론, 성격이론, 인지학습이론 등에 근거한다.

Freud의 심리성적 발달이론에 의하면, 사람은 생후부터 1세까지 입과 혀 등을 통해 빠는 욕구를 충족시켜야 한다. 그런데 이러한 구강기 욕구를 충족시키지 못하면, 이 시기의 불만족감이 평생 동안 인간의 무의식 속에 남게 되고, 지속적인 결핍감을 느끼게 된다. 구강기적 욕구결핍을 해소하기 위한 방법 중 하나가 음주인데, 이러한 음주가 반복됨으로써 결국 알코올중독이 된다는 것이다(이영실 외, 2010). 이는 알코올을 통해 자기만족적 충동이나 결핍의 욕구를 충족시켜 준다고 보는 것이다.

또한 성격이론은 알코올중독자 중 상당수가 독특한 성격유형이나 문제를 가진 사람이며, 부정과 같은 방어기제를 주로 사용한다고 설명한다. 중독자들은 어린 시절 주의력결핍장애나 반사회성 인격장애 등의 병력이 있고, 성장과정 중 구강기에 고착되어 의존적이 되고 먹거나 마시는 행위에 집착하는 경향이 있다고 본다. 부모에 대한 적개심 및 부모의 죽음에 대한 두려움이 갈등을 초래하여 결국 우울감정 및 자기파괴로 발전하게 되는데, 이로 인해 열등감이나 불안정감 등이 생기면 이를 보상하고 잊어버리기 위해 술을 마신다.

인지학습이론에서는 알코올 효과에 대한 긍정적 신념이 술을 마시게 하고 이러한 행동이 사회적으로 강화되어 학습된다고 본다. 학습이론은 중독자들이 술을 마심으로써 불안이 해소되는 경험을 하거나 공포, 갈등이 알코올에 의한 이완작용으로 시도되어 술을 마시게끔 학습된다고 본다(이영실 외, 2010).

④ 사회·문화적 요인

알코올중독은 사회·문화적 요인과 밀접한 관련이 있다.

화를 내거나 우울증상, 내성적 성격, 의존성 등 개인적 요인과 음주문제가 있는 가정, 이혼가정 등의 가정환경적 요인, 사회적인 스트레스 등의 사회적 요인에 영향을 받는다.

가정환경적 요인으로 음주문제가 있는 부모에게서 성장한 자녀는 그렇지 않은 자녀보다 알코올중독이 될 가능성이 더 높다. 특히 남자아이에게 이 현상은 더욱 뚜렷하게 나타나는데, 사회적으로 스트레스를 받게 될 때 자연스럽게 술에 의지하게 된다(이영실 외, 2010). 그뿐만 아니라 음주문화에 관대한 우리나라의 경우 음주로 인한 실수를 허용하는 분위기가 오히려 그러한 행동을 자연스럽게 받아들이게 되면서 음주행동이 강화되고 이는 결국 중독으로 이어진다.

문화적 요인으로 우리 사회의 음주문화는 문제성 음주에 대해 지나치게 관용적이어서 음주로 인한 알코올중독의 위험을 초래하게 된다.

2 중독가족의 현황

1) 인터넷중독(스마트폰중독)의 현황

과학기술정보통신부의 스마트폰 과의존 실태조사 보고에 따르면, 2022년도 기준 우리나라 스마트폰 과의존위험군은 23.6%로 2014년 이후 처음으로 감소 하락하였으며, 과의존위험군은 2016년 1.6%p, 2017년 0.8%p, 2018년 0.5%p, 2019년 0.9%p, 2020년 3.3%p, 2021년 0.9%p로 지속적으로 상승하였으나 2022년은 0.6%p 하락하였다. 인터넷 검색이 가능한 스마트폰의 보급이 보편화되면서 인터넷중독의 조사 또한 스마트폰 과의존 실태조사로 변경되어 실시되고 있다. 대상별 과의존위험군 비율은 청소년(40.1%), 유아동(26.7%), 성인(22.8%), 60대(15.3%) 순으로 조사되었다.

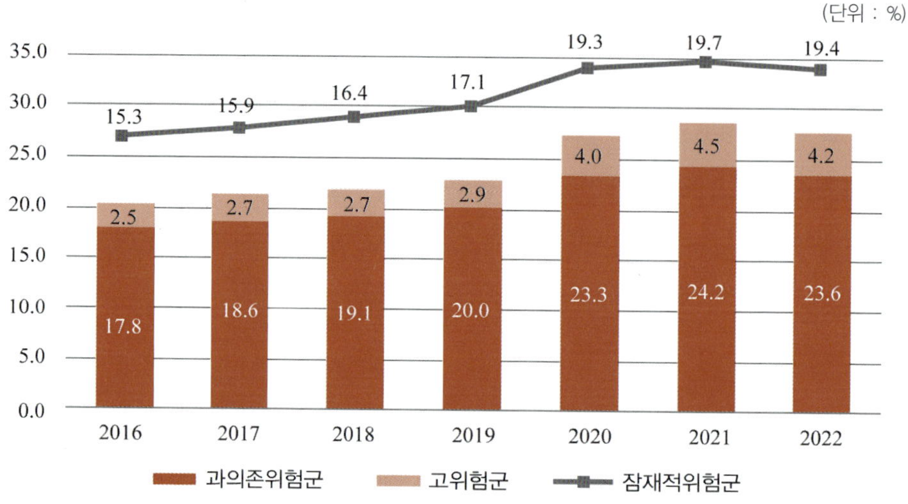

<그림 13-2> 연도별 스마트폰 과의존위험군 비율

출처 : 여성가족부(2022). 스마트폰 과의존 실태조사.

연령별 스마트폰 과의존위험군을 보면 청소년이 40.1%로 전체 연령대 중 가장 높게 나타났다. 20대의 스마트폰 과의존위험은 31.3%, 유아동은 26.7%, 30대는 22.6%, 40대는 20.7%, 50대는 17.3%, 60대 15.3% 순으로 전년대비 청소년을 제외한 모든 연령대에서 과의존위험군 비율이 하락하였다. 청소년의 과의존위험군 비율은 지속적으로 상승추세로 2021년 상승폭(2.2%p)에 비해 금년 더 상승폭이 증가(3.1%p)하였다. 10대의 스마트폰 과의존위험이 성인보다 심각하다는 것을 알 수 있다.

<표 13-1> 연도별 스마트폰 과의존위험군 비율 및 수 (단위 : %, 천 명)

구 분		2014	2015	2016	2017	2018	2019	2020	2021	2022
과의존 위험군	3–9세	–	12.4	17.9	19.1	20.7	22.9	27.3	28.4	26.7
	10대	29.2	31.6	30.6	30.3	29.3	30.2	35.8	37.0	40.1
	20대	19.6	24.2	22.3	23.6	24.0	25.2	30.4	31.5	31.3
	30대	11.3	14.5	15.8	17.2	18.1	18.9	22.7	23.8	22.6
	40대	7.9	10.7	14.0	15.4	16.2	16.8	19.5	20.1	20.7
	50대	4.8	5.3	13.0	14.1	15.1	15.6	17.7	19.2	17.3
	60대	–	–	11.7	12.9	14.2	14.9	16.8	17.5	15.3
고위험군	3–9세	–	1.7	1.2	1.2	2.0	2.3	3.7	4.3	3.5
	10대	3.3	4.0	3.5	3.6	3.6	3.8	5.0	5.7	5.2
	20대	3.4	3.9	3.3	3.6	3.4	3.6	4.9	5.5	5.7
	30대	1.7	2.3	2.5	2.8	2.7	3.0	4.1	4.6	4.8
	40대	1.1	1.6	2.2	2.5	2.4	2.4	3.4	3.9	3.6
	50대	0.8	0.9	2.2	2.3	2.4	2.4	3.4	3.9	3.6
	60대	–	–	2.0	2.1	2.4	2.5	3.2	3.7	3.0
잠재적 위험군	3–9세	–	10.7	16.7	17.9	18.7	20.6	23.6	24.1	23.2
	10대	25.9	27.6	27.1	26.7	25.7	26.4	30.8	31.3	34.9
	20대	16.2	20.3	19.0	20.0	20.6	21.6	25.5	26.0	25.6
	30대	9.6	12.2	13.3	14.4	15.4	15.9	18.6	19.2	18.8
	40대	6.8	9.1	11.8	12.9	13.8	14.3	15.9	16.0	16.7
	50대	4.0	4.4	10.8	11.8	12.7	13.2	14.3	15.3	13.7
	60대	–	–	9.7	10.8	11.8	12.4	13.6	13.8	12.3

출처 : 여성가족부(2022). 인터넷 과의존 실태조사.

이처럼 인터넷중독은 청소년뿐 아니라 유아동, 성인에 이르기까지 광범위한 대상에 영향을 미치고 있다. 스마트폰 과의존 주요 사건 사고들을 보면 SNS를 통한 협박, 성폭행, 음란물 유포, 금단증상, 불법도박, 아동학대 및 방치, 스마트폰 보행사고 급증, 황반변성 및 거북목 등의 질환, 퇴근 후 단체메시지 등의 신체적, 심리적, 행동적 위험사례들이 새로 나타나거나 급증하고 있다. 그동안 인터넷의 영향을 청소년을 중심으로 논의해 왔으나, 점차 특정 대상이 아닌 사회 전체의 문제로 확대할 필요가 있으며 사회적 문제로 받아들이고 계층별 예방교육 및 전문상담, 법개정 등의 국가적 차원의 대응이 필요하다.

2) 알코올중독의 현황

보건복지포럼(2013) 자료에 의하면, 알코올은 뇌를 비롯하여 인체 각종 장기에 영향을 주는 유해물질로, 섭취하는 양과 패턴, 그리고 섭취하는 기간 등에 따라 사람에게 다양한 형태의 위험을 증가시키며, 개인뿐만 아니라 간접적·2차적인 영향을 사회 전반에 미친다.

2021년 실시한 정신건강실태조사의 결과에 의하면, 알코올사용장애의 평생유병률은 남자 17.6%, 여자 5.4%, 전체 11.6%로, 남자가 3.3배 더 높은 것으로 나타났으며, 알코올사용장애의 1년 유병률은 2.6%로 남자에서는 3.4%, 여자에서는 1.8%로 남자에서 1.9배 높았다(표 13-2). 우리 국민의 알코올사용장애 평생유병률은 11.6%, 1년 유병률은 2.6%로 우리 국민 중 11.6%(약 596만 명)는 평생 동안 1번 이상 알코올사용장애를 경험할 수 있다.

<표 13-2> 알코올사용장애 1년 유병률 (단위 : %, 명)

구 분	남 자		여 자		전 체	
	평생 유병률	1년 유병률	평생 유병률	1년 유병률	평생 유병률	1년 유병률
알코올남용	8.2	1.4	2.4	0.8	5.3	1.1
알코올의존	9.5	2.0	3.0	1.0	6.2	1.5
알코올사용장애	17.6	3.4	5.4	1.8	11.6	2.6

출처 : 보건복지부 국립정신건강센터 정신건강연구소(2021). 정신건강실태조사.

정신건강실태조사에 의하면, 2021년 우리나라의 알코올의존(내성과 금단증상)과 알코올남용(내성과 금단증상 없으나 일상생활에 부적응 발생)이 포함된 알코올사용장애 1년 유병률은 남자 3.4%, 여자 1.8%, 전체 2.6%로 남자의 경우 여자보다 1.9배 높았다.

2016년과 2021년의 1년 유병률 비교 시 감소하는 추세이나, 알코올남용(2016년 2.3%→2021년 1.3%)에 비해 알코올의존(2016년 1.8%→2021년 1.7%)의 경우 감소 추세는 뚜렷하지 않았다.

이처럼 우리나라의 알코올사용장애 유병률은 세계적으로 지방간, 간경변을 일으키고, 간암, 구강암, 식도암 등 각종 암의 발생률을 증가시킬 뿐 아니라, 우발적인 상해나 상호 간의 폭행 등을 발생시켜 수많은 건강문제와 사회문제를 유발한다.

3 중독가족의 문제

1) 인터넷중독의 문제

오늘날의 가족구조 및 생활문화의 변화 역시 인터넷중독에 중대한 영향을 미치는 것으로 보인다. 오늘날 대부분의 가족은 핵가족으로 구성되어 있고, 기혼여성들의 취업률 증가로 자녀들이 혼자 생활하는 시간이 많아졌다. 가족과 함께하는 시간의 절대적 부족은 가족 간의 정서적 유대를 더욱 어렵게 만들고 있다. 더욱이 주거환경이 개선됨으로써 자녀들은 대부분 자기 공간에서 자기 소유의 컴퓨터를 사용하면서 생활하고 있다. 이와 같이 구조와 환경의 영향으로 청소년들은 남을 배려하고 함께 생활하기보다는 가상공간과 같은 자신만의 세계에 쉽게 빠지게 되어 가족과의 대화를 거부하고 혼자만의 시간을 가지려고만 한다. 이러한 의사소통의 문제로 가족들은 고통을 받게 되고, 이는 가정불화의 원인이 된다.

인터넷중독에 빠지게 되면 대인관계와 자아정체감 형성에 부정적 영향을 받게 된다. 온라인상에서는 친구를 사귀기도 쉽지만, 큰 부담 없이 관계를 쉽게 끊어버릴 수 있기 때문에, 현실세계에서처럼 친구 간의 강한 유대감과 신뢰를 형성하기 어렵다. 그로 인해 사회적 고립을 초래할 수 있다. 또한 인터넷상에서는 모든 활동이 즉각적인 반응을 보이므로, 성격이 성급하고 충동적으로 변화할 가능성이 있고, 욕구의 만족 지연, 자신의 욕구를 절제할 필요가 없는 상황이 되어 충동성을 조장할 수 있다. 그리고 가상공간에 대한 지나친 몰입은 현실세계에서의 가족, 친구 및 다른 사람들과의 대인접촉이 줄어들게 하는 원인이 될 수 있다. 이렇게 인터넷 사용은 타인을 배려하는 사회적 능력을 감소시키게 된다.

2) 알코올중독의 문제

알코올중독자의 충동적인 과도한 음주는 본인과 관계있는 모든 부문에 피해를 입힌다. 즉, 본인의 육체적・정신적・영적 건강은 물론 우정, 애정, 결혼, 가족관계, 직업(경제적 빈곤), 대인관계 등 신체적・정신적・사회적 모든 기능이 음주로 인해 손상된다.

알코올중독자 본인은 물론, 특별한 관계를 가지고 심리적으로 가까운 사람일수록 알코올중독자가 받는 피해와 거의 동일한 종류의 피해를 가장 많이 받는다. 특히 알코올중독자 가족 구성원들은 알코올중독자의 일탈된 행동에 감정이 폭발하기도 하며, 알코올중독자들이 음주를 조절할 수 없는 것을 지켜보다 못해서 그들이 중독자를 조정하려고 시도한다. 외부에서 일어나는 중독자의 주정에 대해서는 부끄러워하지만, 집안에서는 중독자와 다투기도 하며 얼마 안 가서 그들은 중독자 곁을 떠나거나 아니면 가족의 중독이 자신의 탓이라고 느끼며, 알코올중독자의 고통과 죄책감을 같이 짊어진다.

한편 알코올중독자 가족들은 알코올중독자의 음주를 집중적으로 조정하면서 동시에 음주를 돕는 경향도 있다. 알코올중독자들은 심한 우울증이나 낮은 자신감, 완벽주의, 충동성, 그리고 스트레스와 관련된 질병으로 많은 고통을 받는다. 또한 알코올중독자 본인은 인간이 느끼는 희로애락을 맛볼 수 없게 되며 음주는 계속된다. 가족들은 그들 자신이 심각한 감정적인 문제, 그리고 삶의 문제에 빠져들고 있다는 것을 깨닫지 못한 채 술에만 관심을 갖게 되며, 참담한 현실에도 불구하고 알코올중독자 가족들은 마치 그러한 상태가 정상적인 것처럼 인식하고 있는 것이다.

마음에 들지 않는 삶의 환경에 처해 있기 때문에 알코올중독자의 부모, 배우자 혹은 자녀들은 환상에 빠져든다. 현실을 직시하기에는 너무 고통스럽다고 생각하는 그들은 그러한 현실을 무시하고 감추며 은폐하려고 한다. 대신에 가족의 관심은 좋았던 과거의 환상이나 미래의 완전성에 대한 망상에 사로잡히며 자주 두통, 복통, 말로 표현할 수 없는 통증 등 육체적인 증세가 나타난다.

이러한 알코올중독자 가족의 문제를 정리하면 공통의 문제는 다음과 같다.

① 알코올중독자 가족의 실업문제 또는 경제적 파탄
② 자녀의 정서발달과 자아성장의 악영향
③ 가족 간의 갈등(욕설, 폭행, 구타, 가족원의 가출, 자살 등)
④ 부부간의 갈등
⑤ 음주운전, 범죄, 폭력, 강도, 싸움 등의 문제

가정과 사회적인 환경의 문제로는 알코올중독가정에서 자란 자녀들이 보살핌을 받지 못하고 쉽게 거절당하기 때문에 가정폭력이 따르며 폭력 행위가 반복될 수 있다.

자녀들의 심리적 문제

① 부모의 건강, 싸움에 대한 걱정

② 부모의 행동에 대한 혼란과 분노

③ 가족 내 폭력에 의한 상처

자녀들의 정신적 문제

① 행동장애와 주의력 결핍

② 과잉 운동장애가 발생

4 중독가족에 대한 서비스 현황

1) 인터넷중독자 가족에 대한 서비스 현황

과도한 인터넷 사용은 학업과 직장, 가정 및 대인관계에 지대한 영향을 끼치며, 현실과 가상공간을 구분하지 못하게 되는 등의 심각한 문제를 야기하게 된다. 우리나라에서는 인터넷중독의 심각한 문제들의 예방과 대책을 위해 여러 가지 서비스를 실시하고 있다.

(1) 건강가정지원센터

한국정보화진흥원은 인터넷중독예방협력사업으로 개인, 가족 중 인터넷 과다사용으로 발생할 수 있는 다양한 문제와 위험으로부터 예방과 개선을 위한 교육, 집단상담 프로그램을 지원하고 있다.

(2) 한국정보문화진흥원

인터넷중독자 가족 상담서비스를 실시하며 학교·지역사회모임 등 파견 집단상담사업을 구축하고 인터넷중독자 가족상담 관련 연구 및 개발 사업을 진행하고 있다.

(3) SK브로드밴드

청소년들의 인터넷중독에 따른 정서적 불안, 가족 간의 갈등 및 문제의 해결을 하기 위해 인터넷중독 문제와 가족관계의 중요성 제고를 위한 학부모 대상 특강 프로그램 전국순회를 개최하고 가족캠프 운영 및 캠프참가자에 대한 멘토링 지원을 통해 인터넷중독과 가족관계문제에 대한 집단상담을 실시한다. 또한 '해피인터넷' 사업으로 공공-민간 기관과의 협력모델을 개발하고 있다.

(4) 한국청소년상담복지개발원 인터넷중독 상담·치료

인터넷중독 예방 및 해소사업은 여성가족부 청소년매체환경과 및 전국의 17개 시·도 청소년상담복지센터와 함께 추진하고 있다. 또한 청소년기본법 제51조(청소년 유익환경의 조성), 청소년보호법 제5조(국가와 지방자치단체의 책무), 제27조(인터넷게임 중독 등의 피해 청소년지원)에 근거하여 인터넷중독 위험단계별로 상담·치료서비스를 지원하는 지역협력망을 구축하고, 이를 통해 청소년들의 인터넷중독을 예방하고, 해소할 수 있도록 지원하고 있다.

인터넷중독과 관련하여 도움을 받고 싶은 청소년이나 부모들은 국번 없이 1388로 전화하면(휴대폰이용 : 해당 지역번호+1388) 가장 가까운 청소년상담복지센터로 연결이 되어 도움을 받을 수 있다.

① 인터넷중독 대응 상담전문인력 양성

인터넷중독 상담전문가 양성과정은 신규과정, 심화과정, 보수과정으로 나눠진다. 신규과정은 청소년 인터넷중독 상담의 기본 역량을 강화하고, 전국 단위 인적 인프라를 구축하는 데에 목표를 두고 있으며, 심화과정은 전문역량을 강화하는 데에, 보수과정은 공개상담사례발표회를 통해 실제적인 역량을 증진시키는 데에 그 목표를 두고 있다.

양성교육의 대상자는 청소년상담복지센터, 청소년상담사, 청소년동반자, 기타 청소년관련단체 실무자들이다. 교육의 내용은 인터넷중독 상담전문가의 역할, 청소년 심리와 사이버문화의 이해, 인터넷중독 청소년 임상사례, 전수조사 및 사후조치 개입의 실제, 개인상담 슈퍼비전, 가족상담 등으로 교육신청은 교육정보시스템을 활용하여 신청할 수 있다.

② 인터넷중독 치유특화 프로그램

'인터넷치유학교'는 인터넷중독으로 인해 어려움을 겪고 있는 청소년들의 문제를 해결하기 위해 인터넷과 단절된 공간에서 11박 12일간의 장기합숙 형태로 운영되는 치료 프로그램이다.

이 캠프는 2007년 최초 개발된 프로그램으로 인터넷중독 상담사의 전문적인 개인상담과 집단상담, 임상심리전문가의 심리 진단 및 평가, 수련활동 전문가의 체험적 수련활동을 결합한 기숙형 프로그램이다.

참가를 원하는 청소년은 해당 거주지역 청소년상담복지센터에 신청하면 된다(국번 없이 1388).

③ 인터넷중독 청소년 가족치유캠프

인터넷중독 청소년 가족치유캠프는 인터넷중독으로 인하여 학업지장이나 건강악화 등의 어려움을 겪는 4학년 이상 초등생과 보호자를 대상으로 2박 3일간 진행되는 가족중심의 치료 프로그램이다. 청소년 집단상담, 부모교육, 가족 프로그램, 체험활동 및 관계를 개선할 수 있도록 돕고, 가족치료적 접근을 통해 인터넷중독 치료 및 예방을 지원한다.

(5) 청소년상담지원센터 1388

① 인터넷중독 상담·치료사업

- 인터넷중독이 심각한 청소년을 대상으로 진단 및 치료비 지원
- 학교 예방교육 및 인터넷 사용조절을 위한 집단상담
- 학부모·교사 대상 인터넷중독 관련교육
- 인터넷중독 지도자 양성 워크숍
- 시·군 지원사업

② 인터넷중독 청소년상담 지원사업

- 청소년 인터넷중독 해소를 위한 지역협력망 확대
- 인터넷중독 예방교육 프로그램 운영
- 인터넷중독 상담 및 집단상담 프로그램 운영
- 인터넷중독 청소년 치료재활사업 : 의료비 지원

(6) Wee센터

Wee는 학교, 교육청, 지역사회가 연계하여 학생들의 건강하고 즐거운 학교생활을 지원하는 다중의 통합지원서비스망으로 청소년들의 인터넷중독 예방 및 상담업무를 수행하고 있다. 학습부진 및 학교부적응 학생뿐만이 아닌 일반 학생들도 Wee를 통해 행복한 학교생활을 할 수 있도록 학교에는 Wee클래스, 지역교육에는 Wee센터, 시·도 교육청에는 Wee스쿨이 운영되고 있다.

(7) I Will센터

인터넷 과다사용으로 어려움을 겪고 있는 아동·청소년들에게 인터넷 과다사용 해소를 위한 다양한 맞춤형 정책을 마련하여 아동·청소년의 건강한 생활환경을 조성하기 위해 설치·운영되고 있다.

① 인터넷중독 교육사업

- 꿈틀이 프로젝트
- 힐링스쿨(치료캠프 및 동아리활동)
- 전문가 연계

② 인터넷중독 교육사업

- 인터넷중독 예방교육
- 부모교육
- 전문강사 양성교육
- 유료사이트 감시 및 신고

③ 건전사이버문화 캠페인

- 다양한 매체를 통한 홍보
- 서포터즈단 양성

④ 인터넷중독 연구보고 대회 및 포럼

- 프로그램 개발 및 보급
- 정책방향 수립
- 전문성 향상

(8) 스마트쉼센터

스마트폰중독(인터넷중독 포함)의 예방과 해소를 위해 스마트폰중독 진단과 중독상담 콜센터(1599-0075)를 설치, 중독예방교육을 실시하며 예방교육에 대해 전문적으로 응할 수 있는 예방전문 강사인력을 양성하고 있다. 스마트폰중독센터(구 인터넷중독대응센터)의 종합안내에 나와 있는 각각의 사업별 서비스 실시기관 및 이용 안내는 <표 13-3>과 같다.

<표 13-3> 예방특강 사업

스마트쉼 캠페인	건강한 디지털문화 조성 및 스마트폰 과의존 예방을 위해 종교단체, NGO, 기업, 학회 등으로 구성된 스마트쉼문화운동본부와 함께 스마트 휴데이(休day), 실천수칙 보급 등 다양한 캠페인을 전개
전문상담	스마트폰 과의존과 관련하여 학교 부적응, 학업 및 진로, 부모와의 갈등 등 다양한 심리적 어려움을 극복할 수 있도록 전문상담 실시
전문인력양성 및 보수교육	• 상담사, 예방교육강사, 교사를 대상으로 스마트폰 과의존에 대한 상담 이론과 실제 접근법들을 교육하여 스마트폰 과의존 문제에 체계적으로 대응할 수 있도록 전문역량 강화 • 전문상담사 자격검정제도를 통한 체계적인 상담 전문인력 확보
예방교육	학교, 기관, 시설에 전문강사를 파견하여 유아, 청소년, 성인(대학생, 학부모, 교사, 고령층 등) 등 전 국민 대상 스마트폰 과의존 예방교육 지원
찾아가는 가정방문상담	스마트폰 과의존 문제로 심각한 어려움을 겪고 있어 도움이 필요한 취약계층 가정은 물론 일반가정(고위험 사용자군, 잠재적 위험사용자군 해당자)으로 직접 방문하여 상담 실시
조사 및 연구	스마트폰 과의존 문제에 대처하기 위해 매년 스마트폰 과의존 실태조사와 상담 프로그램 개발, 뉴미디어 중독과 관련한 연구 실시
거버넌스 구축 및 운영	스마트폰 과의존 문제에 효과적으로 대처하기 위해 전국 18개 스마트쉼센터와 전문상담, 치료기관을 연계하여 상담서비스 제공

출처 : 스마트쉼센터(ioc.or.kr).

(9) 여성가족부 2019년 사업

여성가족부는 2019년도에 달라지는 제도를 여성·청소년·가족 분야별로 발표했다. 이에 따라 청소년 위기문제 해결 및 상담, 보호, 자립 등 통합지원을 위한 사회안전망의 확충 및 지역사회 청소년통합지원체계(CYS-Net)가 전국 226개소에서 232개소로 확대, 청소년쉼터는 130개에서 138개소로 운영 및 지원하며, 청소년 회복지원시설 운영비를 지원하여 신규 20개소를 설치할 계획에 있다. 또한 심층상담을 제공하는 청소년동반자는 현재 1,261명에서 1,316명으로 확대한다고 발표하였다.

디지털 성범죄 피해자 지원을 강화하는 방안으로는 지원인력을 기존 16명에서 26명으로 확충하고 삭제이력, 채증, 자료 등의 피해자지원관리시스템을 신설할 예정이다.

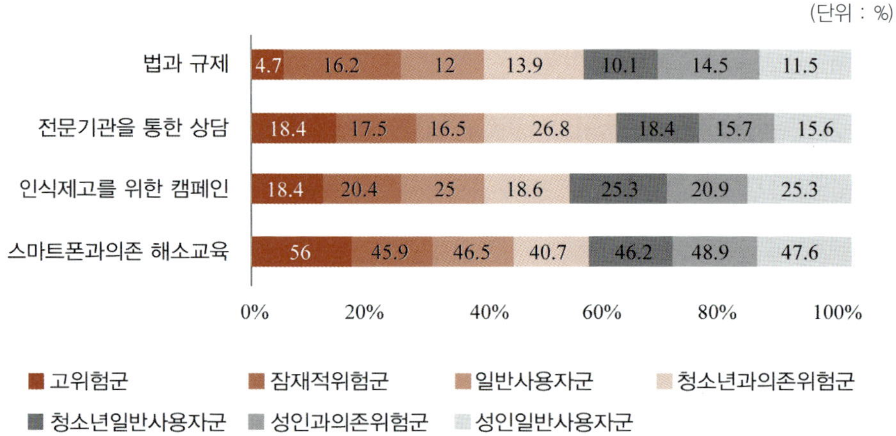

<그림 13-3> 과의존 해소를 위한 정부정책 인지도

출처 : 여성가족부(2022). 인터넷 과의존 실태조사.

<표 13-4> 과의존 해소 노력

(단위 : %)

구 분		공공 장소에서 스마트폰 예절을 지킨다	보행 이동 시 스마트폰을 보지 않으려 주의한다	스마트폰을 내려놓고 가까운 사람들과 직접 대화한다	업무 시간에는 진동모드나 방해금지 기능을 활용하려 한다	스마트폰 사용을 줄이기 위해 산책, 운동, 음악 감상 등 취미 생활을 한다	가정에서는 미리 정한 장소에 스마트폰을 보관하여 스마트폰과 거리를 둔다	평소 스마트폰을 어떻게 사용하고 있는지 스스로 점검한다	정보 검색, 필요한 정보 학습 등 다양한 교육에 참여, 스마트폰 활용역량을 개발한다	스마트폰 관리앱(App)으로 사용내역을 주기적으로 확인한다	스마트폰 이용 제한 시간·공간을 정해 디지털 디톡스를 실천한다
전 체		73.4	72.1	65.8	54.2	43.9	33.4	32.7	30.2	23.2	22.8
스마트폰 과의존 수준별	과의존위험군	61.9	66.8	58.7	53.4	38.9	42.9	46.5	41.2	35.5	33.2
	고위험군	51.9	63.7	61.5	54.8	37.6	47.0	49.5	45.8	39.0	43.1
	잠재적위험군	64.2	67.5	58.1	53.1	39.2	42.0	45.8	40.1	34.7	31.0
	일반사용자군	76.9	73.7	68.0	54.4	45.4	30.4	28.5	26.8	19.4	19.6
대상별	유아동(만3~9세)	-	-	-	-	-	-	-	-	-	-
	청소년(만10~19세)	71.4	72.4	59.3	52.9	40.3	34.8	31.1	30.6	24.8	23.4
	성인(만20~59세)	73.6	72.0	66.8	56.6	43.7	33.8	34.8	31.4	24.3	23.6
	20대	72.5	70.6	64.2	55.0	41.6	31.7	40.4	33.7	28.0	24.5
	30대	73.6	73.7	67.4	57.0	42.1	33.8	36.7	31.9	25.2	24.8
	40대	74.1	72.4	67.6	58.0	45.2	37.1	35.8	31.7	24.5	23.2
	50대	74.1	71.4	67.5	56.2	45.3	32.3	28.0	28.8	20.5	22.2
	60대(만60~69세)	73.6	72.2	66.1	44.4	47.0	30.6	24.5	24.5	17.1	19.1
성별	남성	73.4	71.4	65.6	55.4	43.0	32.5	33.0	30.5	23.8	22.6
	여성	73.4	72.8	66.0	53.0	44.7	34.2	32.4	29.8	22.5	23.1
학령별	유치원	-	-	-	-	-	-	-	-	-	-
	초등학생	70.4	74.2	55.8	49.7	39.3	32.5	26.5	24.7	20.2	22.0
	중학생	70.3	71.3	60.4	52.8	39.0	33.0	31.5	30.6	23.8	22.2
	고등학생	72.9	71.7	60.9	55.1	42.4	39.2	35.4	35.9	30.6	26.0
	대학생	73.9	70.2	65.6	52.9	44.1	31.4	40.3	35.5	28.2	23.9

출처 : 여성가족부(2022). 스마트폰 과의존 실태조사.

스마트폰 이용자가 과의존 해소를 위해 가장 많이 하는 노력으로는 '공공장소에서 스마트폰 예절을 지킨다(73.4%)'이며, 다음으로 '보행이동 시 스마트폰을 보지 않으려 주의한다(72.1%)', '스마트폰을 내려놓고 가까운 사람들과 직접 대화한다(65.8%)' 등의 순으로 나타났다. 일반사용자군(76.9%)은 과의존위험군(61.9%)에 비해 '공공장소에서 스마트폰 예절을 지킨다'라는 응답이 15.0%p 높은 반면, '평소 스마트폰을 어떻게 사용하고 있는지 스스로 점검한다' 응답비율은 과의존위험군(46.5%)이 일반사용자군(28.5%)에 비해 18.0%p 높은 것으로 나타났다.

우리 사회의 스마트폰 과의존 심각성에 대한 인식은 일반군은 12.3%, 잠재적위험군은 13.9%, 고위험군은 18.6% 순으로 나타났다.

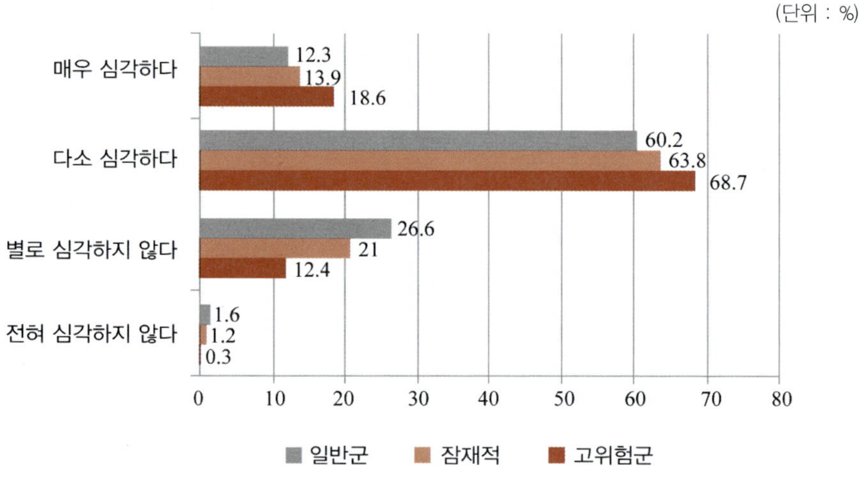

<그림 13-4> 스마트폰 과의존 심각성

출처 : 여성가족부(2022). 인터넷 과의존 실태조사.

인터넷중독 상담서비스 이용경험 및 도움 정도 조사 결과, 인터넷중독 상담서비스 이용경험은 0.5%로 매우 낮게 나타났으며, 인터넷중독자의 1.5%가 상담서비스 이용경험이 있는 것으로 나타났으며, 고위험군의 상담서비스 이용경험률이 3.5%로 잠재위험군(0.9%)보다 높게 나타났다.

인터넷중독 상담서비스 도움 정도에 대해 87.3%는 도움이 되는 것으로 나타났다. 인터넷중독자의 81.3%가 도움이 되는 것으로 응답하였으며, 고위험군이 87.5%로 잠재적위험군(75.0%)보다 높았다.

과의존 예방교육 경험 조사 결과, 스마트폰 이용자 중 9.3%가 과의존 예방교육의 경험이 있다고 응답하였고, 과의존위험군의 예방교육 경험률은 15.6%로 일반사용자군(7.4%)보다 8.2%p 높았다.

(단위 : %)

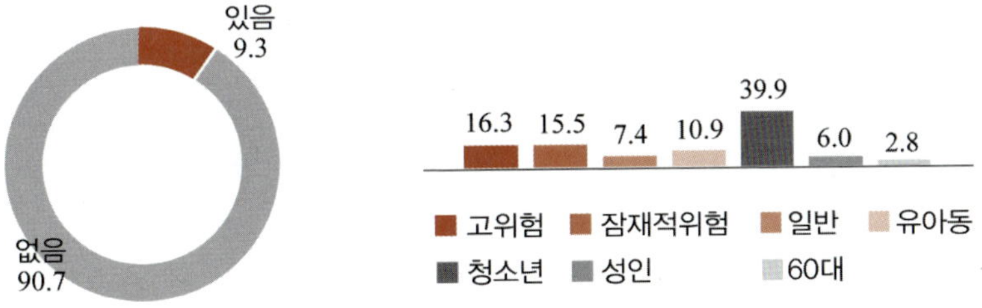

<그림 13-5> 과의존 예방교육 경험

출처 : 여성가족부(2022). 인터넷 과의존 실태조사.

<표 13-5> 과의존 예방교육 경험(예방교육 경험자) (분석단위 : 과의존 예방교육 경험 응답자, 단위 : %)

구 분			예방교육 경험		각급 학교 및 직장	상담기관	주민자치 센터	병원 등 의료기관	기 업	기 타
			있다	없다						
전 체			9.3	90.7	82.3	6.7	4.1	3.4	3.4	0.2
스마트폰 과의존 수준별	과의존위험군		15.6	84.4	84.9	5.5	3.2	4.2	2.1	0.2
		고위험군	16.3	83.7	84.7	5.3	4.8	2.5	2.3	0.5
		잠재적위험군	15.5	84.5	85.0	5.6	2.8	4.6	2.0	0.1
	일반사용자군		7.4	92.6	80.5	7.5	4.7	3.0	4.2	0.2
대상별	유아동(만3~9세)		10.9	89.1	92.9	3.0	1.7	0.0	0.0	2.4
	청소년(만10~19세)		39.9	60.1	96.2	2.7	0.3	0.6	0.2	0.0
	성인(만20~59세)		6.0	94.0	73.3	9.3	6.4	4.6	6.4	0.0
		20대	12.9	87.1	90.0	3.3	1.0	1.5	4.3	0.0
		30대	5.2	94.8	68.7	12.7	6.9	3.5	8.2	0.0
		40대	4.1	95.9	67.0	13.4	9.2	5.8	4.6	0.0
		50대	3.2	96.8	33.4	19.1	19.7	14.9	12.9	0.0
	60대(만60~69세)		2.8	97.2	19.2	24.9	21.6	24.6	9.7	0.0
성별	남성		10.3	89.7	83.3	5.8	3.3	3.3	4.2	0.2
	여성		8.3	91.7	80.9	7.8	5.1	3.7	2.3	0.1
학령별	유치원		3.4	96.6	80.4	6.2	1.8	0.0	0.0	11.6
	초등학생		32.6	67.4	97.1	1.7	1.0	0.3	0.0	0.0
	중학생		43.9	56.1	95.9	3.3	0.3	0.6	0.0	0.0
	고등학생		40.3	59.7	95.0	3.6	0.0	0.9	0.5	0.0
	대학생		20.5	79.5	95.1	2.6	0.6	0.4	1.3	0.0

출처 : 여성가족부(2022). 인터넷 과의존 실태조사.

인터넷중독 예방교육을 받아본 경험은 9.3%로 나타났으며, 인터넷중독자가 15.6%로 일반사용자(7.4%)보다 높았다.

연령대별로는 청소년의 39.9%가 인터넷중독 예방교육을 경험한 것으로 나타났고 이어 유아동 10.9%, 성인 6.0%로 나타났다.

스마트폰 과의존 예방교육 경험자 중 71.6%가 과의존 예방교육이 도움이 된다고 응답하였다. 일반사용자군의 예방교육 도움 정도는 75.0%로 과의존 위험군(66.5%)보다 8.4%p 높았고, 대상별로 유아동(82.2%), 60대(80.2%), 성인(71.4%), 청소년(69.3%) 순으로 응답비율이 높았다.

(단위 : %)

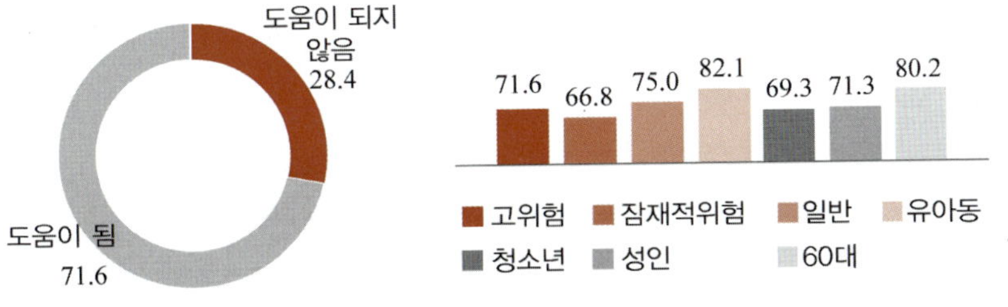

<그림 13-6> 예방교육 도움 정도(예방교육 경험자)

출처 : 여성가족부(2022). 인터넷 과의존 실태조사.

과의존 예방교육 도움 정도에 대해, 전체적으로 71.6%가 도움이 되는 편으로 응답하였고, 잠재적위험군(66.8%)보다 고위험군(71.6%)에서, 청소년(69.3%)보다는 유아동(82.1%)에게, 성인(71.3%)보다는 60대(80.2%)에게 도움이 되는 것으로 나타났다.

<표 13-6> 과의존 예방교육 도움 정도(예방교육 경험자)

(단위 : %)

응답자 특성별 (1)	응답자 특성별 (2)	응답자 특성별 (3)	2022				
			전혀 도움이 되지 않는다	도움이 되지 않는다	도움이 된다	매우 도움이 된다	4점만점
전 체	소 계	소 계	2.0	26.4	68.2	3.4	2.73
스마트폰 과의존 수준별	과의존위험군	소 계	1.8	31.7	62.6	3.9	2.69
		고위험군	2.0	33.1	59.8	5.1	2.68
		잠재적위험군	1.8	31.4	63.2	3.6	2.69
	일반사용자군	소 계	2.1	23.0	71.9	3.1	2.76
연령대별	유아동 (만3~9세)	소 계	3.1	14.7	76.8	5.3	2.84
		과의존위험군	5.6	17.9	71.4	5.1	2.76
		일반사용자군	1.5	12.7	80.3	5.5	2.90
	청소년 (만10~19세)	소 계	2.2	28.5	65.1	4.2	2.71
		과의존위험군	2.1	33.3	59.3	5.3	2.68
		일반사용자군	2.3	24.6	69.8	3.3	2.74
	성 인 (만20~59세)	소 계	1.6	27.0	69.0	2.3	2.72
		과의존위험군	0.7	34.1	62.8	2.4	2.67
		일반사용자군	2.0	23.3	72.4	2.3	2.75
	60대 (만60~69세)	소 계	1.9	17.9	77.3	2.9	2.81
		과의존위험군	3.0	11.5	85.5	0.0	2.82
		일반사용자군	1.3	21.4	72.8	4.4	2.80

출처 : 여성가족부(2022). 인터넷 과의존 실태조사.

이러한 조사결과에 따르면, 인터넷중독자들이 인터넷중독 전문서비스기관에 대해 인식하지 못하고 이용경험이 현저하게 낮은 원인은 자신이 인터넷을 과도하게 사용하고 있다는 것을 받아들이지 못하고 점점 외부와 소통의 문을 닫아버리기 때문이다. 따라서 인터넷중독 서비스에 대한 홍보와 인터넷중독 예방 상담사업 등이 지속적으로 실시되어야 하며, 인터넷중독자들의 사회적 지지와 관계형성, 소통의 욕구를 현실세계에서 충족시킬 수 있도록 다양한 프로그램 개발과 지원기관이 활성화되어야 할 것이다.

2) 알코올중독의 치료

알코올중독의 치료를 위해서는 환자의 자발적이고 적극적인 참여가 필요하며, 정신약물용법, 집단정신치료, 인지치료, 가족교육 참가 등 모든 치료를 통합적으로 제공할 때 가장 효과적인 결과를 보이게 된다. 알코올 치료는 매우 잦은 재발을 특징으로 하는 고달픈 과정이므로 치료과정에는 환자 자신의 끝없는 노력과 성실성이 있어야 회복이란 과제를 성취할 수 있다. 알코올중독의 치료는 각 지역의 146개 기관의 가족대상 교육·모임·상담치료 및 자조모임을 통해 서비스를 실시하고 있으며, 프로그램의 세부내용은 <표 13-7>과 같다.

<표 13-7> 알코올문제 개입 프로그램 세부내용

구 분		내 용
의료기관	개별치료	개인면담, 정신약물요법, 개별상담, 개인정신치료, 동기화 면접
	집단치료	집단치료, 집단상담, 집단활동, 외래 집단치료, 의미치료, 대그룹 회의, 환경치료, 음악치료, 미술치료, 사이코드라마, 표현요법, 현실치료, 경험담나누기, 공동체모임
	교 육	알코올교육, 알코올회복교육, 물질교육, 중독강의, 건강교육, 치매, 건망증 예방교실
	인지행동 치료	인지행동치료, 자아존중감 향상 프로그램, 여성알코올중독자 자아성장 프로그램, 잠재력 개발훈련, 나를 찾아서, 자아발견교육
	사회기술 훈련	대인관계훈련, 사회기술훈련, 사회적응훈련, 생활기술훈련, 알코올극복 기술훈련
	재발예방	재발예방교육, 스트레스 대처훈련, 자기주장훈련, 음주거절훈련

의료기관	자조모임	단주친목, 가족친목, 단주메시지, 인지행동치료 추후모임, 자조모임(알자회, 열림 등)
	단주교본	강독, 자서전, 12단계, 알코올 교본교육, 심층 분석치료
	명상요가	명상, 요가, 이완요법, 자아성찰, 마음수련
	취미여가	차 모임, 노래방, 운동요법, 산책, 음악감상, 영화감상, 예배, 오락, 종이접기, 꽃꽂이, 활동요법, 취미클럽
	가족교육	가족교육, 가정의 역할
	가족치료	가족치료, 가족상담, 가족관계 강화 프로그램, 가족사례관리, 보호자상담
	가족모임	가족모임, 가족친목모임, 가족야유회, 집단가족모임
	지역예방교육	물질남용 예방 프로그램, 약물의 폐해, 음주예방교육, 지역사회 예방교육, 청소년 알코올예방교육, 시민강연
지역사회기관	예 방	기본교육, 순회출장교육, 학교약물남용예방교육, 지역사회 초·중·고·지역주민·대상자 예방교육, 전문가·실무자를 위한 워크숍, 목회자·일반인을 위한 약물교육, 음주문제 예방교육, 준법운전교육, 직장인 음주교육, 또래상담자교육
	캠페인	지역사회주민·대상자 홍보, 음주예방을 위한 청소년참여 이벤트, 성·약물책자 배포, 자원봉사홍보단, 가두캠페인, 포스터공모전, 알코올인식주간 프로그램, 유해환경감시단, 지역사회알코올문제대처 도움위원구성 및 포럼
	상 담	집단상담, 전화상담, 인터넷상담, 면접상담, 전문의 상담, 음주운전 및 수강명령 프로그램
	치 료	12단계 프로그램, 인지행동치료, 재발예방, 사회기술훈련, 명상, 생활선, 최면심리치료, 의존치유교육, 영화치료프로그램, 영적 생활 프로그램, 단주교실, 음악치료
	재 활	농장, 컴퓨터, 이·미용 노숙 부랑인 대상 자기사랑 프로그램, 회복의 집, 부적응 학생 프로그램, 노숙자 재활 프로그램, 재활작업장
	사례관리	사례관리

출처 : 박성석 외(2010).

<표 13-8> 중독관리통합지원센터 운영 및 현황

<table>
<tr><th colspan="2">구 분</th><th>사업영역</th><th>세부사업</th></tr>
<tr><td rowspan="4">광역형</td><td rowspan="3">필수사업</td><td>광역중독관리사업 기획 및 기반조성</td><td>• 지역사회 중독건강 실태조사
• 중독 정신건강 인적자원 개발
• 지역사회 홍보·교육</td></tr>
<tr><td>중독 관련 사업 운영 매뉴얼 및 콘텐츠 개발, 행정지원</td><td>• 지역사회 중독사업 운영 매뉴얼 및 콘텐츠 개발
• 기초형 중독관리통합지원센터 사업 운영지원 및 관리</td></tr>
<tr><td>광역중독관리체계 구축, 상호협력 및 연계촉진</td><td>• 지역자원 연계 및 협력체계 구축
• 지역사회 중독관리서비스 질적·양적 관리</td></tr>
<tr><td>지역 특화</td><td>중독 당사자 동료지원가 양성 및 활동지원</td><td>• 중독 당사자 동료지원가 양성 및 활동지원</td></tr>
<tr><td rowspan="7">기초형</td><td rowspan="2">필수사업</td><td>중독문제 조기발견 및 개입사업</td><td>• 등록 전 대상자 상담
• 단기개입상담(SBIRT)</td></tr>
<tr><td>중독질환자 관리사업</td><td>• 중독질환자 등록 및 사례관리
• 중독질환자 재활프로그램
• 가족지원사업
–사례관리서비스
–교육 및 프로그램</td></tr>
<tr><td rowspan="5">지역 특화</td><td colspan="2">• 노숙인 등 취약계층 관리사업(해당 사업예산을 받는 경우 필수)</td></tr>
<tr><td colspan="2">• 청년중독관리사업(해당 사업예산을 받는 경우 필수)</td></tr>
<tr><td rowspan="3">광역형 사업 중 선택</td><td>• 지역사회 중독 정신건강 실태조사</td></tr>
<tr><td>• 지역사회 중독 관련 교육·홍보</td></tr>
<tr><td>• 중독 당사자 동료지원가 양성 및 활동지원</td></tr>
</table>

출처 : 보건복지부(2024).

(1) 자조집단

단주친목(AA : Alcoholics Anonymous)은 음주조절능력이 없음을 스스로 인식하고 단주를 원하는 사람들이 성별, 나이, 직업, 학교, 종교, 정치적 성향에 상관없이 자발적으로 모이는 익명의 자조모임이다(김성아, 2002). 이 프로그램은 중독자들이 음주문제에 대해 자신의 경험과 희망을 함께 나누도록 도우며, AA 12단계와 12전통의 실천을 통해 중독에서 벗어나도록 돕는다. 또한 가족친목(Al-Anon)은 알코올중독으로 고통을 받는 가족들의 모임이며, 자녀친목은 알코올중독자 자녀의 모임으로 부모의 치료에 도움을 주고 자녀로서 받을 수 있는 스트레스 등을 자녀 스스로 풀 수 있도록 하는 모임집단이다. 가족친목은 알코올중독자 가족이 서로 돕고 치료에 도움이 되기 위한 모임으로 전문가가 관여하지 않는 자조집단(self-help)이다. 가족친목은 단주친목과 긴밀한 협력관계를 맺고 있으며, 집단 구성원 간의 사회적 지지의 제공을 중시한다.

(2) 사회재발 프로그램

알코올중독자의 심리사회적 재활을 돕기 위한 프로그램으로 거주치료 프로그램과 치료공동체, 중간 거주시설 등이 있다(이영실 외, 2010).

거주치료 프로그램은 알코올중독자가 알코올을 사용하는 유해한 환경과 가족과의 갈등에서 벗어나기 위한 대안으로 많이 활용된다. 프로그램은 약 2~12개월가량 소요되며 전형적으로 개인 및 집단 상담, 교육활동, 레크리에이션, 약물교육 등이 실시된다. 거주치료 프로그램은 도심보다는 시골지역에 주로 많으며, 개인 및 집단 상담의 사후관리가 연장될 수 있다.

(3) 가족개입 프로그램

알코올중독자가 질병을 가지고 있다는 사실을 받아들이는 것은 알코올중독자 가족의 협력을 이끌어내는 데 필수요소이다. 가족들 가운데 특히 배우자는 알코올중독자를 이해하고 가능하면 심리적 기제까지도 이해하여 그 난관을 극복하는 협력자가 되어 가족 내에서 치료분위기를 형성해야 한다.

알코올중독자와 가족에 대한 개입은 주로 의료기관, 알코올 상담센터, 정신보건센터, 사회복지관 등의 기관에서 이루어지고 있으며, 자조모임, 알코올교육, 가족교육 등의 프로그램을 중심으로 이루어지고 있다(김규수, 2010). 알코올중독의 특성상 가족체계 전체에 영향을 미치기 때문에 치료적 측면에서 개별상담뿐 아니라 가족 교육 및 상담 등은 필수적이다. 가족이 중요한 치료매개체로 활용되어야 하며 가족개입은 알코올중독자와 그 가족의 성공적 재활을 위하여 필수적이다. 특히 가족 중 배우자의 대응방식이 중요하다. 또한 알코올중독 치료에 가족을 효과적으로 관여시키기 위해서는 중독자의 음주에 대한 가족의 대처방법과 역할에 대한 이해를 증진시키는 것이 중요하다.

이러한 알코올중독에 대한 다양한 서비스 프로그램과 치료기관이 있음에도 불구하고 국립정신건강센터 자료에 의하면, 2022년 기준 보건복지부 지정 알코올상담센터에 등록되어 치료를 받은 환자는 21만 명으로 추정환자 중 3.5%에 불과하며 건강보험심사평가원에서 알코올 관련 질환으로 건강보험을 청구한 환자는 58,760명이며, 이는 알코올사용장애로 치료를 받은 환자 수의 최소치로 볼 수 있다.

이는 알코올중독에 대한 예방 및 치료 서비스에 대한 접근성과 제공이 취약하기 때문이다.

5 중독가족에 대한 대책

1) 인터넷중독에 대한 대책

(1) 인터넷중독 분야의 체계적 연구

학자들 사이에는 인터넷중독에 관한 다양한 이견들이 존재하고 있는 것이 사실이다. 중독(addiction)이라는 용어는 약물의 투여를 포함하는 경우에만 적용하는 것으로 여겨졌다. 과도한 인터넷 사용이 하나의 중독장애로 진단되고 분류될 수 있는가 하는 점은 아직 해결되지 않은 문제이다. 많은 학자들에 의해서 인터넷중독에 대한 연구가 이루어지고 있지만, 연구성과가 중독의 결과에 초점을 맞추고 있어서 어떠한 요인들이 인터넷중독을 유발하는지에 대한 연구가 제대로 이루어지고 있지 않다. 그동안 인터넷중독은 중독 그 자체와 그 결과로 일어나는 임상사례에 관한 연구가 주를 이루어 왔기 때문에 중독에 영향을 주는 요인에 대한 연구가 활발히 진행되지 않았다. 인터넷중독의 원인에 대한 연구는 주로 이용자들의 인구사회적 특성이 무엇인지, 이들이 양적으로 인터넷을 얼마나 이용하는지의 차원에서 진행되어 왔다. 특히 인터넷중독 문제가 인터넷이라는 미디어를 이용하는 행위에서 출발하는 것임에도 불구하고 매체를 '어떻게' 이용하는지에 대해서는 큰 관심을 기울이지 않았다. 이러한 차원에서 볼 때, 인터넷 이용자들이 인터넷에 어떻게 의존하고 이용하는지의 관점에서 중독문제를 새롭게 접근할 필요가 있다.

(2) 국가적인 중독치료 네트워크 구축

청소년 중 상당부분이 게임과 연계되어 있으며 놀이문화가 곧 사이버 문화코드가 되어버린 현대의 청소년들에게 인터넷중독과 게임중독은 해결하지 않으면 안 되는 중요한 사회문제가 되어가고 있다. 먼저 게임중독의 정의, 게임중독 체크리스트를 통해서 진단을 해보고, 인터넷과 게임중독이 아이들의 성장에 미치는 영향, 게임중독의 상담신청사례와 상담사례를 통한 게임중독 해결방안을 찾아보며, 인터넷중독 행동 표현양상 및 공존질환에 따른 약물치료연구가 시행되어야 한다. 이를 위해서는 연구 기초자료로 행동양상별 증상모델자료 확보가 필요하며, 인터넷중독 유형 및 동반질환 현황 파악·분석을 통한 유형별 맞춤형 치료체계 구축이 시행되어야 한다. 더불어 기존의 연구와 치료제도의 고질적 문제점 해소방안이 마련되어야 한다. 제반 문제점 해결을 위해서 인터넷중독 재활치료를 위한 지역 단위 네트워크 구축과 프로그램 연구가 시급하다. 재활치료를 위한 지역 단위 네트워크는 모든 치료시스템을 중앙에서 집중관리하는 방안 대신 지역별 특성을 살린 시대적 패러다임에 부합하는 새로운 한국형 인터넷중독 해소 네트워크 개발을 의미한다.

(3) 인터넷중독 관련기능과 체계 정립

인터넷중독의 해결을 위해서 관련기관, 단체, 민간의 유기적 협조방안이 강구되어야 한다. 이를 위해 부문별·영역별 참여기능 간 연계가 필요하며, 아울러 중앙정부, 기관, 민간과의 연계가 필요하다. 또한 단위 과제 간 연계기능이 도입되어야 하며, 과제 간 상호 참조하는 관계를 표현하여 과제수행 시의 연계 프레임워크를 구성해야 한다. 이를 실천하기 위한 인터넷중독 치료정보 공유체계가 마련되어야 한다.

(4) 한국형 인터넷중독 해소방안 마련

시대적 패러다임에 부합하는 새로운 한국형 인터넷 유형별 맞춤형 치료체계를 구축하는 방안이다. 즉, 기존의 연구와 치료제도의 고질적 문제점을 해소하는 방안을 마련해야 한다. 이를 위해 인터넷중독에 대한 명확한 개념을 정립하고 인터넷중독 행동 표현양상 및 공존질환에 따른 약물치료연구를 시행해야 한다. 이에 대한 연구 기초자료로 행동양상별 증상모델 자료를 확보해야 한다.

(5) 인터넷중독 개선방안 연구

연구체계 효율화로 국가 선진화에 부응하는 인터넷중독 개선방안에 대한 연구로 인터넷중독 청소년의 중독유형 및 동반질환 현황 파악·분석을 통한 유형별 맞춤형 치료체계를 구축하고 장기적으로 청소년 인터넷중독자 재활·치료과정 추적·관리 프로그램을 구축해야 한다.

(6) 의료기관 연계서비스

대부분의 지역 인터넷 관련센터의 서비스는 예방교육 및 상담서비스이며 일부 심리검사 등에 대한 지원 이외 의료기관 연계서비스는 거의 이루어지지 않고 있고, 더욱이 성인 인터넷중독에 대해 지역사회 혹은 병원에서 어떤 치료적 개입이 이루어지는지에 대해서는 불명확한 현실이다. 따라서 인터넷중독자도 의료기관에서 치료적 개입이 이루어질 수 있는 연계서비스가 필요하다.

(7) 인터넷중독에 대한 적극적 홍보

인터넷중독은 중독자 혼자의 힘으로는 치료가 어렵다. 특히 맞벌이가정이나 자녀와 함께 보내는 시간이 적은 부모들은 자녀들의 인터넷 사용시간을 알기가 어렵고, 부모의 자녀에 대한 관심이 사라졌을 때 인터넷을 이용하는 자녀들이 중독으로 이어질 가능성이 크다. 요즘에는 서비스 업체마다 명칭은 다르지만 자녀의 인터넷 사용내역을 휴대전화 문자메시지로 보내주거나, 자녀의 게임을 인터넷으로 중단할 수 있는 서비스 프로그램들이 도입되고 있다. 그러나 무엇보다 중요한 것은 인터넷에 노출된 아이들에게 다양한 오락거리를 알려주고 가족이 더불어 함께할 수 있는 환경을 마련하는 것이다.

또한 중독의 원인은 유전적·생물학적 원인론이 작용하고 있으며, 유전적 소인을 갖고 있던 사람이 스트레스와 같은 심리·사회환경적 원인이 제공되었을 때 유발된다고 하는 질병개념이 부족하여 결국 치료기관을 찾지 않아 늦어지는 문제가 야기되기도 한다. 따라서 일반인들을 대상으로 한 중독에 대한 홍보 및 교육이 필요하며, 전문치료기관에 대한 정보를 일반인들에게 제공하는 것이 조기치료를 받기 위해 필요하다.

2) 알코올중독에 대한 대책

(1) 알코올중독자 가족을 위한 가족복지대책 마련

알코올중독자 가족들이 알코올중독이라는 위기와 역경에도 불구하고 가족적응 유연성을 증진시켜 나가기 위해서는 여러 가지 정책 및 사회환경의 변화와 뒷받침이 필요하다.

첫째, 알코올중독 및 음주에 대한 지역사회의 인식 및 태도변화를 통한 지역사회 강화정책이 요구된다. 음주에 관대한 우리 사회의 음주문화와 동시에 알코올중독에 대해서는 낙인을 부여하는 이중적 태도는 알코올중독의 조기치료 기회를 제한하여 개인의 파괴와 가족의 역기능을 조장하는 사회환경을 제공한다. 따라서 음주에 대한 전 국민적인 캠페인을 통해 음주문제의 심각성과 알코올중독의 조기치료에 대한 인식변화의 계기가 마련되어야 한다.

둘째, 부모의 알코올중독으로 인해 어려움을 겪을 수 있는 아동에 대한 조기발견 체계 구축이 필요하다. 특히 부모의 알코올중독은 가족 내에서 숨기려고 하는 경향이 있어 알코올중독으로 인해 영향받는 아동의 심리적·정서적·행동적 문제는 간과되는 경우가 많다. 따라서 아동 관련 전문가 대상 교육을 통해 부모의 알코올중독이 자녀에게 미치는 영향에 대한 인식을 높이고, 이를 바탕으로 취약 아동을 조기발견 및 예방적으로 개입할 수 있는 체계를 구축해야 한다.

셋째, 알코올중독자를 참석시키지 않고 별도로 가족 구성원들을 위한 치료를 제공하는 것도 필요할 것이다. 알코올중독에 대한 교육, 가족질병을 특성화하는 역기능적인 가족행동에 대한 교육 등을 통해 알코올중독자를 이해하고 더불어 치료효과도 높일 수 있을 것이다.

(2) 주류의 높은 접근성과 허용적인 문화에 대한 인식전환

우선 우리나라의 경우 중독에 대한 접근성이 매우 높음에도 불구하고 접근성을 제한할 만한 정책이 부재하다. 알코올의 경우 공공장소 음주규제 관련법이 없어 음주조장환경에 노출되고 있으며, 주세법에 의해 면허제도를 시행하고 있으나 판매통제기능이 없어 형식적인 면허제도일 뿐이다. 또한 판매시간과 장소에 대한 규제가 없어 음주에 대하여 무분별한 노출이 이루어지고 있고, 주류접근성 제한을 위해 연령규제 및 연령확인을 실시하고는 있으나 법적 실효성이 떨어지며 잘 준수되지 않고 있어 청소년의 음주율 및 위험음주가 매년 증가하고 있다. 그뿐만 아니라 만취자 및 주취자 대상 주류제공에 대한 통제가 없고 문제를 일으키는 주취자에 대한 처벌규정과 수준이 미비하여 사회적인 문제가 되고 있다. 따라서 음주에 대한 허용적인 인식의 전환이 필요하다.

(3) 지역사회 지원서비스 활성화

지역사회 지원서비스로 사회적응 프로그램의 활성화, 알코올중독자와 가족의 자조집단 활성화 등이 필요하다. 아직까지 우리나라는 국가와 지역사회 차원에서 알코올중독자 가족을 지원할 수 있는 전문적 치료시설, 교육 프로그램, 시설 간 연계체계 등 기본적인 서비스 전달체계가 미흡한 실정이다. 이를 위해 정부 및 민간단체가 연계하여 알코올에 대한 올바른 이해와 문제발생 시 대처할 수 있는 다각적인 정보를 제공해야 할 것이며, 인력 면에서도 정신보건 전문인력이나 사회복지 전문인력에 대한 적극적인 지원과 투자가 이루어져야 할 것이다.

(4) 정책적 대안

① 의료비 지원

입원과 재활의 반복으로 인한 과중한 병원비, 알코올중독자의 경제적 능력의 상실 등으로 경제적 부담이 매우 크다. 현재 주요 정신장애인은 장애인복지법에 의해 자격요건이 되면 정신장애인 등록을 통하여 의료비 혜택을 받을 수 있도록 규정하고 있으며 물질중독인 마약중독자는 마약중독자 치료보호규정(제15·19조)에 의해 병원에 자의로 입원할 경우에 두 달은 국비로 치료를 받을 수 있는 제도가 시행되고 있다. 그러나 정신장애인이면서 물질중독인 알코올중독자에 대해서는 의료비 절감을 위한 어떤 혜택의 제도도 마련되어 있지 않기 때문에 의료비 지원을 위한 현실적 대책마련이 있어야 할 것이다.

② 알코올중독 전문가 양성의 필요

우리나라의 경우 알코올중독 치료, 가족개입 등에 전문적 지식을 가진 인력이 절대적으로 부족하다. 현재 알코올중독에 대한 전문지식과 기술을 습득할 수 있는 곳은 이화여대 평생교육원 내 약물상담과정, 광주 성요한병원 상담사과정, 한국마약퇴치운동본부 상담센터의 약물상담・재활전문교육 이외에는 찾아보기 힘들다. 전문인력의 부재는 서비스의 질적 저하와 단절성을 초래하고 결국 프로그램의 효율성을 저하시키는 원인이 된다. 그러므로 알코올중독 전문가 양성을 위해 사회복지학과 등 관련학과에서 알코올중독 과목을 개설하고, 기존의 정신보건전문요원 등의 재보수 교육, 훈련, 전문인력을 양성하는 기관의 지정 등이 실시되어야 할 것이다(윤명숙, 2000).

CHAPTER 14

장애인가족

학습목표

- 장애인가족의 정의와 범주를 설명할 수 있다.
- 장애인가족의 문제점을 파악하고 사회복지서비스를 설명할 수 있다.
- 장애인가족에 대한 지원현황과 향후 지원대책을 설명할 수 있다.

1 장애인가족의 개념 및 범주

1) 장애인 및 장애인가족의 개념

(1) 장애의 개념

장애의 개념은 나라와 시대와 사회적 환경에 따라 변화하고 한 국가의 사회문화적 · 정치적 · 경제적 상황에 따라 다르므로, 보편적 정의를 내리기가 쉽지 않을 뿐만 아니라 학문분야에 따라 다르며 이론과 임상에서도 차이가 있다. 이러한 경향은 장애에 대한 연구와 사회적 이해가 높아질수록 더욱 심화되고 있다.

오늘날 널리 이해되고 있는 장애의 개념은 크게 협의의 개념과 광의의 개념으로 구분할 수 있다. 협의의 개념은 신체 또는 정신의 기능 저하, 이상, 상실 또는 신체 일부의 훼손 등으로 지칭하며, 장애를 개인의 문제로 간주하는 개별적이고 의학적인 관점을 말한다. 광의의 개념은 의학적 관점으로 인해 발생되는 능력의 저하(disability)와 사회적 불리(handicap)를 포함한 개념을 말한다.

1975년 UN의 장애인권리선언은 "장애인이라 함은 선천적이든 후천적이든 신체적·정신적 능력의 불완전으로 인하여 일상의 개인적 또는 사회적 생활에서 필요한 것을 확보하는 데 자기 스스로 완전히 혹은 부분적으로 확보할 수 없는 사람을 의미한다"고 정의하였다. 또한 1979년 UN총회에서는 "장애는 개인과 그 환경 간의 관계로 파악되어야 한다"고 함으로써 장애의 정의를 기능상의 장애뿐 아니라 사회적 불리(handicap)도 포함되어야 함을 명시하고 있다.

우리나라 장애인복지법에서는 "장애인은 신체적·정서적 장애로 인하여 장기간에 걸쳐 일상생활 또는 사회생활에 상당한 제약을 받는 자"로 정의하고 있다.

(2) 장애인가족의 개념

장애인가족의 개념은 장애의 개념에 근거하여 장애를 가진 성원 1명 또는 그 이상의 성원과 가족을 구성한 경우를 말한다. 이때 장애인의 유무보다는 장애인과의 동거 여부에 중점을 두어 장애인이 포함된 가족이라고 할지라도 가족에서 제외시키기도 한다. 그 이유는 가족이 고유의 기능을 담보하기 위하여 물질적 거주지를 공유하는 것이 선행되어야 한다고 보기 때문이다. 이러한 관점에서 볼 때 장애인이 시설 등에 수용됨으로써 가족과의 일상적인 또는 장기적인 접촉을 거의 하지 않는 경우, 또는 시설에 보호되어 장애인에 대한 경제적 부담을 전혀 하지 않는 경우 등은 장애인가족의 범주에 포함하는 데 무리가 있다고 할 수 있다(박옥희, 1998).

2) 장애의 범주

장애인복지법 시행령 제2조에서 장애의 종류 및 기준을 정하고 있는데 여기서는 15개의 장애를 대상으로 하고 있으며 동법 시행규칙 제2조에 장애등급을 1등급부터 6등급까지 여섯 가지 분류로 규정하고 있다. 이러한 장애유형 분류는 1997년에 공포된 '장애인복지발전 5개년계획' 이후의 단계적인 장애범주 확대에 의한 것으로 1단계 장애범주 확대가 1999년에 이루어져 장애범주가 5개에서 10개의 유형으로 확대되었고, 2단계 장애범주 확대는 2003년에 이루어져 10개의 유형이 15개의 유형으로 확대 실시되었다. 이러한 장애범주의 확대는 점차적으로 선진국 수준에 도달하도록 추진되고 있는데, 향후 확대예상 장애범주에는 만성 알코올·약물중독, 기질성 뇌증후군, 기타 정신발달장애, 소화기장애, 비뇨기장애, 치매, 만성통증, 기타 암 등이 포함된다.

<표 14-1> 장애인복지법에 따른 장애유형 분류

대분류	중분류	소분류	세부분류
신체적 장애	외부 신체 기능의 장애	지체장애	절단장애, 관절장애, 지체기능장애, 변형 등의 장애
		뇌병변장애	중추신경의 손상으로 인한 복합적인 장애
		시각장애	시력장애, 시야결손장애
		청각장애	청력장애, 평형기능장애
		언어장애	언어장애, 음성장애
		안면장애	안면부의 추상, 함몰, 비후 등 변형으로 인한 장애
	내부 기관의 장애	신장장애	투석치료 중이거나 신장을 이식받은 경우
		심장장애	일상생활이 현저히 제한되는 심장기능 이상
		간장애	일상생활이 현저히 제한되는 만성·중증의 간기능 이상
		호흡기장애	일상생활이 현저히 제한되는 만성·중증의 호흡기기능 이상

		장루·요루 장애	일상생활이 현저히 제한되는 장루·요루
		뇌전증장애	일상생활이 현저히 제한되는 만성·중증의 뇌전증
정신적 장애	지적장애		지능지수가 70 이하인 경우
	정신장애		조현병, 조현정동장애, 양극성 정동장애, 재발성 우울장애
	자폐성 장애		소아자폐 등 자폐성 장애

출처 : 보건복지부(2023). 2023년 장애인복지 사업안내.

장애 및 장애인의 정의는 그 나라의 사회적·문화적·경제적·정치적 여건 및 수준에 따라 변화하는데, WHO에서는 1980년 국제장애분류(ICIDH : International Classification of Impairments, Disabilities and Handicaps)를 발표하면서 장애에 관한 개념적 틀을 정립하고, 이 분류법에 의해 장애를 분류할 것을 권장하였다. 이 분류법은 장애를 손상(impairment), 불능(disability) 및 불리(handicap)의 세 가지 단계로 분류하고, 이 세 가지를 포괄적으로 장애의 분류로 포함시켰다. 그 후 1997년 기존의 ICIDH의 개념을 더욱 발전시킨 ICIDH－2를 발표하였는데, 이는 기본적으로 환경과 개인이라는 상황적 요인을 포함한 장애개념을 채택한 것으로, 개인이 접하게 되는 장애를 손상(impairment), 활동(activities), 참여(participation)로 구분하고 있다. 이 구분의 특징은 환경과의 상호적인 관계성 속에서 보다 포괄적인 장애를 규정하는 것이라 할 수 있다. 2001년에는 ICIDH의 개정판에 해당하는 ICF(국제기능·장애·건강분류 : International Classification of Functioning, Disability and Health)가 발표되어 현재에 이르고 있는데, 이는 기능에 대한 풍부한 정보를 제공하도록 구성되어 있다. 즉, 건강 또는 건강과 관련된 상태를 표현하는 체계와 통일된 표준분류를 제시하기 위한 것으로 '건강영역'과 '건강관련 영역'이 포함되어 있다. 따라서 한 사람의 기능과 장애는 건강조건(질병, 질환, 상해, 외상

등)과 배경요인 간의 복합적인 상호관계로 인식하는 것이다. 여기서 배경요인에는 개인적·환경적 요인이 포함된다. 따라서 우리나라와 WHO에서 권장하고 있는 국제기능·장애·건강분류와 비교해 볼 때 아직 미흡한 수준이기는 하나 점차적으로 손상상태에서 능력장애상태로, 그리고 지금은 참여(환경)의 상황적 요인을 고려하고 있다. 본 조사에서 정의하고 있는 장애의 범위 및 분류는 다음과 같다.

(1) 지체장애

장애인복지법 시행령(2018. 12. 31. 개정)에 의한 지체장애인의 포함대상은 다음과 같다.

가. 한 팔, 한 다리 또는 몸통의 기능에 영속적인 장애가 있는 사람
나. 한 손의 엄지손가락을 지골(指骨 : 손가락 뼈)관절 이상의 부위에서 잃은 사람 또는 한 손의 둘째손가락을 포함한 두 개 이상의 손가락을 모두 제1지골 관절 이상의 부위에서 잃은 사람
다. 한 다리를 가로발목뼈관절(lisfranc joint) 이상의 부위에서 잃은 사람
라. 두 발의 발가락을 모두 잃은 사람
마. 한 손의 엄지손가락 기능을 잃은 사람 또는 한 손의 둘째손가락을 포함한 손가락 두 개 이상의 기능을 잃은 사람
바. 왜소증으로 키가 심하게 작거나 척추에 현저한 변형 또는 기형이 있는 사람
사. 지체(肢體)에 위 각 목의 어느 하나에 해당하는 장애 정도 이상의 장애가 있다고 인정되는 사람

(2) 뇌병변장애

지난 1999년 장애인복지법 시행령 개정령에서 뇌병변장애를 기존의 지체장애에서 별도로 분리하여 새로운 장애범주로 추가하였다. 이에 따라 '2000년 장애인 실태조사'를 시작으로 '2011년 장애인 실태조사'에서도 지체장애와 별도로 뇌병변장애에 대해 조사를 실시하고 있다. 시행령에서 규정하고 있는 뇌병변장애란 "뇌성마비, 외상성 뇌손상, 뇌졸중(腦卒中) 등 뇌의 기질적 병변으로 인하여 발생한 신체적 장애로 보행이나 일상생활의 동작 등에 상당한 제약을 받는 사람"으로 2017년 조사와 동일하다. 보행상의 장애 정도는 '도움과 보호가 필요한 사람', '보행이 현저하게 제한된 사람', '보행이 상당한 정도 제한된 사람', '보행이 경중한 정도 제한된 사람', '보행이 경미하게 제한된 사람', '보행 시 파행을 보이는 사람'으로 분류되고 있고, 일상생활 동작에서의 장애 정도는 '일상생활 동작이 현저히 제한된 사람', '일상생활 동작이 상당히 제한된 사람', '섬세한 일상생활 동작이 현저히 제한된 사람', '섬세한 일상생활 동작이 상당히 제한된 사람', '섬세한 일상생활 동작이 경중한 정도 제한된 사람'으로 분류된다.

(3) 시각장애

시각장애란 '시기능의 현저한 저하 또는 소실에 의해 일상생활 또는 사회생활에 제약이 있는 사람'을 말하는 것으로 장애인복지법 장애등급 판정지침에서는 시각장애를 시력감퇴에 의한 시력장애와 시야결손에 의한 시야결손장애로 구분하고 있다. 시각장애는 눈의 여러 가지 기능장애를 포괄적으로 나타내는 것으로, 물체의 존재 및 그 형태를 인식하는 눈의 능력을 시력이라고 한다. 시력의 상실 또는 감소로 인한 장애를 정도별로 나누어 보면, 시력이 전혀 없는 상태를 전맹(total blindness : 시력 0)이라 하고, 암실에서 장애인의 눈에 광선을 점멸하여 이를 인식할 수 있는 상태를 광각(light-perception), 눈앞에서 손을 좌우로 움직일 때 이를 알아볼 수 있을 정도를 수동(hand movement), 자기 앞 1m 전방의 손가락 수를 헤아릴 수 있는 상태를 지수(finger count : 시력 0.02 이하)로 표현한다. 또한 눈으로 한 점을 주시하고 있을 때 그 눈이 볼 수 있는 외계의 범위를 시야(visual field)라고 하는데, 시야의 범위가 좁은 경우에도 주변시력의 감퇴로 행동장애를 일으킬 수 있다.

2020년 실태조사에서는 2017년 실태조사와 동일하게 교정시력 0.2 이하인 사람을 대상으로 시력장애와 시야결손장애를 조사대상에 포함시켰다. 시행령에 규정된 구체적인 시각장애 기준은 다음과 같다.

가. 나쁜 눈의 시력(공인된 시력표에 따라 측정된 교정시력을 말한다. 이하 같다)이 0.02 이하인 사람

나. 좋은 눈의 시력이 0.2 이하인 사람

다. 두 눈의 시야가 각각 주시점에서 10도 이하로 남은 사람

라. 두 눈의 시야 2분의 1 이상을 잃은 사람

(4) 청각장애

청각장애는 청력장애와 평형기능장애로 구분된다.

청력장애란 일반적으로 데시벨(dB)의 소리를 들을 수 있는가와, 같은 크기의 소리라도 어음의 청음명료도를 퍼센트로 표시하여 그 장애 정도를 분류할 수 있다. 일반적으로 청각장애인을 농인과 난청인으로 분류하고 있는데, ① 농인(deaf person)은 보청기를 착용하거나 착용하지 않은 상태에서 귀만으로 말을 들어 이해할 수 없을 정도(일반적으로는 70dB ISO 이상)로 청각(청력)에 장애가 있는 사람을 말하며, ② 난청인(hard-of-hearing person)은 보청기를 착용하거나 착용하지 않은 상태에서 귀만으로 말을 들어 이해하기

가 불가능하지는 않으나 곤란한 정도(일반적으로는 35~69dB ISO)로 청각에 장애가 있는 사람을 말한다.

평형기능장애란 청력기능의 손상으로 신체의 평형기능에 장애가 있어 생활에 불편이 따르는 경우를 말하는 것이다. 즉, 공간 내에서 자세 및 방향감을 유지하는 능력을 말하는 것으로 쉽게 말해 어지럼증으로 몸의 중심을 잡지 못하는 것을 말하며, 시각, 고유 수용감각 및 전정기관에 의해 유지된다.

2020년 실태조사에서도 청각장애는 2017년 실태조사와 동일하게 규정되었는데, 구체적으로 장애인복지법 시행령에 따라 다음의 기준에 의한 장애인이 포함되었다. 즉, 보통 말소리를 거의 듣지 못하는 사람이 청각장애이고, 아래의 항목들 중 '라' 항목이 평형기능장애에 해당된다.

가. 두 귀의 청력 손실이 각각 60데시벨(dB) 이상인 사람
나. 한 귀의 청력 손실이 80데시벨 이상, 다른 귀의 청력 손실이 40데시벨 이상인 사람
다. 두 귀에 들리는 보통 말소리의 명료도가 50퍼센트 이하인 사람
라. 평형기능에 상당한 장애가 있는 사람

(5) 언어장애

언어장애는 어떤 사람이 의사소통상의 방해를 받아 사회생활 면에서 정상적인 적응이 불가능한 경우를 말하는 것으로, ① 말이 불완전하거나, ② 말이 쉽게 이해되지 않거나, ③ 음성이 듣기에 거북하거나, ④ 특정 음성의 변형이 있거나, ⑤ 발성이 어렵거나 말의 리듬, 음조 혹은 고저에 이상이 있거나, ⑥ 말이 말하는 사람의 연령, 성, 신체적인 발달 정도와 일치하지 않는 특성을 보이는 경우 등을 일컫는다. 즉, 언어장애는 다음과 같이 분류될 수 있다.

① **조음장애**(articulation disorder) : 음운장애(phonological disorder)라고도 하며, 말할 때 말소리를 생략, 대치, 왜곡 또는 첨가하는 것을 말한다.

② **음성장애**(voice disorder) : 후두, 구강, 비강 등에 장애가 있으면 음성장애를 일으키게 되는데, 음성장애가 후두 내의 기능장애와 관련이 있으면 발성(phonation)장애, 구강 및 비강통로의 기능장애와 관련이 있으면 공명(resonance)장애라고 한다.

③ **유창성 장애** : 말의 흐름에는 유창성, 속도, 리듬 등 세 가지 요소가 포함된다. 이 세 가지 요소 중 일부 또는 전부에 이상이 있으면 말의 흐름에 장애가 있다고 한다. 이를 '말의 흐름장애' 또는 '유창성 장애'라고 하는데 여기에는 말더듬과 속화증(성급하게 말하기)이 있다.

- 말더듬(stuttering)은 말소리, 음절 또는 조음운동을 비정상적으로 반복, 또는 연장하는 것이다.
- 속화증(cluttering)은 말더듬과 유사하나, 말더듬과는 반대로 화자가 자기 말에 주의를 기울이면 개선되고, 이완되어 있을 경우에는 두드러지게 나타난다.

④ **기타** : 뇌성마비, 지적장애, 청각장애에 따른 언어장애, 언어발달지체, 실어증 등이 있다.

장애인복지법 시행령에서는 언어장애인이란 "음성기능이나 언어기능에 영속적으로 상당한 장애가 있는 사람"이라고 정의하고 있으며, 이에 포함되는 모든 언어장애 분류는 모두 법정장애의 대상에 포함될 수 있다.

(6) 지적장애

장애인복지법 시행령에서는 지적장애인이란 "정신발육이 항구적으로 지체되어 지적 능력의 발달이 불충분하거나 불완전하고 자신의 일을 처리하는 것과 사회생활에 적응하는 것이 상당히 곤란한 사람"으로 정의내리고 있다.

미국지적장애협회(AAMR)에서는 "지적장애란 현재 기능의 근본적인 한계로서 18세 이전에 발현되고, 지적 기능에서 의미 있게 낮은 능력(IQ 70 또는 75 이하)을 보이며, 동시에 '의사소통, 자조, 가정생활, 사회적 기술, 지역사회 이용, 자기관리, 건강과 안전, 학습능력, 여가, 그리고 일(Schalock, et al., 1994 : 181－193)' 등의 적응기술 영역에서 두 가지 이상 관련된 한계를 갖는 경우"를 지적장애로 정의하고 있다. 또한 지적장애의 분류에 있어서도, 경도(mild), 중등도(moderate), 중도(severe), 최중도(profound) 지적장애로 분류해 오던 미국지적장애협회에서는 1992년의 새로운 정의에 따라 지적장애의 정도를 지적장애인이 필요로 하는 지원의 강도에 따라 간헐적 지원(intermittent support), 제한적 지원(limited support), 장기적 지원(extensive support), 심층적 지원(pervasive support) 등으로 나누어 구분하고 있다(정기원 외, 1995). 이러한 정의들을 종합해 볼 때, 지적장애의 발병연령은 18세 이전으로 되어 있으며, 표준화된 지능검사의 소견에서 유의하게 표준 이하의 지적인 기능과 동시에 그와 연관된 적응성, 제한성이 두 가지 혹은 그 이상의 실제 적응기술 영역들(의사소통, 자기관리, 가정생활, 사회성 기술, 지역사회활동, 자기지시, 건강과 안전, 기능적 학업효과, 여가, 직업기술의 영역)에서 존재하는 것으로 특징지어진다. 즉, 발달기(18세 이전)에 발현되고, 지능의 발달지체(IQ 70 이하)와 적응행동의 결함으로 인한 사회적응의 한계라는 조건을 만족시키면 지적장애라고 볼 수가 있을 것이다.

(7) 자폐성 장애

지난 1999년 장애인복지법 개정 때부터 새로이 장애범주에 포함된 자폐성 장애는 1943년 Leo Kanner에 의해 처음 보고되었다. Kanner의 보고에 의하면, 이러한 아동들은 태어날 때부터 사람과 주변환경에 대하여 관계형성이 어렵고, 언어의 발달에 심각한 장애가 있으며, 여러 종류의 행동장애가 동반된다고 하였다. 현재 공식적인 분류체계로는 DSM－IV(1994)와 ICD－10(1992)의 두 종류가 있는데, 전반적인 자폐성 장애(PDD : Pervasive Developmental Disorder)라 명명되었고, 기본적으로 유아자폐증(전반적 자폐성 장애)의 정의와 큰 차이는 없다.

장애인복지법 시행령에서 규정하고 있는 자폐성 장애는 “소아기 자폐증, 비전형적 자폐증에 따른 언어 · 신체표현 · 자기조절 · 사회적응 기능 및 능력의 장애로 인하여 일상생활이나 사회생활에 상당한 제약을 받아 다른 사람의 도움이 필요한 사람”으로 진단받은 후 최소한 6개월이 경과되어야 판정을 받게 된다.

자폐성 장애는 발달의 전 영역에 걸쳐서 장애가 일어나는 것으로, 첫째, 대인관계의 형성이 일어나지 않으며, 둘째, 언어 발달이 일어나지 않거나 발달의 심각한 지연이 있으며, 셋째, 상동증, 과잉운동증, 공격적인 행동, 자해적인 행동 등의 행동장애가 동반되는 특징이 있다.

자폐성 장애는 우리나라에서 공식적인 정신질환 분류체계로 사용하고 있는 국제질병분류표 ICD－10(International Classification of Disease 10th Version)의 진단지침에 따르는데, ICD－10의 진단명이 F84 전반성 자폐성 장애(자폐증)인 경우에 자폐성 장애(자폐증) 등급판정을 받게 된다.

이러한 정의는 2008년 실태조사에서의 자폐성 장애 정의와 동일하다.

(8) 정신장애

지난 1999년 장애인복지법 개정 때부터 새로이 장애범주에 포함되기 시작한 정신장애는 장애인복지법 시행령에 의하면, “지속적인 정신분열병, 분열형 정동장애(情動障碍 : 여러 현실 상황에서 부적절한 정서반응을 보이는 장애), 양극성 정동장애 및 반복성 우울장애에 따른 감정조절・행동・사고 기능 및 능력의 장애로 인하여 일상생활이나 사회생활에 상당한 제약을 받아 다른 사람의 도움이 필요한 사람"으로 정의하고 있다. 그리고 우리나라에서 공식적인 정신질환 분류체계로 사용하고 있는 국제질병분류표 ICD－10 (International Classification of Diseases, 10th Version)의 지침에 따라 ICD－10의 F20 조현병, F25 분열형 정동장애, F31 양극성 정동장애 및 F33 반복성 우울장애로 진단된 경우에 한하여 정신장애 판정을 한다. 정신장애 판정을 받기 위해서는 장애판정 직전 1년간 지속적으로 치료하였다는 것을 증명하는 치료력을 제출하여야 한다. 이러한 정신장애의 정의는 2017년 실태조사에서의 정의와 동일하게 사용되었다.

위의 정신장애 정의에서의 제시된 주된 정신질환명들에 대해 구체적으로 알아보면 다음과 같다.

① **조현병** : 주로 사춘기 전후부터 20대 초반에 발생하는 정신질환으로 환각 등의 지각장애, 망상이나 사고 전파 등의 사고장애, 감정이 무뎌지는 감정장애, 무관심 등의 의지장애 등이 나타남

② **양극성 정동장애** : 기분 및 감정의 변동이 심한 증상이 반복적으로 나타나는데, 기분이 비정상적으로 너무 고양되고, 과대망상, 사고비약, 수면장애(잠을 거의 자지 않음) 등의 증상이 동반되는 조증상태와 기분이 비정상적으로 침울하고, 죄책망상, 자살사고, 수면장애(잠을 너무 많이 자거나 자고 싶어도 잠을 못 잠), 식욕부진, 대인관계 기피 등의 증상이 동반된 우울상태가 반복됨

③ **반복성 우울장애** : 기분이 비정상적으로 침울하고, 죄책망상, 자살사고, 수면장애, 식욕부진, 대인관계 기피 등의 증상이 동반된 우울상태가 반복됨

④ **분열형 정동장애** : 정신분열병의 증상과 정동장애(조증 또는 우울증)의 증상이 동일한 정도로 동시에 존재하는 경우임

(9) 신장장애

내부기관의 장애 중 신장장애는 통칭 만성 신부전을 뜻하는 말로 정상적인 신장은 인체의 불순물을 제거하고 체내의 수분을 균형 있게 유지시켜 주지만, 만성 신장질환으로 인해 신장에 이상이 발생하게 되면, 신장은 더 이상 정상적인 기능을 할 수 없게 된다. 따라서 신장장애가 생기면 혈액정화를 목적으로 혈액투석기계를 사용하며, 혈액투석을 하거나 인체의 복막을 이용한 복막투석을 하게 된다. 진료일수가 길고 병원에서 소비하는 시간이 많아 취업 등 사회적 활동에 제약이 있으며, 의료비 부담이 커서 경제적인 고통을 받고 있다. 지난 1999년 개정된 장애인복지법에 의해 1차로 내부기관장애로 장애범주에 포함되었는데, 최근 장애인복지법 시행령에 의하면, 신장장애인이란 "신장의 기능부전(機能不全)으로 인하여 혈액투석이나 복막투석을 지속적으로 받아야 하거나 신장기능의 영속적인 장애로 인하여 일상생활에 상당한 제약을 받는 사람"으로 규정되어 있다.

(10) 심장장애

진료일수가 길고 의료욕구가 큰 만성 심장질환이 해당되는 심장장애는 신장장애와 더불어 지난 1999년의 개정된 장애인복지법에 의해 1차로 내부기관장애로 장애범주에 포함되었다. 이는 최근 만성 심장질환의 유병률이 증가하고 의료수준의 향상으로 생존율이 높아짐에 따라 장애범주의 확대 요구도가 높아져서 포함된 것으로 볼 수 있다.

장애인복지법 시행령에 의하면, 심장장애인이란 "심장의 기능부전으로 인한 호흡곤란 등의 장애로 일상생활에 상당한 제약을 받는 사람"으로 규정

되어 있다. 이러한 심장기능장애는 심장수축력의 정도와 운동능력의 정도에 따라 판정하는데, 심장수축력은 심초음파의 박출계수로, 운동능력은 활차를 이용하여 측정하게 되며, 다른 장애유형에 비해 비교적 중증인 경우에만 장애로 인정하고 있다.

(11) 호흡기장애

2003년 7월 장애인복지법 개정에 의해 기존의 10개 장애범주에 호흡기장애, 간장애, 안면장애, 장루・요루장애, 뇌전증장애 등 5개의 장애범주가 추가되어 총 15개의 장애범주로 확대되었다. 이 중 호흡기장애, 간장애, 장루・요루장애, 뇌전증장애는 내부기관의 장애로 분류되고 안면장애는 신체기능의 장애로 분류된다.

호흡기장애란 장애인복지법 시행령에 의하면, "폐나 기관지 등 호흡기관의 만성적 기능부전으로 인한 호흡기능의 장애로 일상생활에 상당한 제약을 받는 사람"으로 규정되어 있다. 즉, 충분한 내과적 치료에도 불구하고 장애가 지속적으로 유지되는 만성 호흡기질환임을 확인해야 하며, 호흡곤란 정도, 폐기능검사에 의한 폐 환기 기능, 동맥혈 가스 검사에 의한 동맥혈산소분압 등에 의해 장애 정도를 판정한다. 이러한 호흡기장애의 정의는 2008년 실태조사의 정의와 동일하다.

(12) 간장애

2003년 장애인복지법 개정에 의해 내부기관의 장애로 장애범주에 추가된 간장애는 최근 장애인복지법 시행령에서 "간의 만성적 기능부전과 그에 따른 합병증 등으로 인한 간기능의 장애로 일상생활에 상당한 제약을 받는 사람"으로 규정하고 있다. 최초 진단 이후 1년 이상이 경과하고, 2개월 이상의 적극적인 치료에도 불구하고 호전의 기미가 거의 없는 만성 간질환의 경우에 장애를 진단한다. 즉, 충분한 내과적 치료에도 불구하고 장애가 지속적으로 유지되는 간경변증, 간세포암종 등 만성 간질환임을 확인하여 진단한다. 그리고 간이식을 시술받은 경우도 간장애에 포함된다.

(13) 안면장애

2003년 장애인복지법 개정에 의해 외부 신체기능의 장애로 장애범주에 추가된 안면장애는 장애인복지법 시행령에 의하면, "안면부위의 변형이나 기형으로 사회생활에 상당한 제약을 받는 사람"으로 규정되어 있다.

안면장애에는 면상반흔, 색소침착, 모발결손, 조직의 비후나 함몰, 결손이 포함된다. '함몰이나 비후'라 함은 연부조직, 골조직 등의 함몰이나 비후, 위축을 말한다. '안면부'라 함은 두부, 안면부, 경부, 이부와 같이 상지와 하지, 몸통 이외에 일반적으로 노출되는 부분을 의미하며, '노출된 안면부'라 함은 전두부와 측두부, 이개후부의 모발선과 정면에서 보았을 때 경부의 전면과 후면을 구분하는 수직선을 연결한 선을 경계로 얼굴, 귀, 목의 앞면을 포함한다. 모발결손은 탈모증에 의한 것은 제외하며 반흔을 동반한 모발결손으로 국한한다. 얼굴전면에 혈관종을 앓고 있거나 화상으로 인한 얼굴변형도 그 정도에 따라 안면장애로 인정받을 수 있다. 안면장애는 신체기능상의 장애가 없기 때문에 일상생활에 불편을 느끼지 않는다. 그러나 안면장애인들의 사회활동이 활발하지 못한 이유는 사람들의 불편한 시선 때문이다.

(14) 장루・요루장애

2003년 장애인복지법 개정에 의해 내부기관의 장애로 추가된 장루・요루장애는 최근 장애인복지법 시행령에 의하면, "배변기능이나 배뇨기능의 장애로 인하여 장루(腸瘻) 또는 요루(尿瘻)를 시술하여 일상생활에 상당한 제약을 받는 사람"으로 규정하고 있다. 장루는 복부를 통해 결장부위에 수술로 만들어진 개구이다. 장루수술을 받게 되면 대변이 더 이상 항문을 통해 배출되지 않고 결장을 통해 배출되며, 배변활동을 스스로 조절할 수 없다. 따라서 대변을 모으기 위한 일회용 주머니를 착용해야 한다. 회장루는 아랫배를 관통하여 소장에 수술로 만든 개구인데, 상처나 질병으로 인해 직장 및 항문과 함께 결장을 수술로 제거할 수도 있다. 회장루에 의한 대변수술 후 대변은 소장에서 직접 나오기 때문에 피부에 매우 자극이 될 수 있다. 이로 인해 착용한 주머니는 인공항문 주변에 맞는 보호용 피부벽을 가져야 한다. 요루는 소변을 몸 밖으로 배출하게 해주기 위해 아랫배에 수술로 만든 개구이다. 요루수술을 하게 되면 소변은 더 이상 요도를 통해 배출되지 않게 되며, 요루를 통해 배출된다. 요루는 항문 괄약근을 가지지 않으므로 요루수술을 한 사람은 소변을 보는 것에 대한 자기 스스로의 조절능력이 없다. 대신 소변을 모으기 위한 일회용 주머니를 착용한다.

장루·요루장애에는 원인질환 등에 관하여 충분한 치료를 한 후에도 장애가 고착(복원수술이 가능한 경우 1년 이상 경과)되었음을 장루조성 시술 시의 수술기록지, 병리소견서, 진단서 등으로 확인하여야 한다.

(15) 뇌전증(간질)장애

2003년의 장애인복지법 개정에 의해 내부기관의 장애로 추가된 마지막 장애유형인 뇌전증장애는 장애인복지법 시행령에 의하면, "뇌전증에 의한 뇌신경세포의 장애로 인하여 일상생활이나 사회생활에 상당한 제약을 받아 다른 사람의 도움이 필요한 사람"으로 규정하고 있다. 대뇌의 이상 또는 손상이 있게 되면 원래 갖고 있는 전기에너지가 과도하게 방출하게 되어 주변으로 퍼져나가게 되고, 이로 인해 경련발작, 의식소실 등의 증세를 유발하게 된다. 뇌전증이란 이러한 현상들이 반복적으로 발생하는 질병을 말하는 것으로, 뇌전증의 원인은 다양하며 발작의 양상도 여러 형태로 나타난다.

뇌전증의 원인은 매우 다양하여 뇌손상을 가져올 수 있는 뇌출혈, 뇌경색, 뇌종양 등의 뇌손상에 의해 일어날 수 있고, 이러한 원인에 의해 손상된 부위에서 비정상적인 전기가 방출되어 재발성 경련이 일어나는 것으로 볼 수 있다.

3) 장애원인 분류

장애원인에 대한 분류는 장애 발생 및 예방의 측면에서 매우 중요한 자료로 활용될 수 있다. 우리나라에서는 세계보건기구에서 제정한 국제질병분류체계를 골격으로 개발된 한국표준질병사인분류(KCD)가 주로 질병의 분류기준으로 활용되고 있다. 따라서 이 소절에서는 장애의 원인을 선천적 원인, 출생 시 원인, 후천적 원인, 원인불명으로 구분하여 분류하였다.

선천적 원인의 경우 원인분류는 유전성, 다낭성신증, 다운증후군, 기타 염색체 이상, 선천성 발육기형, 모체의 만성질환(당뇨, 빈혈, 고혈압, 알코올중독, 약물남용), 모체의 감염(풍진, 매독, 독소플라스마증, 후천성 면역결핍증), 미상, 기타 등으로 분류되었고, 각 장애유형별로 해당되는 장애원인들이 장애의 주된 원인에 보기항목으로 제시되었다.

출생 시 원인은 조산, 난산, 출산 시 외상, 미상, 기타 등으로 분류되었다.

후천적 원인의 경우는 질환과 사고로 분류하였는데, 질환에는 신경계 질환, 정신질환, 감각기·심혈관 질환, 호흡기 질환, 소화기계 질환, 대사, 면역 및 내분비계 질환, 신장·비뇨·생식기계 질환, 근골격계 질환, 신생물(종양) 질환, 중독성 질환, 감염성 질환, 미상, 기타 등이 포함되었고, 사고에는 폭력에 의한 사고, 가정 내 사고, 교통사고(탑승자), 교통사고(보행자), 운동(스포츠) 및 놀이 중 사고, 화상, 약물사고, 기타 사고 및 외상, 전상, 미상, 기타 등이 포함되었다. 그리고 후천적 원인에 의해 장애가 발생한 경우 이러한 질환이나 사고가 산업재해로 인정을 받았는지의 여부도 확인하도록 하여 산업재해보상보험의 혜택을 어느 정도 받고 있는지를 파악하였다.

선천적 원인의 경우 보다 세분화되고 구체적인 원인을 제시하여 유전성, 다낭성신증, 다운증후군, 기타 염색체 이상, 선천성 발육기형, 모체의 만성질환, 모체의 감염, 미상, 기타 등 9개의 항목으로 제시하였다. 출생 시 원인의 경우는 조산, 난산, 출산 시 외상, 미상, 기타 등 5개의 항목이다. 그리고 후천적 원인의 경우는 질환의 경우 보기 항목으로 14개 항목을 제시하였고, 사고의 경우는 11개 항목을 제시하였다. 이와 같이 후천적 원인을 세분화하여 제시한 이유는 2005년 및 2008년 조사결과에서도 알 수 있듯이 후천적 장애발생률이 높아지고 있는 상황을 반영한 것이다.

2 장애인가족의 현황

1) 장애인 수

보건복지부 '2020년 장애인실태조사'에 의하면, 우리나라 장애인 수는 총 2,623,201명이며, 출현율은 5.1%로서, 2017년 5.39%에 비해 0.29% 감소했으나 2005년도부터 꾸준히 증가 추세를 보여왔다.

<표 14-2> 전국 장애인 추정 수 (단위 : 명, %)

구 분		재가장애인	시설장애인	전 체
2020년	장애인 수	2,622,950	88,273	2,623,201
	출현율	5.1	–	5.1
2017년	장애인 수	2,580,340	88,071	2,668,411
	출현율	5.21	–	5.39

2014년	장애인 수	2,646,064	80,846	2,726,910
	출현율	5.43	–	5.59
2011년	장애인 수	2,611,126	72,351	2,683,477
	출현율	5.47	–	5.61
2005년	장애인 수	2,101,057	47,629	2,148,686
	출현율	4.50	–	4.59

주 : 2020년 장애인실태조사는 조사환경 악화(코로나－19 감염병 확산 등)를 고려하여 등록장애인 DB를 모집단으로 진행하였으며 2017년 등 이전 조사 방식(전국 조사구 중 표집하여 조사하는 출현율 제시 방식)과 차이 있음

출처 : 보건복지부(2020).

이처럼 장애인 수와 출현율이 증가한 것은 장애에 대한 인식개선, 장애인 복지시책의 다양화 등으로 장애인 등록이 많아지고 있기 때문이다. 그리고 인구고령화 및 각종 사고의 증가, 만성질환 증가 등으로 인하여 장애발생률 자체도 높아지는 것으로 유추된다. 그리고 2011년의 시설장애인 수는 행복 e음을 통해 72,351명으로 파악되었으며, 재가장애인은 2,611천 명으로 2005년에 비해 크게 증가한 반면, 시설장애인은 2005년에 47,629명, 2011년에는 72,351명, 2014년에는 80,846명, 2017년에는 88,071명, 2020년에는 88,273명으로 꾸준히 증가하였다.

2) 가구구성 및 가구규모

장애인가구는 2020년 등록장애인 DB를 모집단으로 실시한 장애인 조사를 기준으로 2,622,950가구이며, 가구구성은 '부부(29.0%)', '1인 가구(27.2%)', '부부＋미혼, 기혼자녀(23.3%)'의 순서로 조사되었다. 장애인가구는 2017년, 3,068,974가구에서 2020년 2,622,950가구로 감소한 것이 특징이다.

<표 14-3> 장애인가구의 세대구성

(단위 : 가구, %)

구 분	장애인가구 (2017)		장애인가구 (2020)	
	추정수	구성비	추정수	구성비
1인 가구	811,051	26.4	713,287	27.2
부부	810,029	26.4	759,473	29.0
기타 1세대(부부)	25,014	0.8	36,741	1.4
부부 + 미혼, 기혼자녀	766131	24.6	610,355	23.3
편부 + 미혼자녀	59,970	2	68,050	2.6
편모 + 미혼자녀	163,629	5.3	219,113	8.4
부부 + 양친	3,718	0.1	2,563	0.1
부부 + 편부모	52,154	1.7	13,3445	0.5
부부 + 자녀 + 부부의 형제자매	11,868	0.4	–	–
조부모 + 손자녀	20,816	0.7	25,077	1.0
기타 2세대	73,381	2.4	15,764	0.6
부부 + 자녀(미혼·기혼) + 양친	37,690	1.2	3,491	0.1
부부 + 자녀(미혼·기혼) + 편부모	131,754	4.3	24,313	0.9
기타 3세대 및 4세대 이상	95,379	3.1	119,167	4.5
비혈연가구 및 기타	6,390	0.2	12,312	0.4
계	3,068,974	100	2,622,950	100

출처 : 보건복지부(2020).

가구규모별 분포에 있어서는 장애인가구의 경우 2인 가구가 38.2%로 가장 많았고, 다음으로 1인 가구(27.2%), 3인 가구(17.7%), 4인 가구(11.7%), 7인 이상 가구(8.4%), 5인 가구(4.1%), 6인 가구(0.8%)의 순으로 나타났다.

<표 14-4> 장애인가구와 가구규모 (단위 : 가구, %, 명)

구 분	장애인가구 추정수	장애가구 비율
1인 가구	713,287	27.2
2인 가구	1,003,138	38.2
3인 가구	463,328	17.7
4인 가구	305,780	11.7
5인 가구	108,116	4.1
6인 가구	21,720	0.8
7인 이상 가구	7,581	8.4

출처 : 통계청(2020).

3) 경제상태

장애인가구의 일반적인 경제상태는 장애인가구의 월평균 소득분포를 보면, 50~99만 원이 26.2%로 가장 많았고, 다음으로 100~149만 원(16.1%), 150~199만 원(10.5%), 200~249만 원(10.0%)의 순으로 나타났다. 50만 원 미만의 비율은 2017년 3.2%에서 2020년 6.2%로 높아졌으나 여전히 전체 장애인의 48.5%가 월 150만 원 미만의 소득상태에 있었다.

장애인가구의 월평균 지출분포는 50~99만 원이 24.5%로 가장 높았으며 100~149만 원(19.0%), 200~249만 원(13.7%)의 순으로 조사되었다. 전체 장애인가구의 월평균 소득은 199만 원이었으며, 평균지출액은 178.5만 원으로 나타났다.

<표 14-5> 장애인가구의 월평균 소득과 지출 (단위 : %, 만 원)

구 분	2017년		2020년	
	소득	지출	소득	지출
50만 원 미만	3.2	3.4	6.2	4.3
50~99만 원	22.6	24.4	26.2	24.5
100~149만 원	13.7	15.8	16.1	19.0
150~199만 원	11.2	13.2	10.5	12.7
200~249만 원	10	12.6	10.0	13.7
250~299만 원	7.1	8.0	6.8	6.8
300~349만 원	8.1	8.8	8.5	8.9
350~399만 원	5.2	4.1	2.9	2.7
400~499만 원	7.4	5.8	5.9	4.3
500만 원 이상	11.3	4.0	7.1	3.0
평 균	242.1	190.8	199.0	178.5

출처 : 보건복지부(2020).

가구의 주된 수입원을 보면, 가구주 소득이 40.8%로 가장 비중이 높았으며, 이어서 국민기초생활보장급여 17.4%, 연금 및 퇴직금 15.9%, 가구주 외 가구원의 소득 13.6%, 별거가족 · 친척 등 지원 5.4% 등이었다. 국가와 기타 가족의 지원이 수입원을 살펴볼 때 장애인가구의 경제적 어려움이 여전히 크다는 것을 알 수 있다.

<표 14-6> 장애인가구의 주된 수입원 (단위 : 가구, %)

구 분	2017년	2020년
	구성비	구성비
가구주의 소득	46.2	40.8
가구주 외 가구원의 소득	14.6	13.6
연금이나 퇴직금	9.2	15.9
재산소득(부동산)	2.7	2.1
저축이나 증권수익	1.2	1.7
국민기초생활보장급여	11.2	17.4
별거가족·친척 등 지원	11.9	5.4
기 타	3.0	3.0
계	100	100

출처 : 보건복지부(2020).

4) 주택형태

장애인가구의 현재 살고 있는 주택형태는 아파트(오피스텔)가 46.8%로 가장 많았고, 다음이 단독주택 34.6%, 연립주택 9.2%, 다세대주택 7.8%의 순이었다. 단독주택의 경우 2014년의 41.6%에 비해 1.6% 증가하였고, 아파트는 2014년의 45.4%와 비슷한 수치이다.

<표 14-7> 장애인가구의 주택형태 (단위 : 가구, %)

구 분	2017년		2020년	
	추정치	구성비	추정치	구성비
단독주택 (다가구용 단독주택 포함)	1,325,107	43.2	906,371	34.6
아파트(오피스텔)	1,394,107	45.4	1,227,984	46.8
연립주택	88,331	2.9	240,794	9.2
다세대주택	228,968	7.5	203,680	7.8
비거주용 건물 (상가, 공장, 점포, 여관 등)	29,946	1.0	37,222	1.4
비닐하우스, 움막, 판자집, 임시막사, 기타	2,515	0.1	6,898	0.3
계	3,068,974	100	2,622,950	100

출처 : 보건복지부(2020).

3 장애인가족의 문제

1) 경제적 문제

장애인가족이 직면하고 있는 문제는 매우 다양하나 그중 가장 큰 비중을 차지하는 것이 경제적 문제이다. 장애는 소득 측면에서의 수입 감소와 지출 측면에서 추가비용을 발생시킴으로써 장애인가족에게 많은 경제적 부담을 지우고 있다. 일례로 장애인을 돌보기 위해 다른 가족원이 취업을 포기한 경우 장애로 인한 소득감소로 볼 수 있다. 또한 장애인에 대한 교육비, 의료비, 보장구 구입과 같이 장애와 직접적으로 관련된 지출이 불가피할 뿐 아니라 교통비, 식비, 보호비, 광열비 등 장애와 직접적으로 관계가 없어 보이는 품목에서도 추가적인 비용이 발생한다. 장애인고용촉진법과 장애인생계보조수당을 비롯하여 자립자금 대여, 의료비 지원, 자녀교육비 지원 등이 있다. 그러나 이러한 정책은 주로 성인장애인을 대상으로 하고 있고, 특히 장애인소득보장 관련 정책은 생활보호대상자로 책정된 경우를 한정함으로써 실질적으로 장애인가족은 그 혜택으로부터 제외시킨 상태라 할 수 있다. 이는 결국 장애 정도를 심화시키고 재활의 가능성과 기회를 축소시킴으로써 사회적으로도 커다란 손실을 초래하게 되는 문제로까지 확대될 수 있다.

2) 사회 · 심리 · 정서적 문제

(1) 사회적 문제

① 사회적 고립

장애인가족은 장애인에 대한 사회적 편견과 낙인 등으로 사회적으로 위축되기 쉬우며, 더욱이 장애인을 양육하는 데에 현실적으로 투여하는 시간과 노력으로 인해 대인관계에 상대적으로 소홀하게 되는 경우가 발생한다. 이들은 사회적으로 고립되면서 장애인 양육을 위한 정보와 사회적 지지로부터 소외되거나 장애인 부모역할 모델의 부재로 인해 상황이 더욱 악화되고 있다.

② 사회서비스 부족으로 인한 어려움

장애인과 가족은 조기교육 프로그램, 방과후 프로그램, 재가복지서비스, 단기보호서비스, 보육서비스, 법률서비스, 재정적 지원, 교통수단 제공 등의 다양한 경성서비스뿐 아니라 사례관리, 개별상담, 부모교육, 집단상담, 가족상담 서비스 등의 연성서비스가 절대 필요하지만, 우리 사회에서 사회서비스의 부족은 장애인가족의 적응 및 성장을 더욱 어렵게 하고 있다.

③ 복지시설 및 기관접근성 한계

읍·면부의 장애출현율은 5.0%로서 수도권 2.47%, 광역시 2.44%, 중소도시 2.56%에 비해 약 2배 높은 수준인 데 비해, 장애인복지기관과 시설은 오히려 수도권 집중과 도시집중화 현상이 두드러지고 있다. 특히 비수도권역 거주 장애인들이 서울과 경기도를 중심으로 하는 수도권역 거주 장애인들에 비해 장애출현율이 더 높음에도 불구하고 복지기관과 시설의 이용·접근율에서는 오히려 더 낮다는 것을 알 수 있다. 즉, 장애인이 어디에 거주하느냐에 따라 복지시설 이용률의 지역 간 격차를 보이고 있어서 장애인 내부에서의 서비스 분절 현상을 보여주고 있다. 이로 인하여 비수도권역 장애인 가족들의 간병부담이 더 심각하며, 장애인의 재활 및 사회적응을 위한 1차적 책임도 더 과중하다.

(2) 심리·정서적 문제

① 심리적 문제

장애인의 출생으로 가족은 손실감, 충격, 부인, 슬픔, 분노 등을 경험한다. 이런 감정은 가족이 적응하기까지 계속되는데, 성원들이 장애를 가진 가족을 수용하고 적응하는 데에는 상당한 시간이 필요하다. 더욱이 적응 이후에도 장애인의 욕구를 수용하기 위해 성원들이 변화 혹은 희생해야 하는 상황이 발생하거나 위기상황이 발생하는 경우에 가족은 이를 다시 스트레스 요인으로 경험한다. 또한 장애인을 양육하는 과정에서 부모는 무력감, 부모로서의 부적절감 등을 경험하며, 이로 인해 낮은 자기효능감(self-efficacy) 혹은 자존감을 나타내기도 한다.

② 부정적인 정서의 경험

장애인 가족이 경험하는 부정적 정서는 장애아동 출생 시부터 상실감, 충격, 부인, 슬픔, 분노 등의 부정적인 정서를 경험한다. 이러한 부정적인 정서는 장애아동의 진단 초기에는 심각하지 않다가 장애인의 성장과 생활과정 동안 슬픔과 스트레스가 고조되어 장애에 대한 적응과 재조직의 단계에 이를 때까지 지속되는 경향이 있다. 부정적인 정서들은 가족이 소극적인 대인관계를 형성하게 하고 수치심과 자존감의 저하를 가져오며, 심한 경우는 만성적인 스트레스, 불안, 무기력감 등을 경험하게 한다. 이러한 부정적인 정서는 장애인가족 구성원에 대한 보호제공 동기와 장애인의 재활서비스에 대한 지원을 약화시키는 요인이 된다. 이 외에도 장애인의 출생과 독립에 대한 죄의식과 자기비난(인과적 죄의식, 부모역할 관련 죄의식, 도덕적 죄의식)을 나타내기도 한다.

3) 신체적 문제

(1) 장애인가족 구성원의 발달단계와 가족생활주기에 따라 반복되는 긴장

장애인가족들은 생활주기가 변하는 전환기에 스트레스를 경험한다. 전환기에 이제까지의 적응방식과 패턴을 수정해야 하며, 각 발달단계는 현재단계에 도전과 위험요소가 있지만, 더 나은 발달과 성장을 위한 독특한 기회를 제공하므로, 이전의 발달단계에서 어떻게 대처했는지가 현 단계의 적응에 중요한 영향을 미친다고 볼 수 있다.

(2) 장애인의 미래에 대한 불안과 보호부담

장애인들의 수명이 연장됨에 따라 주 보호제공자인 부모나 형제의 사망 이후 장애인의 보호문제가 주요 이슈가 된다. 특히 발달장애인의 경우 평생을 통한 지원이 이루어져야 하므로 장애인 평생계획 마련의 부담을 느낀다.

4) 가족관계 적응 문제

자신의 가족이 장애인이라는 사실을 알게 되면 대부분의 가족들은 심리적·신체적·경제적인 위기의식을 느낀다. 이런 반응들은 가족의 성격 특성, 사회·경제적 배경, 장애에 대한 지식, 장애의 정도 등에 따라 다소 다를 수 있으나, 이들이 겪는 정서적 반응은 일련의 과정을 거친다.

(1) 적응과정

① 충격, 불신, 부정

자신의 자녀에게 장애가 있음을 알게 되면, 특히 부모들은 커다란 충격에 휩싸인다. 그런 다음 아동의 특수성을 부인하는 반응을 나타내는데, 이를 부인함으로써 장애가 사라질 것으로 오인한다는 것이다. 이런 반응은 고통스러운 현실을 피하려는 자연스러운 반응이다. 전문가들은 수용적인 태도를 경청하면서 이런 부모의 느낌과 경험이 정상적임을 이해시키도록 노력하게 된다.

② 분노와 원망

지적으로는 자녀의 문제를 수용하나 정서적으로는 수용이 안 되므로 자녀 때문에 부모 자신의 개인적·가정적·사회적 목적이 방해를 받는다고 느끼면서 타인에 대한 분노와 적개심을 나타낸다. 부모들은 종종 전문가들의 '비전문성'에 대해 분개하고 교수방법이 잘못되어 있다는 비난행동을 한다. 이 단계에서 전문가들은 아동들이 성취할 수 있는 과제로서 부모들을 고무시키는 것이 필요하다.

③ 교섭과 협상

장애라는 사실에 대한 지적 · 정서적 수용을 하면서 '만일 내가 열심히 아이를 돕는다면 장애는 극복될 것이다'는 신념으로 상당한 노력을 기울이지만 결국 불가피한 사실임을 인정하게 되고 수용을 하지만 좌절을 경험한다. 전문가들은 부모의 감정에 공감하면서 수용하고 그들의 감정이 정상적임을 알려준다.

④ 좌절과 낙담

자녀의 상태가 별 진전을 보이지 못하면 무기력해지며, 정상아로 치유될 수 없음으로 인한 손실감으로 낙담하게 된다. 부모들에게는 전문적인 상담이 필요하며 매사에 긍정적일 수 있도록 도와준다.

⑤ 장기적인 수용

부모들은 자녀의 장애조건을 있는 그대로 수용하고 적절한 효율적 방법을 얻기 위해 노력한다. 따라서 새로운 지식 획득, 생활양식의 변화 등을 모색한다. 물론 모든 부모들이 이 단계에 도달하는 것은 아니다. 전문가들은 실질적인 기법들을 훈련하여 부모들을 강화하거나 아동의 상태에 진전이 보일 때 부모를 강화하여 정서적인 안정을 꾀한다.

(2) 관계유형별 문제

① 가족 중 자녀가 장애인 경우

가. 부부관계의 문제

장애인에 대한 심리적 반응과 행동장애로 인한 어려움은 실제 가족의 일상생활에, 특히 부부생활에 부정적 영향을 주기 쉽다. 특히 장애인의 어머니는 모든 일상생활(옷 입히기, 목욕시키기, 대소변 가리기 등)에서 장애인의 요구에 적응하기에 이르기까지 영원히 전문가로서의 역할을 담당해야 하는데, 이는 자칫 어머니를 고립화하거나 심리적 부담을 안겨준다. 또한 부정적 정서상태를 배우자에게 투사하기도 하는데 이로 인해 부부갈등이 유발되고 심지어 가족해체에 이르기도 한다. 한 연구결과를 보면, 장애가 심한 자녀를 갖고 있는 부모의 40%가 부부생활이 침해받는다고 느끼고, 8%는 완전히 붕괴했다고 한다. 이때 아버지의 역할이 매우 중요한데 아버지가 보다 융통적이고 양성적 역할을 지니며 재활활동에 참여하는 정도는 부부 유대 정도와 전체 가정에 영향을 준다. 장애인의 출현은 아버지의 사회생활과 직업생활에도 방해가 된다고 한다.

나. 형제자매에게 미치는 영향

많은 연구에서 공통적으로 지적하고 있는 장애아동 형제가 경험하는 문제는 자기비하, 수치감, 그들 자신이 건강하다는 것에 대한 죄책감, 부모의 정상형제에 대한 보상심리에 대한 부담, 그들 부모가 장애인에 대한 역할을 소홀히 하는 것에 대한 분노, 장애아동 형제의 장래에 대한 고민, 미래에 장애아동을 낳지 않을까 하는 장애에 대한 두려움 등이다. 그 외에도 장애아동의 일반형제는 자신과 비슷한 상황에 처해 있는 다른 친구를 만나고 싶어 하며, 대체로 장애형제를 수용하고 있다고 한다. 그들은 가족으로부터 독립하고자 하는 욕망과 자기 형제와의 특별한 관계 사이에서 괴로워한다. 지워진 책임에 대해 분노하기도 하고, 자기 형제의 장래에 대해 걱정하기도 한다. 이러한 장애형제를 둔 일반형제에 대한 개입방향으로 장애에 대한 정보제공, 부모의 형제에 대한 시간의 균형, 열린 토론의 기회, 장애아동 형제의 모임 등을 제시하고 있다.

② 가족 중 부모가 장애인 경우

부모의 장애가 아동에게 미치는 영향은 부모가 시각장애인일 경우, 청각 또는 언어 장애인일 경우, 정신지체의 경우에 따라 상이하지만, 공통적인 대표적 문제는 다음과 같고 그 외 자녀건강상태 확인의 어려움, 자녀들 외출의 어려움, 학습의 문제, 자녀행동 관찰의 제한, 의사소통 및 상호작용의 문제 등이 있다.

가. 경제문제

2020년 보건복지부 장애인실태조사에 의하면, 장애인가구의 월평균 소득은 199.0만 원으로서 도시근로자 가구소득의 절반에도 못 미치는 수준이며, 15세 이상 장애인 실업률은 5.8%로 2017년의 5.1%에 비해 0.7%p 증가했고, 취업분야는 단순노무직이다. 이러한 경제적 문제는 대부분의 장애인에게 공통된 어려움이다.

나. 역할전도의 문제

아동들은 부모처럼 행동해야 한다고 느낀다. 또한 부모들은 자녀가 자신에게 의존하고 있고, 의존해야 한다고 느낀다. 장애를 가진 부모의 자녀들은 부모의 장애를 조금씩 알아감에 따라 생활 중에 부모의 장애 대신 역할을 익히며 성장하게 된다. 따라서 어린 나이임에도 불구하고 자신들이 부모를 돕고 싶다는 생각을 갖게 되고, 자신의 나이에 걸맞지 않은 일을 하는 등 또래 아이들보다 더욱 성숙한 모습을 보이기도 한다. 흔히 11세 이전의 아동들은 이러한 부모들에 대해 대체로 긍정적이다. 그러나 나이가 들면서 분노, 좌절, 당혹감, 죄책감, 창피함, 충성심, 슬픔 등의 다양한 감정에 휩싸이게 된다.

③ 중도장애가 가족에게 미치는 경우

갑작스러운 가족의 부상 또는 발병으로 인한 장애는 가족 구성원 모두에게 거대한 스트레스를 주는 상황적 위기가 된다. 장애발생 초기에는 병원에서 장애인가족을 돌보기 위한 철야가 계속되고 가족생활이 붕괴되며, 직장일도 엉망이 되고 개인적으로 해야 할 일은 미루어진다. 가족체계는 심한 불균형 상태에 빠지고, 가족성원은 외부로 표출되든 되지 않든 간에 신체적·행동적·정서적 측면에서의 심각한 위기반응을 나타내게 된다. 일반적으로 장애인가족이 초기단계에 나타내는 반응으로는 비탄, 정서적 둔감, 두려움, 분노, 일반적 긴장수준의 상승, 좌절, 인내심의 저하, 정신·신체적 질병, 불면증, 의존욕구의 증대 등을 들 수 있다. 또한 대부분의 중도장애인가족은 경제적 문제로 인하여 고통을 받고 있다. 중도장애인의 대부분이 20~40대의 청장년층이고, 남녀의 비율이 4:1이라는 점을 감안할 때 장애로 인해 수입원이 현저하게 줄어든다. 장애인 당사자의 소득상실뿐만 아니라, 케어담당자가 포기해야 하는 직업적 활동에 따른 소득상실 등으로 인해 수입이 단절되거나 급격하게 줄어들고, 지출은 현격하게 늘어난다. 장애와 관련된 장비 및 서비스의 구입, 가옥구조 및 이동수단의 개조, 의료비, 사교육비나 학교생활 적응을 위한 추가적 부담금 등과 같은 합병증에 따라서 생기는 직접적인 경비와 가족 중에 간병할 사람이 마땅하지 않을 경우 간병인을 고용함으로 인해 생기는 부수적인 비용으로 인해 경제적으로 매우 어려워져서 심한 경우 의료적 재활을 포기해야 하는 위기상황에 부딪히게 된다.

4 장애인가족에 대한 서비스 현황

1) 경제적 지원 대책 서비스

(1) 장애수당

국민기초생활 보장법에 의한 수급자 및 차상위계층의 18세 이상 등록된 장애인에게 지급하며, 장애아동수당을 지급받던 대상자가 만 18세가 되는 경우 만 18세가 되는 날이 속한 다음 달부터는 장애수당을 지급하고 있다. 또한 국민기초생활 보장법에 따른 보장시설에 입소한 국민기초생활보장 수급자 장애인은 연령에 상관없이 장애수당만 지급하며 '2010년 국민기초생활 보장사업 안내'에 의한 특례수급 장애인도 국민기초생활 보장법에 의한 일반수급 장애인과 같이 장애수당 등을 지급하고 있다.

<표 14-8> 장애수당 유형별 비교

구 분	장애수당 (생계, 의료)	장애수당 (시설)	장애수당 (주거, 교육, 차상위)
성 격	의무지급(별도의 신청 불필요)		재량지출(신청주의)
급여액	월 4만 원	월 2만 원	월 4만 원
관련보장	장애인복지	장애인복지	차상위장애인
관련서비스	장애수당 (생계, 의료)	장애수당 (시설)	장애수당 (주거, 교육, 차상위)

출처 : 보건복지부(2023). 2023년도 장애인연금 사업안내.

(2) 장애아동수당 지급

장애아동이 초·중등교육법에 의한 초·중·고등학교 또는 이에 준하는 특수학교 및 각종 학교(교육과정은 고려치 않음)에 재학 중일 경우 국민기초생활 수급자와 차상위계층으로 구분하여 장애아동수당을 지급하고 있다.

<표 14-9> 장애아동수당

구 분	생계 또는 의료급여	주거 또는 교육급여 수급자*	차상위계층	보장시설 수급자 (생계 또는 의료)
중증장애인	월 22만 원	월 17만 원	월 17만 원	월 9만 원
경증장애인	월 11만 원	월 11만 원	월 11만 원	월 3만 원

* 주거 또는 교육급여 수급자(생계 또는 의료급여 미수급자)는 법적으로 기초생활 수급자이나 차상위계층에 해당하는 혜택을 부여

출처 : 보건복지부(2023). 2023년도 장애인연금 사업안내.

(3) 장애인 양육지원 서비스

① 돌봄지원 서비스

- **지원대상** : 만 18세 미만의 자폐성 장애, 지적장애, 뇌병변장애아 등 모든 중증장애아와 생계·주거를 같이하는 도시근로자가구 월평균 소득 100% 이하 가정
- **지원내용** : 양육자의 질병, 사회활동 등 일시적 돌봄서비스 필요시 일정한 교육과정을 수료한 돌보미를 파견하여 장애아동 보호 및 휴식을 지원하며 아동의 가정 또는 돌보미 가정에서 돌봄서비스를 제공한다. 1가정당 연 320시간 범위 내 지원(특별한 경우 연장가능)하며 선정 가정이 사용하지 않은 잔여시간은 추가 선정하여 지원하고 있다. 또한 선정 후 1개월간 이용실적이 없을 경우 서비스를 제한한다.

② 휴식지원 서비스

- **지원대상** : 소득기준에 상관없이 만 18세 미만의 모든 장애아가족으로 돌봄서비스를 받지 않는 가정도 참여가능, 돌봄서비스를 받는 가정을 우선 지원
- **지원내용** : 가족관계 회복 및 돌봄노동 분담을 위해 가족상담서비스 등을 포함하여 연 2회 이상 가족캠프 등 휴식지원 프로그램을 운영한다.

단순 캠프·소풍형식은 지양하고 가족치유상담, 돌봄노동 분담 교육 등 전문 프로그램을 포함하여 구성한다. 또한 돌보미를 통한 장애아가족 상담서비스, 생활지도 등 제공 및 자조모임 결성지원 등을 통해 양육의 어려움을 경감시키고, 장애양육정보 등을 공유하며, 심층상담을 비롯한 전문성이 요구되는 경우 관련기관에 연계한다.

(4) 장애인 생계수당

장애인복지법에서는 장애의 정도, 경제적 부담능력 등을 고려하여 생계보조수당을 지급하고 있다. 국민기초생활 보장법상의 수급자로서 1, 2급 장애인(다른 장애가 중복된 3급 정신지체인과 자폐장애인 포함)이 해당된다.

(5) 경제적 부담완화 급여

장애인가족의 경제적 부담을 완화하기 위한 급여로서 장애의 정도와 경제적 부담능력 등을 고려한 의료비, 자립훈련비 등이 있다. 그리고 그 외 장애인 보장구 교부, 보장구 건강보험 적용, 각종 세금감면과 소득공제 조치, 요금할인 등을 실시하고 있다.

2) 심리·정서적 지원서비스

장애인의 보호를 직접 담당하고 있는 가족 구성원의 정신적 스트레스나 가족성원 간의 역할부담에 따른 갈등구조는 가족 구성원들이 장애인을 불편한 존재로만 인식하도록 하며, 가족 구성원 간의 의사소통을 소원하게 하기도 한다. 그렇기 때문에 가족성원들이 자신의 욕구와 활동을 원만하게 수행하고, 동시에 장애인인 가족 구성원이 가족 안에서 자신의 지위와 역할을 분명히 하면서 자신의 존재를 가족 구성원들로부터 인정받을 수 있도록 관계를 조성할 필요가 있다. 이를 위해서는 가정봉사원을 충분히 활용하여 일상적인 가족상담, 나아가 가족사회사업, 가족치료 등 보다 전문적인 서비스가 정기적으로 제공될 수 있어야 한다.

(1) 장애영유아 프로그램

3세 미만의 영유아를 대상으로 주로 특수교사, 사회복지사, 작업치료사, 물리치료사, 언어치료사 등이 한 팀을 이루어 참여하게 된다. 이는 아동의 신변처리, 소근육 운동, 대근육 운동, 인지·사회성·언어영역 등 다영역에 대한 개입을 통하여 조기교육 및 예방적 목적을 동시에 지닌다. 이 중에서 사회복지사는 주로 가족과 관련된 서비스를 제공하게 되는데, 가족의 강점과 욕구를 파악하고 부모상담 및 정보제공을 하는 역할을 담당하게 된다.

(2) 부모교육

소집단 교육 혹은 대규모 공개강의 형태가 주를 이룬다. 소집단 교육의 경우 일반적으로 20여 명 미만으로 하는 경우가 많으며, 주로 주 1~2회 정도의 교육을 1~3개월까지 하게 된다. 반면 대규모 부모교육은 1회성 행사로 머무르는 경우가 많다. 주로 강당을 이용하여 외부강사를 초빙하는 형태로 이루어지며, 특정 장애에 대한 이해 도모나 장애를 잘 극복하고 있는 동료 장애인 부모를 초청하는 형태로 이루어진다.

(3) 가족사정 및 상담

장애인복지관의 고유기능으로 장애인 및 성인에 대한 사정이 있다. 대부분이 아동 및 성인의 장애상태와 잠재력 등 장애인 중심의 사정을 하게 되지만, 사회복지사의 경우 가족의 경제력, 교육력, 강점, 자원 등에 대한 가족사정 역시 부분적으로 하게 된다. 가족사정은 장애인에 대한 서비스 제공시 가족자원을 발견하고, 필요시 부족한 자원을 지원, 원조하는 창구역할도 하게 되는데, 부모의 장애수용, 가족관계상의 불화, 스트레스 등 정서적 욕구과 관련된 것이 많으나, 장애인 등록, 타 기관 안내, 각종 재활정보 등 정보전달형태도 다수 차지한다. 상담의 형태는 전화, 방문상담 등이 있으며, 필요시 개인이나 집단의 형태로 이루어지고 있다.

(4) 가족캠프

가족캠프는 가족을 하나의 기능단위로 보고 가족 전체가 참여하여 가족의 응집력과 하나됨을 느낄 수 있도록 하는 서비스이다. 이러한 서비스는 사실 매우 필요하나, 현실적으로 아버지의 참여제한으로 인하여 어머니와 장애인 위주의 캠프형태로 이루어지는 경우가 대다수이다. 혹은 장애인의 비장애 형제자매를 대상으로 형제자매 캠프가 이루어지기도 하는데, 이는 장애형제로 인한 다양한 어려움과 감정을 서로 나누고 감정이입함으로써 비장애 형제자매의 장애 형제자매로 인한 어려움을 같이 나누고자 하는 프로그램이다.

(5) 부모 집단상담

부모 집단상담은 일반적으로 스트레스 대처훈련, 현실치료, 적용 등 하나의 심도 있는 주제를 놓고 주 1~2회 총 8~10회 정도 집단 프로그램을 실시하는 형태이다. 이러한 프로그램은 사회복지의 방법론 중 집단사회사업을 적용하여 실시하며, 주로 유사한 장애형태와 장애 정도, 연령 등 클라이언트군이 동종 집단일 때 더 효과가 크다. 이 프로그램은 집단역동을 활용하여, 전문가뿐 아니라 동료 장애인 부모로부터 직접적 수용경험, 어려움 극복 등을 듣게 되므로 동료상담을 통한 교육적·지지적 효과가 부수적으로 있다.

(6) 부모 여가활용 프로그램

대부분의 장애인복지관에서 종이접기, 서예, 노래교실 등 다양한 여가활용 프로그램 등이 운영된다. 이 프로그램의 취지는 장애인이나 성인으로 인한 만성적 긴장과 스트레스를 해소할 수 있는 기회를 구조적으로 제공하고자 하는 데 있다. 특히 장애인의 경우 조기교육이나 치료시간 동안 부모들이 장애인복지관에서 대기하고 있는 경우가 대다수이므로, 이 시간을 효율적으로 활용하는 의미도 갖는다.

(7) 기타 프로그램

각 복지관의 지역적 특수성, 인적·물적 자원의 특수성에 따라 차별화된 프로그램이 실시되기도 한다. 이 중에는 아버지개입 프로그램으로 장애인의 아버지와 장애인을 대상으로 1일 캠프를 한다거나 1일 주 양육자가 되는 프로그램을 통하여 아버지가 장애인 자녀의 상태를 직접 체험하고 어머니의 어려움을 겪어보게 하는 프로그램이 있다. 이는 아버지가 어머니의 역할을 감당함으로써 서로 상대방에 대하여 이해하는 효과를 가지며, 또한 자녀와 아버지가 친밀한 관계를 형성할 수 있는 기회가 되기도 한다. 그 외 레스파이트 서비스를 실시하는 기관도 있다. 이러한 프로그램은 장애인을 일시적으로 보호함으로써 장애인 부모가 편안한 부부만의 시간을 가짐으로써 부부관계를 강화하고 장애인의 24시간 보호로 인해 지친 주 양육자의 긴장해소와 재충전의 시간을 갖게 하는 역할을 하기도 한다. 이 외에 2003년부터 소수의 복지관에서 서울시의 지원을 받아 여성장애인 산전후의 관리 프로그램을 지원하는 경우도 있다.

3) 신체적 지원 서비스

(1) 장애인 활동보조서비스

신체적·정신적 이유로 원활한 일상생활과 사회활동이 어려운 중증장애인에게 활동보조서비스를 제공함으로써, 장애인의 자립생활과 사회참여 증진을 돕는 사업으로서 지원대상은 1급 등록장애인으로 만 6세부터 만 64세까지이며 소득과는 무관하다.

(2) 활동보조사업유형

- 신변처리 지원 : 목욕, 대소변, 옷 갈아입기, 세면, 식사보조 등
- 가사지원 : 쇼핑, 청소, 식사준비, 양육보조 등
- 일상생활 지원 : 금전관리, 시간관리, 일정관리
- 커뮤니케이션 보조 : 낭독보조, 대필보조 등
- 이동의 보조 : 안내도우미·대리운전 지원(시각장애인), 학교 등하교 지원, 직장 출퇴근 지원, 야외·문화활동 지원 등

5 장애인가족에 대한 대책

1) 장애인 가족복지의 대책

(1) 장애인가족의 부정적인 정서적 문제해결을 위한 방안

① 가족 간의 정서적 지지 확대

장애인가족들이 서로를 이해하며 대화를 나눌 수 있도록 그들의 관계를 개선하며, 해결되지 못한 정서적 문제를 확인하고 해결하도록 돕는다. 또한

우울과 슬픔 등의 부정적인 정서가 심해지는 시기에 감정들을 대처할 수 있도록 능력을 강화시킨다.

② 강점관점으로의 전환

가족복지의 향상을 위해서는 장애인복지실천의 패러다임을 결점 혹은 문제중심에서 강점관점으로 전환해야 한다. 이는 이미 장애인복지실천에서 부분적으로 시행되기도 한다. 그러나 아직은 현실적 한계로 인하여 그 중요성이 인정되나 두 관점이 공존하고 있는 것으로 보인다. 외국에서는 이미 강점 적용이 점차 보편화되는 경향이 있는데, 우리나라에서도 장애인 및 가족의 강점에서 출발하는 관점과 자원중심 접근이 보다 강조되어야 할 것으로 보인다.

(2) 장애를 둘러싸고 있는 환경에서의 변화

① 의료전문가의 역할

물리치료사, 작업치료사, 간호사, 그리고 의사를 포함한 의료전문가들은 장애인을 자주 접하게 된다. 이들은 효과적인 치료를 위해 장애의 특성에 맞는 체계적인 치료단계를 설정하며, 가족들에게 치료방법에 대한 정보를 제공한다. 예를 들어, 특정 물리치료방법을 담은 비디오테이프의 제공은 집에서 치료를 하는 데 있어 가족들에게 매우 귀중한 정보가 될 수 있다.

② 교사의 역할

교사는 장애학생과 그 가족들이 노인시설에서의 봉사, 청소년프로젝트 참여, 분리수거운동 안내, 기타 지역사회 캠페인 홍보 등과 같은 지역사회 봉사의 경험을 쌓을 수 있는 프로그램을 개발할 수 있다. 또한 장애인가족들에게 용기를 북돋아 주거나 지역사회 내의 의사나 다른 자원을 이용할 수 있도록 가족들과 함께 협력한다.

③ 가족 프로그램의 확대

우리나라의 장애인가족에 대한 서비스는 장애아동이나 성인 혹은 장애인의 어머니 중심으로 상당히 편향된 경향이 있다. 비장애 형제자매에 대한 소수의 프로그램이 있다고 하지만 아직도 소극적인 형태로 이루어지고 있다. 따라서 장애인의 어머니나 형제자매에 대한 프로그램뿐 아니라 아버지, 가족을 하나의 기능 단위로 보는 가족 단위의 프로그램, 부부관계 프로그램, 부모와 비장애 형제자매 혹은 부모와 장애인 등의 부모관계를 중심으로 한 프로그램 등 다양한 형태의 클라이언트에 대한 차별화된 개입이 요구된다.

(3) 간접적인 환경의 변화

① 경제적인 부담의 해소

장애인가족의 경제적 부담을 완화시키기 위해서는 장애수당이 소득보장의 효과를 가질 수 있도록 현실화되어야 한다. 이 외에 기관 차원의 지원서비스로는 직업재활 관련서비스에 대한 정보제공, 지원고용, 보호작업장 등에서 장애를 가진 자녀가 경제적으로 독립할 수 있도록 지원한다.

또한 저소득 장애인의 경우 국민기초생활 보장법을 통해 기초적인 생계가 보장되지만 장애인의 특수한 욕구에 따른 다른 생계보조수단들이 제공되어야 하고, 정책들이 기초생활보호대상자들을 중심으로 되어 있기 때문에 나머지 비보호대상자들을 위한 지원도 확대되어야 할 것이다.

② 장애인 자조모임의 활성화

장애아동을 가진 부모들의 모임, 장애인 당사자들의 모임을 통하여 서로 정보를 공유·교환하고, 서비스를 개선할 수 있도록 자조모임을 활성화한다.

③ 가족－전문가의 상호협력 강화

가족과 전문가 간의 상호협력체계 강화는 이미 임상실천에서 꾸준히 노력하고 있는 부분이다. 그러나 서비스 실시과정에서 상대적으로 전문가와 가족의 위계적 관계가 나타나기도 한다. 따라서 전문가가 항상 클라이언트가 소비자라는 의식을 가지고, 이들과의 상호협력관계 구축을 위해 노력할 때 더 효율적으로 서비스가 전달될 수 있을 것이다.

2) 장애인 가족지원 정책의 대책

다음은 '장애아이 WeCan'(국회연구단체의) '장애인 가족지원 정책 연구 보고서'(2009)에 제시된 '장애인 가족지원을 위한 정책 추진방향'에 대한 제시이다.

(1) 장애인 관계법령 개정 및 제정

향후 통합적이고 효율적인 장애인 가족지원체계를 구축하기 위해서 무엇보다 우선적으로 검토되어야 할 사항은 관련법령을 제・개정하는 것이다. 현재 일부 지역에서 장애인 가족지원체계 도입, 장애인 가족지원 프로그램 실시 등과 관련된 사항도 법적 근거 미비로 적극적으로 추진되지 못하고 있다. 이에 따라 기존의 장애인 가족지원과 관련된 법령을 검토하여 지금까지 제안된 장애인 가족지원 정책목표에 따라 개정안을 마련해야 할 것이다. 또한 기존의 장애인 관련법령과 일반 가족복지 관련법령 내에서 장애인 가족지원과 관련된 다양한 정책을 포함시키기 어려운 경우에는 별도의 '장애인 가족지원법' 제정을 적극적으로 검토해야 할 것이다.

① 기존 법령 개정 필요

장애인 가족지원과 관련하여 검토해야 할 기존의 주요 법령들의 내용들과 개정 사항은 다음과 같다.

가. 장애인복지법

"장애인가족"에 대한 정의 신설이 필요하다. 현행 장애인복지법에서는 장애인가족에 대한 정의가 되어 있지 않기 때문에 이에 대한 정의규정의 신설이 필요하며, 제5조(장애인 및 보호자 등에 대한 의견수렴과 참여)에 대해서는 보호자뿐만 아니라 형제자매 등도 포함하여 가족에 대한 의견수렴과 참여로 변경하는 것이 바람직하다.

나. 장애인 등에 대한 특수교육법

가족지원의 종류는 제시되어 있으나 가족지원에 대한 비용부담 규정의 제시가 필요하며(현재 관련예산이 편성되지 않고 있음), 학교 등에서의 가족지원이 어려운 경우 외부기관 위탁규정의 제시 및 위탁 시 비용지원 등의 규정 마련이 필요하다. 또한 가족치료 등이 필요한 경우에는 비용지원을 제공받을 수 있도록 하는 규정 마련이 필요하다.

다. 장애인 차별금지 및 권리구제 등에 관한 법률

제30조의 장애인가족에 대한 적대적 규정을 보완할 수 있는 규정을 마련하여 지적장애 등 발달장애아동의 경우 가족이 의사결정을 대신하는 불가피한 경우에 대하여 별도의 규정 또는 단서규정의 제시가 필요하다.

라. 건강가정기본법

제22조(자녀양육지원의 강화)의 경우 특례조항에 장애를 가진 자녀 등을 포함하여 양육부담이 심한 가정에 대한 휴식지원 등 추가 지원규정이 필요하다.

마. 영유아보육법

법의 궁극적인 목적이 가정복지 향상에 있음에도 법령 전반에서 가족에 대한 직접적인 언급은 이루어지지 않았다.

바. 아동복지법

아동복지법에서는 법의 이념과 대상에 장애아동을 포함하고는 있지만 아동의 복지증진에 1차적인 초점을 둔 법률로서 법 전반에서 가족에 대한 직접적인 언급이 이루어지지 않았다.

사. 한부모가족지원법

선언적 규정에 그치고 있고 장애인을 포괄적으로 규정하고 있어 장애자녀를 돌보고 있는 한부모가족에 대한 지원 근거로는 미약하다. 따라서 돌봄부담이 큰 장애자녀를 둔 한부모가족을 지원할 수 있는 근거조항에 대한 보완이 필요하다.

아. 가족친화 사회환경의 조성 촉진에 관한 법률

장애인가족, 다문화가족, 한부모가족 등도 가족친화 환경조성의 집중지원대상으로 반영될 수 있도록 조항수정이 필요하다.

자. 다문화가족지원법

장애를 가진 다문화가족 구성원이 있는 경우에 대하여 특별한 지원규정의 제시가 필요하다.

② 새로운 장애인가족지원법 제정 검토

지난 몇 년 동안 장애인 가족지원은 장애복지 구현에 있어서 중요한 정책과제 중의 하나로 등장하였고, 국가 및 지방자치단체 차원에서 장애인가족을 위한 다양한 정책 및 지원 사업들이 신설·시행되어 왔다. 장애아동뿐 아니라 가족 전체에 대한 정책적 지원이 필요하다는 인식이 점차 높아지고 있는 것은 과거에 비하여 우리나라 장애복지정책의 지평을 넓혀 간다는 점에서 진일보한 측면이 있다. 하지만 아직까지도 장애인 가족지원의 목표, 내용, 계획수립, 실행과정 등을 포함하는 종합적인 정책가이드라인이 국가적 차원에서 형성되어 있지 못하고 있는 것 역시 사실이며, 이는 현실적으로 장애인가족에 대한 체계적이고 지속적인 지원방안들을 발전시키는 데 많은 제약을 낳고 있다. 우리나라에는 현재 「장애인 차별금지 및 권리구제 등에 관한 법률」, 영유아보육법 등과 같은 기타 일반법에서 장애아동을 둔 가족에 관한 지원사항을 일부분 찾아볼 수 있지만, 실제적인 실천방안을 강구할 수 있는 법적 규정은 없다. 이러한 단편적인 법적 근거는 국가 및 지방자치단체 수준에서 장애인가족에 대한 체계적인 서비스 지원계획을 수립하는 데 한계를 노출시켜 올 수밖에 없었다. 이에 장애인 가족지원 부문을 특화하여 별도의 법률–(가칭) 장애인가족지원법–을 제정하여, 장애인뿐 아니라 가족 구성원 전체의 다양한 필요욕구를 반영하는 포괄적이고 종합적인 가족지원체계 수립에 관한 국가 차원의 가이드라인을 제시할 필요가 있다.

(2) 통합서비스 전달체계모형

향후 통합적인 가족지원체계를 구축하는 데 있어 중요한 실천적 과제는 장애인가족의 다양한 필요욕구에 조응하는 포괄적(comprehensive)이고 체계적(systematic)인 서비스 전달을 가능하게 하는 토대를 조성하는 것이다. 그동안 장애인 가족지원서비스가 양적 성장에도 불구하고 그 기대만큼 효율성을 담보하지 못했던 이유는 무엇보다도 분절적인 서비스 내용과 전달방식에 기인한다. 여전히 많은 장애인가족은 필요로 하는 서비스에 대한 종합적인 정보를 얻는 데 어려움을 겪고 있고, 서비스제공기관의 연계협력도 미비하여 동일한 시기에 여러 서비스를 이용하고자 하는 가족은 일일이 서비스제공기관을 찾아다녀야 하는 어려움을 경험하고 있다. 정부의 관련부처나 기관들에 의해 제공되는 장애인 및 가족지원서비스도 서로 다른 전달체계를 통해서 제공되고 있을 뿐 아니라 관련기관들 간의 조정・연계성이 부족하여 서비스 간의 단절성 문제가 심각하다.

이러한 현행 가족지원서비스의 분절성과 비효과성의 문제점을 해결하기 위해서는 '의뢰–사정–계획수립–서비스 제공'이라는 일련의 과정이 기능적으로 통합되어 제공되는 '원스톱(one–stop) 가족지원시스템'의 모형 개발이 필요하다.

(3) 사례관리시스템

장애인가족에 대한 서비스 지원은 다른 어떤 대상보다 전문성, 다양성, 유연성, 복잡성을 특징으로 한다고 할 수 있다. 장애인의 개별적 특성, 즉 연령, 장애 정도 및 유형 등에 따라 필요로 하는 서비스가 다양하고, 그 가족이 처한 내외적 환경요인에 따라 다양한 지원욕구를 가진다. 또한 장애아동과 가족이 필요로 하는 서비스는 교육, 의료, 재활, 복지, 사회서비스 등 매우 광범위한 영역에 걸쳐 있다.

따라서 장애아동과 그 가족의 다각적인 필요욕구를 파악하여, 보다 유연하고 개별적인 '맞춤형 서비스(tailored services)'를 제공할 수 있는 전달체계의 시스템 개발이 필요하다.

(4) 서비스인프라의 확대

장애인가족을 위한 실질적인 지원체계를 구축하기 위해서는 시설, 인력, 예산 등 서비스인프라 확충을 지속적으로 추진해야 할 것이다. 지난 몇 년 동안 장애아동가족을 위한 서비스 제공이 점차 활발해지고 있지만, 지역별 분포나 해당 인구수를 감안할 때 서비스의 총량은 매우 부족하다고 할 수 있다. 장애아동을 위한 주간보호 프로그램, 방과후 프로그램, 보육센터 등

가족의 일상적인 돌봄·양육을 지원할 수 있는 시설 및 서비스 확대가 우선적으로 선행되어야 할 것이다. 가족의 위기상황 발생 시 장애아동을 일시적으로 위탁할 수 있는 단기보호센터나 공동생활가정 등도 대폭 확충되어야 할 것이며, 장애아동의 지역사회활동참여 프로그램이나 가족을 위한 일시적인 휴식지원서비스 및 시설 등도 지역별로 접근성과 수요를 고려하여 지속적으로 확대하여야 할 것이다.

장애인가족을 위한 지원서비스 및 시설 확대에 있어서 중요하게 고려되어야 하는 점은 동일한 목적을 위한 서비스라고 할지라도 그것의 실질적인 구현방식은 수요자의 입장에서 매우 유연하고 다양한 방식으로 이루어질 필요가 있다는 것이다. 어떤 표준화된 형태로 제공되기보다는 장애아동 및 그 가족의 다양한 특성에 따라 다양하게 운영되었을 때만이 가족에게 실질적인 혜택을 가져다줄 수 있을 것이다. 서비스의 다양성 확대는 가족의 선택 가능성을 향상시킨다는 의미뿐만 아니라 기존의 가족지원서비스에 있어서 상대적으로 소외되어 있던 계층에 대한 적극적인 조치, 즉 서비스 이용에 있어서의 사각지대를 없애기 위해서도 중요한 작업이다. 특히 중증장애아동, 전문적인 돌봄을 필요로 하는 아동은 보다 많은 투자비용을 요한다는 점에서 서비스 접근에 있어서 제약을 받아 왔다. 그러므로 서비스인프라 확대를 추진하는 과정에서 이들에 대한 전략적이고 집중적인 재정투자를 고려할 필요가 있다.

참고문헌

구인희(2002). 빈곤층의 사회경제적 특성과 빈곤 이행 : 경제 위기 이후의 시기를 중심으로. 한국사회복지학, 48, 82-112.

______(2003). 경제적 상실과 소득수준이 청소년의 교육성취에 미치는 영향. 한국사회복지학, 53, 7-29.

______(2004). 국민기초생활보장제도의 효과분석. 한국사회복지연구회 발표논문.

______(2005). 빈곤여성 지원을 위한 적극적인 국가개입이 필요. 젠더리뷰, 11, 45-46.

______(2005). 빈곤의 동태적 분석 : 빈곤 지속 기간과 그 결정 요인. 한국사회복지학, 57(2), 351-374.

권진숙(2003). 사례관리. 서울 : 학지사.

권진숙·신혜령·김정진·김성경·박지영(2010). 가족복지론. 경기 : 공동체.

김경신·김정란(2002). 가정폭력가해자개입 프로그램 효과분석-아내학대를 중심으로. 한국가족관계학회지, 7(1), 137-158.

김경호(2005). 사회복지실천기술론. 서울 : 청목출판사.

김규수(2006). 가족치료 : 이론과 실제. 경기 : 양서원.

______(2010). 정신보건사회복지실천론. 서울 : 형설출판사.

김기원(2000). 공공부조론. 서울 : 학지사.

김동기·김은미 공역(2006). 노인심리와 사회. 서울 : 창지사.

김미숙 외(2000). 저소득 편부모 가족의 생활실태와 정책과제. 한국보건사회연구원.

김범수·노정호(2014). 지방정부 복지지출에 미치는 정당요인 분석. 한국정치학회보, 48(2), 57-78.

김상균 외(2011). 사회복지개론(개정 3판). 경기 : 나남출판.

김수환(2011). 가족복지론. 경기 : 공동체.

김애순·윤진(1993). 중년기 위기감: 그 시기확인 및 개방성향과 직업, 결혼, 자녀 관계가 중년기 위기감에 미치는 영향. 한국심리학회 학술대회 자료집, 1993(1), 247-260.

김연진(2020). 스웨덴의 육아휴직 : 모든 부모의 권리. 국제사회보장리뷰, 13, 126-135.

김영화 외(2010). 성인지적 가족복지론. 경기 : 양서원.

김영화·이진숙·이옥희(2011). 성인지적 가족복지론. 경기 : 양서원.

김유순(2000). 여성주의 가족치료의 실천적 원리에 관한 연구. **한국가족치료학회지**, 8(2). 한국가족치료학회.

김윤재 외(2007). **가족복지론**. 서울 : 동문사.

김재엽(1998). 한국가정의 폭력실태와 사회계층 변인과의 관계연구. **한국사회복지학**, 제35호.

김진원(2007). 저소득층 노동자의 고용 불안정성과 사회적 배제: 사회적 네트워크와 자본의 역할. **한국사회학회지**, 41(4), 107-138.

김태성(2003). **사회복지정책입문**. 서울 : 청목출판사.

김태성 · 성경륭(1993). **복지국가론**. 경기 : 나남출판.

김혜경 · 도미향 · 문혜숙 · 박충선 · 손홍숙 · 오정옥 · 홍달아기(2008). **가족복지론**. 경기 : 공동체.

____________________(2010). **가족복지론**. 경기 : 공동체.

김혜숙(2008). **가족치료이론과 기법**(제2판). 서울 : 학지사.

남춘고 · 이성호 · 이상록(2006). 노동빈곤층의 사회적 배재와 빈곤화 유형 분석: 전주시 사례에 대한 생애사 분석을 중심으로. **노동경제논집**, 23(2), 81-106

노대명 · 신영석 · 이태진 · 최승아(2004). 저소득층 현물급여 확대방안 연구. 서울 : 한국보건사회연구원.

도미향(2006). 빈곤가족의 해체현상에 관한 연구. **대한아동복지학회**, 4(3), 47-66.

도미향 · 이기숙 · 강기정 · 이무영 · 박경애(2009). **가족정책론**. 서울 : 신정.

류종춘 · 양경희 · 이시진 · 이애련 · 추인호 · 한영렬(2012). **가족복지론**. 경기 : 정민사.

미래창조과학부 · 한국정보화진흥원(2013). 2012 인터넷중독실태조사.

박미석(2005). 가정복지 실현을 위한 가정생활교육 확산 기초연구. **한국가족자원경영학회지**, 9(1).

박성석 외(2009). **가족복지론**. 경기 : 양서원.

박성석 · 오정아 · 이영주 · 최경화 · 최금해(2010). **가족복지론**. 경기 : 양서원.

박아은 · 신희정 · 이혜경 · 이미림(2012). **가족복지론**. 경기 : 공동체.

박옥희(1998). **장애인복지의 이론과 실제**. 서울 : 학문사.

박옥희 외(2005). **남편의 배신으로 인한 이혼**. 우리 시대 이혼이야기. 경기 : 양서원.

박태영(2001). **가족치료이론의 적용과 실천**. 서울 : 학지사.

배문조·전귀연(2006). 직장인의 은퇴기대가 은퇴준비요구에 미치는 영향. 한국가족자원경영학회.

변화순(1995). 가족정책연구의 관점과 쟁점. 자리매김. 여성연구, 12.

______(1996). 이혼가족을 위한 대책연구. 한국여성개발원.

보건복지부(2005). 국제결혼 이주여성 실태조사 및 보건복지 지원 정책방안.

__________(2009). 국민기초생활보장사업안내.

__________(2012). 2011 장애인실태조사.

__________(2017). 2017 장애인실태조사.

__________(2020). 2020 장애인실태조사.

__________(2013). 2013년 장애인복지 사업안내.

__________(2023). 2023년 장애인복지 사업안내.

__________(2023). 2023년도 장애인연금 사업안내

__________(2013). 국민기초생활보장 수급자 현황.

__________(2013). 홈페이지.

__________(2021). 정신건강실태조사 보고서.

__________(2022). 노인복지사업안내 1권.

__________(2022). 노인복지사업안내 2권.

__________(2022). 빈곤통계연보.

__________(2022). 국민기초생활보장 수급자 현황.

__________(2022). 인구동태통계 연보.

__________(2023). 가족사업안내 1권.

__________(2023). 가족사업안내 2권.

__________(2023). 국민실태조사.

__________(2023). 폭력예방교육 운영안내.

__________(2024). 홈페이지.

보건복지부·서울대 사회복지연구소(2004). 외국의 빈곤정책동향 및 비교분석.

보건복지부·법무부·여성가족부(2017). 2017년 전국 다문화가족 실태조사.

보건복지포럼(2011). 미래한국가족의 변화와 정책과제.

사회복지학회 추계공동학술대회 자료집. 한국가족사회복지학회, 21-46.

서울가정법원(2013). 이혼사유 및 혼인기간별 이혼신청건수.

서울대학교 의과대학(2011). 2011년도 정신질환실태 역학조사.

서울신문(2013. 8. 26). 1인 가구 증가는 지속 가능한 인류생존 위협.
서종남(2008). 다문화 교육의 필요성 및 다문화가정자녀교육 지원방안. 강원도교육과학연구원.
성영혜・송주미(1997). 가족복지에 관한 이론적 고찰. **한국가족복지학**, 2(1). 한국가족복지학회.
성정현・여지영・우국희・최승희(2008). **가족복지론**. 경기 : 양서원.
____________________________(2009). **가족복지론**. 경기 : 양서원.
____________________________(2011) **가족복지론**. 경기 : 양서원.
손병덕・황혜원・전미애(2014). **가족복지론**. 서울 : 학지사.
____________________(2008). **가족복지론**. 서울 : 학지사.
송성자(1995). **가족과 가족치료**. 경기 : 법문사.
______(1998). 사회구성주의와 해결중심치료이론의 연관성에 관한 연구. **한국가족치료학회지**, 6(1). 한국가족치료학회.
______(2001). **한국문화와 가족치료 : 해결중심 접근**. 경기 : 법문사.
송정애・정해은(2007). **가족복지론**. 경기 : 양서원.
신섭중 외 공역(1995). **현대복지학총람**. 서울 : 대학출판사.
신성자 외(2000). **가족치료 : 개념과 방법**. 서울 : 시그마프레스.
아이윌센터(I will center)(2013). 홈페이지.
양영순(2009). 은퇴자 아내의 스트레스와 결혼만족 : 남편의 은퇴준비도와 아내가 인지하는 자원보존감의 영향을 중심으로. 서울여자대학교 대학원 박사학위논문.
양옥경(2004). 가족문제와 사회안전망. 한국사회 안전망의 현황과 대책. 2004년 한국사회복지학회 심포지움 자료집, 81-102.
여성가족부(2018). 전국 가정폭력 실태조사.
_________(2018). 홈페이지.
_________(2017). 2017년 전국다문화가족실태조사 연구.
_________(2017). 2017년도 가정폭력 피해자 지원시설 운영실적.
_________(2018). 2018년도 한부모가족지원사업안내.
_________(2021). 가족사업안내_1권(최종본).
_________(2021). 가족사업안내_2 (최종본).
_________(2021). 전국 다문화가족실태조사.
_________(2022). 가정폭력실태조사 연구.

__________(2022). 스마트폰 과의존 실태조사.

__________(2022). 인터넷 과의존 실태조사.

__________(2022). 장애인복지사업 안내.

__________(2022). 한부모가족지원사업 안내.

__________(2023). 2022년 여성가족부 여성긴급전화 1366 센터 통계.

__________(2023). 가족사업안내 1권.

__________(2023). 가족사업안내 2권.

__________(2023). 한부모가족 복지서비스 종합안내서.

__________(2024). 홈페이지.

__________(2024). 2023년 가정폭력 피해자 지원시설 운영 실적.

위 센터(wee center)(2013). 홈페이지.

위켄(we can)(2009). 장애인 가족지원정책연구보고서.

유계숙 · 임춘희 · 전춘애 · 천혜정(1998). 또 하나의 우리, 재혼가족 : 재혼가족에 대한 실태연구와 재혼준비교육 프로그램 모형 개발. 한국가족상담 교육연구소 개소 5주년기념 학술대회.

유영주 외(2004). **새로운 가족학**. 서울 : 신정.

유영주(1993). 가족연구의 학문별 접근방법 2 : 가정학에서의 가족연구. **가족학논집, 5권**, 189－200.

______(2002). 건강가족에 대한 문헌고찰. **경희대학교생활과학논집, 6권**.

유호인(2000). **알코올중독치료 길잡이**. 서울 : 은혜병원알코올치료센터.

윤명숙(2000). 한국 알코올중독의 현황과 재활방안, 한국의 알코올중독 현황과 재활대책. 서울가톨릭사회복지회 가칭 '가톨릭알코올중독재활단체협의회'준비위원회.

이기숙(1983). **유아교육과정**. 경기 : 교문사.

이동원 외(2005). **변화하는 사회, 다양한 가족**. 경기 : 양서원.

이동원 · 함인희(1995). 가족사회학과 노년학 연구 50년의 성과와 반성, 광복 50년의 한국사회와 사회학. 한국사회학회.

이영분 외(2008). **가족치료 모델과 사례**. 서울 : 학지사.

이영실 외(2010). **가족치료**. 경기 : 양서원.

이영실 외(2012). **가족복지론**. 경기 : 양서원.

이영실 · 윤대중 · 강윤경 · 임정문 · 김성철 · 김지철(2010). **가족복지론**. 경기 : 양서원.

이용교(1984). 농촌빈곤과 빈곤정책. **사회복지연구, 18(1)**, 111－127.

이용교 · 이혜연 · 박영균(2000). 청소년공부방 운영모델 연구.

이윤로 외 공역(2003). **사회사업실천기술론**. 서울 : 학지사.

이정균 · 김용식(2000). **정신의학**(제4판). 서울 : 일조각.

이진숙(2002). 한국 가족정책의 현실과 전망 : 범주별 정책분석. **사회복지연구**, 22, 191-218. 대구대학교 사회과학연구소.

______(2003). 가족복지정책의 패러다임 검토. 가족복지의 패러다임 : 반성과 모색 2003년 한국.

이태진(2003). 빈곤가족의 특성과 심리적 이해. 국립보건원 공무원교육 교재.

이혜숙 · 임은이(2009). 빈곤가정의 빈곤화과정 연구. **한국가족복지학**, 26, 255-294.

이화여자대학교 사회복지연구회(2001). **사회복지실천론**. 서울 : 나눔의 집.

이효재(1984). **가족과 사회**. 서울 : 경문사.

인터넷중독 대응센터(2013). 홈페이지.

장혜경 외(2002). 외국의 가족정책과 한국의 가족정책 및 전담 부서의 체계화 방안 연구. 한국여성개발원.

장혜경 외(2006). 저출산시대 여성과 국가대응 전략. 여성개발원.

장혜순(1995). 가정폭력이 자녀의 폭력성향에 미치는 영향. 중앙대 사회복지학과 석사논문.

전경숙(2008). 경기도 지역의 다문화가정과 일반가정 청소년의 생활실태 조사: 학교생활과 가정생활을 중심으로. **청소년상담연구**, 16(1), 167-185.

전선영 외(2011). **가족복지론**. 서울 : 신정.

정갑순(1996). **부모교육론**. 서울 : 창지사.

정문자 외(2007). **가족치료의 이해**. 서울 : 학지사.

정민숙 · 양정남 · 이형하 · 박일연 · 김혜선(2009). **사회복지개론**. 경기 : 공동체.

정하성 · 유진이 · 이장현(2007). **다문화청소년이해론**. 경기 : 양서원.

정현숙(1993). 부모의 이혼에 따른 자녀의 적응. **한국아동복지학**, 14(1).

______(2000). 재혼가족에 대한 실태 및 재혼생활의 질에 대한 연구. **대한가정학회지**, 36(4), 1-19.

정현숙(2008). **가족생활교육**. 서울 : 신정.

정현숙 · 유계숙(2001). **가족관계**. 서울 : 신정.

조옥라(1996). 재혼, 그 또 다른 시작. 한국가정법률상담소 창립 40주년 심포지엄 자료집.

조추용 외(2001). **가족복지론**. 서울 : 창지사.

조흥식 외(1997). **가족복지학**. 서울 : 학지사.

조흥식 외(2004). **가족복지학**. 서울 : 학지사.

조흥식・김인숙・김혜란・김혜련・신은주(2001). **가족복지학**. 서울 : 학지사.

________________________________(2002). **가족복지학**. 서울 : 학지사.

________________________________(2010). **가족복지학**. 서울 : 학지사.

________________________________(2011). **가족복지학**. 서울 : 학지사.

중앙일보[뉴시스](2008.5.24). 이혼공화국 한국－남이 아닌 하나되기...

청소년상담지원센터(2013). 홈페이지.

최경석(2001). **한국가족복지의 이해**. 경기 : 인간과 복지.

최경석 외(2006). **한국 가족복지의 이해**(제3판). 경기 : 인간과 복지.

최경석・김양희・김성천・김진희・박정윤・윤정향(2001). **한국 가족복지의 이해**. 경기 : 인간과 복지.

____(2006). **한국 가족복지의 이해**. 경기 : 인간과 복지.

최재석(1982). **현대가족연구**. 경기 : 일지사.

통계청(2017). e나라지표.

______(2017). 결혼이민자 및 인지・귀화자 현황.

______(2017). 장래인구추계.

______(2017). 전국다문화실태조사.

______(2017). 최저생계비 계측조사.

______(2018). 가계동향조사.

______(2018). 인구동향조사.

______(2018). 인구로 보는 대한민국. 혼인통계.

______(2018). 인구주택 총조사.

______(2018). 혼인・이혼・재혼현황.

______(2022). 가계동향조사.

______(2022). 여성폭력통계.

______(2022). 인구로 보는 대한민국. 혼인통계.

______(2022). 인구동태통계 연보.

______(2022). 인구주택 총조사.

______(2022). 여성폭력통계.

______(2022). 혼인・이혼・재혼현황.

______(2023). 인구동향조사.

______(2023). 전국다문화가족 인구동태통계.

______(2023). 폭력예방교육 운영안내.

______(2023). 혼인 종류별 혼인건수.

______(2023). 2022년 다문화 가족통계.

______(2023). 2022년 다문화 인구동태통계.

______(2024). 2023년 혼인통계.

한경애(1993). 한국이혼부부의 적응과 관련변인에 관한 실증적 연구. 한국가족학연구회 편. **이혼과 가족문제**. 서울 : 도서출판 하우.

______(2003). 한국 사회의 이혼의 급증현상과 이혼 원인. 한국 이혼가족의 현상과 과제. 한국가족복지학회 추계학술대회.

한경혜・이정화(2002). 도시 및 농촌 거주자의 이혼에 대한 태도. **대한가정학회지**, 40(9).

한국갤럽조사(2001). 동성애자에 대한 합법적인 혼인 권리부여.

한국보건사회연구원(2017). 다문화가족의 변화와 사회적 대응방안.

__________________(2017). 보건복지포럼.

__________________(2017). 빈곤통계연보.

__________________(2017). 혼인동향 분석과 정책과제.

한국어대사전(1986).

한국여성정책연구원(2016). 여성가족패널조사 : 미혼여성의 결혼의향.

함인희(1995). **사회변화와 가족**. **가족과 한국사회**. 여성한국사회연구회 편. 서울 : 경문사.

행정안전부(2022). 외국인주민현황조사.

행정안전부・한국정보화진흥원(2012). 인터넷중독 실태조사.

허남순 역(2004). **사회복지실천 이론과 기술**. 서울 : 나눔의 집.

홍숙자(2000). **노년학개론**. 서울 : 하우기획.

황일송・윤영홍 기자(2007.12.9). 함께 하는 사회 다문화가정시대. 국민일보.

African American Healthy Marriage Initiative(2003). Education & Communication. www.CrisisMagazine.com

Albrecht, G. H.(1980). Multivariate analysis and the study of form, with special reference to canonical variate analysis. *American Zoologist, 20*(4), 679－693.

Azrin, N. H., Naster, J. B., & Jones, R.(1973). Reciprocity counseling : A rapid learing-based procedure for marital counseling. *Behavior Research and Therapy, 11,* 365-383.

Bellah, R. N., et al.(1985). *Habits of the Heart : Individualism and* Commitment *in American Life.* Perennial Library : Harper & Row publishers.

Bogarad, M.(1986a). A Feminist Examination of Family Therapy : What is Women's Place?. *Women and Therapy, 5,* 2-3.

Bowen, M.(ed.). *Family Therapy in Clinical Practice.* New York : Jason Aronson.

Braveman, L.(1988a). Feminism and Family Therapy : Friends or Foes. In L. Burgess, E. W., Locke, H. J., & Thomes, M. M.(1963). *The Family : From Institution to Companionship*(3rd ed.). New York : American Book Company.

Clingempeal, Brand & Segal. A.(1987). "A miltilevel-multivaraiable developmental perspective for future reserch on stepfamilies". In Pasley. K & Ihinger- Tallman, M.(eds.), *Remarriage and Step Parenting Today : Current Research and Theory.* Guilford.

Clingempeel, W. G., & Segal, S.(1986). Parent apart : Pattems of childrearing after marital distuption, *Journal of Marriage and the Family, 47,* 893-904.

Collins, D., Jordan, C., & Coleman, H.(1999). *An Introduction to Family Social Work.* F. E. Peacock Publishers, Inc.

Collins, Jordan & Coleman(2001). 이화여대 사회복지연구회 역. 가족복지실천론. 나눔의 집.

Compton, R., & Galaway, B.(1999). *Social Work Processes*(6th ed.). Brooks/ Cole Publishing Company.

Dibble, S. E., & Straus, M. A.(1980). *Attitudes and behaviors in family violence. In Violence in the family*(pp. 28-44). Boston, MA : Springer.

Duvall, E. M.(1977). *Marriage and Family Development.* Philadelphia : Lippincott.

Elion(1990). Therapy with remarriage families with children, uni of wisconsin Remarried Family Relationship. CA : Sage Pub.

Esping-Andersen, G.(1990). *The Ibree Worlds of Welfare Capitalism.* Princeton, NJ : Princeton University Press.

__________________(1999). *Social Foundations of Postindustrial Economics.* New York : Oxford.

Family Strengthen Policy Center(2005). Marriage & Relationship Education : Will it Reduce Poverty and Strengthen Families?. National Human Services Assembly. *Policy Brief, 12.*

Feldman, F. L., & Scherz, F. H.(1968). *Family Social Welfare : Helping Troubled Families.* New York : Atherton Press.

Furstenberg, F., & Cherlin, A.(1991). *Divided Families.* Cembridge : Harvard University Press.

Ganong, H. L., & Coleman, M.(1989). Effect sofremarriagcon children : A review of the empiricalli−terature. *Family Relations, 33,* 389−406.

Gauthier, A. H.(1996). The State and the Family. *A Comparative Analysis of Family Policies in Industrialized Countries.* Oxford : Clarendon press.

Gauthier, A. H.(1996). *The State and the Family.* Oxford University Press.

Giddens, A.(1992). *Human Societies : an Introductory Reader in Sociology.* Cambridge : Polity Press.

Gilbert, L. A.(1980). Feminist Therapy. In A. M. Brodsky, & R. T. Hare− Musstim(eds.), *Women and Psychotherapy : An Assessment of Research and Practice.* New York : The Guilford Press.

Glick(1989). Recent changes in divice and remarriage. *Journal of Marriage and Family.*

Goldenberg, I., & Goldenberg, H.(1991). *Family Therapy : An Overview*(3rd ed.). Pacific Grove, CA: Brooks/Cole.

Goldner, V.(1988). Generations and Gender : Normative and Covert Hierarchies. *Family Process, 27.*

__________(1991b). Sex, Power, and Family Therapy : What's Wrong with This Picture?. *Journal of Feminist Family Therapy, 3*(1/2).

Goodwin, D. W.(1985). Alcoholism and genetics: The sins of the fathers. *Archives of general psychiatry, 42*(2), 171−174.

Gutis, P.(1989). What makes a family?. Traditional limits are challenged. *Star Tribune,* p. 15Y.

Hare−Mustin, R, T.(1978). A Feminist Approach to Family Therapy. *Family Process, 17.*

Hartman, A., & Laird, J.(1983). *Family−Centerd Social Work Practice.* New York : Free press.

Hepworth, D. H., & Larsen, J. A.(1993). *Direct Social Work Practice*(4th eds.). California : Books/Cole Publishing Company.

Holman, A. M.(1983). *Family Assessment.* Beversly Hilly/ London/ New Delhi : Sage Publication.

Hotaling, G. T., & Sugarman, D. B.(1986). An analysis of risk markers in husband to wife violence: The current state of knowledge. *Violence and victims, 1*(2), 101－124.

Janzen, C., & Harris, O.(1980). *Family Treatment in Social Work Practice.* F. E. Peacock Publishers, Inc.

Jordan, C., & Franklin, C.(1995). *Clinical Assessment for Social Workers.* Chicago : Lyceum Inc.

Kamerman, S. B., & Kahn, A. J.(1987). *Family Policy : Government & Families in Fourteen Countries.* Columbia, Univ, Press.

________________(2000). *Family Policy Since World War Ⅱ*. Evolving National Commitments.

Kamerman, S., & A. Kahn(1978). Families and Idea Of Family Policy. In *Family Policy : Government And Families In Fourteen Contries,* Edited by, S. Kamerman & A. Kahn, New York : Columbia University press.

Layton, M.(1994). Tipping the Therapeutic Balance. The Family Therapy, *Net－ worker, 8.*

Levi－Strauss, C.(1969). *The Elementary Structures Of Kinship.* Taylor & Francis.

Luepnitz, D. A.(1988). *The Family Interpreted : Feminist Theory in Clinic Practice.* New York : Basic Books, Inc.

MacKinnon, L. K., & Miller, D.(1987). The New Epistemology and the Milan Approach : Feminist and Sociopolitical Considerations. *Journal of Marital Family Therapy, 13*(2).

Macklin, Eleanor D.(1987). Nontraditional Family Forms, In M. B. Sussman & S. K. Steinmetz(Eds.), *Handbook of Marriage and the Family.* NY : Plenum Press.

McGoldrick, M., Gerson, R., & Shellenberger, S.(1999). *Genograms: Assessment and intervention*(2nd ed.). New York : W. W. Norton & Co.

Minuchin, S.(1974). *Structural Family Therapy.* New York : Basic Books.

Munson, C. E.(1980). *Social work with Families : Theory and Practice*. New York : The Free Press.

Murdock, George P.(1949). *Social Structure*. New York : Macmilian.

NASW(1970). Encyclopedia of social Work. Washington, DC : NASW Press.

______(1987). Encyclopedia of social Work. Washington, DC : NASW Press.

______(1990). Encyclopedia of social work(12th ed.). Washington, DC : NASW Press.

______(1995). Encyclopedia of social work(19th ed.). Washington, DC : NASW Press.

Nichols. M. P., & Schwartz. R. C.(1995). *Family Therapy : Concepts and Methods* (3rd ed.). Boston : Allyn and Bacon.

Parsons, T.(1951). *The Social System*. Giencoe, Il. : Free Press.

Pincus, A., & Minahan, A.(1974). *Social Work Practice : Model and Method*. Itasca, IL : Peacock Publishers.

Popenoe, D.(1988). *Disturbing the Nest*. N.Y. : Aldine De Gruyter.

__________(1992). Fostering the New Familism : A goal for America. Responsive Community.

__________(1993). American Family Decline, 1960~1990 : A Review and Apraisal, *Journal of Marriage and the Family, August*, 527−555.

Scanzoni, J.(1987). Families in the 1980s : Time to Refocus Our Thinking. *Journal of Family Issues, 8*.

Straus, M. A., Gelles, R. J., & Asplund, L. M.(1990). Physical violence in American families: Risk factors and adaptations to violence in 8,145 families.

Strong, B., & Devault, C.(1992). *Study Guide to Accompany the Marriage and Family Experience*(5th ed.). St. Paul : West.

Visher, E. B., & Visher, J. S.(1990). Dynamics of successful stepfamilies. *Journal of divorce & remarriage, 14*(1), 3−12.

Wallace, R., Baker, M. W., LaCroix, A. Z., Wu, C., Cochrane, B. B., & Woods, N. F.(2009). Mortality risk associated with physical and verbal abuse in women aged 50 to 79. *Journal of the American Geriatrics Society, 57*(10), 1799−1809.

Walsh Froma(1993). Conceptualization of Normal Family Processes, Edited by Warsh, F., *Normal Family Processes*. New York/ London : The Guilgord Press.

__________(1998). *Strengthening Family Resilience*. Allyn & Bacon.

____________(1998). *Family Strength.*

White, M., & Epston, D.(1990). *Narrative Means to Therapeutic Ends.* New York : Norton.

WHO(2011). Global Status Report on Alcohol and Health.

Wolin, S. J., Bennett, L. A., Noonan, D. L., & Teitelbaum, M. A.(1980). Disrupted Family Rituals : A Factor in the Intergenerational Transmission of Alcoholism. *Journal of Studies on Alcohol, 41*, 199−214.

Young, K. S.(1996). Internet addiction : The emergence of a new clinical disorder. *Cyber Psychology and Behavior, 1*(3), 237−249.

Zastrow, C.(2000). *Introduction to Social Work And Social Welfare*(7th ed.). Brooks/Cole.

찾아보기

[인명]

김재엽 382
유영주 98
이동원 85
전선영 35, 190
정민자 98
조홍식 213
Burgess와 Locke 18
Dibble과 Straus 386
Harding 114
Hartman과 Laird 20
Kamerman과 Kahn 112
Levi－Strauss 18
Murdock 18
Richmond 36
Scanzoni 85

[내용]

ㄱ

가계도 202
가구 21
가구·세대 21
가능하게 하는 자의 역할 106
가정 21
가정 위기개입의 원리 96
가족 17, 137
가족가치관 78
가족관계 277
가족구조 193
가족구조의 변화 65
가족권력 194
가족규칙 195, 214
가족기능 대리서비스 107
가족기능 보충서비스 107
가족기능 지원서비스 106
가족기능 73
가족 내 역할 197
가족 삼각관계 196
가족문제 43, 190
가족복지 33
가족복지서비스 51, 106
가족복지서비스적 접근방법 51
가족복지실천 93
가족복지실천의 원칙 100
가족복지정책 46, 112
가족복지정책적 접근방법 46
가족사회복지사의 역할 104
가족생활교육의 접근원리 97
가족생활주기 75, 197
가족신화 196
가족욕구 190
가족위기론 82
가족의 기능 29
가족의사소통 191
가족중심 사상의 원리 95
가족진보론 84
가족체계기반의 이념원리 94

가족 항상성 213
간장애 470
간질장애 472
경계 215
경제적 결핍 275
경험적 가족치료모델 228
계부모가족의 아홉 가지 구조적 유형 322
고령화인구 62
공동체 가족 72
관찰 204
교사・훈련자의 역할 104
교육문제 276
구조적 가족문제 44
구조적 가족치료모델 221
권위주의 모델 116
기능적 가족문제 44

ㄴ

노인장기요양보험 131
뇌병변장애 462

ㄷ

다귀결성 혹은 동귀결성 216
다문화가족 69
다문화가족 관련법률 373
독신가족 24
동거가족 25
동성가족 26
동성애가족 71

ㅁ

만성적인 건강질환 276
무자녀가족 24, 69
미국사회복지사협회 20

ㅂ

복합적인 가족문제 275
부모－아동하위체계 194
부모하위체계 194
부부하위체계 193
비총합성 215

ㅅ

사회환경적 가족문제 44
생태도 200
생태학적 접근원리 98
생활력 도표 206
세대 21
소가족과 대가족 22
순환적 인과성 214
시각장애 462
신장장애 469
심장장애 469

ㅇ

안면장애 471
언어장애 464
여성긴급전화 1366 405
역동적 가족문제 44
열악한 주거문제 277

옹호자의 역할 105
원스톱서비스 410
은퇴 준비교육 258
의사소통 214
이민자 사회통합프로그램(KIIP) 368
인구구성 58
인지행동 가족치료모델 238
인터넷중독 418
인터뷰 200

ㅈ

자녀양육 276
자문가의 역할 105
자원동원가의 역할 105
자폐성 장애 466
장루・요루장애 471
재혼가족 68
저출산 현상 60
전략적 가족치료모델 233
정부의 다문화정책 365
정신장애 467
중독가족 417
중재자의 역할 105
지적장애 465
지지자의 역할 104
지체장애 461
집 22
집단가족 25

ㅊ

청각장애 463
체계 215
초혼연령 증가 58
친족 21

ㅎ

한부모가족 66
해결중심 가족치료모델 235
핵가족 22
핵가족과 확대가족 22
현대 가족 57
현대 가족의 문제 89
형제하위체계 194
형태발생성 215
호흡기장애 470
혼인 감소 58
확대가족 22

기타

Bowen의 가족치료모델 217

저/자/약/력

■ **박희숙**
사회복지학 석사, 박사
전 경복대학교 복지행정과 교수
현 명지대학교 복지상담경영학과 특임교수
사단법인 행복을 나누는 사람 대표이사

■ **김상옥**
사회복지학 석사, 박사
현 숭실대학교 경영대학원 복지경영학과 조교수
한국아동발달상담학회 회장
서울특별시 보육정책위원회 위원

■ **배회경**
유아교육학 석사, 복지경영학 박사
현 명지대학교 아동보육상담학과 겸임교수
한국스마트미래교육협회 회장

■ **정재필**
사회복지학 석사, 박사
현 수성대학교 보건복지경영과 교수

가족복지론

|공저자| 박희숙 · 김상옥 · 배회경 · 정재필

|1판 1쇄| 발행 2024년 7월 31일

|발행인| 김 동 훈
|발행처| 공 동 체

|주소| 경기도 고양시 일산동구 호수로 358-39, 동문타워 I 905호(백석동)
|전화| 031) 814-3000(대표)
|팩스| 031) 814-3100
|홈페이지| http://www.compub.co.kr
|전자우편| compub@naver.com
|출판등록| 2005년 10월 6일
|등록번호| 제396-2005-36호

|ISBN| 979-11-6725-622-5
정가 28,000원